Die Sparkasse Dortmund im Nationalsozialismus

Die Sparkasse Dortmund im Nationalsozialismus

Von Karl-Peter Ellerbrock

Alle Umrechnungen in Euro erfolgten mit Hilfe des Historischen Währungsrechners
der Österreichischen Nationalbank. Alle abgebildeten Dokumente entstammen, wenn nicht anders
angegeben, aus dem Archiv der Sparkasse Dortmund.

Aschendorff Verlag GmbH & Co. KG
Soester Straße 13
D-48155 Münster

buchverlag@aschendorff-buchverlag.de
www.aschendorff-buchverlag.de

1. Auflage 2025

© 2025 Aschendorff Verlag GmbH & Co. KG, Münster.

Das Werk ist urheberrechtlich geschützt. Die dadurch begründeten Rechte, insbesondere die der Übersetzung, des Nachdrucks, der Entnahme von Abbildungen, der Funksendung, der Wiedergabe auf fotomechanischem oder ähnlichem Wege und der Speicherung in Datenverarbeitungsanlagen bleiben, auch bei nur auszugsweiser Verwertung, vorbehalten. Die Vergütungsansprüche des § 54 UrhG werden durch die Verwertungsgesellschaft Wort wahrgenommen.

Printed in Germany

ISBN 978-3-402-25160-7

Gedruckt auf säurefreiem, alterungsbeständigem Papier

INHALT

Vorwort 7

1. Anfänge und Entwicklung vom „langen" 19. Jahrhundert bis zur Bankenkrise von 1931 9
   1.1. Die Anfänge des Sparkassenwesens in Westfalen und der mühsame Weg zur Sparkassengründung in Dortmund. 11
   1.2. Sparkassenboom in den Dortmunder „Gründerjahren" 13
   1.3. Auf dem Weg zur modernen Sparkasse: Aufschwung und Professionalisierung der Sparkassenarbeit nach der Reichsgründung von 1871. 15
   1.4. Kriegsfinanzierung im Ersten Weltkrieg 21
   1.5. Krisenjahre. 24
      1.5.1. Ruhrbesetzung und Hyperinflation 24
   1.6. Die Eingemeindungen von 1928/29 und die Erweiterung des Geschäftsgebietes 28
   1.7. Existenzkampf: Von der Wirtschafts- zur Bankenkrise 30

2. „Machtergreifung" und Gleichschaltung. 39
   2.1. Gleichschaltung der Wirtschaft und Gründung der „Wirtschaftsgruppe Sparkassen" 48
   2.2. „Mit solchem Geist kommen wir an die Macht, und wenn wir vorher den Teufel aus der Hölle holen müssen." (Friedrich Alfred Beck) Anfänge des NSDAP in Dortmund 52
   2.3. „Machtergreifung" und politische Gleichschaltung in Dortmund. 60
   2.4. Zankapfel kommunale Finanzen 68
   2.5. Die neue kommunalpolitische Elite. 72
      2.5.1. „Staatskommissar Schüler greift durch!" 72
      2.5.2. Die Affäre Malzbender 75
      2.5.3. Oberbürgermeister Willi Banike. 76
      2.5.4. „Nicht Nationalsozialist genug"? Der Experte für kommunale Finanzen Hans Pagenkopf 78

3. Die Sparkasse Dortmund im Nationalsozialismus 83
   3.1. Die Sparkassenleitung 86
   3.2. Aufschwung und tiefer Fall: Die geschäftliche Entwicklung 90
      3.2.1. Spenden für den NS-Staat 93
   3.3. Die Finanzbedarfe des NS-Staates und ihre Finanzierung 95
      3.3.1. „Wer säet, der erntet!" Akkumulation von Sparvermögen 97
      3.3.2. Arbeitsbeschaffungsprogramme und der Mythos vom Autobahnbau 108
      3.3.3. Die Aufrüstung und ihre Finanzierungsmethoden 111
         3.3.3.1 Finanzierung durch Steueraufkommen 112
         3.3.3.2 „Geräuschlose Kriegsfinanzierung" 114
   3.4. Enteignung jüdischen Vermögens. 120
      3.4.1. Sühneleistungen, Konfiskation bei Auswanderung
         und Reichsfluchtsteuer 128
      3.4.2. Der Fall Hugo Israel Cohen 146
      3.4.3. Resonanzen. 158
   3.5. Belegschaft unterm Hakenkreuz. 160
      3.5.1. Sozialutopien und Nationalsozialismus: Die Reichsarbeits-
         gemeinschaft Banken und Versicherungen in der DAF 160
      3.5.2. Schleppende Nazifizierung. 162
      3.5.3. Leistungskampf der deutschen Betriebe 166
      3.5.4. Modernisierung und Antimodernisierung 170

4. Von der Währungsreform zum „Wirtschaftswunder". Die Sparkasse
   Dortmund in den „goldenen 1950er Jahren" 171
   4.1. „Stunde Null" 173
   4.2. Kontinuitäten und Diskontinuitäten. Ehemalige Führungskräfte der
      Sparkasse Dortmund und ihre Karrieren in Nachkriegsdeutschland . 174
   4.3. Die Sparkassenleitung nach 1945 182
   4.4. Die Währungsreform von 1948 und ihre Gesetze 182
   4.5. Neuordnung des Sparkassenwesens. 184
   4.6. Entschädigung der Altsparer. 187
   4.7. Wirtschaftlicher Aufstieg im Schatten von Wiederaufbau und „Wirt-
      schaftswunder" 188

5. Lehren aus der Geschichte: Gespräch des Autors mit Thomas Westphal,
   Oberbürgermeister der Stadt Dortmund sowie Vorsitzender des Verwaltungsrates der Sparkasse Dortmund, und Dirk Schaufelberger, Vorsitzender des Vorstands der Sparkasse Dortmund. 197

6. Biographischer Anhang 203

7. Ausgewählte Literatur 223

Vorwort

Die Aufarbeitung der Sparkassengeschichte im Nationalsozialismus befindet sich fast 80 Jahre nach dem Zusammenbruch von Hitler-Deutschland immer noch erst in ihren Anfängen; das gilt insbesondere für die einzelnen Institute und die Regionalverbände, während für den Deutschen Sparkassen- und Giroverband seit einigen Jahren eine umfangreiche Studie von Janina Salden vorliegt. Meist informieren nur knappe Kapitel in den großen Firmenfestschriften, die zum 100., 125. oder 150. Jubiläum der einzelnen Häuser erschienen sind, nur sehr allgemein über die Vorgänge zwischen 1933 und 1945. Eine Ausnahme stellt die Sparkasse Münsterland Ost dar, die nach einer Anfrage im Verwaltungsrat im Jahr 2017 den Geschichtsort Villa ten Hompel und die Stiftung Westfälisches Wirtschaftsarchiv mit der Erarbeitung der Geschichte der Sparkasse Münster und des östlichen Münsterlandes beauftragt hatte („Wer spart hilft Adolf Hitler"). Doch noch immer ist die mangelnde Bereitschaft, noch vorhandene historische Akten aus dieser Zeit der Forschung zur Verfügung zu stellen, weit verbreitet. Ein markantes Beispiel ist die Frankfurter Sparkasse, die jüngst zu ihrem 200jährigen Jubiläum zwar das Institut für Bank- und Finanzgeschichte mit der wissenschaftlichen Aufarbeitung ihrer Geschichte beauftragt hat, dem renommierten Forscherteam um Dieter Ziegler aber „nur vereinzelte Unterlagen zur jüngeren Vergangenheit zur Verfügung gestellt" hat. „Besonders schmerzlich ist aus Forschersicht das Fehlen der Vorstands- (später Verwaltungsrats-) Protokolle und von Handakten der Direktions- (später Vorstands-) Mitglieder, die für fast alle Fragen wertvolle Hinweise hätten liefern können. Für die Beteiligung an der wirtschaftlichen Verfolgung der Juden im ‚Dritten Reich' sind darüber hinaus eigentlich Personal- und Kreditakten unverzichtbar." (S. 15) Auch die vorliegende Untersuchung ist eine Auftragsarbeit. Die Sparkasse Dortmund hat zu diesem Zweck die noch vorhandenen Unterlagen uneingeschränkt zur Verfügung gestellt und die wissenschaftliche Aufarbeitung ohne Vorbehalte unterstützt.

Bis zum Jahr 1959 entsprach der 1910 eingeführte Sparkassenvorstand dem heutigen Verwaltungsrat und wurde jetzt zunächst zum Sparkassenrat, während aus dem Direktorium der Vorstand wurde. Die 1841 gegründete Sparkasse Dortmund hat mehrfach ihren Namen geändert und hieß seit 1910 städtische Sparkasse zu Dortmund, dann Stadtsparkasse zu Dortmund und nach 1945 Stadtsparkasse Dortmund. Die vorliegende Untersuchung benutzt durchgängig die Kurzbezeichnung Sparkasse Dortmund, wie sie seit 1995 im Geschäftsverkehr verwendet wird.

Dortmund, im Oktober 2024   Karl-Peter Ellerbrock

1. Anfänge und Entwicklung vom „langen" 19. Jahrhundert bis zur Bankenkrise von 1931

1.1. Die Anfänge des Sparkassenwesens in Westfalen und der mühsame Weg zur Sparkassengründung in Dortmund

Westfalen-Lippe gehört mit den frühen Sparkassen in Detmold (1786), dem ältesten heute noch existierenden Institut, Bielefeld und Soest (1825) sowie sechs weiteren Gründungen in Paderborn, Minden, Wiedenbrück, Höxter, Herford und Münster, die bis 1829 entstanden, zu den Vorreitern des modernen Sparkassenwesens in Deutschland, wenngleich eine größere Verbreitung zunächst auf vielfache Hemmnisse stieß. Bis 1840 gab es dann insgesamt nur 14 Gründungen gegenüber einhundert im übrigen Preußen. Maßgeblich dafür waren offenbar politische Vorbehalte gegenüber Preußen, dem Westfalen 1815 zugeschlagen worden war, und den neu eingeführten Verwaltungsstrukturen. Besonders in der Sparkassenfrage fühlte man sich in der kommunalen Entscheidungsfreiheit bevormundet. In Dortmund zogen sich die Verhandlungen mit der zuständigen Bezirksregierung in Arnsberg um akzeptable Statuten über acht Jahre hin. Im benachbarten Schwerte (gegr. 1853) dauerten sie gar zwölf Jahre. Am Anfang stand ein von der Regierung in Arnsberg veranlasstes Schreiben des Landrats vom 20. März 1833 an den Dortmunder Bürgermeister, der aufgefordert wurde, nach dem Vorbild der Sparkasse zu Soest für die Gründung einer Sparkasse Sorge zu tragen. Die Dortmunder Stadtväter verhielten sich jedoch gegenüber dem Drängen der preußischen Behörden zunächst zögerlich. Vor allem waren sie wenig geneigt, die Soester Statuten, die der Stadt kaum Mitspracherechte einräumten, in allen Punkten zu übernehmen. Man wollte vor allem durchsetzen, dass der Bürgermeister Vorsitzender der Sparkassenverwaltung und die beiden Administratoren vom Gemeinderat zu wählen waren. Erst nachdem 1836 die Satzung der Soester Sparkasse dahingehend modifiziert wurde, kam es zu einer Verständigung. Im März 1840 wurde schließlich der Dortmunder Satzungsentwurf durch den Oberpräsidenten der Provinz Westfalen, Ludwig Freiherr von Vincke, genehmigt. Am 14. Januar 1841 erließ die Sparkassenverwaltung ihre erste Bekanntmachung und am 19. Januar wurde der Geschäftsbetrieb im Hause des Rendanten Friedrich Hartung am Westenhellweg 21 eröffnet, wo er auch die Geschäfte der städtischen Kämmereikasse führte. Der Geschäftszweck beschränkte sich im Wesentlichen auf die Annahme von Spargeldern und deren Anlage in Staatsobligationen. Hier wurde auch der erste „Tresor" aufgestellt, eine mit Eisen beschlagene Holzkiste, die nur 26 Taler kostete, während ein eisernes Modell doppelt so teuer gewesen wäre. Erschwerend kam in der Gründerphase die schlechte finanzielle Lage der meisten westfälischen Kommunen hinzu; in den 1840er Jahren herrschte Pauperismus. Viele Regionen Westfalens waren schwach entwickelt und die Bevölkerung so arm, dass die Kommunen oft gar kein Bedürfnis für eine Sparkasse sahen, weil man befürchtete, dass diese kaum „benutzt" würden. In Westfalen konnten 1825 zum Beispiel 80% der wahlfähigen Einwohner nicht genügend Grund-

und Gewerbesteuer leisten, um ihre daran gebundene Wahlberechtigung auch auszuüben. Zudem war der Kapitalmarkt in Westfalen noch stark unterentwickelt, so dass es kaum Anlagemöglichkeiten für die Einlagen gab. Es wundert also nicht, dass um 1840 im Regierungsbezirk Arnsberg durchschnittlich nur zwei Sparbücher auf 100 Einwohner gegenüber 25 im übrigen Preußen gezählt wurden. Das Geld war eben knapp, auch in Dortmund, damals ein kleines Ackerbürgerstädtchen mit gerade einmal 7.000 Einwohnern. Auch die kommunalen Finanzen standen nicht zum Besten, so dass zum Beispiel im gesamten Regierungsbezirk Arnsberg als Reservefonds lediglich 4,2 % der Spareinlagen aufgebracht wurden. Üblich waren um diese Zeit in Gesamtpreußen etwa 20 %. Erst seit der Reichsgründung im Jahr 1871 schoss in ganz Preußen die Zahl der Neugründungen in die Höhe.

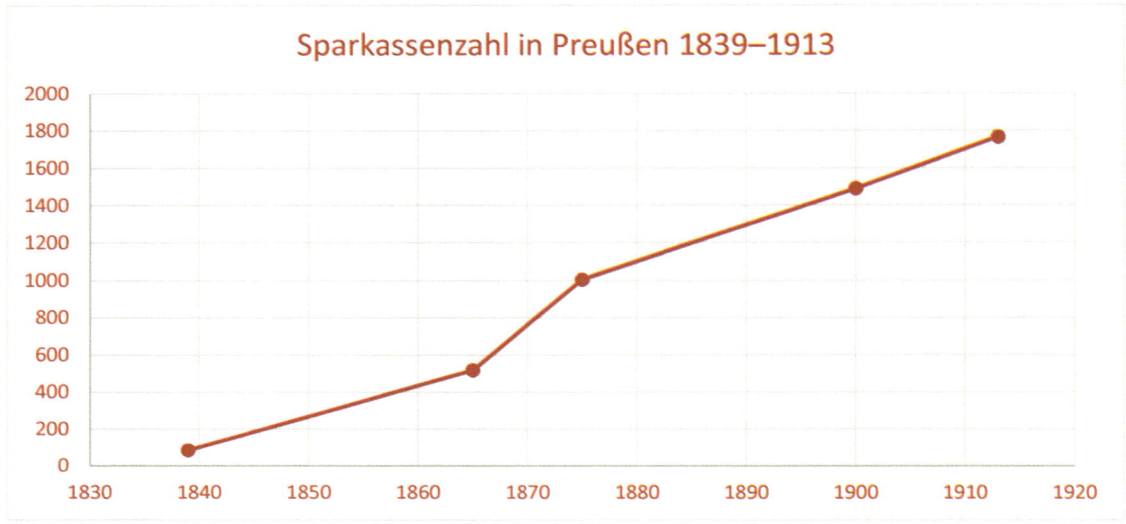

Quelle: Höpker, S. 80

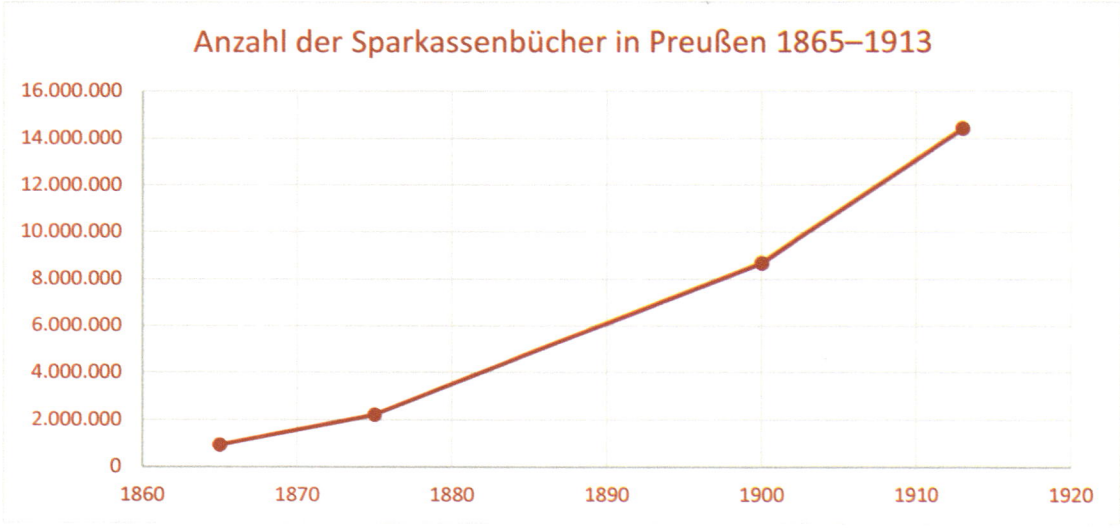

Quelle: Höpker, S. 80

1.2. Sparkassenboom in den Dortmunder „Gründerjahren"

Die Verhältnisse in Dortmund änderten sich erst mit den Dortmunder „Gründerjahren", die in die 1850er Jahre fielen. Begünstigt durch seine Lage am Schnittpunkt der Köln-Mindener-Eisenbahn (1847) und der Bergisch-Märkischen Eisenbahn (1849) herrschte im Dortmunder Raum ein wahrer Gründertaumel. Der Aufstieg der Hermannshütte, die 1841 vom Iserlohner Großunternehmer Hermann Diedrich Piepenstock in Hörde gegründet worden war, zu einer der größten europäischen Montan-Aktiengesellschaft steht dabei symbolhaft für den Boom der Dortmunder Wirtschaft. Die historische Forschung erklärt den kometenhaften Aufstieg der Montanindustrie des Ruhrgebiets seit der Mitte des 19. Jahrhunderts mit sog. Koppelungseffekten zwischen dem Eisenbahnbau, dem Bergbau sowie der Eisen- und Stahlindustrie, also den Führungssektoren der „new economy" des beginnenden Industriezeitalters. Die Nachfrage des Eisenbahnbaus nach Kohle und Stahl war schier unersättlich. Zwischen 1840 und 1880 expandierte die Streckenlänge im späteren Deutschen Reich von 579 km auf 42.876 km. Modern ausgedrückt handelte es sich um eine erste große Clusterbildung. Im Zentrum standen die horizontal integrierten und vertikal diversifizierten Montankonzerne Hörder Verein, Dortmunder Union und Hoesch, um die sich ein breiter Kranz mittelständischer Unternehmen bildete. Dazu zählten Zulieferer und Weiterverarbeiter wie die Stahlbauunternehmen Jucho und Klönne oder die Werkzeugmaschinenfabrik Wagner und Co.[1]

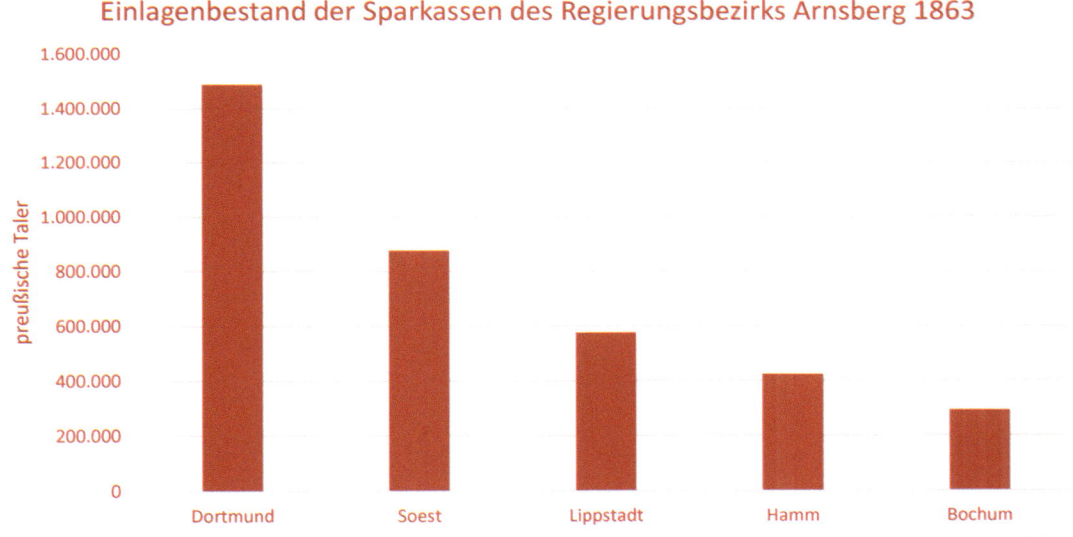

Quelle: Winterfeld, S. 33

[1] Schon ein flüchtiger Blick in die Statistik lässt die rasante wirtschaftliche Entwicklung erahnen: Der Bergbau im Oberbergamtsbezirk Dortmund zählte um 1800 etwa 160 Schachtanlagen mit rd. 1.500 Beschäftigten, die jährlich 231.000 t Steinkohle förderten. Ein halbes Jahrhundert später explodierten die Zahlen: 1850 wurden 1,7 Mio. t Steinkohle gefördert; die Zahl der Beschäftigten betrug 12.741. Fünf Jahre später zählen wir 3,3 Mio. t Steinkohle und 23.843 Bergleute. Ähnliches lässt sich in der Eisen- und Stahlindustrie beobachten. Im Oberbergamtsbezirk Dortmund erhöhte sich die Roheisenerzeugung von 9.400 t im Jahr 1847 auf 136.300 t im Jahr 1860. Hintergrund war die offenbar nicht enden wollende Nachfrage nach Puddelroheisen für den expandierenden Eisenbahnbau; vgl. Karl-Peter Ellerbrock: Die Industrie- und Handelskammer Dortmund und ihre Geschichte 1863–2013; Dortmund 2013, S. 7–8.

Dortmund entwickelte sich schon in den 1850er Jahren zu einem Kapitalsammelbecken ersten Ranges, das im rasant wachsenden Ruhrgebiet seinesgleichen suchte. Allein zwischen 1852 und 1858 wurden hier 13 Montan-Aktiengesellschaften mit einem Kapital von 37,2 Mio. M gegründet. Im gesamten Ruhrgebiet gab es zum Vergleich 35 Gesellschaften, die es auf ein Anlagekapital von 95,8 Mio. M brachten.

Die Dortmunder Sparkasse profitierte von diesem wirtschaftlichen Aufschwung. Besaßen 1841 nur 38 Bürger ein Sparbuch mit durchschnittlich 56 Talern Guthaben, war es in den 1860er Jahren bereits jeder fünfte der nun über 40.000 Einwohner. Auf den mehr als 8.000 Sparbüchern lagen im Schnitt 357 Taler und bereits 1863 war die Dortmunder Sparkasse mit Einlagen in Höhe von knapp 1,5 Mio. Talern die größte Sparkasse des Regierungsbezirks Arnsberg; 1858 wurde dann der erste hauptamtliche Mitarbeiter beschäftigt.

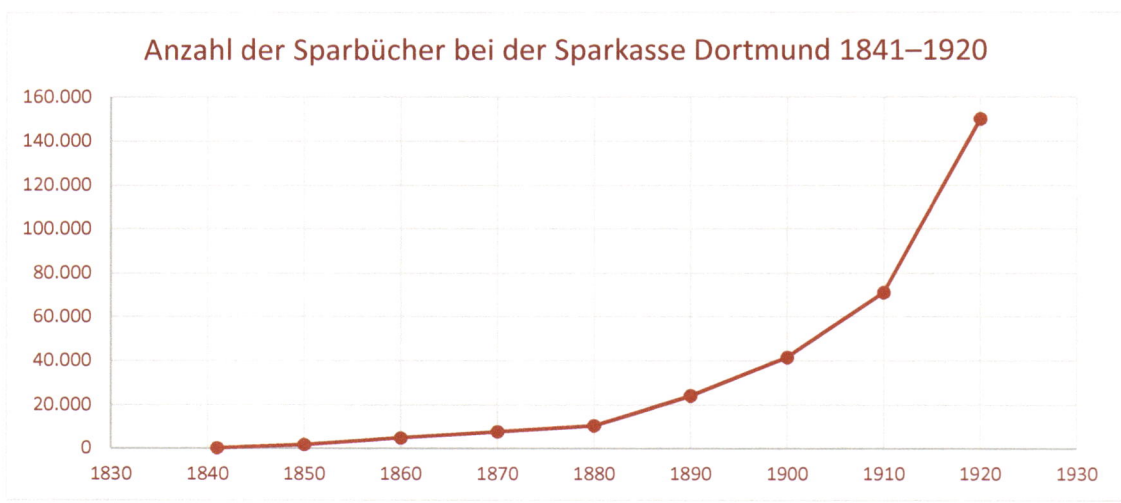

Quelle: Winterfeld, S. 153

Quelle: Winterfeld, S. 150, umgerechnet in M

1.3. Auf dem Weg zur modernen Sparkasse: Aufschwung und Professionalisierung der Sparkassenarbeit nach der Reichsgründung von 1871

Wie das gesamte Ruhrgebiet erlebte seit den 1870er Jahren auch der Dortmunder Wirtschaftsraum einen starken wirtschaftlichen Aufschwung, der allerdings während der sog. Gründerkrise nach dem Wiener Börsenkrach von 1873 vorübergehend an Fahrt verlor. Die Forschung ist sich mittlerweile darin einig, dass es sich primär um eine Erlöskrise handelte, die von einem drastischen Einbruch auf dem Arbeitsmarkt begleitet wurde. Die Produktion zeigte aber nach einer kurzen Stockungsphase bald wieder steil nach oben. 1899 zog das Ruhrgebiet mit einer jährlichen Roheisenproduktion von 2,7 Mio. t an Frankreich vorbei und überholte 1925 mit 8 Mio. t sogar England, das Mutterland der Industrialisierung. Dortmund war ein wichtiger Motor dieser Entwicklung. Mit dem Hörder Verein (seit 1906 Phoenix AG für Bergbau und Hüttenbetrieb), der Dortmunder Union (seit 1910 Deutsch-Luxemburgische Bergwerks- und Hütten-AG) und Hoesch waren hier drei montanindustrielle Großkonzerne ansässig, die zu den „top-ten" in Europa zählten. Dortmund wurde so die heimliche Hauptstadt des Ruhrgebiets und zählte um 1900 bereits über 25.000 Beschäftigte allein in der Eisen- und Stahlindustrie. Ein Drittel der Roheisenproduktion des Ruhrgebiets entfiel auf Dortmund und 34 Zechen förderten hier mit 46.000 Beschäftigten 11 Mio. t Steinkohle im Jahr.[2]

Industrieller Aufstieg und Urbanisierung hingen eng miteinander zusammen. An der Wende zum 20. Jahrhundert waren aus den ursprünglich gut 350.000 Einwohnern im späteren Ruhrgebiet etwa 4,2 Mio. Menschen geworden, die jetzt hier lebten und arbeiteten. Ein Großteil des Bevölkerungswachstums erfolgte durch Migration; das Revier

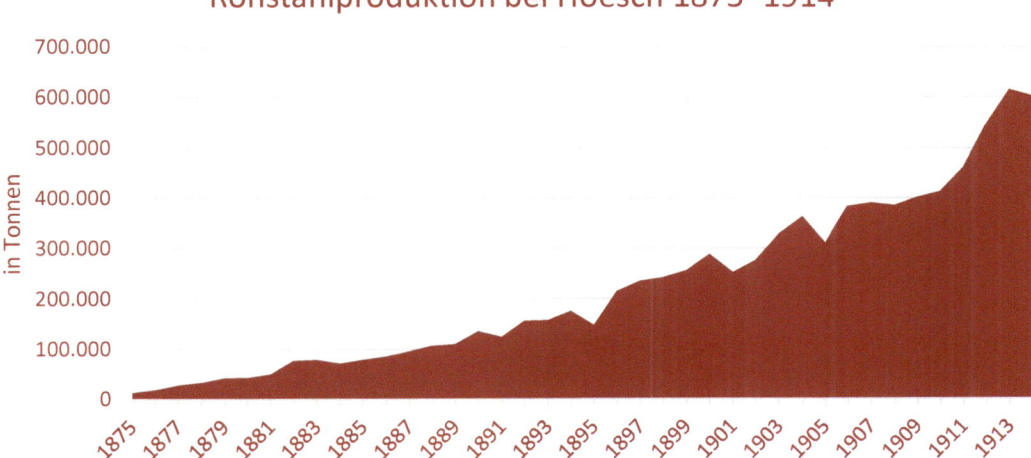

Quelle: Hoesch 1871–1921, S. 67[3]

[2] Die Roheisenerzeugung im Ruhrgebiet stieg zum Beispiel zwischen 1850 und 1913 von 11.500 t auf 8.209.200 t; vgl. Karl-Peter Ellerbrock: Westfalen und das Ruhrgebiet. Eine historische Langzeitbetrachtung, in: derselbe, Harald Wixforth, Jost Springensguth (Hg.): Freies Unternehmertum und Soziale Marktwirtschaft. 100 Jahre Wirtschaftliche Gesellschaft für Westfalen und Lippe, 100 Jahre Westfälische Wirtschaftsgeschichte, Dortmund und Münster 2021, S. 145–182, hier S. 158.
[3] Eisen- und Stahlwerk Hoesch Aktiengesellschaft in Dortmund 1871–1921, Dortmund 1921.

wurde zum Schmelztiegel, insbesondere durch den massenhaften Zuzug der „Ruhrpolen". Die enorme Ausweitung der Montanindustrie und die stetige Erhöhung der Einwohnerzahl in Dortmund, die im Gründungsjahr der Sparkasse 1841 gerade einmal 7.243 betragen hatte, erhöhte den Flächenbedarf der expandierenden Industriestadt Dortmund stark, die 1894 mit mehr als 100.000 Einwohnern „Großstadt" wurde; bis 1904 stieg die Einwohnerzahl auf 165.795 Menschen an.

Eine großräumigere Stadtplanung zur Schaffung von neuen Gewerbeflächen und einer leistungsfähigen Infrastruktur sowie der begrenzte Wohnraum verlangten nach einer Vergrößerung des Stadtgebietes. Nach vierjährigen Verhandlungen wurde 1905 als erste Gemeinde Körne aus dem Landkreis Dortmund herausgelöst und am 1. April in das Dortmunder Stadtgebiet aufgenommen, das sich schließlich in einer ersten Eingemeindungswelle bis 1918 erheblich vergrößerte. Hinzu kamen Deusen, Dorstfeld, Eving, Huckarde, Kemminghausen, Lindenhorst, Rahm, Wischlingen (alle 10. Juni 1914) sowie Brackel und Wambel (beide 1. April 1918). Auf die Struktur der Dortmunder Sparkasse hatten diese Eingemeindungen aber im Gegensatz zur Übernahmewelle nach 1929 noch keinen Einfluss, sondern vergrößerte lediglich ihren Wirtschaftsraum.

Der wirtschaftliche Aufstieg und der Bevölkerungsboom beeinflussten aber die wirtschaftliche Entwicklung der Dortmunder Sparkasse, die sich ebenfalls in einem Wachstumsboom befand, was zu einer stärkeren Professionalisierung der Sparkassenarbeit führte. Zwischen 1863 und 1914 stiegen die Spareinlagen von knapp fünf Mio. M auf über 100 Mio. M um mehr als das Zwanzigfache an.

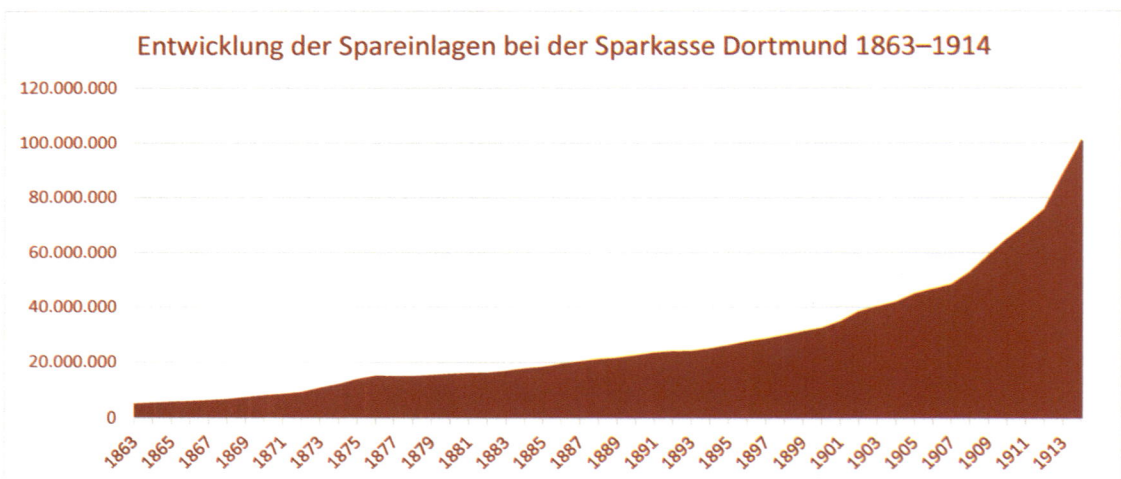

Quelle: Winterfeld, S. 150–151, (umgerechnet) in M

Am 1. März 1871 wurden die Geschäftsräume in das alte Rathaus am Markt verlegt, 1875 größere Räumlichkeiten an der Betenstraße 11 angemietet; 1895 bezog man das neu errichtete städtische Verwaltungsgebäude an der Berswordtstaße, 1907 wurde schließlich für die Sparkasse und die Stadtbibliothek ein eigenes Gebäude am Markt 16 errichtet. Erste Zweigstellen wurden 1907 an der Rheinischen Straße, an der Nordstraße (1908), an der Kaiserstraße (1912) sowie im Posthof (1918) eröffnet. 1920 wurde die Scheckabteilung in die Balkenstraße ausgelagert und ein Jahr später ein kompletter Neubau an der Hansastraße projektiert, der 1924 bezogen wurde. Bis 1871 erledigten lediglich der Rendant, der Gegenbuchhalter und ein Sparkassenbote die Geschäfte; nach dem Umzug in die Betenstraße kamen noch zwei Assistenten hinzu, 1886 zählte man fünf, 1906 dann etwa 50 Beschäftigte.[4] Die Jahre zwischen 1907 und 1918 lassen sich „als eine Periode räumlicher Ausdehnung, verstärkter Einheitsbestrebungen, vermehrter Geschäftszweige und zahlreicher Kriegsausgaben" beschreiben.[5] Zur Professionalisierung der Sparkassenarbeit gehörte auch die Neuorganisation der Geschäftsabläufe.[6] Zur Vereinfachung des Schalterverkehrs wurde 1907 die sog. Pfennigsparkasse aufgelöst.[7] Das finanziell geförderte „Pfennigsparen" war ein frühes Marketinginstrument, um durch die Förderung des Kleinsparwesens die Kundenbindung zu erhöhen. Eine wichtige Zielgruppe waren Jugendliche. Man erwarb zum Beispiel Sparmarken im Wert von 5 oder 10 Pfennig, die auf Sparkarten geklebt wurden. Der Nennbetrag wurde dann bei Vorlage der Sparkarte bei der Sparkasse einem Sparkonto gutgeschrieben. Die Mindesteinlage betrug in der Regel fünf Pfennig; eine volle Sparkarte im Wert von zwei M konnte dann als Ersteinlage auf ein Sparbuch umgeschrieben werden. Die organisatorisch aufwändigen „Pfenning-Sparkassen" wurden durch Heimsparbüchsen abgelöst. In diesem Zusammenhang entstand 1908 in Dortmund auch das Schulsparen, das aber anfangs die Erwartungen nicht erfüllte. Innovativ war der „Sparautomat", der 1910 in der Hauptstelle in Betrieb genommen wurde. Ein besonderer Kundenservice war schließlich die Öffnung der Kassen in der Hauptstelle am Sonntagmorgen für eine Stunde, so dass auch die Stahlarbeiter und die Bergleute, die von montags bis samstags jeweils mindestens zehn Stunden arbeiteten, ihr Erspartes auf ein Sparkonto einzahlen konnten.

Die Verleihung der passiven Scheckfähigkeit im Jahre 1908 und die damit verknüpfte Einführung des Kontokorrent- und Depositenverkehrs bedeutete eine wichtige Zäsur in der Modernisierung des Sparkassenwesens. In Dortmund genossen zuerst die städtischen Beamten und Lehrer diesen Service, für die schon seit längerer Zeit ein scheckloser Kontokorrentverkehr eingerichtet worden war. Seit 1908 wurden ihnen einige Tage vor Fälligkeit ihre Dienstbezüge auf ihren Sparbüchern gutgeschrieben, über die sie dann frei verfügen konnten. Von diesem Service machten schon im ersten Jahr 351 Beamte Gebrauch. Offenbar war aber noch das unbefugte Abheben von Geldbeträgen von den Sparbüchern weit verbreitet, so dass im selben Jahr besondere Kontrollmarken ausgegeben oder Sperrvermerke in die Sparbücher eingedruckt wurden.

Ein wichtiger Wachstumsimpuls war die Aufhebung der Höchstgrenze für Einlagen von 10.000 M im Jahr 1910, die 1914 auf 20.000 M angehoben wurde. Dadurch trat die Sparkasse „jetzt auch in den Dienst des kaufmännischen und gewerblichen Mittelstandes und der Erwerbs- und Wirtschaftsgenossenschaften ein."[8] 1928 fiel die Begrenzung komplett weg. Das Geschäftsmodell der Dortmunder Sparkasse, das ursprünglich auf das Spar- und Leihgeschäft beschränkt war, wurde jetzt erheblich ausgeweitet. 1911 wurden der Scheck- und Überweisungsverkehr sowie das Wechselgeschäft eingeführt.[9] Das

---

[4] Luise von Winterfeld: 100 Jahre Stadtsparkasse zu Dortmund, Dortmund 1941, S. 42.
[5] Winterfeld (1941), S. 46.
[6] Für das Folgende vgl. Winterfeld (1941), S. 46f.
[7] Die erste deutsche Pfennigsparkasse wurde 1880 in Darmstadt gegründet. Die Pfennigsparkassen wurden meist ehrenamtlich durch einen Lehrer der Gemeinden verwaltet und einmal jährlich gegenüber der Hauptkasse abgerechnet. Einzelne Pfennigsparkassen entstanden aus Armenkassen oder Armen-Unterstützungs-Vereinen; vgl. Hans Pohl: Wirtschaft, Unternehmen, Kreditwesen, soziale Probleme. Ausgewählte Aufsätze, Stuttgart 2005, S. 1019f.
[8] Winterfeld (1941), S. 47
[9] 1908 führte die Sparkasse den bargeldlosen Zahlungsverkehr ein, der seit 1908 von der preußischen Regierung gefördert wurde; das 1908 erlassenen Scheckgesetz verlieh den Sparkassen die passive Scheckfähigkeit, die in Dortmund aus organisatorischen Gründen erst 1911 umgesetzt wurde.

1.3. Aufschwung und Professionalisierung

Wertpapiergeschäft blieb allerdings bis 1920 auf die reine Depotverwaltung beschränkt und wurde erst 1920 um den An- und Verkauf von Wertpapieren, Devisen und Sorten erweitert.

Die Ausdehnung der Geschäftsfelder führte zu einer regelrechten Rationalisierungswelle. Mit der Inbetriebnahme der ersten Sparkassenmaschine, einer Bourrough Duplex-Kontrollmaschine, wurde nicht nur die Betriebssicherheit erhöht, sondern auch die tägliche Kontrolle im Sparverkehr möglich, „wobei durch ein Auftippen der alten und neuen Salden in Verbindung mit den Umsätzen der am Tag bewegten Konten der schlüssige Beweis erbracht werden konnte, daß die fortgeschriebenen Salden richtig errechnet und die Umsätze fehlerfrei auf die Konten aufgetragen waren."[10] Konsequenterweise wurden die bis dahin üblichen festgebundene Kontobücher von einem neuen „Lose-Blattsystem" abgelöst.

Sparkassengebäude am Markt mit altem Rathaus (1907–1924)
Quelle: Winterfeld, S. 51

1910 trat auch in Dortmund eine neue Satzung nach dem Vorbild der Mustersatzung für die Provinz Westfalen in Kraft; man firmierte fortan als „städtische Sparkasse zu Dortmund" und das Kuratorium wurde von einem Vorstand abgelöst, der „die Stellung einer öffentlichen Behörde hat und bis 1931 im Verhältnis zur Stadtgemeinde die Stellung einer Verwaltungsdeputation einnahm."[11]

---

[10] Winterfeld (1941), S. 48.
[11] Winterfeld (1941), S. 47.

Kassenraum im Hause Berswordtstraße
Quelle: Winterfeld, S. 43

Erster Vorsitzender des Vorstands war Stadtrat Dr. Paul Sempell, der 1911 aus Göttingen nach Dortmund kam und hier als Stadtsyndikus tätig war. Er wurde von Stadtrat Dr. Eduard Cremer abgelöst, der von 1919 bis 1920 amtierte und danach bis 1933 stellvertretender Vorsitzender des Sparkassenvorstands war. Der 1870 geborene promovierte Jurist Cremer, der einer alteingesessenen Kölner Familie entstammte, war seit 1909 besoldetes Magistratsmitglied sowie Stadtrat in Dortmund. Er war zunächst mit dem Armenwesen, der Verwaltung des Schlacht- und Viehhofes und nach dem Ersten Weltkrieg mit der Leitung des Liegenschaftsamtes betraut. Cremer war maßgeblich am Bau der Westfalenhalle beteiligt, deren Aufsichtsratsvorsitzender er war, und hat den Bau der Dortmunder Gartenstadt vorangetrieben. Er gilt als „Sympathisant" der Zentrumspartei, blieb aber auch nach 1933 parteilos. In seiner Amtszeit als Sparkassenvorstand hatte Cremer zusammen mit dem Stadtbaurat Strobel bei der Sparkasse Dortmund eine Grundkreditanstalt eingerichtet und den Einstieg der Stadt in das Hypothekengeschäft ermöglicht. Ihm folgte als Vorsitzender des Sparkassenvorstandes zwischen 1921 und 1925 der zweite Bürgermeister, Dr. Maximilian Fischer, der von 1925 bis 1930 in das Amt des Generaldirektors der Vereinigten Elektrizitätswerke Westfalen GmbH (VEW) wechselte. Zu dessen Nachfolger wurde am 1. September 1925 von Oberbürgermeister Eichhoff[12] Wilhelm Kaiser ernannt, der am 13. Oktober 1919 in den Magistrat gewählt und zum Stadtkämmerer berufen worden war.[13]

[12] Zu Ernst Eichhoff (1873–1941) siehe den biographischen Anhang.
[13] Archiv der Sparkasse Dortmund, Akte Vorstand 1925–1947; zu Wilhelm Kaiser (1877–1961) siehe den biographischen Anhang.

1.3. AUFSCHWUNG UND PROFESSIONALISIERUNG

Sparkassen Hauptstelle, Hansastraße 3, bezogen 1924
Quelle: Winterfeld, S. 10

Die Sparkassenleitung übernahm nach dem Ausscheiden von Friedrich Hartung dessen Sohn Friedrich Hartung jun., der zwischen 1871 und 1879 im Amt war. Ihm folgten zwischen 1879 und 1906 Wilhelm Lachnitt und Wilhelm Luthe, der von 1906 bis 1930 im Range eines Direktors an der Spitze stand. Mit Paul Arnold wurde ihm 1922 ein stellvertretender Direktor an die Seite gestellt.

Friedrich Hartung sen., Rendant   Friedrich Hartung jun., Rendant   Wilhelm Lachnitt, Rendant

Die drei Leiter der Sparkasse Dortmund im 19. Jahrhundert
Quelle: Winterfeld, S. 131

1.4. Kriegsfinanzierung im Ersten Weltkrieg

Das Sparkassengeschäft lief vor dem Ersten Weltkrieg ohne größere Störungen. Regelmäßig im Oktober und November kam es allerdings zu zyklischen Schwankungen, weil die Abhebungen stark zunahmen, um die fälligen Einlagerungen für Kohlen und Kartoffeln zu bezahlen und warme Kleidung für die bevorstehenden Wintermonate anzuschaffen. Diese Konsumhaltungen sind seit 1908, als die Sparkasse dazu überging, monatliche Statistiken zu führen, präzise belegbar. Im November 1912 geriet das Sparerverhalten allerdings

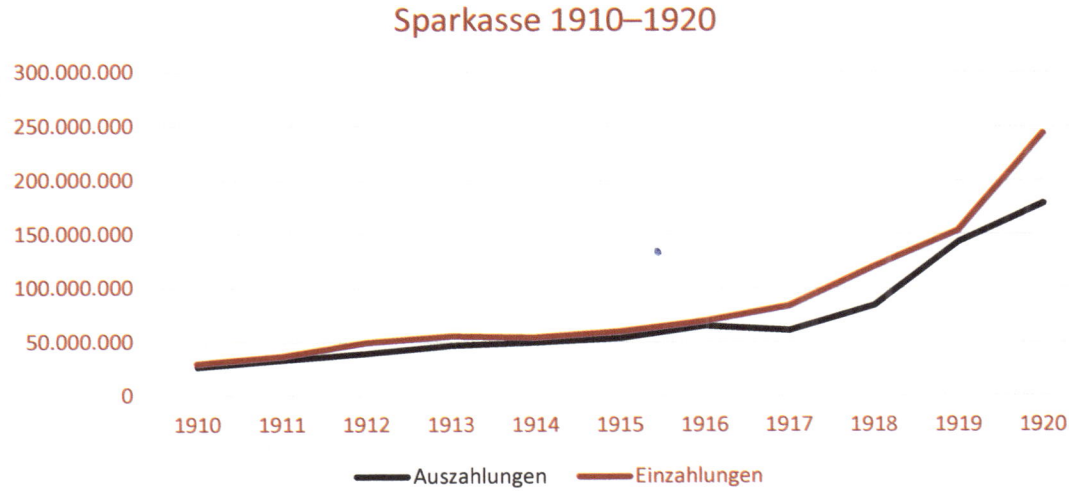

Quelle: Winterfeld, S. 151, in M

aus den Fugen. Die weltpolitischen Spannungen hatten Kriegsangst geschürt und es kam zu einem regelrechten „Run" auf die Spareinlagen. Innerhalb weniger Tage wurden 800.000 M mehr abgehoben als eingezahlt; eine bis dahin in der mehr als siebzigjährigen Geschichte des Instituts einmalige Situation. Man reagierte mit öffentlichen Bekanntmachungen, dass „auch im Falle eines Krieges das Geld der Einlagen nirgends sicherer untergebracht sei, als bei der mündelsicheren Sparkasse."[14] Diese Maßnahme war erfolgreich und im Dezember waren die meisten Abhebungen wieder auf die Sparkonten eingezahlt worden.

Als dann Ende Juli 1914 die Kriegsgefahr bedrohlich näher rückte, wiederholte sich das Szenario und nahm bedrohliche Züge an. „Ein Teil der Einleger hielt das Guthaben bei der Sparkasse für gefährdet und suchte dieses durch schleunige Abhebung zu retten. Andere waren bestrebt, sich einen Vorrat baren Geldes zu sichern. Manche verwendeten das abgehobene Geld zu unüberlegten und verteuernd wirkenden Masseneinkäufen von Lebensmitteln."[15] Allein in der Zeit zwischen dem 26. Juli und dem 3. August wurden von 10.300 Sparbüchern etwa 2,5 Mio. M abgehoben. Auch in dieser Situation half es, durch öffentliche Bekanntmachungen das Vertrauen in eine gute Liquidität der Sparkasse schnell zurückzugewinnen, wozu auch die anfänglichen Kriegserfolge zur Beruhigung der Sparer ihr übriges beitrugen. Zwei Tage nach der Besetzung Luxemburgs marschierten deutsche Truppen am 4. August 1914 in Belgien ein und eroberten am 7. August Lüttich.

Aus der historischen Rückschau eröffnete der Erste Weltkrieg den Sparkassen durch die Zeichnung von Kriegsanleihen mit dem Wertpapierkommissionsgeschäft und dem Depotgeschäft neue klassische Bankbereiche, denn sie waren eng in die Kriegsfinanzierung eingebunden. Ihre besondere Nähe zum „kleinen Kunden" prädestinierte die Sparkassen geradezu dazu, in die Emittierung von Kriegsanleihen eingeschaltet zu werden. Fast ein Viertel der ersten sieben Kriegsanleihen wurden über die Sparkassen platziert. „Wenig zögerlich" verkauften auch die Sparkassen in Westfalen und Lippe solche Kriegsanleihen an ihre Kunden und nahmen sie „freudig" in den eigenen Bestand, fehlten ihnen doch im Kriege „für die weiterhin reichlich zufließenden Spareinlagen die entsprechenden Ausleihmöglichkeiten."[16] Auch bei der Sparkasse Dortmund setzte sich zwischen 1914 und 1918 dieses Geschäftsmodell durch. „Ohne Satzungsänderung nahm die Sparkasse im ersten Kriegsjahr als neuen Geschäftszweig die Aufbewahrung und Verwaltung mündelsicherer Wertpapiere für ihre Kundschaft an [sic], weil viele kleine Sparer, die aus vaterländischem Geist heraus die Kriegsanleihen zeichneten, mit dem Wesen und der Behandlung der Inhaberpapiere nicht vertraut waren und ihnen die Aufbewahrung dieser Werte und die Einlösung der Zinsscheine häufig Schwierigkeiten bereitete. In diesem Jahre machten auch zum ersten Male 148 Einleger, darunter viele Kriegsteilnehmer, Gebrauch von der neu getroffenen Einrichtung, ihre Sparbücher bei der Sparkasse zu hinterlegen."[17] Aber erst nach dem Ende des Ersten Weltkrieges wurde dieser faktische Einstieg ins Wertpapiergeschäft im großen Stil mit der Verfügung über den Geschäftsumfang von Sparkassen und kommunalen Banken vom 15. Dezember 1921 gesetzlich legitimiert, bis dahin überwog die „normative Kraft des Faktischen".[18]

[14] Winterfeld (1941), S. 55.
[15] Ebenda.
[16] Hartmut Schaldt: Zur Geschichte der Sparkassen in Westfalen und Lippe, in: Handbuch zur Geschichte der westfälisch-lippischen Sparkassen, Band 1, Die Sparkassen und ihre Archive, hg. von der Stiftung Westfälisches Wirtschaftsarchiv und dem Westfälisch-Lippischen Sparkassen- und Giroverband, Dortmund 1998, S. 9–27, hier S. 18.
[17] Winterfeld (1941), S. 49.
[18] Knut Borchardt: „Das hat historische Gründe". Zu Determinanten der Struktur des deutschen Kreditwesens

Auch ein erneuter „Run" auf die Spareinlagen angesichts der drohenden Kriegsniederlage im Oktober und November 1918 wurde erfolgreich abgewendet, weil die Sparkasse „dank ihrer flüssigen Geldeinlagen die von den geängstigten Sparern zurückgeforderten Beträge ohne Schwierigkeiten zurückzahlen konnte und auch während der kritischen Tage wirtschaftlich notwendige Auszahlungen in jeder Höhe unter Verzicht auf die Einhaltung der in § 16 der Satzung festgesetzten Kündigungsfristen leistete," stellte der Verwaltungsbericht von 1918 erleichtert fest.[19] Am Ende des Ersten Weltkrieges waren die Sparkassen Universalkreditinstitute geworden, die sich im Wettbewerb mit den Geschäftsbanken nur noch durch die unterschiedliche Zusammensetzung ihres Klientels unterschieden. Das historische gewachsene Geschäft mit Hypothekenkrediten war mehr oder weniger zusammengebrochen und auf der Aktivseite durch die Anlageform der Reichsanleihen substituiert worden.[20]

Quelle: Winterfeld, S. 50, in M

Quelle: Winterfeld, S. 50, in M

unter besonderer Berücksichtigung der Sparkassen, in: Hansjoachim Henning, Dieter Lindenlaub, Eckhard Wandel (Hg.): Wirtschafts- und sozialgeschichtliche Forschungen und Probleme. Karl Erich Born zur Vollendung des 65. Lebensjahres zugeeignet von Kollegen, Freunden und Schülern, Stuttgart 1987, S. 270–285, hier S. 275.

[19] Zitiert nach Winterfeld (1941), S. 55f.
[20] Carsten Brodesser: Sparen während der Zeit des Nationalsozialismus. Ein Kapitel aus der „geräuschlosen Kriegsfinanzierung" unter besonderer Berücksichtigung der Sparkassen. Diss. Msch. Frankfurt 2011, S. 120.

1.4. Kriegsfinanzierung im Ersten Weltkrieg

1.5. Krisenjahre

Der Erste Weltkrieg und seine politischen Folgen hatten dem industriellen Aufschwung im 19. Jahrhundert und dem ertragreichen, stark wachsenden Sparkassengeschäft ein jähes Ende gesetzt. Zugleich wurden zahllose Menschen sozial entwurzelt und in ihrem Hass auf die Weimarer Republik und ihre Repräsentanten radikalisiert. Die öffentliche Inszenierung politischer Feindbilder und ihre Gewaltmetaphorik zeigten Wirkung, die von der politischen Propaganda antidemokratischer Mythen wie der Dolchstoßlegende, der „Schmach" von Versailles oder dem Schreckgespenst des Bolschewismus angefacht wurden. Vom Kapp-Putsch im März 1920, der Ermordung des von Rechtsradikalen als „Novemberverbrecher" geschmähten Zentrum Politikers Matthias Erzberger im August 1921 bis zur Ermordung des Außenministers und linksliberalen jüdischen Industriellen Walther Rathenau am 24. Juni 1922 führt eine direkte Linie. Beide Morde gehen auf die Rechnung der Organisation Consul, das erste rechtsextreme Terrornetzwerk Deutschlands. Das waren die düsteren Vorboten des krisengeschüttelten Epochenjahres 1923, das im Hitler-Putsch endete und die noch junge Weimarer Republik schwer erschütterte.

Die Sparkasse Dortmund stellte 1920 die Herausgabe des jährlichen Geschäftsberichts ein; erst 1928 erschien ein Sammelbericht für die Jahre 1924 bis 1928. „Für die Jahre 1921/23 soll Versäumtes aus erklärlichen Gründen nicht nachgeholt werden," hieß es knapp. Damit zog man einen Schlussstrich unter die politisch unruhigen Jahre eines tobenden Bürgerkrieges und der bald danach erfolgten Ruhrbesetzung durch französische und belgische Truppen, um die ins Stocken geratenen Reparationszahlungen Deutschlands militärisch durchzusetzen. Zudem hatte die Hyperinflation Deutschlands Währung vollkommen zerrüttet, so dass eine Währungsreform notwendig wurde.

1.5.1. Ruhrbesetzung und Hyperinflation

Der Versailler Vertrag hatte dem Deutschen Reich und seinen Verbündeten die alleinige Kriegsschuld angelastet und ihnen Gebietsabtretungen, Souveränitätsbeschränkungen, drastische Abrüstungsmaßnahmen sowie Reparationsleistungen an die Siegermächte auferlegt, deren Höhe zunächst noch offen blieb und auf einer Konferenz im Januar 1921 in Paris auf 226 Mrd. M zuzüglich 12% des deutschen Außenhandelsbilanzüberschusses, zahlbar in 42 Raten, sowie eine jährliche Lieferung von 40 Mio. t Steinkohle festgelegt wurde. Frankreich sollte 52 %, England 22 %, Italien 10 % und Belgien 8 % der Reparationen erhalten; die restlichen 8 % verteilten sich auf sonstige Kriegsgegner. Die treibende Kraft hinter diesen harten Forderungen, die von Deutschland als unerfüllbar abgelehnt wurden, war der französische Vorsitzende der alliierten Reparationskommission, Raymond Poincaré. Am 8. März 1921 besetzten erstmals französische und belgische Truppen die rheinischen Brückenköpfe Düsseldorf, Duisburg und die Ruhrorter Rheinhäfen, was eine genaue Kontrolle des gesamten Exports von Kohle und Stahl aus dem Ruhrgebiet ermöglichte.

Am 5. Mai 1921 beschlossen die Siegermächte auf einer Konferenz in London zwar eine erhebliche Herabsetzung der Reparationen auf nunmehr 132 Mrd. M, die in Jahresraten zu zwei Mrd. M zuzüglich 26% der deutschen Exportüberschüsse zu zahlen waren, bestanden aber auf Erfüllung; anderenfalls werde ab dem 12. Mai das Ruhrgebiet besetzt. Deutschland sah sich gezwungen, dieses „Londoner Ultimatum" anzunehmen, wenngleich aus seiner Sicht damit die Leistungsfähigkeit der Wirtschaft weit überfordert war; man rang fortan mit den Alliierten ständig um Zahlungsaufschübe und die Umwandlung von Geldzahlungen in Sachlieferungen, damit Staatsverschuldung und Inflation nicht außer Kontrolle gerieten.

Nachdem sich die innenpolitischen Verhältnisse in Frankreich durch den Sturz des französischen Ministerpräsidenten Aristide Briand, der Deutschland gegenüber eine moderate Politik betrieben hatte, grundlegend verändert hatten, lehnte sein Nachfolger Poincaré in seiner Regierungserklärung vom 16. Januar 1922 eine Herabsetzung der deutschen Zahlungen kategorisch ab und pochte auf Erfüllung. Die im Versailler Vertrag festgeschriebenen Rechte erlaubten nach den §§ 17 und 18 wirtschaftliche, finanzielle oder andere Zwangsmaßnahmen für den Fall, dass das Deutsche Reich seinen Reparationsverpflichtungen „absichtlich" nicht nachkommen sollte. Schon im Mai wurde eine militärische Kontrolle der Ruhrindustrie erwogen. Dennoch verzichteten die Alliierten mit Blick auf die aufgezehrten Gold- und Devisenvorräte, die dramatisch steigende Staatsverschuldung und den fortschreitenden Währungsverfall im August 1922 vorläufig auf Geldleistungen zugunsten erhöhter Sachlieferungen, vor allem von Steinkohle und Holz, das für den Ausbau des Telegrafensystems benötigt wurde. Als Deutschland Ende 1922 mit den Lieferungen in Rückstand geriet, stellte die alliierte Reparationskommission schließlich mehrheitlich einen Verstoß gegen den Versailler Vertrag fest und kündigte am 10. Januar 1923 die Einrichtung einer Ingenieurkommission an, die aus französischen, belgischen und italienischen Fachleuten bestand und unter dem Schutz der dazu „erforderlichen Truppen" die Kohleproduktion kontrollieren sollte. Am 11. Januar besetzten dann fünf französische und eine belgische Division zunächst Essen und Gelsenkirchen. Sie erreichten am 16. Januar auch Dortmund und Hörde. Im Laufe des Jahres wuchs die Truppenstärke auf 100.000 Mann an und das besetzte Gebiet wurde von März 1923 bis Oktober 1924 auf Teile des Bergischen Landes, namentlich Remscheid und Lennep, und bis Juli 1923 auch auf Barmen ausgedehnt. Elberfeld blieb unbesetzt, während Solingen bereits seit 1919 zum britisch besetzten Brückenkopfgebiet um Köln gehörte. Heute ist sich die Forschung weitgehend darüber einig, dass hinter dieser militärischen Invasion weniger eine konkrete Sanktionsabsicht als vielmehr eine „Politik der produktiven Pfänder", also ein Zwangsinstrument zur Herstellung einer Gleichgewichtspolitik stand, die nach den Erfahrungen der zurückliegenden Kriege einem gesteigerten Sicherheitsbedürfnis Frankreichs entsprang, weil Deutschland auch nach der Niederlage im Ersten Weltkrieg Frankreich nach wie vor wirtschaftlich und an der Zahl der Einwohner überlegen war.

Die Schwerindustrie des Ruhrgebiets hatte, die bevorstehende Invasion wohl ahnend, schon vor der Besetzung mit der Verlegung ihrer Hauptsitze in Orte außerhalb der Demarkationslinie reagiert. Das Rheinisch-Westfälische Kohlen-Syndikat (RWKS), die zentrale Absatzorganisation des Ruhrbergbaus, hatte seine Akten mit wichtigen Daten über Kohleförderung, Haldenbestände, Belegschaftsstärke etc. vor dem Zugriff der Franzosen am 9. Januar durch den Umzug nach Hamburg gerettet. Paul Reusch hatte bereits im Frühjahr 1921 den Sitz der Gutehoffnungshütte von Oberhausen nach Nürnberg verlegt.

Am 13. Januar 1923 rief Reichskanzler Wilhelm Cuno den passiven Widerstand aus, an dem sich auch führende Ruhrindustrielle beteiligten. Auch die Dortmunder Industrie- und Handelskammer meldete sich zu Wort und bezeichnete „den Einbruch Frankreichs mit bewaffneter Heeresmacht in das friedliche Ruhrgebiet als unerhörte Gewalttat. Die feindlichen Bajonette vermögen die von uns vertretenen Wirtschaftskreise nie und nimmer von der Pflicht gegenüber ihrem Vaterlande abzubringen. Wir halten aus und geloben der Reichsregierung unverbrüchliche Treue."[21] Auf vielen Zechen und Hütten des Ruhrgebietes, so bei Hoesch und dem Hörder Phoenix, stand die Produktion still. Der soziale Scheinfriede des Kaiserreichs lebte kurzzeitig wieder auf und die von namhaften Wirtschaftsvertretern geführte ordnungspolitische Debatte um eine „kalte Sozialisierung" trat durch die Notwendigkeit zur Bildung einer „sozialen Kampfgemeinschaft" und das Gebot der Bewahrung des „sozialen Friedens" zunächst in den Hintergrund. Die unmittelbaren Reaktionen der Wirtschaft, die sich während des passiven Widerstands zu einem „Wirtschaftskampf" formierte, sind allerdings in ihren Gesamtzusammenhängen noch weitgehend unerforscht.[22]

Die Franzosen richteten ihrerseits eine Zolllinie gegen das unbesetzte Deutschland ein. Pressezensur, Passzwang, Zugkontrollen, Leibesvisitationen, die zeitweilig völlige Sperrung der „Grenze" für den Personenverkehr, Warenschmuggel und Schleichhandel waren an der Tagesordnung. Der passive Widerstand im Ruhrgebiet wurde von Berlin aus aktiv unterstützt.[23] Versuche der Besatzungstruppen, Kohlenlieferungen gewaltsam zu erzwingen, brachten nicht den gewünschten Erfolg, da sich auch die Eisenbahner ihren Anordnungen widersetzten und den Transport boykottierten. Um die Versorgung ihrer Hüttenwerke in Lothringen sicherzustellen, die auf Ruhrkohle angewiesen waren, sah sich Frankreich mehr und mehr gezwungen, eigene Fachkräfte einzusetzen.

Allein in Dortmund trafen Verhaftungen und Ausweisungen über 1.100 Bürger der Stadt, allen voran Oberbürgermeister Eichhoff, gefolgt von Beamten, Geschäftsleuten, Industriellen, Politikern oder Verlegern wie Lambert Lensing. Eskalationen der Gewalt blieben nicht aus.[24]

Die mittlerweile grassierende Hyperinflation hatte die Währung vollkommen zerrüttet und Deutschland war quasi zahlungsunfähig. Am 26. September 1923, als die Notdruckereien infolge der galoppierenden Inflation kaum noch mit dem Druck und der Ausgabe von Geldscheinen in Billionenhöhe nachkamen, gab Reichskanzler Gustav Stresemann das Ende des passiven Widerstandes bekannt. Die Industrie versuchte in Verträgen mit der Micum (Mission interalliée de Contrôle des Usines et des Mines), die zwischen dem 23.

---

[21] Zitiert nach Ellerbrock (2013), S. 27.
[22] Die künftige wirtschaftshistorische Forschung sollte dabei drei Handlungsebenen, auf denen sich die Akteure der Wirtschaft maßgeblich bewegten und ein spannungsgeladenes Dreieck eng miteinander verflochtener Problemfelder bilden, genauer in den Blick nehmen. Das sind konkret: 1.die Maßnahmen zur „Sicherung der Wirtschaft", dazu zählen die Lohnsicherung, die Rohstoffversorgung, die Transportproblematik und die Kreditversorgung. 2.das immer unübersichtlicher werdenden Geflecht unzähliger Anordnungen und Verwaltungsmaßnahmen der Besatzer. 3. das Gebot der Existenzsicherung, namentlich der Lebensmittel- und Energieversorgung, nicht zu vergessen die medizinische Grundversorgung, und das alles vor dem Hintergrund einer extremen Geldentwertung; vgl. genauer Karl-Peter Ellerbrock: „Ruhrbesetzung: Motive – Ziele – Reaktionen", in: Krisenjahr 1923, Ergebnisband der von der Konrad Adenauer Stiftung und der Friedrich Naumann Stiftung veranstalteten Tagung am 28. und 29. März 2023 in Berlin, hg.von Ewald Grothe (im Erscheinen).
[23] So reiste der spätere Reichskanzler und damalige Außenminister Gustav Stresemann am 21. Februar 1923 unter dem Namen Friedrich Erlenkamp, geboren am 10. Mai 1878 in Dortmund, unbehindert ein, um „vor Ort" Solidarität zu bekunden.
[24] In den Abendstunden des 9. Juni 1923 waren zum Beispiel zwei französische Adjutanten auf der Wilhelmstraße (heute Beurhausstraße) gegenüber den Städtischen Krankenanstalten ermordet worden. Gegen 21°° Uhr wurde an diesem Sonntagabend ein Ausgangsverbot über die gesamte Stadt verhängt. Kurze Zeit später eröffneten französische Soldaten ohne vorherige Warnung das Feuer auf eine Gruppe heimkehrender Ausflügler. Sieben Menschen fielen der „Dortmunder Bartholomäusnacht" zum Opfer. Plakate und Flugblätter aus dieser Zeit lassen erkennen, dass der Hass auf die Besatzer immer bedrohlichere Züge annahm.

November 1923 und dem 3. September 1924 abgeschlossen wurden, die Grundlagen für die Wiederaufnahme der industriellen Produktion zu schaffen. Gedanklich stark verkürzt übernahm die Industrie durch dieses Abkommen Reparationsleistungen und erhielt im Gegenzug beschlagnahmte Güter, Maschinen und Verkehrsmittel.

Zur Finanzierung der Reparationsleistungen waren kurzerhand immer mehr Geldnoten gedruckt worden, ohne dass gleichzeitig die Gütermenge gewachsen war.[25] Entsprach ein Dollar im Januar 1923 noch 1.888 RM, stieg diese Relation innerhalb der folgenden Monate explosionsartig auf 4,2 Billionen RM an. Die galoppierende Inflation erstickte jede reguläre Geschäftstätigkeit. Die Lebensmittelversorgung brach zusammen und die Arbeitslosenzahlen stiegen ins Unermessliche. Die Umstellung von der „Mark" auf die „Rentenmark" (später „Reichsmark", RM) im November 1923 beendete schließlich die Inflation. Sie war bis heute die auffälligste und kurzfristig erfolgreichste deutsche Währungsreform. Für eine Billiarde M erhielt man eine RM. Das am 16. August 1924 in London unterzeichnete Abkommen, bei dem sich schließlich die politischen Positionen der USA und Großbritanniens gegenüber den französischen Interessen der Regierung Poincarè durchgesetzt hatten, ebnete schließlich den Weg zu einer umfassenden Währungsreform und brachte den Abzug der französischen Truppen.[26] Nach dem Plan des amerikanischen Finanzexperten und späteren US-Vizepräsidenten Charles Gates Dawes wurden fortan die Reparationszahlungen stärker an die tatsächliche deutsche Wirtschaftskraft angebunden. Das Londoner Abkommen trat am 1. September 1924 in Kraft; die MICUM-Verträge hatten sich erübrigt. Die Ruhrbesetzung hinterließ einen volkswirtschaftlichen Gesamtschaden in Höhe von 3,5 bis 4 Mrd. M.

Die Geschäftstätigkeit der Dortmunder Sparkasse kam zwischen 1921 und 1923 quasi zum Erliegen, Geschäftszahlen sind nicht überliefert. „Alle Sparguthaben, alle Kapitalien, auch die in mündelsicheren Werten angelegten, lösten sich in nichts auf, da es erst im Dezember 1924 gelang, die Währung nach der Gleichung 1 Billion Papiermark = 1 Goldmark (bzw. Rentenmark) zu stabilisieren."[27] Die Sparkassen machten indes in den 1920er Jahren deutliche organisatorische Fortschritte, denn jetzt bildeten sich die wesentlichen Strukturen der Sparkassenorganisation in Deutschland heraus, nachdem zwischen 1908 und 1916 schon der Aufbau von Giroverbänden gelungen war. Grundlage war die Verleihung der passiven Scheckfähigkeit an die Sparkassen durch das Reichsscheckgesetz von 1908. Zwischen 1920 und 1925 verschmolzen diese Giroverbände mit den bereits bestehenden verbandsmäßigen Zusammenschlüssen der Sparkassen. So entstand mit dem 1924 gegründeten Deutschen Sparkassen- und Giroverband als Dachverband schon früh eine moderne Sparkassenorganisation, „die zunehmend als Gruppe mit den privaten Banken und den genossenschaftlichen Kreditinstituten konkurrierte."[28] In den 1920er Jahren gab es in Deutschland etwa 2.600 Sparkassen mit fast 30.000 Mitarbei-

[25] Carl Ludwig Holtfrerich: Die deutsche Inflation 1914–1932, Berlin 1980, Volker Hentschel: Wirtschaft und Politik in der Weimarer Republik. Ein Überblick, in: Geschichte des deutschen Buchhandels im 19. und 20. Jahrhundert. Die Weimarer Republik 1918–1933, Teil 1, hg. von Ernst Fischer und Stephan Füssel, Berlin 2007, S. 29–70, hier S. 34–37.

[26] Die Umstellung von der „Mark" (M) auf die „Rentenmark" (RM) im November 1923 beendete die Deutsche Inflation, die durch die Finanzierung des Ersten Weltkriegs über Kriegsanleihen und die Reparationszahlungen nach dem Ersten Weltkrieg ausgelöst worden war. Die eigentliche Reform stellt das Münzgesetz vom 30. August 1924 dar, das die „Reichsmark" als Zahlungsmittel festlegte; zur historischen Bewertung der Inflation vgl. genauer das Kapitel 1.7. „Existenzkampf: Von der Wirtschafts- zur Bankenkrise" dieser Arbeit.

[27] Winterfeld (1941), S. 61.

[28] Günter Ashauer: Entwicklung der Sparkassenorganisation ab 1924, in: Deutsche Bankengeschichte, hg. Im Auftrag des Instituts für bankhistorische Forschung, Band 3, Frankfurt 1983, S. 279–348, hier S. 279.

1.5. KRISENJAHRE

tern, die 1929 etwa 10 Mrd. RM an Spareinlagen und 1,4 Mrd. an Giro- und Depositeneinlagen verwalteten. Schwerpunkt war nach der Währungsreform von 1923, als sich die Geschäfte wieder normalisiert hatten, neben dem traditionellen Spargeschäft und dem Realkreditgeschäft die Abwicklung des bargeldlosen Zahlungsverkehrs, insbesondere in Form des Überweisungsverkehrs, der ab 1929 Spargiroverkehr genannt wurde. Um 1930 wurden von den Sparkassen etwa 20 Mio. Giroüberweisungen im Jahr getätigt. Diese Entwicklung war untrennbar mit dem Namen Johann Christian Eberle verbunden, der seit 1919 Vorsitzender des sächsischen Sparkassenverbandes war.

Schon 1920 war die Sparkassenschule gegründet worden; 1925 wurde die Verbandsrevision eingeführt, 1928 folgte das Lehrinstitut für das kommunale Sparkassen- und Kreditwesen und die Einführung einer zentrale Vordruckstelle des Deutschen Sparkassen- und Giroverbandes, aus der 1932 der Deutsche Sparkassenverlag hervorgegangen ist. Die Tendenz zur Vereinheitlichung der Geschäftspolitik mündete in enger Abstimmung mit dem preußischen Innenministerium zur Erarbeitung einer neuen am 26. Juli 1927 veröffentlichten Mustersatzung, die vorsah, eine Liquiditätsreserve in Höhe von mindestens 10 % der Einlagen bei den Girozentralen anzulegen, wodurch deren Geschäftsbasis erheblich erweitert wurde.

1.6. Die Eingemeindungen von 1928/29 und die Erweiterung des Geschäftsgebietes

Bedeutende Veränderungen im Geschäftsgebiet, im Geschäftsumfang und in der Organisationsstruktur der Sparkasse Dortmund brachten die Stadterweiterungen in den Jahren 1928 und 1929. Auf der Basis des Gesetzes über die kommunale Neugliederung des rheinisch-westfälischen Industriegebietes erfolgte eine erhebliche Ausdehnung der Stadt Dortmund. Eingemeindet wurden Bodelschwingh, Bövinghausen, Brechten, Brüninghausen, Derne, Ellinghausen, Grevel, Holthausen bei Lünen, Holthausen bei Brechten, die Stadt Hörde, Husen, Kirchderne, Kirchlinde, Kley, Kurl, Lanstrop, Lütgendortmund, Marten, Mengede, Nette, Oespel, Westerfilde und Wickede (alle zum 1. April 1928); es folgten am 1. August 1929 Aplerbeck, Barop, Berghofen, Kirchhörde, Schüren, Sölde, Somborn, Syburg und Wellinghofen.[29] Die Einwohnerzahl Dortmunds wurde durch diese Verwaltungsreform auf nunmehr 550.000 Menschen, die auf einer Fläche von 27.000 ha lebten, nahezu verdoppelt. Diese außerordentlich geringe Bevölkerungsdichte bedeutete für die Stadt Dortmund nicht nur eine hohe Kostenbelastung, sondern auch einen enormen organisatorischen Aufwand, der mit dem notwendigen Aufbau einer leistungsfähigen Infrastruktur verbunden war. Dortmunds Oberbürgermeister Ernst Eichhoff formulierte in diesem Sinne, dass die „Schöpfung Groß-Dortmund einen hohen ideellen Gewinn" darstelle.[30]

Für die Dortmunder Sparkasse bedeutete diese Gebietsreform eine enorme Ausweitung. Zuerst gingen 1928 die städtische Sparkasse Hörde und fünf weitere Amts-

---

[29] Zu den unterschiedlichen Reaktionen der betroffenen Gebietskörperschaften, in Hörde z. B. stießen diese Maßnahmen auf große Ablehnung, während im Dortmunder Norden eine weitaus positivere Stimmung herrschte, vgl. Gustav Luntowski: Dortmund seit den Zwanziger Jahren, in: Walter Först (Hg.): Städte nach zwei Weltkriegen, Köln 1984, S. 33–61, hier S. 38–41.

[30] Zitiert nach Luntowski (1984), S. 41.

sparkassen des Landkreises Dortmund, der aufgelöst wurde, und schließlich 1929 zwei Amtssparkassen des Landkreises Hörde in der Sparkasse Dortmund auf. Die Sparkasse des Amtes Aplerbeck war von diesen Sparkassen die älteste.[31] Als die Sparkasse des Amtes Aplerbeck am 1. März 1929 auf die Sparkasse Dortmund übertragen wurde, brachte sie 3,6 Mio. RM an Spareinlagen ein. Nach der Übertragung der Amtssparkasse auf die Sparkasse Dortmund wurde die ehemalige Hauptstelle als Zweigstelle fortgeführt, während die Zweigstelle in Holzwickede auf die Amtssparkasse Unna-Kamen überging.

Die Sparkasse der Stadt Hörde war mit einem Spareinlagenbestand von 6,77 Mio. RM die größte der in den Jahren 1928/29 übertragenen Sparkassen. Sie war 1860 gegründet worden und besaß seit 1915 ein eigenes Sparkassengebäude in Hörde am Penningskamp. Auch diese ehemalige Hauptstelle wurde zur Zweigstelle, als sie am 22. März 1928 auf die Sparkasse Dortmund übertragen wurde.

Die Sparkasse des Amtes Barop wurde 1875 gegründet. Bei der Aufteilung des Amtes auf die drei Ämter Barop, Kirchhörde und Wellinghofen blieb sie bestehen und wurde gemeinsame Sparkasse der drei neuen Ämter. Sie nannte sich seitdem (um 1897) Sparkasse für die Ämter Barop, Kirchhörde und Wellinghofen. Nachdem die Sparkasse 33 Jahre lang in den Privathäusern der Rendanten geführt worden war, zog sie 1908 in einen Neubau in Barop an der Harkortstraße. Auch diese Geschäftsstelle wurde von der übernehmenden Sparkasse Dortmund fortgeführt. Bei der Übernahme am 1. August 1929 verfügte die Ämtersparkasse über Spareinlagen in Höhe von 2,06 Mio. RM.

Die Amtssparkasse Brackel in Wickede-Asseln bestand seit 1878. Ihre Geschäftsstelle befand sich in Asseln und wurde mit der Übertragung auf die Sparkasse Dortmund am 22. März 1928 zu einer Zweigstelle. Die Amtssparkasse wies zu diesem Zeitpunkt einen Spareinlagenbestand von 1,83 Mio. RM aus.

Die Sparkasse des Amtes Derne war 1892 unter der Bezeichnung Sparkasse des Amtes Lünen errichtet worden. Den Namen Sparkasse des Amtes Derne erhielt sie erst im Jahr 1907. Seitdem lagen ihre Geschäftsräume in dem in Altenderne-Oberbecker neu erbauten Amtshaus; diese Räume wurden als Zweigstelle der Sparkasse Dortmund fortgeführt, als die Amtssparkasse am 22. März 1928 übertragen wurde. Die Amtssparkasse verfügte zu diesem Zeitpunkt über Spareinlagen in Höhe von 0,71 Mio. RM.

Die Amtssparkasse Lütgendortmund wurde im Jahr 1899 eröffnet; in einem Verzeichnis der 1909 bestehenden preußischen Sparkassen, das 1911 vom Königlich Preußischen Statistischen Landesamt veröffentlicht wurde, ist als Gründungsjahr 1893 angegeben. Die Amtssparkasse besaß seit 1908 ein eigenes Gebäude an der Westricher Straße, das 1928 ebenfalls zur Zweigstelle der Sparkasse Dortmund wurde. Sie besaß einen Spareinlagenbestand in Höhe von 1,15 Mio. RM, als sie am 22. März 1928 auf die Sparkasse Dortmund übertragen wurde.

---

[31] Sie wurde am 10. November 1855 eröffnet. Der erste Antrag auf Errichtung einer Sparkasse wurde in einer Sitzung der Amtsversammlung im Jahr 1853 gestellt. Ursprünglich war beabsichtigt, eine Sparkasse für den gesamten Amtsbezirk zu gründen. Nachdem dies nicht zustande kam, bildeten die Gemeinden Aplerbeck, Sölde, Holzwickede, Opherdicke und Schüren, wie von der Regierung gefordert, nach § 134 der Gemeindeordnung eine Amtsversammlung der Garantiegemeinden, der die notwendigen Befugnisse übertragen wurden. Daraufhin genehmigten die Königliche Regierung in Arnsberg am 1. Mai 1855 und der Oberpräsident der Provinz Westfalen am 3. Juli 1855 die Gründung der Sparkasse. Der am ersten Geschäftstag auf vier Sparbüchern eingezahlte Betrag von 330 Talern wurde sofort vom Sparkassenvorstand dem Kuratorium der Rektoratsschule in Aplerbeck gegen eine Schuldverschreibung als Darlehen bewilligt. Im Jahr 1909 errichtete die Sparkasse eine Zweigstelle in Holzwickede und am 1. November 1915 bezog sie ein eigenes Gebäude in Aplerbeck an der Köln-Berliner-Straße.

Am selben Tage kam auch die Amtssparkasse Mengede, gegr. 1894/96, hinzu. Sie hatte einen Spareinlagenbestand von 1,70 Mio. RM und war seit 1913 Eigentümerin eines Sparkassengebäudes an der Remigiusstraße, das als Zweigstelle der Sparkasse Dortmund weitergeführt wurde.

Am 22. März 1928 wurde schließlich auch die Sparkasse des Amtes Marten in Dorstfeld auf die Sparkasse Dortmund übertragen; ihre Geschäftsstelle an der Wittener Straße wurde ebenfalls als Zweigstelle fortgeführt. Die Sparkasse des Amtes Marten war unter diesen acht übernommenen Instituten die jüngste Gründung und erst im Jahr 1899 als Amtssparkasse Dorstfeld errichtet worden. Bei ihrer Übertragung verfügte sie über Spareinlagen in Höhe von 1,60 Mio. RM.

Nach dieser durch die kommunale Neuordnung bedingten Zunahme der Zahl der Geschäftsstellen, die der Sparkasse Dortmund einen Spareinlagenzuwachs von insgesamt fast 20 Mio. RM brachte, errichtete die Sparkasse bis 1931 noch fünf weitere Zweigstellen, nämlich in Brackel, Husen, Wellinghofen sowie in der Innenstadt an der Heroldstraße und der Straße der SA (heute Hohe Straße).

1.7. Existenzkampf: Von der Wirtschafts- zur Bankenkrise

Der „Dawes-Plan" leitete schließlich das Ende der wirtschaftlichen Krise in Deutschland ein. Die konjunkturellen Verlaufsmuster der wirtschaftlichen Entwicklung während der Weimarer Republik lassen sich im Gegensatz zur Wachstumsdynamik der Vorkriegszeit als „Stockungsphase" beschreiben. Erst 1928/29 wurde in etwa die Höhe des Sozialproduktes der Vorkriegszeit wieder erreicht.[32] 1929 erschütterte dann der „black friday" nicht nur das ökonomische Gefüge, sondern führte als „Vorhölle" der nationalsozialistischen Machtergreifung zu Hungermärschen, Straßenkämpfen und politischer Radikalisierung.

Mit Blick auf die relativ rasche Bewältigung der Auswirkungen des weltwirtschaftlichen Konjunktureinbruchs in den übrigen Industriestaaten wissen wir heute, dass die Härte und der lange Verlauf der Krise in Deutschland auf besondere Probleme zurückzuführen sind. Dafür sind vor allem auch außerökonomische Gründe, namentlich der Erste Weltkrieg und seine wirtschaftspolitischen Folgen, verantwortlich. Die Wirtschaft geriet in einen immer offeneren Widerspruch zur „sozialistischen Wirtschaftspolitik" der Weimarer Republik, der man neben den Reparationslasten die Hauptschuld für den wirtschaftlichen Niedergang anlastete. Die Forschung ist sich mittlerweile weitgehend darin einig, dass das niedrige Wirtschaftswachstum und die hohe Arbeitslosigkeit vor allem auf eine zu geringe Investitionstätigkeit und ein zu hohes Lohnniveau in einem überzogenen Sozialstaat zurückzuführen sind.[33]

---

[32] Dietmar Petzina: Die deutsche Wirtschaft in der Zwischenkriegszeit, Wiesbaden 1977, S. 11–18.
[33] Knut Borchardt: Zwangslagen und Handlungsspielräume in der großen Weltwirtschaftskrise der frühen dreißiger Jahre. Zur Revision des überlieferten Geschichtsbildes, in: Jahrbuch der Bayerischen Akademie der Wissenschaften (1979), S. 85–132; derselbe: Wachstum, Krisen, Handlungsspielräume der Wirtschaftspolitik, Göttingen 1982. Positiv zu Borchardts Thesen Harold James: Deutschland in der Weltwirtschaftskrise 1924–1936, Stuttgart 1988 und Albrecht Ritschl: Zu hohe Löhne in der Weimarer Republik? Eine Auseinandersetzung mit Holtfrerichs Berechnungen zur Lohnposition der Arbeiterschaft 1925–1932, in: Geschichte und Gesellschaft 16 (1990), S. 375–402. Zur Gegenposition vgl. Carl Ludwig Holtfrerich: Zu hohe Löhne in der Weimarer Republik? Bemerkungen

Betrachten wir die ökonomischen Folgen der Wirtschaftskrise ein wenig genauer. Der deutsche Warenexport sank zwischen 1929 und 1932 von 13,5 auf 5,7 Mrd. RM, da der Außenhandel ebenso rapide zurückging wie die Industrieproduktion des Deutschen Reichs, die um ca. 40 % fiel. Die Montanindustrie im Ruhrgebiet war besonders stark betroffen und büßte 54 % ihrer Wirtschaftskraft ein. Firmenzusammenbrüche waren ebenso wie Bankenschließungen infolge einer leicht zeitversetzt ausgelösten Bankenkrise an der Tagesordnung. Zwischen September 1929 und Anfang 1933 stieg die Zahl der Erwerbslosen in Deutschland von 1,3 auf über 6 Mio. Menschen. Das Steueraufkommen pro Kopf sank von 76,80 RM auf 23,60 RM, was mit dem Absinken der Realeinkommen um etwa ein Drittel korreliert. Armut und Kriminalität nahmen sprunghaft zu.[34] In Dortmund stieg die Arbeitslosenquote auf 57,4 %, womit man im Ruhrgebiet an der Spitze lag. Die Stadt verlor aufgrund der herrschenden Finanznot ihre Handlungsspielräume. Zwar entlasteten neue Steuern und die von der Reichsregierung verordnete Absenkung der Gehälter im öffentlichen Dienst die Ausgabenseite um 20 %, dennoch konnten Ende 1932 nur noch die dringendsten gesetzlichen Verpflichtungen erfüllt werden. Die Kommunalpolitik hatte ihren Handlungsfähigkeit fast völlig verloren und wurde zu einer reinen Finanz- und Notstandspolitik.

Für die Wirtschaftskrise von 1929, die man als „Reparationskrise" bezeichnete, machte man vor allem den Young-Plan verantwortlich, der im Juni 1929 von einem Sachverständigenausschuss unter Leitung des US-amerikanischen Industriellen Owen Young vorgelegt wurde und einen neuen Zahlungsplan für Reparationen vorsah. Er kam dem deutschen Wunsch nach Senkung der Schuldenlast entgegen und legte die Reparationssumme auf 112 Mrd. RM fest. Die Laufzeit betrug 60 Jahre und reichte bis 1988. Die durchschnittlich zu zahlende Jahresrate betrug 2 Mrd. RM. Reichsbahn und Reichsbank standen fortan nicht mehr unter ausländischer Kontrolle, so dass die Einschränkungen der Souveränität Deutschlands aufgehoben waren. Trotz dieser Erleichterungen wurde der Young-Plan nach Ausbruch der Weltwirtschaftskrise Gegenstand großangelegter Propagandafeldzüge. Der Dortmunder Handelskammerpräsident Heinrich Jucho, einer der Wortführer der mittelständischen Wirtschaft im rheinisch-westfälischen Industriegebiet, sprach in diesem Zusammenhang wiederholt von „kalter Sozialisierung".[35]

Für die Sparkasse Dortmund waren diese Krisenjahre existenzbedrohend, wie schon ein flüchtiger Blick auf die Entwicklung der Spareinlagen verrät. Spätestens 1931 steuerte die Wirtschaftskrise auf eine massive Finanzkrise zu. Bereits im Dezember 1930 entstand bei den deutschen Sparkassen zum ersten Male seit der Währungsstabilisierung ein Auszahlungsüberschuss in Höhe von 16,1 Mio. RM. Die zufließenden Mittel reichten also nicht mehr aus, die Rückzahlungsansprüche zu decken. Der Einzahlungsüberschuss war im gesamten Geschäftsjahr 1930 gegenüber 1929 von 1,4 Mrd. RM auf 879 Mio. RM eingebrochen. Während die Auszahlungen von 5,3 Mrd. RM auf rd. 6 Mrd. RM, also um fast

---

zur Borchardt-These, in: Geschichte und Gesellschaft 10 (1984), S. 122–141; derselbe: Alternativen zu Brünings Wirtschaftspolitik in der Weltwirtschaftskrise? in: Historische Zeitschrift 235 (1982), S. 605–631; Claus-Dieter Krohn: „Ökonomische Zwangslagen" und das Scheitern der Weimarer Republik. Zu Knut Borchardts Analyse der deutschen Wirtschaft in den zwanziger Jahren, in: Geschichte und Gesellschaft 8 (1982), S. 415–426.

34 Hentschel (2007), S.29–70.
35 Vgl. Karl-Peter Ellerbrock, Harald Wixforth: „Kalte Sozialisierung" und das Ende des freien Unternehmertums? Die Debatte über ordnungspolitische Weichenstellungen zwischen Währungsverfall und Wirtschaftskrise, in: Ellerbrock (2021), S. 105–144.

15 % anstiegen, wuchsen die Einzahlungen lediglich von 6,7 Mrd. RM auf 6,9 Mrd. RM, also um 3,5 %. Das Institut für Konjunkturforschung unter der Leitung von Ernst Wagemann beobachtetet diese Entwicklung besorgt und hatte berechnet, dass der Zuwachs lediglich noch von Zins- und Aufwertungsgutschriften[36] getragen wurde.[37]

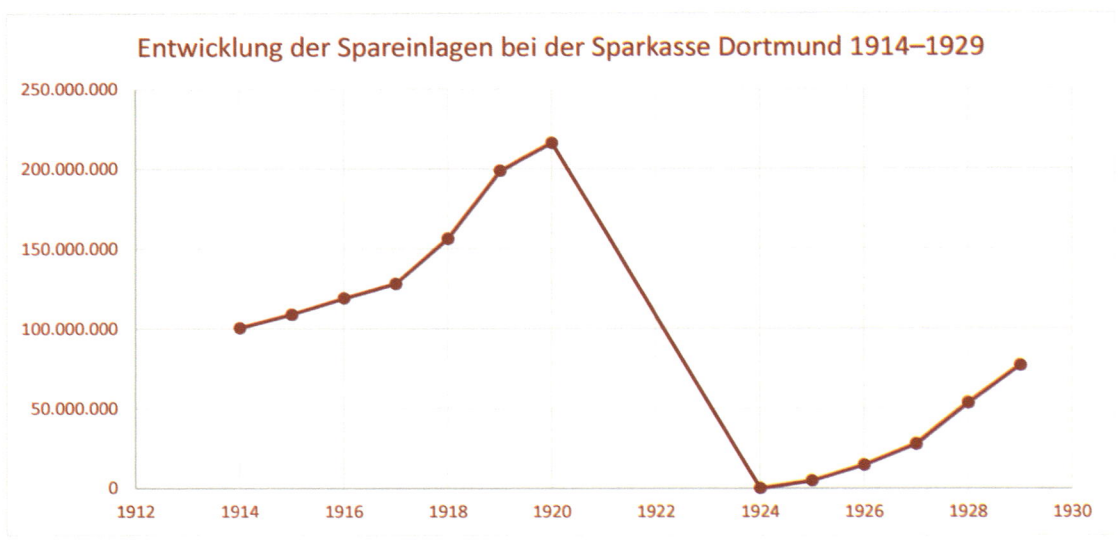

Quelle: Winterfeld, S. 151, umgerechnet in M

Diese Entwicklung wurde auch bei der Dortmunder Sparkasse aufmerksam verfolgt. Bestanden ihre Geschäftsberichte bis 1929 aus einem reinen Zahlenwerk, wird seit 1930 den Geschäftszahlen eine Einschätzung der „Allgemeinen Wirtschaftslage" sowie der „Örtlichen Wirtschaftslage" vorangestellt. Schon der Bericht von 1930 ist vor dem Hintergrund einer dramatischen Zunahme der Arbeitslosigkeit von einer düsteren Stimmungslage gekennzeichnet, die sich 1931 noch weiter zuspitzen sollte. „Die schon in dem Geschäftsbericht des Jahres 1930 erwähnte Wirtschaftskrise hat sich im Jahr 1931 weiter verschärft; sie findet ihren Niederschlag in dem Anwachsen der Arbeitslosenziffer auf rd. 6.000.000 am Ende des Berichtsjahres gegenüber rd. 5.000.000 am Ende des Vorjahres."[38]

[36] Die sog. Aufwertungsgutschriften erfolgten nach dem Aufwertungsgesetz vom 16. Juli 1925 , eine Maßnahme zur Überwindung der Nachkriegsinflation im Deutschen Reich. Eine erste Aufwertung zuvor entwerteter Hypotheken und Pfandbriefe war durch die dritte Steuernotverordnung vom 14. Februar 1924 vorgenommen worden. Dabei waren die Hypotheken auf 15 % des Goldmarktpreises aufgewertet worden. Mit dem Aufwertungsgesetz wurde dieser Wert auf bis zu 25 % erhöht. Hiermit reagierte der Gesetzgeber auf die massive Kritik an der dritten Steuernotverordnung. Die Aufwertungsbeträge wurden in Form von Liquidationspfandbriefen ausgegeben. Die Sparkassen richteten sog. Aufwertungsfonds ein; über die Summen entschied eine eigens eingerichtete Aufwertungsstelle; zum Verfahren vgl. Carl Gribel: Gesetz über die Aufwertung von Hypotheken und anderen Ansprüchen (Aufwertungsgesetz) vom 16. Juli 1925 unter besonderer Berücksichtigung der Rechtsprechung des Kammergerichtes erläutert, Berlin und Heidelberg 1925; zum Stand der wirtschaftshistorischen Forschung immer noch unentbehrlich Holtfrerich (1980), S. 315–327.

[37] Verlangsamter Zuwachs der Spareinlagen, in: Wochenbericht des Instituts für Konjunkturforschung, 4. Jahrgang Nr. 2/3 vom 15. April 1931, S. 5–6.

[38] Nicht veröffentlichter Geschäftsbericht für 1931, Archiv der Sparkasse Dortmund, Akte Verwaltungsberichte 1926–1931.

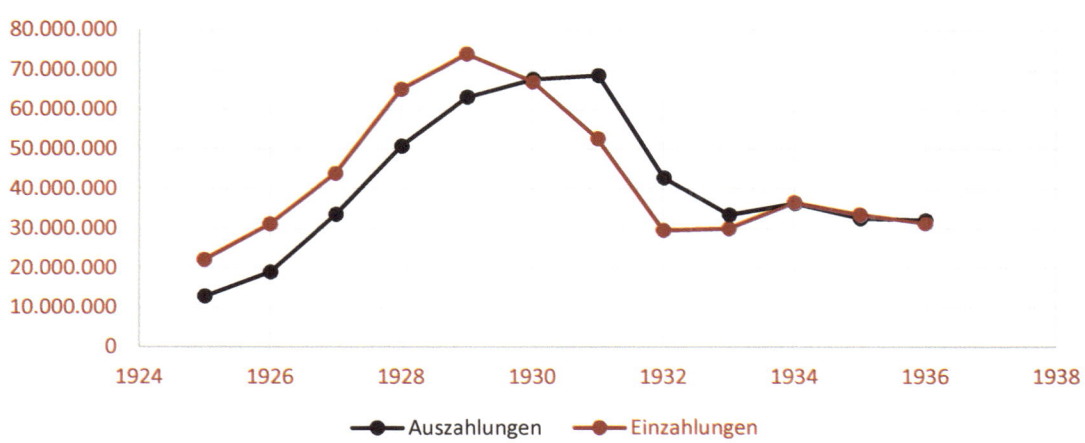

Quelle: Winterfeld, S. 151, umgerechnet in M

Der Reichsbank, die unter der Führung von Rudolf Havenstein[39] (1908–1923), Hans Luther[40] (1930–1933) und Hjalmar Schacht[41] (1923–1930 und 1933–1939) stand, kam eine zentrale Rolle bei der Stabilisierung der deutschen Währung zu. Wurde noch bis Ende 1922 mit einer Konsolidierung der deutschen Währung gerechnet, gerieten die Finanzen dann „in den Strudel verschärfter deutsch-französischer Spannungen."[42] Der geldpolitische Handlungsspielraum der Reichsbank, die schon 1922 unabhängig geworden war, erweiterte sich aber erst nach dem Ruhrkampf. „Der Abbruch des Ruhrkampfs wurde von der Reichsbank mit der Ankündigung beantwortet, ab einem Stichtag im November keine Schatzwechsel mehr zu diskontieren. Dieser Termin ist eingehalten worden und bildet den Hintergrund für die dramatischen politischen Entwicklungen im Spätherbst 1923. Für die internationale Absicherung der Stabilisierung bedurfte es der Unterstützung durch die damals international führende Bank von England sowie internationaler Diplomatie."[43] Die unkontrollierte Ausgabe von Notgeld, die heute auf ein Drittel des gesamten Geldumlaufs geschätzt wird, schwächte die Stellung der Reichsbank erheblich. „Ohne eine Rückgewinnung der Kontrolle über die Geldemission in den besetzten Gebieten war eine Stabilisierung ausgeschlossen." Der politische Druck Großbritanniens auf Frankreich beendete dieses Spannungsverhältnis, ohne dass die erwogene Einführung einer rheinischen Parallelwährung realisiert werden konnte.

Die Finanzkrise von 1931 war schließlich eine Kombination aus Banken-, Währungs- und auswärtiger Schuldenkrise. Nachdem die Reichsbank angekündigt hatte, die amerikanischen Reparationsforderungen nicht mehr zu bedienen, erhielt die Reichsbank einen

---

[39] Zu Rudolf Havenstein (1857–1923) siehe den biographischen Anhang.
[40] Zu Hans Luther (1879–1962) siehe den biographischen Anhang.
[41] Zu Hjalmar Schacht (1877–1970) siehe den biographischen Anhang.
[42] Albrecht Ritschl: Zentralbanken und Geldpolitik in Deutschland 1924–1970, in: Magnus Brechtken, Ingo Loose (Hg.): Von der Reichsbank zur Bundesbank. Personen, Generationen und Konzepte zwischen Tradition, Kontinuität und Neubeginn. Frankfurt 2024, S. 19–32, hier S. 20.
[43] Ritschel (2024), S. 21.

internationalen Goldkredit und reagierte nach Verweigerung einer zweiten Finanzspritze auf Anraten der Bank von England mit einem Kreditstopp, der Bankenpaniken und den Erlass von Devisenkontrollen auslöste. Die einseitige Streichung der Reparationen führte zu einem Bruch mit dem Young-Plan. Die Nichtbedienung der deutschen Auslandsschulden nach lateinamerikanischem Muster wurde zur Alternative zur Deflationspolitik Brünings. Bereits 1930 wurden Akzeptanzbanken eingerichtet, „um hart am Rande der Legalität rediskontfähige, als Handelswechsel ausgestattete Schatzwechsel zu schaffen."[44] Nach 1933, spätestens seit 1936, mutierte dann die Reichsbank zu einer politisch machtlosen Institution und einem willfährigen Handlanger einer zerstörerischen Politik des NS-Regimes.[45]

Die im Zusammenhang mit der allgemeinen Wirtschaftskrise 1931 ausgebrochene Finanzkrise drohte „unser gesamtes Wirtschaftsgebäude zu zerrütten."[46] Die ersten Anzeichen der herannahenden Finanzkrise machten sich auch in der Wahrnehmung der Dortmunder Sparkasse im Mai des Jahres 1931 bemerkbar. „Die einsetzende Beunruhigung wurde noch verstärkt durch die ungeklärten aussenpolitischen Verhältnisse (Hinauszögerung des Hoover-Planes) und die gespannte innenpolitische Lage. Bedenklich wurde die Lage für die Geldinstitute, als die Danatbank ihre Schalter schliessen musste. Die Tatsache war Anlass für die Einführung von Bankfeiertagen sowie darauffolgenden Notverordnungen, die für die Sparkassen mancherlei bedeutungsvolle und zum Teil einschneidende Bestimmungen enthalten. Dem allgemeinen Ansturm bei den Geldinstituten konnte nur dadurch begegnet werden, dass die Reichsbank über eine neu gegründete Akzept- und Garantiebank Mittel zur Leistung von Auszahlungen zur Verfügung stellte. Die deutschen Sparkassen haben zweifellos durch die Ereignisse des Jahres 1931 schwer gelitten. Die Grundlage für den erneuten Wiederaufbau des Geschäfts, für die erhöhten Wiedereinzahlungen im Sparverkehr wird in erster Linie das Vertrauen zur Ordnung unserer aussen- und innenpolitischen Verhältnisse, unserer Wirtschaft, unseres Zahlungsverkehrs und unserer Währung sein."[47]

Hinter diesen eher nüchternen Formulierungen im Geschäftsbericht, der im Übrigen auf Empfehlung des Deutsche Sparkassen – und Giroverband „mit Rücksicht auf die zeitigen Verhältnisse für das Geschäftsjahr 1931" nicht veröffentlicht, „sondern sich auf eine Zusammenfassung der Geschäftsergebnisse für den internen Gebrauch beschränken" sollte,[48] standen dramatische Ereignisse. Auch in Dortmund spitzte sich die Lage zu. Allein am 13. Juli war die gigantische Summe von 1,1 Mio. RM an den Schaltern abgehoben worden, so dass die an den folgenden zwei Tagen verordneten „Bankfeiertage" sehr gelegen kamen. An den darauffolgenden zwei Tagen leistete die Sparkasse „nur in besonderen Fällen" Barzahlungen, nämlich für Löhne, Gehälter und Steuern. Die Nostroguthaben[49] bei der am Abgrund taumelnden Westfälischen Landesbank waren einge-

---

[44] Ritschel (2024), S. 25.
[45] Ritschel (2024), S. 29.
[46] Nicht veröffentlichter Geschäftsbericht für 1931, Archiv der Sparkasse Dortmund, Akte Verwaltungsberichte 1926–1931.
[47] Ebenda.
[48] Vermerk für die Vorstandssitzung vom 13. Januar 1932, Archiv der Sparkasse Dortmund, Akte Verwaltungsberichte 1926–1931.
[49] Nostroguthaben sind „Sichteinlagen, die ein Kreditinstitut bei einem anderen unterhält. Die Banken halten Nostroguthaben, um (1) den Überweisungsverkehr ihrer Kunden über Korrespondenzbanken möglichst rasch abzuwickeln und (2) Überschussreserven verzinslich anzulegen. Die Nostroguthaben bedeuten meist eine Liquiditätsübertragung von liquiden auf liquiditätsknappe Banken." Gabler Wirtschaftslexikon Online, abgerufen am 4. Oktober 2024.

froren und konnten nicht zur Aufrechterhaltung der eigenen Liquidität abgerufen werden. Ähnlich wie die Landesbank der Rheinprovinz, die nicht mehr liquide war und für 17 Jahre aus dem Überweisungsnetz der Sparkassenorganisation ausschied,[50] stand auch die Landesbank der Provinz Westfalen vor dem Zusammenbruch und konnte nur durch Stützungskredite der öffentlichen Hand gerettet werden.

Die Dortmunder Sparkasse überlebte wahrscheinlich nur durch Liquiditätskredite der Reichsbank, die insgesamt 1,1 Mrd. RM für diesen Zweck zur Verfügung stellte. Diese Finanzhilfen wurden den Sparkassen von der eigens dafür gegründeten Akzept- und Garantiebank ausgezahlt. Nach Dortmund flossen knapp 10 Mio. RM. Der Vertrauensverlust der Dortmunder Sparkassenkunden war dramatisch. Viele Sparer versuchten durch „Hingabe ihrer Sparbücher an Kaufleute sich wertvolle Waren wie z. B. Möbel usw. rasch zu erwerben."[51] Das Ausmaß dieses von den Kaufleuten beworbenen Zahlungsmodells muss enorm gewesen sein, denn schon am 16. Juli kam es zu einer Kundgebung des Sparerbundes, der zur Ruhe aufforderte und vor der „Verschleuderung" der Sparbücher warnte. Die Dortmunder Polizei veröffentlichte in der Lokalpresse ein Verbot für die Kaufleute, „die die augenblickliche Lage zu ihren Gunsten und zum Nachteil der Sparer auszunutzen."[52] Seit dem 5. August gab es dann wieder einen geregelten Zahlungsverkehr, auch wenn die Höhe der Abhebungen zunächst noch auf 300 RM beschränkt blieb.

Erst im Frühjahr 1932 entspannte sich die Situation allmählich wieder, als „nach siebenmonatiger rückläufiger Bewegung" zum ersten Mal wieder eine Steigerung des Einlagenbestandes festgestellt werden konnte.[53] Im August 1932 glichen sich dann bei den vom Statistischen Reichsamt erfassten knapp 2.600 deutschen Sparkassen im „Sparverkehr die Ein- und Auszahlungen in der Reichssumme zum erstenmal wieder annähernd aus; die Auszahlungen überschritten die Einzahlungen nur noch um 10,8 Mio. RM, während im Vormonat der Auszahlungsüberschuss noch 88,3 Mio. RM und im Durchschnitt der 14 Monate Juni 1931 bis Juli 1932 sogar 170,8 Mio. RM betrug."[54]

Die komplexen Folgen der Bankenkrise für die Sparkassenorganisation, die sich einem regelrechten Vernichtungsangriff während der Bankenenquete von 1933 erwehren musste,[55] können an dieser Stelle nicht im Detail ausgebreitet werden.[56] Sicher ist, dass die Sparkassen nicht „an dieser Krise völlig unschuldig waren," wie die Dortmunder Sparkasse zehn Jahre später rückblickend behauptete.[57] Denn ein wichtiger Faktor für die hereinbrechende Bankenkrise war ohne Frage die Tatsache, dass infolge der Einführung der neuen Mustersatzung im Jahre 1927 die Girozentralen, die die eigentlich als kurzfristig zu betrachtenden Sichteinlagen der Sparkassen in Kommunalkredite anlegten, um höhere Zinserträge zu generieren. Diese Kredite waren formal betrachtet zwar kurzfristig, wurden jedoch von den Kommunen häufig für langfristige Zwecke wie z.B. für Bauprojekte verwendet, wodurch man für langfristige Kredite kurzfristige Konditionen erhielt. Damit wurde die „goldene

---

50 Alle notwendigen Zahlungsflüsse konnten nur durch einen gewagten Schachzug der DGZ mit der Gründung einer Rheinischen Girozentrale aufrecht erhalten werden; vgl. Harald Wixforth: Die langfristigen Folgen der Bankenkrise und die Zeit des Nationalsozialismus 1931–1945, in: Die DekaBank seit 1918. Liquiditätszentrale, Kapitalanlagegesellschaft, Asset Manager, 2. aktualisierte Auflage, Paderborn 2018, S. 87–174, hier S. 96f.
51 Winterfeld (1941), S. 67.
52 Ebenda.
53 Wirtschaft und Statistik, hg. Vom Statistischen Reichsamt, Berlin, 12. Jahrgang Nr. 7, 1. Aprilheft, S. 220.
54 Wirtschaft und Statistik, hg. Vom Statistischen Reichsamt, Berlin, 12. Jahrgang Nr. 19, 1. Oktoberheft, S. 618.
55 Wixforth (2018), S. 105.
56 Vgl. dazu genauer Wixforth (2018), S. 95–107.
57 Winterfeld (1941), S. 67.

Bankregel" der Fristenkongruenz verletzt, wodurch die Sparkassen in der aufziehenden Bankenkrise an den Rand der Zahlungsunfähigkeit getrieben wurden.[58] Eine „Verodnung des Reichspräsidenten über die Spar- und Girokassen sowie die kommunalen Giroverbände und kommunalen Kreditinstitute" vom 5. August 1931 steuerte politisch dagegen und untersagte den bereits bei der Akzept- und Garantiebank verschuldeten Sparkasse das kommunale Kreditgeschäft, womit die enge Interessensverquickung zwischen kommunaler Darlehenspraxis und kommunaler Aufsicht durchbrochen wurde.

Auch die Sparkassenorganisation ignorierte diese Zusammenhänge und machte vor allem die Großbanken mit ihrer angeblich fehlerhaften Kreditpolitik, sodann „die Reichsbank, die auch die Refinanzierungsmöglichkeiten für die Sparkassen stark eingeschränkt hatte, und die Reichsregierung mit den von ihr verhängten gravierenden Einschränkungen im Zahlungsverkehr" für die Bankenkrise verantwortlich.[59] Schon ein flüchtiger Blick auf die oben skizzierte geschäftliche Entwicklung der deutschen Sparkassen zeigt, dass diese Anschuldigungen nur zum Teil der Realität entsprachen und die Sparkassen selbst nach dem „Run" auf ihre Schalter bei den Girozentralen und der DGZ erhebliche Störungen im Giroverkehr und eine negative Liquiditätsspirale ausgelöst hatten.[60]

Nach der Überwindung der als „Bankenkrise" in die Annalen der Wirtschaftsgeschichte eigegangenen Liquiditätskrise gab es bei den Sparkassen markante strukturelle Veränderungen in der Zusammensetzung der nun sehr stabilen Spareinlagen, die sich im August 1932 auf über 11 Mrd. RM beliefen. „Abgesehen von den Spardepositen, die die Sparer abgezogen haben, weil der Sparzweck erreicht bzw. eingetreten war – z.B. die wirtschaftliche Notlage, für die das Spargeld einen gewissen Rückhalt bieten sollte –, sind während der Kreditkrise von den Sparkassen anscheinend auch solche Gelder abgerufen worden, die nur eine vorübergehende Anlage gesucht hatten. Heute sind diese Gelder größtenteils abgehoben, so daß vorwiegend nur die Spargelder solcher Bevölkerungskreise übrig geblieben sind, die ihren Lebensunterhalt aus ihrem Einkommen bestreiten können und zur Zeit nicht auf ihre Spargelder zurückgreifen brauchen. Der niedrige Stand der Auszahlungen läßt auch darauf schließen, daß die Publikumskäufe an der Börse nicht aus Spareinlagen, sondern anscheinend vorwiegend aus gehorteten Geldern finanziert worden sind."[61]

In der historischen Rückschau gingen die Sparkassen und ihre Organisation gestärkt aus der Krise hervor. Neben der Abwehr von Plänen der Bankenenquete, die von einer Sozialisierung der regionalen Kreditwirtschaft, der Abschaffung der Girozentralen und Landesbanken, des Giroverkehrs der Sparkassen bis hin zu einer erdrückenden staatlichen Kontrolle durch Revision und Kontrolle reichte,[62] gab es vor allem zahlreiche rechtliche Verbesserungen. Eine Notverordnung vom 6. Oktober 1931 sah eine rechtliche Verselbstständigung und Umgestaltung der Sparkassen zu eigenen Rechtspersönlichkeiten vor. Die preußische Sparkassenverordnung vom 20. Juli 1932 machte sie schließlich zu Körperschaften des öffentlichen Rechts und am 4. August 1932 wurde für alle Sparkassen

---

[58] Vgl. Brodesser (2011), S. 123 f.
[59] Wixforth (2018), S. 95.
[60] Genauer Wixforth (2018), S. 96ff.
[61] Wirtschaft und Statistik, hg. Vom Statistischen Reichsamt, Berlin, 12. Jahrgang Nr. 19, 1. Oktoberheft, S. 618.
[62] So die Pläne des Staatsrates und Ministerialdirektors Erich Neumann in seinem Gutachten; vgl. Erich Neumann: Die deutschen Sparkassen, Berlin, Okt. 1933, besonders S. 350–153; vgl. dazu die Entgegnung von Ernst Kleiner, Präsident des deutschen Sparkassenverbandes: Die deutschen Sparkassen. Eine Entgegnung auf d. Ref. von Min. Dir. Staatsr. Erich Neumann, Deutscher Sparkassen Verlag 1933.

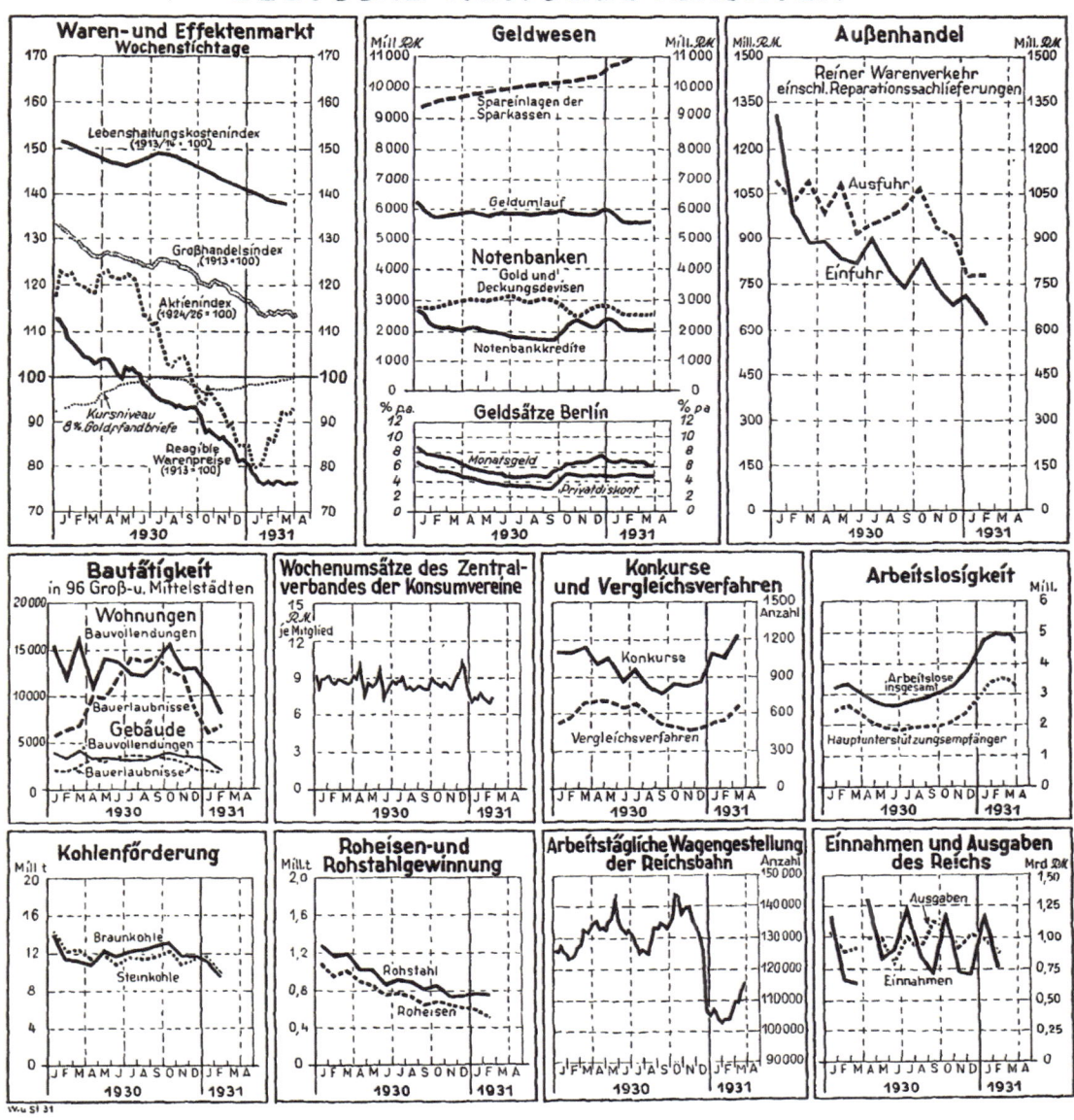

1.7. Existenzkampf: Von der Wirtschafts- zur Bankenkrise

eine Mustersatzung verbindlich eingeführt, die in Dortmund am 26. August beschlossen und am 30. September 1932 vom Münsteraner Oberpräsidenten genehmigt wurde. Damit wurde das Institut formal aus der kommunalen Verwaltung herausgelöst. Die Stadt Dortmund haftete als Gewährträger zwar weiterhin für alle Verbindlichkeiten, doch gingen alle Vermögenswerte ausschließlich auf die nunmehr rechtsfähige Dortmunder Sparkasse über, die laut Satzung zu einer gemeinnützigen und mündelsicheren Körperschaft des öffentlichen Rechts wurde und fortan auch eigenständiges Mitglied in dem für ihren Gewährverband zuständigen Rheinisch-Westfälischen Sparkassenverband in Köln war. Durch das Kreditwesengesetz von 1934 wurde die Stellung der Sparkassen weiter gestärkt und sie wurden als gleichberechtigte Universalkreditinstitute gegenüber dem privaten Kreditgewerbe anerkannt. Jedoch schufen die im Gesetz neu verankerten staatlichen Aufsichtsfunktionen den nationalsozialistischen Machthabern ein willkommenes Instrument, direkt auf die Entwicklung der Sparkassenorganisation Einfluss zu nehmen.

2. „Machtergreifung" und Gleichschaltung

Als Adolf Hitler am 30. Januar 1933 zum Reichskanzler ernannt wurde, war den wenigsten Zeitgenossen bewusst, dass dies der letzte Schritt eines demokratischen Aushöhlungsprozesses der Weimarer Republik sein sollte, der seit dem kläglich gescheiterten Hitler-Putsch im November 1923 aus einer rechtsradikalen Randpartei ein totalitäres Machtzentrum werden ließ, das Europa in den Abgrund führen sollte. Die internationale Presse hatte von der „Machtergreifung"[63] der Nationalsozialisten in Deutschland kaum Notiz davon genommen, die sich weltpolitisch im Schatten des Amtsantritts von Franklin D. Roosevelt in Washington und der Vorbereitungen zur Weltwirtschaftskonferenz in London vollzog.[64] Auch die Spitzen der deutschen Politik waren sich einig, dass sich Hitler leicht für ihre politischen Ziele instrumentalisieren ließe. „Wir haben ihn uns engagiert!" tönte Franz von Papen[65] großspurig im Kreise seiner engen Vertrauten.[66] „In zwei Monaten haben wir Hitler in die Ecke gedrückt, dass er quietscht."[67] Auch führende Wirtschafts- und Finanzpolitiker unterlagen einer Selbsttäuschung über die realen Machtverhältnisse. „Die Mehrheit wie Schacht und seinesgleichen begrüßten die NS-Herrschaft als willkommenes Vehikel ihrer eigenen Ambitionen. Darin liegt ihre Verantwortung oder, wie Konrad Adenauer am 24. März 1946 in der Kölner Universität rückblickend festhielt: ‚Der Nationalsozialismus hätte nicht zur Macht kommen können, wenn er nicht in breiten Schichten der Bevölkerung vorbereitetes Land für seine Giftsaat gefunden hätte', und er wiederholte: ‚Ich betone, in breiten Schichten der Bevölkerung.'

[63] Der Begriff „Machtergreifung", wie er im Folgenden verwendet wird, wurde von den Nationalsozialisten immer streng vermieden. Sie gebrauchten stattdessen den Begriff „Machtübernahme", um den Ereignissen, die Hitler und die NSDAP am 30. Januar 1933 an die Macht brachten, den Schein von Legitimität, Kontinuität und Gewaltlosigkeit zu geben. Die Historiker sind sich heute weitgehend darin einig, dass die „Machtergreifung" nicht als punktuelles Ereignis zu deuten ist, sondern eine Abfolge von Ereignissen umfasst, die sich bis in den Sommer 1934 hinziehen, als der Führerstaat nach dem Röhm-Putsch und dem Tod Hindenburgs fest etabliert war und Hitler die Befugnisse des Reichspräsidenten mit übernahm. Bei der Verwendung des Begriffs darf indes nicht übersehen werden, dass es sich keineswegs um einen klassischen Staatsstreich handelte, bei dem das Volk eine passive Rolle einnahm. Ganz im Gegenteil gab es, wie noch genauer dargestellt wird, zahlreiche Hilfestellungen von weiten Teilen der Bevölkerung, konservativer Politiker und Parteien, die die Ernennung Hitlers zum Reichskanzler durch Hindenburg mittrugen, die sich an der von Hitler geführten Regierung beteiligten, die die Verordnungen des Reichspräsidenten ermöglicht hatten oder durch die Zustimmung zum Ermächtigungsgesetz im Deutschen Reichstag Hitler und der NSDAP den Weg ebneten; vgl. besonders die Debatte in den Vierteljahrsheften für Zeitgeschichte, Band 31 im Jahr 1983, mit Beiträgen von Karl Dietrich Bracher, Horst Möller und Martin Broszat; dazu besonders Norbert Frei: Machtergreifung. Anmerkungen zu einem historischen Begriff, in: Vierteljahrshefte für Zeitgeschichte 31 (1983), S. 136–145; vgl. auch Gotthard Jasper: Die gescheiterte Zähmung. Wege zur Machtergreifung Hitlers 1930–1934, Frankfurt 1986.

[64] Gordon A. Craig: Deutsche Geschichte 1866–1945. Vom Norddeutschen Bund bis zum Ende des Dritten Reiches, München 1989, S. 499.

[65] Zu Franz von Papen (1879–1969) siehe den biographischen Anhang.

[66] Craig (1989), S. 499.

[67] Hans-Ulrich Thamer: Verführung und Gewalt. Deutschland 1933–1945, 2. Aufl., Berlin 1989, S. 232; Ewald von Kleist-Schmenzin: Die letzte Möglichkeit. Zur Ernennung Hitler zum Reichskanzler am 30. Januar 1933, in: Politische Studien 10 (1959), S. 89–92.

2. MACHTERGREIFUNG UND GLEICHSCHALTUNG

Schon vier Wochen zuvor hatte er in einem zu Recht wiederholt zitierten Brief an den Pastor Bernhard Custodis geschrieben, das „deutsche Volk habe sich ‚fast widerstandslos, ja zum Teil mit Begeisterung [...] gleichschalten lassen. Darin liegt seine Schuld.'"[68] Die politische „Linke" wähnte den „Trommler" in der Abhängigkeit von Junkern und Schwerindustriellen, die ihrerseits der nationalsozialistischen Bewegung durch die Integration in ein antidemokratisches deutschnationales Bündnis die Spitze brechen wollten. Auch Paul von Hindenburgs[69] Plan, die Nationalsozialisten lediglich als „Juniorpartner" des Präsidialkabinetts von Papens, nicht aber als „ausschlaggebenden Träger der Regierungsgewalt" in die Regierungsverantwortung einzubeziehen, scheiterte.[70]

Man vertraute bei all diesen Prognosen offenbar auf den Einfluss der konservativen politischen Partner, die Macht der Reichswehr, die Entschlossenheit und Stärke der Arbeiterbewegung, die unüberwindlich scheinenden wirtschaftlichen und sozialen Probleme oder schlicht an „die Unfähigkeit und Widersprüchlichkeit des Nationalsozialismus selbst."[71] Franz von Papen war nach der Entlassung Brünings am 30. Mai 1932 vom am 10. April 1932 wiedergewählten Reichspräsidenten Hindenburg zum Reichskanzler ernannt worden. Hitler selbst hatte sich gute Chancen bei der Präsidentenwahl ausgerechnet, unterlag aber trotz des Straßenterrors von SA und SS im zweiten Wahlgang, weil die Sozialdemokratie und das Zentrum ihre Wähler für Hindenburg mobilisieren konnten. „Den greisen Reichspräsidenten störte es jedoch empfindlich, daß er seine zweite Amtszeit nicht der Rechten, sondern seinen ehemaligen Gegnern zu verdanken hatte."[72] Ein Ärgernis waren für ihn die vom Zentrumspolitiker Heinrich Brüning[73] immer wieder gewährten Zugeständnisse an die Sozialdemokratie. Die Entlassung Brünings erfolgte also, um die „Bindung an die Sozialdemokratie abzustreifen und die NSDAP – eine in Hindenburgs Sicht zwar plebejische, aber immerhin ‚nationale' Bewegung – an den ‚Staat' heranzuführen."[74] Der von Hitler unterstützte von Papen löste, wie zuvor mit diesem abgesprochen, den im September 1930 gewählten Reichstag auf, wodurch sich ohne zwingenden Grund die Staatskrise dramatisch zuspitzte und die Verselbständigung der Exekutivgewalt in ein neues Stadium eintrat. „Hatte sich das Präsidialregime bisher parlamentarisch tolerieren lassen, so wandte es sich nunmehr offen gegen das Parlament."[75] Damit waren wichtige Weichen für die in atemberaubendem Tempo erfolgte Gleichschaltung nach der „Machtergreifung" durch die Nationalsozialisten gestellt worden, nachdem am 3. Dezember 1932 das Kabinett des parteilosen Kurt von Schleicher[76] als letztes Präsidialkabinett der Weimarer Republik die Regierung von Papens abgelöst hatte. Am 30. Januar 1933 ernannte Hindenburg dann schließlich Adolf Hitler zum Reichskanzler. „Es ist so weit. Wir sitzen in der Wilhelmstraße. Hitler ist Reichskanzler. Wie im Märchen. Gestern mittag Kaiserhof: wir warten alle. Endlich kommt er. Ergebnis: Er Reichskanzler. Der Alte [Reichspräsident Hindenburg] hat nachgegeben. Er war zum

---

[68] Magnus Brechtken: Einleitung, in: derselbe, Ingo Loos (Hg.): Von der Reichsbank zur Bundesbank. Personen, Generationen und Konzepte zwischen Tradition, Kontinuität und Neubeginn, Frankfurt 2024, S. 7–18, hier S. 9.
[69] Zu Paul von Hindenburg (1847–1934) siehe den biographischen Anhang.
[70] Heinrich August Winkler: Weimar 1918–1933. Die Geschichte der ersten deutschen Demokratie, München 1993, S. 605.
[71] Thamer (1989), S. 232.
[72] Winkler (1993), S. 604–605.
[73] Zu Heinrich Brüning (1885–1970) siehe den biographischen Anhang.
[74] Winkler (1993), S. 605.
[75] Ebenda.
[76] Zu Kurt von Schleicher (1882–1934) siehe den biographischen Anhang.

Schluß ganz gerührt. So ist's recht. Jetzt müssen wir ihn ganz gewinnen. Uns allen stehen die Tränen in den Augen. Wir drücken Hitler die Hand. Er hat's verdient. Großer Jubel. Unten randaliert das Volk. Gleich an die Arbeit. Reichstag wird aufgelöst," notierte Joseph Goebbels[77] in seinem Tagebuch.[78]

„Es war die alte Verbindung von Verführung und Gewalt, die die Stabilität des Regimes bis in die Katastrophe hinein sicherte. Die Rücksichtnahme auf die materiellen und emotionalen Bedürfnisse der Menschen, verbunden mit Einschüchterung und Terror, die Atomisierung der Gesellschaft und der weitgehende Verzicht auf gesellschaftliche Verantwortung, eine sich verstärkende Realitätsflucht wie das Eingeständnis einer partiellen Komplizenschaft mit dem Regime, der sich nur langsam aufzehrende Führermythos wie patriotische Loyalitäten. Es war ein Bündel von Einstellungen, Motiven und Zwängen, die einen offenen Widerstand fast ganz ausschlossen, die auch jede Kraft schwächten, eine andere politische Wirklichkeit zu denken."[79] Mit einem in der Geschichte einzigartigem Tempo und brutaler Radikalität errichteten die Nationalsozialisten einen totalitären Machtstaat. Dies wäre ohne die zuvor erfolgte (Selbst)auflösung des parlamentarischen Systems und die autoritäre Verformung der Verfassungsordnung seit 1929/30 kaum möglich gewesen,[80] denn einen minutiösen Fahrplan der „Machtergreifung" hat es nicht gegeben. Im Gegenteil, „selten ist eine Partei so unvorbereitet zur Macht gekommen. So gut wie keiner ihrer Repräsentanten hatte Regierungs- und Verwaltungserfahrung oder auch parlamentarische Erfahrung im eigentlichen Sinne."[81]

„Der Führer entscheidet, alles geht viel schneller, als wir zu hoffen gewagt hatten", hielt Joseph Goebbels am 24. April 1933 fest.[82] Die Regierung Hitler „dehnte die Macht der Exekutive durch die Mittel der Präsidialregierung aus, bis die Verfassungsordnung völlig zerstört war. Unterstützt und in ihrer ganzen Wirkungskraft erst ermöglicht wurde diese administrative Gleichschaltungspolitik von oben durch den terroristischen Druck der nationalsozialistischen Bewegung von unten. Mit deren revolutionärer Dynamik erhielt das nationalsozialistische Element im Gesamtvorgang der nationalen Erhebung immer größeres Gewicht."[83] Der brutale Einsatz aller staatlichen Mittel wurde nämlich noch durch gewalttätige Aktionen der nationalsozialistischen Parteiarmee gesteigert, nachdem am 22. Februar 1933 die mehr als 50.000 SA- und SS- Mitglieder in den Rang einer „bewaffneten Hilfsarmee" erhoben worden waren.

Ein Kernelement der nationalsozialistischen Politik war die Mobilisierung der Massen durch Propaganda; am 11. März erfolgte der Beschluss über die Errichtung eines „Reichsministeriums für Volksaufklärung und Propaganda", das zum 1. April 1933 seine Tätigkeit aufnahm; Minister wurde Joseph Goebbels. Zuvor gelang ihm nach eigenem Bekunden ein „Meisterstück der Agitation". Eine Schlüsselrolle nahmen darin die Regierungserklärung in Hitlers erster Rundfunkrede am 1. Februar und die Sportpalastrede vom 10. Februar 1933 ein. Hinter einem Schwall von Mythen und traumatischen Bildern wurden nationale Gefühle und soziale Ängste und einmal mehr die Legende vom Verrat

---

[77] Zu Joseph Goebbels (1897–1945) siehe den biographischen Anhang.
[78] Joseph Goebbels: Vom Kaiserhof zur Reichskanzlei. Eine historische Darstellung in Tagebuchblättern, vom 1. Januar 1932 bis 1. Mai 1933, München 1934, hier Eintrag vom 31. Januar 1933.
[79] Thamer (1989), S. 725–726.
[80] Thamer (1989), S. 233.
[81] Thamer (1989), S. 232.
[82] Goebbels (1934), S. 302; zitiert nach Thamer, S. 233.
[83] Thamer (1989), S. 233–236.

2. Machtergreifung und Gleichschaltung

im November 1918 geschürt und dem Marxismus, dieser „verneinenden, alles zerstörenden Idee", die für die Auflösung aller inneren Werte von Familie, Ehre und Treue, Volk und Vaterland, Kultur und Wirtschaft verantwortlich gemacht wurde, der Kampf angesagt. Hitler versprach in diesen Reden schließlich, „in vier Jahren die Schuld von 14 Jahren wiedergutzumachen". Er stilisierte sich dabei zu einem christlichen Erneuerer und nationalen Erretter: „Möge der allmächtige Gott unsere Arbeit in seine Gnade nehmen." Er schloss im Berliner Sportpalast seine Rede mit einem pathetischen „Amen!"[84] „Das wirkt so natürlich, daß die Menschen alle auf das tiefste davon erschüttert und ergriffen sind. Das ist so erfüllt von Kraft und Gläubigkeit, ist so neu und groß und mutig, daß man gar nichts Vorhergegangenes damit vergleichen kann. […] Die Massen im Sportpalast geraten in einen sinnlosen Taumel. Nun erst beginnt die deutsche Revolution aufzubrechen", notierte Goebbels.[85] Auch bezog Hitler früh die Reichswehr in seine propagandistischen Ziele ein. Am 3. Februar 1933 versprach er ihren höchsten Vertretern die „Eroberung neuen Lebensraumes im Osten und dessen rücksichtslose Germanisierung", die Wiedereinführung der Wehrpflicht und die Aufrüstung der Wehrmacht als Ziele seiner Politik.[86]

Ernsthafte politische Hindernisse musste Hitler nicht mehr überwinden. „Das Zähmungskonzept war an einer wichtigen Stelle zerbrochen, da die Partner Hitlers sich auseinanderdividieren ließen."[87] „Ich habe die größte Dummheit meines Lebens begangen. Ich habe mich mit dem größten Demagogen der Weltgeschichte verbündet," gestand der einflussreiche Montan-, Rüstungs- und Medienunternehmer Alfred Hugenberg[88], Parteivorsitzender der DNVP und während der ersten Monate nach Hitlers Machtergreifung 1933 Minister für Wirtschaft, Landwirtschaft und Ernährung, bereits am 1. Februar selbstkritisch ein.[89] Die politische Realität sah indes anders aus als es der verwendete Topos vom christlichen Erretter nahelegt. Hinter dem inszenierten Taumel der Massen stand ein emotionsloses machtpolitisches Kalkül. Dass sich die Nationalsozialisten bei der Verwirklichung ihrer Ziele über die Verfassung hinwegsetzen würden, daraus machte Hitler schon in seinen frühen Reden keinen Hehl. Entscheidend für die rasche Durchsetzung der Ziele wurde die Herrschaft über Polizei und Verwaltung.

Eine zentrale Figur war Hermann Göring[90], seit dem 30. Januar kommissarischer preußischer Innenminister, der sich trotz der Vorrechte des ihm übergeordneten Reichskommissars Papen durchsetzte. Er verstand es, „mit Hilfe des Einsatzes aller Staatsorgane und der Möglichkeit der Notverordnungen den nationalsozialistischen Machtanspruch durchzusetzen und Preußen zum Hauptschauplatz der ersten Phase der Machtergreifung zu machen."[91] Dazu Goebbels: „Göring räumt in Preußen auf mit einer herzerfrischenden Forschheit. Er hat das Zeug dazu, ganz radikale Sachen zu machen und auch die Nerven, um einen harten Kampf durchzustehen."[92] Ein zentrales Element waren umfangreiche „Säuberungen" zunächst in der preußischen Verwaltung und im Polizeiappa-

---

[84] Zitiert nach Thamer (1989), S. 237–238.
[85] Goebbels (1934), S. 260, zitiert nach Thamer (1989), S. 238.
[86] Andreas Wirsching: „Man kann nur Boden germanisieren". Eine neue Quelle zu Hitlers Rede vor den Spitzen der Reichswehr am 3. Februar 1933, in: Vierteljahrshefte für Zeitgeschichte 49 (2001), Heft 3, S. 517–550.
[87] Thamer (1989), S. 237.
[88] Zu Alfred Hugenberg (1865–1951) siehe den biographischen Anhang.
[89] Zitiert nach Thamer (1989), S. 237.
[90] Zu Hermann Göring (1893–1946) siehe den biographischen Anhang.
[91] Thamer (1989), S. 239.
[92] Goebbels (1934), S. 262, zitiert nach Thamer (1989), S. 239.

rat, bei denen es zu einer Interessenverbindung nationalsozialistischer „Führer mit konservativen Verwaltungsfachleuten kam, die der Gleichschaltungspolitik größte Effizienz garantierte."[93] Die Gleichschaltung Preußens hatte hohe strategische Bedeutung, denn die dortigen politischen Verhältnisse waren ein wichtiger Garant für den Fortbestand der Weimarer Republik. In Preußen hatte sich nämlich nach dem großen Umbruch im November 1918 mit der Einführung eines allgemeinen, gleichen und direkten Wahlrechts eine neue politische Klasse herausbilden können, und das Land hatte sich „nach 1920 zu einer Art republikanischem Musterstaat entwickelt. Hier machten Sozialdemokratie und bürgerliche Mitte über viele Jahr hinweg vergleichsweise einträchtig und erfolgreich gemeinsame Politik; hier formte sich mehr als irgendwo sonst eine republikanische Verwaltung heraus; hier wurden Gegner und Verächter der Demokratie so energisch bekämpft wie in kaum einem anderen deutschen Staat."[94]

Innerhalb weniger Monat wurde die Weimarer Republik unter dem Deckmantel von Scheinlegalität auf der Basis von Terror und Gewalt in einen totalitären Machstaat transformiert. Am Anfang stand eine erneute Auflösung des Reichstags, die schon am 1. Februar erfolgte. Dadurch wurde das Parlament bis zu den am 5. März angesetzten Neuwahlen ausgeschaltet und die Grundlage geschaffen, sieben Wochen lang per Notverordnung zu regieren. So wurde auch der um die NSDAP gelegte „konservative Zähmungsring" aufgebrochen; die Wahlen wurden zu einem Akt der Akklamation degradiert, „zum Plebiszit über den Reichskanzler Hitler."[95] Die folgende chronologische Übersicht fasst im Zeitraffer die wichtigsten Schritte und Maßnahmen der nationalsozialistischen „Machtergreifung" zusammen:[96]

- Der kommunistische Aufruf zu einem Generalstreik vom 31. Januar wurde als Vorwand zum Erlass der Verordnung zum Schutze des deutschen Volkes genutzt, die das Ende der Presse- und Versammlungsfreiheit bedeutete. (4. Februar 1933)
- Göring ordnete als kommissarischer preußischer Innenminister die zwangsweise Auflösung sämtlicher Gemeindevertretungen Preußens zum 8. Februar und Neuwahlen für den 12. März an, gleichzeitig wurden Gemeindeorgane wie Räte und Bürgermeister reichsweit unter Gewaltandrohung aufgelöst bzw. Personen inhaftiert. (4. Februar 1933)
- Verordnung des Reichspräsidenten zur Auflösung des preußischen Landtags und zur Anberaumung einer Neuwahl zusammen mit den Reichstagswahlen am 5. März 1933. (6. Februar 1933)
- Der Reichstagsbrand, dem Kommunisten Marinus van der Lubbe angelastet, wurde als Vorwand für die Verordnung des Reichspräsidenten zum Schutz von Volk und Staat erlassen, die wesentliche Grundrechte der Weimarer Verfassung (Verbot von Beschränkungen der persönlichen Freiheit, die Unverletzlichkeit der Wohnung, das Recht auf Eigentum) außer Kraft setzte und die „Schutzhaft"

---

[93] Thamer (1989), S. 241.
[94] Winkler (1993), S. 598.
[95] Thamer (1989), S. 237.
[96] Für das Folgende Karl Dietrich Bracher, Wolfgang Sauer, Gerhard Schulz (Hg.): Die nationalsozialistische Machtergreifung. Studien zur Errichtung des totalitären Herrschaftssystems in Deutschland 1933/34, Köln, Opladen 1960; Martin Broszat: Die Machtergreifung. Der Aufstieg der NSDAP und die Zerstörung der Weimarer Republik, München 1984; Horst Möller: Die nationalsozialistische Machtergreifung. Konterrevolution oder Revolution?, in: Vierteljahrshefte für Zeitgeschichte (1983), Heft 1, S. 25–51.

legalisierte. Gleichzeitig überzog eine Terrorwelle von SA und SS Deutschland, politische Gegner wurden inhaftiert, gefoltert oder ermordet. (27. Februar 1933)
- Verordnung des Reichspräsidenten gegen Verrat am Deutschen Volke und hochverräterische Umtriebe. (28. Februar 1933)
- Bei den Neuwahlen am 5. März verfehlten die Nationalsozialisten die absolute Mehrheit um 6,1 %, errangen aber zusammen mit den Konservativen (DNVP) eine knappe Mehrheit. Am 8. März wurden die von der KPD gewonnenen Reichstagsmandate aberkannt; die Parlamentssitze galten als erloschen. Dadurch wurde zugleich die für das Ermächtigungsgesetz erforderliche Zweidrittelmehrheit gesichert.
- Am 21. März wurden mit dem KZ Oranienburg bei Berlin und dem KZ Dachau bei München (22. März 1933) die ersten Konzentrationslager für inhaftierte politische Gefangene errichtet.
- Die konstituierende Sitzung des Reichstags fand ohne Sozialdemokraten und Kommunisten in der Potsdamer Garnisonkirche statt. Am selben Tag erfolgte die Verordnung zur Abwehr heimtückischer Angriffe gegen die Regierung der nationalen Erhebung durch den Reichpräsidenten. (21. März 1933)
- Der nach dem Brand in der Kroll-Oper tagende Reichstag beschloss im Beisein von bewaffneten SA- und SS-Einheiten das Gesetz zur Behebung der Not von Volk und Reich (Ermächtigungsgesetz), das die legislative Gewalt in die Hände der Reichsregierung legte. Die Abgeordneten der KPD wurden zuvor festgenommen oder waren aufgrund von Morddrohungen untergetaucht. Nur die anwesenden Abgeordneten der SPD, auch hier fehlten einige wegen Festnahme oder Flucht, stimmten gegen das Gesetz, während die Abgeordneten aller anderen Parteien dafür votierten. (23. März 1933)
- Das erste Gleichschaltungsgesetz löste die Landesparlamente auf und bestimmte deren Neubesetzung nach den Ergebnissen der Reichstagswahl vom 5. März; die Landesregierungen wurden zur Gesetzgebung ohne Zustimmung der Parlamente ermächtigt. Im zweiten Gesetz vom 7. April wurden in den Ländern Reichsstatthalter eingesetzt, die für die Durchführung der vom Reichskanzler aufgestellten Richtlinien der Politik sorgen sollten. (31. März 1933)
- Verhaftungswellen durch SA und SS, Aufbau der Geheimen Staatspolizei unter Heinrich Himmler. (März/April 1933)
- Der 1. Mai wurde zum Tag der nationalen Arbeit erklärt; einen Tag später wurden die Verwaltungsgebäude der freien Gewerkschaften von SA-Truppen besetzt. Das Vermögen der Gewerkschaften wurde beschlagnahmt und führende Funktionäre in „Schutzhaft" genommen.
- Gründung der Deutschen Arbeitsfront (DAF); unter der Leitung von Robert Ley[97] wurden Millionen von Gewerkschaftsmitgliedern übernommen und zugleich das Vermögen der Gewerkschaften enteignet. Durch die, wie es hieß, freiwillige, aber erwünschte Einheitsmitgliedschaft und die von ihr organisierten Aktivitäten ermöglichte es die DAF dem NS-Regime, die arbeitende Bevölkerung sowohl im Beruf als auch in der Freizeit zu kontrollieren und zu in-

---

[97] Zu Robert Ley (1890–1945) siehe den biographischen Anhang.

doktrinieren. 1942 zählte die DAF 25 Mio. Mitglieder und war damit die größte Massenorganisation im Deutschen Reich. (10. Mai 1933)
- Bücherverbrennungen. (30. und 31. Mai 1933)
- Verbot des SPD wegen Landes- und Hochverrat. (22. Juni 1933)
- Selbstauflösung der DNVP auf Druck Hitlers. (27. Juni 1933)
- Selbstauflösung des Zentrums auf Druck Hitlers. (5. Juli 1933)
- Verordnung des Reichsministers des Innern zur Sicherung der Staatsführung. (7. Juli 1933)
- Verbot aller Parteien außer der NSDAP; das Gesetz gegen die Neubildung von Parteien begründete den Einparteienstaat; Gesetz zur Verhütung erbkranken Nachwuchses. (14. Juli 1933)
- Nach dem Gesetz zur Sicherung der Einheit von Partei und Staat wurde die NSDAP „nach dem Sieg der nationalsozialistischen Revolution" als „die Trägerin des deutschen Staatsgedankens und mit dem Staat verbunden" anerkannt; der Stellvertreter des Führers und der SA-Chef wurden Mitglieder der Reichsregierung. (1. Dezember 1933)
- Das Preußische Gemeindeverfassungsgesetz vereinheitlichte zum 1. Januar 1934 alle bis dahin in Preußen geltenden Kommunalverfassungen; Bürgermeister als Gemeindeleiter wurden ohne Wahl auf zwölf Jahre berufen und konnten in der Gemeinde nach dem Führerprinzip alle Entscheidungen ohne Gemeinderat treffen. (15. Dezember 1933)
- Das Gesetz zur Ordnung der nationalen Arbeit führte das Führerprinzip in der Wirtschaft ein; die DAF wurde in die NSDAP eingegliedert. (20. Januar 1934)
- Mit dem Gesetz über den Neuaufbau des Reiches wurde die föderale Struktur der Weimarer Republik beseitigt, die Hoheitsrechte der Länder gingen auf das Reich über, die Regierung erhielt das Recht, neues Verfassungsrecht zu setzen. (30. Januar 1934)
- Per Gesetz wurde der Reichsrat und die Mitwirkung der Länder an der Reichsgesetzgebung aufgehoben. (14. Februar 1934)
- Der „Röhm-Putsch" diente als Vorwand für parteiinterne Säuberungen; in der „Nacht der langen Messer" wurden die SA-Führung zerschlagen und Regimegegner wie Kurt von Schleicher ermordet. (30. Juni 1934)
- Das Gesetz über das Staatsoberhaupt des Deutschen Reiches vereinigte das Amt des Reichspräsidenten mit dem des Reichskanzlers; die bisherigen Befugnisse des Reichspräsidenten gingen auf Adolf Hitler über. Nach dem Tod Hindenburgs ein Tag später gab sich Hitler den Titel „Führer und Reichskanzler", was in einer Volksabstimmung am 19. August bestätigt wurde; es gab nun keine Kontrollinstanzen mehr. (1. August 1934)
- Die Reichswehr leistete den Führereid. (19. August 1934)
- Die am 30. Januar 1935 reichseinheitlich eingeführte Deutsche Gemeindeordnung trat in Kraft. Damit wurden alle föderalistischen Gemeindeverfassungsrechte der deutschen Länder, die allerdings nur noch auf dem Papier bestanden, auch formal abgeschafft. (1. April 1935)

2.1. Gleichschaltung der Wirtschaft und Gründung der „Wirtschaftsgruppe Sparkassen"

Die Gleichschaltung der Wirtschaft stand zunächst noch unter dem Primat der „Vorbereitung des ständischen Aufbaus der Wirtschaft", ein diffuser, mythologisch angehauchter Begriff, der die Gemeinschaftsorganisation aller wirtschaftlich Tätigen, also sowohl Arbeitgeber als auch Arbeitnehmer, bezeichnete. Die Ständeideologen hatten aber innerhalb der Parteiorganisation schon im Sommer 1933 stark an Bedeutung verloren, weil man auf eine „Beruhigung der Wirtschaft" zielte. Eine zentrale Rolle kam den Industrie- und Handelskammern und den Handwerkskammern zu, die fortan zu einem Transmissionsriemen des Regimes wurden, die die Unternehmen kontrollieren und auf den NS-Staat verpflichten sollten. Die früh in Angriff genommene umfassende Neuorganisation der Wirtschaft erfolgte auf der Grundlage des Gesetzes zur Vorbereitung des organischen Aufbaus der deutschen Wirtschaft vom 27. Februar 1934.[98] Das Gesetz ermächtigte den Reichswirtschaftsminister, Wirtschaftsverbände als alleinige Vertreter ihres Wirtschaftszweiges zu errichten, aufzulösen oder miteinander zu vereinigen, deren Satzungen und Gesellschaftsverträge zu ändern oder zu ergänzen, insbesondere das „Führerprinzip" einzuführen, die jeweiligen Führer zu bestellen oder abzuberufen sowie Unternehmer und Unternehmen anzuschließen. An der Spitze der Wirtschaftsorganisationen stand die Reichswirtschaftskammer als „die gemeinsame Vertretung der fachlichen und bezirklichen Organisation der gewerblichen Wirtschaft, der Industrie- und Handelskammern und der Handwerkskammern."[99] Jedes Unternehmen wurde einer fachlich zuständigen Gruppe und einer regional und fachlich zuständigen Kammer zugeordnet. An der Spitze befanden sich sechs Reichsgruppen, namentlich Industrie, Handwerk, Handel, Banken, Versicherungen und Energiewirtschaft mit entsprechenden Untergruppen.[100] Die Reichswirtschaftskammer fungierte zwar offiziell als Selbstverwaltungsorgan der Wirtschaft, war aber nach dem „Führerprinzip" organisiert und unterstand unmittelbar dem Reichswirtschaftsministerium, das auch ihren Präsidenten sowie dessen Stellvertreter und die Leiter der Reichsgruppen ernannte.

Darunter existierten 18 Wirtschaftskammern. 1935 wurde im Zuge dieser Neuorganisation des Kammerwesens die Wirtschaftskammer Westfalen und Lippe, seit 1943 Gauwirtschaftskammer, gegründet, deren Leiter in Personalunion zugleich Präsident der Industrie- und Handelskammer Dortmund war.[101] Im Zuge der Gleichschaltung des Kammerwesens, die im Übrigen nicht immer konfliktfrei verlief, löste eine neue „Elite"

---

[98] Reichsgesetzblatt (RGBl) 1934 I, S. 185f.
[99] Daniela Kahn: Die Steuerung der Wirtschaft durch Recht im nationalsozialistischen Deutschland. Das Beispiel der Reichsgruppe Industrie, Frankfurt 2006, S. 230f.
[100] Am 13. März 1934 gab Reichswirtschaftsminister Kurt Schmitt die Organisationsstruktur der Organisation der gewerblichen Wirtschaft bekannt, wonach eine Gliederung der deutschen Wirtschaft in zwölf Hauptgruppen vorgesehen war, davon sieben für verschiedenen Industriezweige. Im November/Dezember wurde diese organisatorische Zersplitterung der Industrie aber durch die Zusammenlegung von sieben Hauptgruppen in der Reichsgruppe Industrie wieder beseitigt, wo diese ehemaligen Hauptgruppen dann zu Hauptabteilungen wurden. Der Reichsstand der Deutschen Industrie wurde schließlich durch Anordnung des Reichswirtschaftsministers am 12. Januar 1935 überführt und aus den übrigen Hauptgruppen Handwerk, Handel, Banken und Versicherungen wurden ebenfalls Reichsgruppen; vgl. Gerold Ambrosius: Staat und Wirtschaft im 20. Jahrhundert, München 1990.
[101] Vgl. genauer Ellerbrock (2013), S. 35–39.

von Parteikarrieristen das traditionelle Unternehmertum ab. Die Kammern wurden zu einem gut funktionierenden Rädchen im Getriebe der nationalsozialistischen (Kriegs) Wirtschaft, förderten die Akzeptanz der staatlichen Eingriffe in die Wirtschaft und fingen gleichzeitig Kritik aus der Wirtschaft auf. Die Wirtschaft erhielt eine grundsätzlich neue, ideologisch geprägte Funktionsbestimmung. „Es gibt keinen selbstständigen Wirtschaftskörper, wie man früher sagte, in dem die Börse das Herz und das Geld das Blut sein soll, sondern die Wirtschaft ist ein Teil des Volkskörpers und wenn der Volkskörper krank ist, so ist auch die Volkswirtschaft krank – wenn aber der Volkskörper gesund ist, dann ist auch die Wirtschaft gesund." Der Staat habe „jederzeit das Recht und die Macht, das Ausmaß seiner autoritativen Zuständigkeit zu erweitern; er kann jeden einzelnen Vorgang in seine Machtsphäre ziehen, und kann dementsprechend die Grenze, innerhalb derer der selbständige Unternehmer oder die wirtschaftliche Selbstverwaltung tätig werden kann, aus Zweckmäßigkeitsgründen verändern."[102] Klarer und kompromissloser konnte die Entmündigung der Unternehmerschaft und ihre bedingungslose Unterordnung unter die politischen Ziele des NS-Staates kaum formuliert werden.

Letztlich gelang es der Dortmunder IHK wie den übrigen Kammern auch, „sich in allen Phasen des ‚Dritten Reichs' als unentbehrliche Schaltstelle zwischen Staat und Unternehmern zu behaupten. Dadurch sicherten die Kammern ihre eigene Existenz, gewannen erheblich an Einfluss gegenüber den Betrieben und bauten ihre Kompetenzen aus, wie das Beispiel der Berufsbildung zeigt. Mit der Einbeziehung der Kleingewerbetreibenden durch das Kammergesetz von 1933 erweiterte sich ihre Basis erheblich. Dafür hatten sie sich den Vorgaben von Staat und Partei, nicht zuletzt bei der Durchführung von ‚Arisierungen' zu beugen, gaben ihre marktwirtschaftlichen Grundüberzeugungen weitestgehend auf und erlebten so nach 1933 einen krassen Wandel des eigenen Selbstverständnisses. Im Gegenzug ließ der NS-Staat eine gewisse Opposition in den Kammern, zumindest bis zum Ausbruch des Krieges, zu und verzichtete auf die ursprünglich angestrebte sozialrevolutionäre Umgestaltung der Wirtschaft im Sinne eines ‚ständischen' Aufbaus."[103]

Der lange Zeit gebräuchliche Begriff einer „nationalsozialistischen Planwirtschaft", die allerdings nur ansatzweise existierte und in der historischen Realität von der an vielen Stellen widersprüchlichen nationalsozialistischen Wirtschaftspolitik immer wieder durchbrochen wurde, beschreibt die wirtschaftlichen Verhältnisse in Deutschland nach 1933 nur unzulänglich. Die wirtschaftshistorische Forschung spricht heute in diesem Zusammenhang präziser von einer „gelenkten Marktwirtschaft".[104]

Die Sparkassen, ihre Landesbanken/Girozentralen und Verbände wurden schnell „gleichgeschaltet" und ihre leitenden Organe richteten ihre Geschäftspolitik fortan an den Zielen des nationalsozialistischen Staates aus, bei denen die Schaffung von „neuem Lebensraum" durch die Vorbereitung eines Angriffskrieges ganz oben standen. Im Zuge der Gleichschaltung wurden zunehmend Personen in die Sparkassenvorstände und Leitungsgremien der Verbände berufen, die Mitglieder der NSDAP waren und die NS-Ideologie vertraten. Der Westfälische Sparkassen- und Giroverband unterstand dem Oberpräsidenten und dem Gauleiter; bei den Sparkassen erfolgte die Gleichschaltung über die Kommunen.

---

[102] So der zu Beginn des Jahres über die Kammerzeitschriften verbreitete Leitartikel von Ministerialrat Heinrich Haßmann: Staatliche Wirtschaftsführung"; zitiert nach Ellerbrock (2013), S. 36
[103] Ellerbrock (2013), S. 39.
[104] Vgl. Jochen Streb: Das nationalsozialistische Wirtschaftssystem. Indirekter Sozialismus, gelenkte Marktwirtschaft oder vorgezogene Kriegswirtschaft?, in: Werner Plumpe, Joachim Scholtyseck, Florian Burkhardt (Hg.): Der Staat und die Ordnung der Wirtschaft, Stuttgart 2012, S. 61–83.

Die nicht mehr demokratisch gewählten, sondern von den Nationalsozialisten eingesetzten Bürgermeister und Landräte bestimmten ihrerseits die Führungskräfte der Sparkassen. Da diese fortan „durch das Vertrauen von Partei und Staat" berufen und nicht mehr gewählt wurden, berücksichtigte man fortan nahezu ausschließlich linientreue Kandidaten. „Auch bei den Girozentralen übten die politischen Instanzen und Organe der NSDAP Druck aus, um die Vorstände und Verwaltungsräte mit ‚politisch zuverlässigen Personen' zu besetzen. Wenn auch auf die fachliche Qualifikation geachtet wurde, so erhielten in der Regel nur Parteimitglieder Führungspositionen. Dies war ein wesentlicher Schritt zur Gleichschaltung der Girozentralen und der regionalen Sparkassenverbände."[105]

Schon zu Beginn des Jahres 1933 entstand im Reichwirtschaftsministerium ein Papier mit dem Titel „Sparkassen und Nationalsozialismus", das von dem NSDAP-Parteiideologen Gottfried Feder[106] verfasst wurde und den Sparkassen eine führende Rolle innerhalb der nationalsozialistischen Finanzwirtschaft zuwies. „Für den neuen Aufbau des deutschen Geld- und Kreditwesens in nationalsozialistischem Sinne sind sie der wichtigste Teil."[107] Die Sparkassen profitierten von der ihnen zugewiesenen hohen strategischen Bedeutung innerhalb des Finanzwesens und sie wurden erstmals durch das Kreditwesengesetz vom Dezember 1934 den Banken rechtlich gleichgestellt. Das Gesetz gehörte allerdings nicht in den Bereich der „genuin nationalsozialistischen Gesetzgebung", sondern sollte vielmehr dazu dienen, nach den krisenhaften Erfahrungen von 1931 „durch eine Ausweitung der staatlichen Bankenregulierung zukünftig tief greifende Bankenkrisen zu verhindern." Für die nationalsozialistischen Machthaber wurden „jedoch die im Gesetz neu verankerten Aufsichtsfunktionen ein willkommenes Instrument, direkt auf die Entwicklung der Sparkassenorganisation einzuwirken."[108]

Jüngere historische Forschungen haben herausgearbeitet, dass sich der Deutsche Sparkassen- und Giroverband (DSGV) den neuen machtpolitischen Verhältnissen von Beginn an anpasste; offener oder passiver Widerstand fanden so gut wie nicht statt.[109] Der seit 1924 amtierende Präsident Ernst Kleiner[110] war zwar selbst kein überzeugter Nationalsozialist, arrangierte sich aber seit Februar 1933 zunehmend mit den nationalsozialistischen Funktionären und unterstützte die Gleichschaltung aktiv, vermutlich um die Interessen der Sparkassen so am besten vertreten zu können. So wurden die Nationalsozialisten wichtige Verbündete gegen die Reichsbank, die nach der Bankenkrise von 1931 die Geschäftsfelder der Sparkassen beschränken wollte. Als sich Kleiner aber kritisch gegen die Pläne von Wirtschaftsminister Hjalmar Schacht stellte, den DSGV als dem Reichswirtschaftsministerium unterstellte „Wirtschaftsgruppe Sparkassen" in die staatlich gelenkte Neuorganisation der Wirtschaft zu integrieren, wurde er kurzerhand von Johannes Heintze[111], der bis dahin als Ministerialdirektor im Reichswirtschaftsministerium die Abteilung Geld-, Bank-, Börsen- und Versicherungswesen leitete, abgelöst.[112]

---

[105] Wixforth (2018), S. 92.
[106] Zu Gottfried Feder (1883–1941) siehe den biographischen Anhang.
[107] Sparkassen und Nationalsozialismus, führende Nationalsozialisten zur Sparkassenfrage, Feder, Gottfried, Berlin, [Deutscher Schriftenverl.], [1933?], 11 S.: graph. Darst., Landesarchiv Baden-Württemberg, Abt. Hauptstaatsarchiv Stuttgart, J 150 /31 b Nr. 6.
[108] Wixforth (2018), S. 90.
[109] Janina Salden: Der Deutsche Sparkassen- und Giroverband zur Zeit des Nationalsozialismus, Stuttgart 2019.
[110] Zu Ernst Kleiner (1871–1951) siehe den biographischen Anhang.
[111] Zu Johannes Heintze (1881–1973) siehe den biographischen Anhang.
[112] Präsident Dr. Heintze 60 Jahre alt, in: Die Bank. Wochenheft für Finanz- und Bankwesen und Chronik der Wirtschaft vom 26. März 1941.

Unter seiner Leitung wurde der DSGV Erfüllungsgehilfe von Staat und Partei bei der Durchsetzung ihrer finanzpolitischen Ziele. Heintze stellte sicher, dass die der Sparkassenorganisation von der Politik zugewiesenen Aufgaben erfüllt wurden. Dazu gehörte es, überschüssige Kaufkraft abzuschöpfen, Spareinlagen einzusammeln und für die Kriegsfinanzierung bereit zu stellen. Das NS-Regime finanzierte seine Rüstungsausgaben durch eine wachsende Verschuldung der öffentlichen Hand, die zwischen 1933 und 1938 von 14 Mrd. RM auf 41,7 Mrd. RM anstieg.[113] Auch bei der Ausgrenzung jüdischer Bürger, der Enteignung ihrer Vermögen und der „Arisierung" jüdischen Eigentums spielten die Sparkassen eine wichtige Rolle. Der DSGV war auch bei der sog. Osterweiterung und der Expansion nach Westeuropa eingebunden. Er unterstützte in den besetzten Gebieten organisatorisch, personell und finanziell den Aufbau von deutschen Sparkassen, Girozentralen und Regionalverbänden, ein Prozess, in dessen Rahmen die bestehenden nichtdeutschen Sparkassen schlichtweg abgewickelt wurden. Oft handelte man in vorauseilendem Gehorsam.[114]

Heintze verzichtete aber darauf, das „Führerprinzip" im Verband durchzusetzen und erhielt die dezentrale Willensbildung als wesentliches Strukturelement der Sparkassenorganisation. Als Präsident war er zwar weisungsbefugt, beriet aber weiterhin wichtige Fragen mit den Leitern der regionalen Sparkassenverbände und den Girozentralen. Folgt man den zeitgenössischen Würdigungen seiner Arbeit, übernahm er nach 1933 „bedeutungsvolle Aufgaben im Rahmen des Neuaufbaus der deutschen Kreditwirtschaft" und trat „mit beachtenswerten Ausführungen auf Tagungen und mit Publikationen hervor, in denen er richtungsweisend zu grundlegenden Fragen hauptsächlich spar- und kreditpolitischer Art Stellung nahm."[115] Besonders erfolgreich war er „bei der Sammlung vornehmlich kleiner und kleinster Ersparnisse […] und der Mitwirkung bei der Finanzierung der Kreditansprüche des Reichs."[116] Eine zentrale Botschaft war die Förderung der Spartätigkeit; die Erziehungsarbeit der Sparkassen solle sich auch „auf den kleinsten Sparbetrag" richten, „nur so könne der Wille des Führers verwirklicht werden, weitere zusätzliche Sparleistungen des Deutschen Volkes zu erzielen. Die umfassende Beteiligung der Sparkassen an dem großen Konsolidierungswerk des Deutschen Reichs" sei eine wichtige nationalpolitische Kernaufgabe, so Heintze z. B. in seinem Vortrag „Die Aufgaben und Leistungen der Sparkassen in der neuen deutschen Wirtschaft" im Januar 1939 an der Wirtschafts-Hochschule Berlin.[117]

Das Thema „Sparen" hatte im Nationalsozialismus eine exponierte Bedeutung und wurde von der NS-Propaganda als „Kraftquell der Nation" massiv beworben.[118] Hinter den plakativen Slogans wie „Wer spart hilft Adolf Hitler" standen ausgeklügelte finanzpolitische Überlegungen, bei denen eine Abschöpfung der Kaufkraft sehr eng mit der nationalsozialistischen Konsumlenkung verbunden waren. Die Sparbeträge, die in Staatsanleihen, zunehmend emittierte Schatzanweisungen oder andere Reichstitel umgeleitet wurden, waren ein wichtiges Instrument der Kreditversorgung des Staates, die vor allem in die „geräuschlose Kriegsfinanzierung" flossen. Dabei spielten die Sparkassen eine herausragende Rolle. 1944 konzentrierte sich die gesamte Reichsschuld zu etwa 30 % bei den Sparkassen, gefolgt von

---

[113] Wixforth (2018), S. 92.
[114] Salden (2019).
[115] Präsident Dr. Heintze 60 Jahre alt (1941).
[116] Die Deutsche Volkswirtschaft, April 1941.
[117] Deutsche Allgemeine Zeitung vom 31. Januar 1939.
[118] Zum Folgenden vgl. genauer Kapitel 3 „Die Sparkasse Dortmund im Nationalsozialismus" dieser Arbeit.

den Kreditbanken, der Reichsbank, den Versicherungen und den Genossenschaftsbanken.[119] Dazu wurden zahlreiche Sondersparformen wie das Schulsparen, das KdF-Sparen (Kraft durch Freude), das Ostarbeitersparen (Abschöpfung der formal erfolgten Lohnzahlungen an Zwangsarbeiter) sowie nach Ausbruch des Zweiten Weltkrieges das Eiserne Sparen und das Wehrmachtsparen eingeführt. Das bei den Sparkassen angesammelte Sparvolumen stieg auch aufgrund stark eingeschränkter Konsummöglichkeiten zwischen 1933 und 1938 von 11,49 Mrd. RM auf 19,87 Mrd. RM an. Das war ein erheblicher Teil der im selben Zeitraum von 14,58 Mrd. RM auf 24,91 Mrd. RM gewachsenen Bilanzsumme. Auch während des Krieges profitierten die Sparkassen von der nationalsozialistischen Finanzpolitik und ihre Bilanzsumme stieg bis 1944 auf 100,04 Mrd. RM an, während die Berliner Großbanken, lange Zeit Spitzenreiter in der deutschen Kreditwirtschaft, nur auf 31,12 Mrd. RM kamen.[120] Schon dieser erste, flüchtige Blick auf die Bilanzentwicklung macht deutlich, dass die Sparkassenorganisation erheblich von dem finanzpolitischen Strukturwandel im Nationalsozialismus und der ideologischen Aufladung des Sparens profitierte, während die Bankengruppen, die in der nationalsozialistischen Propaganda immer wieder mit dem jüdischen Großkapital gleichgesetzt wurden, einen starken Bedeutungsverlust hinnehmen mussten. Andererseits profitierte auch das NS-Regime von den Sparkassen, denn ohne ihre „Einbindung in die Kriegsfinanzierung, ohne ihre Funktion als Kapitalsammelstellen wären die immensen Kosten für die Rüstungswirtschaft und damit für die Kriegsführung wohl nicht aufzubringen gewesen."[121]

2.2. „Mit solchem Geist kommen wir an die Macht, und wenn wir vorher den Teufel aus der Hölle holen müssen." (Friedrich Alfred Beck) Anfänge des NSDAP in Dortmund

„Dortmund bleibt rot," so resümierte der Nationalsozialist Friedrich Alfred Beck, aus dessen Feder zahllose nationalsozialistische Propagandaschriften stammen, 1938 rückblickend die schwierige „Eroberung" Dortmunds durch die NSDAP.[122] Beck selbst war kein Nationalsozialist der ersten Stunde, sondern trat erst 1930 in die NSDAP ein und machte ab 1933 eine typische Parteikarriere.[123] Hier in Dortmund sorgten „rote" Bürgermeister und Polizeipräsidenten dafür, „daß die rote Hochburg zu dem gewaltigsten Stützpunkt im Westen ausgebaut wurde."[124] Dafür machte Beck die besondere Sozialstruktur der Stadt verantwortlich. „Während im Norden die riesigen Mietskasernen und

---

[119] 95,6 Mrd. RM, davon 10 Mrd. RM bei Postsparkassen und Postscheckämtern; Kreditbanken 51,8 Mrd. RM, Reichsbank 45,0 RM, „Markt" (Publikum, Unternehmungen) 47,1 Mrd. RM, Versicherungen 25,0 Mrd. RM; aus dem Ausland kamen 40,0 Mrd. RM durch Clearingsalden u.ä.; Wixforth (2018), S. 93. Eine Sonderform der staatlichen Kreditversorgung waren die bis 1938 ausgebenden sog. Mefo-Wechsel, die in einer Gesamthöhe von rd. 12 Mrd. RM auf eine eigens dafür gegründete Scheinfirma, die Metallurgische Forschungsanstalt (Mefo), ausgestellt waren und in die Rüstungswirtschaft flossen.

[120] Wixforth (2018), S. 92-94; vgl. auch Deutsche Bundesbank: Deutsches Geld- und Bankwesen in Zahlen 1876-1975, Frankfurt 1976, S. 78 und S. 102.

[121] Ebenda.

[122] Friedrich Alfred Beck (Hg.): Kampf und Sieg. Geschichte der Nationalsozialistischen deutschen Arbeiterpartei im Gau Westfalen-Süd von den Anfängen bis zur Machtübernahme, Dortmund 1938, S. 300.

[123] Zu Friedrich Alfred Beck (1899-1985) siehe den biographischen Anhang.

[124] Beck (1938), S. 300.

düsteren Schlackenhöfe fruchtbarster Boden für das Sprießen bolschewistischer Ideen wurden, saßen im Süden Spießbürger und Liberalisten zusammen und ließen den Juden am Westenhellweg und in der Brückstraße freie Hand. Der Kampf der wenigen Nationalsozialisten ist wohl kaum mit einem anderen Kreisgebiet zu vergleichen."[125]

Ein Mann der ersten Stunde des Nationalsozialismus in Dortmund war Wilhelm Ohnesorge.[126] „1920 trat er als erster Nichtbayer der NSDAP bei und gründete in Dortmund die erste außerbayerische Ortsgruppe der Partei. 1921/22 rief er in Iserlohn, Altena und Hagen weitere Ortsgruppen ins Leben. Auch nach dem fehlgeschlagenen Putsch vom Nov. 1923 blieb er ein treuer Gefolgsmann Hitlers, der ihm persönlich die NSDAP-Mitgliedsnummer 42 verlieh."[127] Ohnesorg organisierte nach der Parteigründung im Februar 1920 insgesamt 23 Mitglieder, die ursprünglich aus dem „Völkischen Schutz- und Trutzbund" kamen, in der Ortsgruppe Dortmund der NSDAP. Keimzelle war Mengede, wo auch später die erste SA-Gruppe in Dortmund entstand. „In diesem Stadtteil stütze sich die NSDAP auf die bäuerlichen und mittelständischen Schichten, aber es waren ihr auch Einbrüche in die Reihen der Bergarbeiterschaft gelungen, so daß der Nationalsozialismus schon 1930 eigene Kandidaten zu den Betriebsratswahlen der Schachtanlage ‚Hansemann' aufstellte und 1931 zwei Betriebsräte durchbrachte."[128]

Nach dem Hitler-Putsch tarnte sich die Gruppe unter dem Namen „Schutzbund der schaffenden Stände".[129] „Hochburg" der NSDAP im Ruhrgebiet wurde Bochum, wo sich auch die Gauleitung befand und das Parteiorgan „Rote Erde" erschien. Obwohl Dortmund verkehrstechnisch und strategisch als bedeutend eingestuft wurde, kam man hier nicht wie gewünscht zum Zuge. Nach dem Wechsel von Ohnesorg nach Berlin folgten als Leiter der Ortsgruppe Wilczek, von Koten und Lutzmann, die aber keine weiteren historischen Spuren hinterlassen haben.[130] 1924 wurde dann von Franz Bauer[131] eine lokale SA-Gruppe gegründet, aus der der berüchtigte „Sturm 83" hervorging, dem Beck in seiner verklärenden Rückschau ein literarisches Denkmal setzte.[132] 1927 übernahm dann der gelernte Schlosser, Zeichner und Techniker der Hoesch AG Heinrich König die Ortsgruppe Dortmund.[133] König war ein Nationalsozialist der ersten Stunde und seit 1922 Parteimitglied. Er war Träger des Blutordens und des goldenen Ehrenzeichens der NSDAP, erhielt die Dienstauszeichnung der Partei in Bronze, Silber und Gold. 1933 wurde er SA-Oberführer und Führer der SA-Standarte 217. Zwischen 1935 und 1942 war er

---

[125] Ebenda.
[126] Zu Wilhelm Ohnesorge (1872–1961) siehe den biographischen Anhang.
[127] Wolfgang Lotz: Artikel Wilhelm Ohnesorge, in: Neue Deutsche Biographie 19 (1999), S. 494–495.
[128] Hans Graf: Die Entwicklung der Wahlen und politischen Parteien in Groß-Dortmund, Hannover, Frankfurt 1958, S. 36.
[129] „Von einer Zersplitterung, die sich während der Festungshaft des Führers überall im Reiche bemerkbar machte, blieb die Dortmunder Ortsgruppe der Partei verschont." Beck, S. 301.
[130] Gründungsmitglieder waren neben Bauer u.a. die Brüder Kaspereit, August Klaffka und Wilhelm Mehring; Beck (1938), S. 302.
[131] Zu Franz Bauer (1894–1966) siehe den biographischen Anhang.
[132] Vgl. auch Daniel Schmidt: Terror und Terrainkämpfe. Sozialprofil und soziale Praxis der SA in Dortmund 1925–1933, in: Beiträge zur Geschichte Dortmunds und der Grafschaft Mark 96/97 (2005/2006), S. 251–292.
[133] „Die erste Beständigkeit in die politische Führung kam durch die Übernahme der Ortgruppengeschäfte durch Heinrich König im Jahr 1927," bemerkt Beck (1938), S. 302. Von König ist darüber hinaus die Verhandlung einer Strafsache in den Jahren 1930 bis 1932 „wegen Vergehens gegen das Republikschutzgesetz durch Verbreitung von Wahlflugblättern" überliefert.

2.2. „DEN TEUFEL AUS DER HÖLLE HOLEN"

Mitglied der Gauwirtschaftskammer, 1937 zunächst ehrenamtlicher Beigeordneter, 1942 dann hauptamtlicher Stadtrat und leitete das Wirtschaftsdezernat.[134]

Schützenhilfe bekam die Dortmunder NSDAP von prominenter Seite der Partei. So reiste bereits im Frühjahr 1920 Hermann Esser[135], Gründungsmitglied mit der Mitgliedsnummer 2, aus München nach Dortmund, wo er „vor geladenen Gästen über das nationalsozialistische Programm" sprach.[136] Esser war erster Schriftleiter des Völkischen Beobachters und wurde 1923 zum Propagandaleiter ernannt. Zwei Jahre später kam Josef Goebbels nach Dortmund und sprach zum Thema „Lenin oder Hitler?" Etwa 200 Parteianhänger hatten sich im Saal der Gaststätte „Merkert" (später „Zur Glocke") versammelt. „Es gelang der ausgezeichneten rhetorischen und dialektischen Kunst unseres Parteigenossen Goebbels, im wesentlichen seine Rede ohne nennenswerte Störungen zu Ende zu führen," notierte 13 Jahre später Beck.[137] Am 24. Oktober 1925 sollte ursprünglich Adolf Hitler im Fredenbaum sprechen; an seiner Stelle kam aber Julius Streicher[138], einer der vehementesten Verfechter der nationalsozialistischen Rassenlehre, nach Dortmund. Streicher war der NSDAP 1921 beigetreten, war Gründer der Ortsgruppe Nürnberg, gründete 1923 das Hetzblatt „Der Stürmer" und hatte am Hitlerputsch teilgenommen. Die Veranstaltung, die „eine ganz große Demonstration der Bewegung werden" sollte, geriet aber völlig aus den Fugen und wurde von der Polizei gewaltsam beendet. Zahlreiche Nationalsozialisten wurden verhaftet und eingesperrt, 40 verletzt. „Dennoch erfuhr der Gegner bei dieser Gelegenheit, daß mit den Dortmunder Nationalsozialisten nicht zu spaßen war," überhöhte Beck später.[139] In die Liste der auswärtigen Parteigrößen, die als Propagandaredner nach Dortmund kamen, trug sich auch der Hamburger Gauleiter Karl Kaufmann ein,[140] Mitbegründer der NSDAP im Ruhrgebiet und Teilnehmer am Hitlerputsch, der ebenfalls im Jahr 1925 hier sprach.[141]

Mittlerweile, im Herbst 1928, war Westfalen aus dem Gau Ruhr herausgelöst und zu einer selbstständigen Einheit zusammengefügt worden. Seit dem 4. Januar 1931 wurde Westfalen dann in den Gau Westfalen-Süd, der deckungsgleich mit dem Regierungsbezirk Arnsberg war und das mittlere und östliche Ruhrgebiet, das Sauer- und Siegerland sowie die Hellweg-Zone umfasste, sowie den Gau Westfalen-Nord mit dem restlichen Westfalen aufgeteilt. Folgt man der Darstellung Becks, ergaben sich durch diese Neuorganisation „bessere Möglichkeiten zur propagandistischen Bearbeitung des spröden Dortmund und seiner Vororte."[142] Den beiden Gauleitern, dem ehemalige Zechenangestellten Alfred Meyer[143] (Westfalen-Nord) und

Gauleiter Josef Wagner
Quelle: Stadtarchiv Dortmund

---

[134] Stadtarchiv Dortmund Bestand 111 Nr. 69.
[135] Zu Hermann Esser (1900–1981) siehe den biographischen Anhang.
[136] Beck (1938), S. 301. Esser war Autor der Schrift Die jüdische Weltpest. Kann ein Jude Staatsbürger sein? München 1927.
[137] Beck (1938), S. 302.
[138] Zu Julius Streicher (1885–1946) siehe den biographischen Anhang.
[139] Beck (1938), S. 302.
[140] Zu Karl Kaufmann (1900–1969) siehe den biographischen Anhang.
[141] Beck (1938), S. 303.
[142] Beck, (1938) S. 300f.
[143] Zu Alfred Meyer (1891–1945) siehe den biographischen Anhang.

dem gelernten Volksschullehrer Josef Wagner aus Bochum (Westfalen-Süd)[144] unterstanden 56 Kreisleiter und 955 Ortsgruppen- bzw. Stützpunktleiter (Stand 1935). Diese in der Bevölkerung oft unbeliebten „Hoheitsträger" und ihre Zuarbeiter drängten später massenhaft in öffentliche Positionen und erfüllten kommunale und staatliche Aufgaben. Sie waren eine wichtige Säule des nationalsozialistischen Machtapparates und übernahmen darüber hinaus weitreichende Mobilisierungs-, Propaganda-, Kontroll-, Korrektur- und Erziehungsfunktionen gegenüber Bevölkerung und Behörden. Wagner hatte seit Juni 1917 als Soldat an der Westfront gekämpft, wo er verwundet wurde und in französische Kriegsgefangenschaft geriet, der er sich 1919 durch Flucht entzog. Er kam 1921 ins Ruhrgebiet, wo er beim Bochumer Verein tätig und seit 1922 in nationalsozialistischen Gruppen aktiv war. 1923 gründete er eine NSDAP-Ortsgruppe in Bochum, wurde 1927 dort Bezirksleiter und 1928 Gauleiter Westfalen; Wagner war ein besonderer Aktivposten beim Aufbau der NSDAP in Dortmund und kam in einer Woche manchmal „vier- bis fünfmal mit seinen Männern auf Lastwagen nach Dortmund, sprach in den gefährlichsten Gegenden des Dortmunder Nordens und wurde in diesem harten Kampf nie müde, die Idee des Führers weiter hinauszutragen."[145]

1926 übernahm der spätere stellvertretende Gauleiter Emil Stürtz die Leitung der Dortmunder NSDAP,[146] dem im August 1932, als Dortmund selbstständiger Kreis wurde, Kreisleiter Gottfried Flach[147] folgte.[148] Er war erst zum 1. März 1930 der Ortsgruppe Dortmund der NSDAP beigetreten, wurde im Sommer 1930 Sektionsleiter für Dortmund-Süd, ab dem 1. März 1931 dann Ortsgruppenleiter in Dortmund. Flach gehörte zur neuen kommunalpolitischen Elite in Dortmund, war vom 3. April 1933 bis zum 2. Oktober 1933 Stadtverordnetenvorsteher und vom 1. Januar 1934 bis 1944 Ratsherr. Seine Amtszeit als Kreisvorsitzender dauerte bis zum 30. November 1934, als er von Friedrich Hesseldieck abgelöst wurde.[149]

Hesseldieck, der aus Ostwestfalen stammte,[150] trat zum 1. April 1931 der NSDAP bei. Als Leiter des Kreisverbandes der NSDAP in Dortmund war er maßgeblich am Sturm auf die Dortmunder Synagoge im Oktober 1938 beteiligt. Im Mai 1940 war er in München bei der „Dienststelle Stellvertreter des Führers" als Reichsamtsleiter und zwischen 1944 und 1945 als Oberbürgermeister der Stadt Bochum tätig.

Der späte Aufstieg der NSDAP in Dortmund wurde durch Terror und Gewalt erzwungen. Ein entschiedener Gegner der Nationalsozialisten war der 1924 zum Polizeipräsidenten ernannte Sozialdemokrat und Gewerkschaftsfunktionär Josef Lübbring.[151] In regelrechten Verleumdungskampagnen wurde ihm von der Dort-

Friedrich Hesseldieck, 1934–1940 Kreisleiter der NSDAP in Dortmund
Quelle: Stadtarchiv Dortmund

---

144 Zu Josef Wagner (1899–1945) siehe den biographischen Anhang.
145 Beck (1938), S. 303.
146 Zu Erich Emil Arthur Hermann Stürtz (1892–1945) siehe den biographischen Anhang.
147 Zu Gottfried Flach (1904–1979) siehe den biographischen Anhang.
148 Beck (1938), S. 301.
149 Ebenda.
150 Zu Friedrich Hesseldieck (1893–1991) siehe den biographischen Anhang.
151 Zu Josef Lübbring (1876–1931) siehe den biographischen Anhang.

Politische Machtdemonstration: Gautag der NSDAP Westfalen Süd in der Westfalenhalle 1930, aus: Kreistag der NSDAP in Dortmund, 1937, S.15
Quelle: Stadtarchiv Dortmund

munder NSDAP vorgeworfen, mit den Kommunisten gemeinsame Sache zu machen. Nach seinem Tod folgte ihm im November 1931 der Sozialdemokrat Karl Zörngiebel[152] nach, der zuvor Polizeipräsident in Köln (1922–1926) und Berlin (1926–1929) war, wo er 1929 die kommunistischen Maiunruhen mit Gewalt beendet hatte, was ihm innerhalb der Kommunistischen Bewegung den Ruf als „Sozialfaschist" einbrachte.[153] Auch die Nationalsozialisten lehnten Zörngiebel als „einen Mann, dessen Gesicht auf jeden Steckbrief passt", entschieden ab.[154] Es waren die Jahre, in denen auf Dortmunds Straßen gewaltsame Auseinandersetzungen zum Alltag wurden.

Eine erste größere politische Machtdemonstration der NSDAP war der vom 3. bis 4. Mai 1930 in der Dortmunder Westfalenhalle stattfindende Gautag der NSDAP Westfalen-Süd mit rund 10.000 Teilnehmern. Die meisten kamen von außerhalb, darunter 3.000 SA-Männer, die am 4. Mai durch die Innenstadt zur Westfalenhalle marschierten. Dortmund galt bei der NSDAP als schwieriges Pflaster und die Wahl der Stadt als Veranstaltungsort war ein gezielter Schritt, Dortmund aus dem politischen Schattendasein herauszutreten zu lassen und öffentlich zu demonstrieren, auch hier den politischen Kampf zu eröffnen. Die lokale Presse schenkte der Bewegung erstmals größere Aufmerksamkeit.

In der idealisierten Rückschau von Alfred Beck finden sich auch übertriebene Darstellungen über den Kampfeswillen und die Kampfeskraft der nationalsozialistischen

---

[152] Zu Karl Zörngiebel (1878–1961) siehe den biographischen Anhang.
[153] Nach der von der KPD vertretenen „Sozialfaschismusthese" waren die Sozialdemokraten ein Hauptfeind im Kampf um die proletarische Revolution.
[154] So der NSDAP Stadtverordnete König; Dortmunder Zeitung vom 15. September 1931.

Wichtige Keimzelle der Dortmunder Nationalsozialisten: Der SA-Sturm 83, Foto 1926, aus: Kreistag der NSDAP in Dortmund, 1937, S.11
Quelle: Stadtarchiv Dortmund

Bewegung, allen voran der SA-Formation „Sturm 83" von Franz Bauer. „Die Geschichte dieses Sturmes ist ein wesentlicher Teil der Dortmunder Parteigeschichte. Sie zu schreiben ist im Rahmen dieser Arbeit nicht möglich, aber dem Sturm 83 ist die Anerkennung zu zollen, die ihm vor dem kritischen Urteil des Geschichtsschreibers gebührt, ist unsere Pflicht."[155] Beck beschrieb zum Beispiel eine Saalschlacht in der Wirtschaft „Im Reiche des Wassers" an den Schwerter Ruhrwiesen und behauptete, dass „98 Mann mehr als 1200" Kommunisten in die Flucht geschlagen hätten, was sich indes in den zeitgenössischen Presseberichten anders liest.[156] Beck wörtlich: „Das fühlten damals alle, mit solchem Geist kommen wir an die Macht und wenn wir vorher den Teufel aus der Hölle holen müssen."[157]

Bei der Stadtverordnetenwahl am 17. November 1929 erhielt die NSDAP gerade einmal 4.115 Stimmen, was einem Anteil von 1,6 % entsprach und ihr erstmals einen Sitz einbrachte.[158] Der Schlosser Heinrich König[159], „ein verblendeter, von Sachkenntnis nicht

---

[155] Beck (1938), S. 303.
[156] Beck (1938), S. 302f.; nach dem Polizeibericht kam es aber „zu keinen weiteren ernsthaften Vorfällen"; vgl. Tremonia vom 5. Mai 1930.
[157] Beck (1938), S. 304.
[158] „Hauptstützpunkt waren der Wahlbezirk ‚Innenstadt', das Geschäftszentrum, mit 3,8 % NSDAP-Stimmen und die gutbürgerlichen Wohngebiete des Südostens, Südens und Ostens." Im Norden ragte Mengede, die Keimzelle der NSDAP in Dortmund, mit 3,6 % heraus; Kurt Klotzbach: Gegen den Nationalsozialismus. Widerstand und Verfolgung in Dortmund 1930–1945, Hannover 1969, S. 22, Graf (1958), S. 35.
[159] Als Beruf wird im Rahmen der Veröffentlichung der gewählten Stadtverordneten in der Wahl am 12. März 1933 „Zeichner" angegeben; Winfried Resch: Die Machtergreifung 1933 in Dortmund und ihre wirtschaftlichen und politischen Folgen, Examensarbeit für die Prüfung für das Lehramt an Realschulen an der Pädagogischen Hochschule Dortmund, Msch., Dortmund 1969, S. 41.

2.2. „Den Teufel aus der Hölle holen"

beschwerter Phraseur", wurde der erste nationalsozialistische Stadtverordnete im Rat der Stadt Dortmund.[160] Der Umgangston im Dortmunder Stadtrat wurde zunehmend pöbelhaft und tumultartige Szenen häuften sich. Äußerungen wie „Holzköppe!", „Schieber!" oder „Oberschieber" gehörten noch zum gemäßigten Repertoire; Kraftausdrücke wie „Hau ihn in die Fresse!", „Halt die Schnauze!" oder „Nimm Dich in Acht, Du Lump!" prägten zunehmend die Atmosphäre im Stadtrat, wobei sich Kommunisten und „Nazi-König", der schließlich für die eigene Partei nicht mehr tragbar war,[161] bei der Wahl ihrer Verbalinjurien kaum nachstanden. Besonders die Haushaltssitzungen gerieten aus den Fugen. „Wer gestern zum ersten Mal als Zuhörer den Verhandlungen der Dortmunder Stadtverordneten beiwohnte, konnte annehmen, er sei in einem Tollhaus," beklagte die Dortmunder Zeitung am 3. November 1931. Die Stadtparlamente erlebten in den letzten Jahren der Weimarer Republik einen politischen Bedeutungsverlust, so dass demokratische Entscheidungsfindungen auch auf kommunaler Ebene nicht mehr stattfanden. „Wir wollen auch nicht verschweigen, daß die Stadtparlamentarier gegenwärtig nicht mehr sind als Attrappen. Die vielen Notverordnungen haben die Stadtverordneten arbeitslos gemach."[162]

Besondere politische Impulse konnte die NSDAP in der Stadtverordnetenversammlung zunächst nicht setzen. Allerdings erfolgte ein starker Anstieg der Mitgliederzahlen, so dass am 1. November 1930 die erste Geschäftsstelle der Partei in der Lütgebrückstraße eröffnet wurde, die unter der Leitung von Hermann Weygand[163] stand. Schon ein Jahr später wurde sie in größere Räumlichkeiten am Schwanenwall 4 verlegt, wo im selben Hause auch das erste „SA-Heim" eröffnet wurde. Die Redaktion der Kampfzeitung „Rote Erde" befand sich in der Hansastraße 4. Bei den Reichstagswahlen am 14. September 1930 erzielte die NSDAP ein „sensationelles" Wahlergebnis und kam in Dortmund mit 24.934 Stimmen auf 8,3 %, was einen Zuwachs von 420 % bedeutete. Das Dortmunder Ergebnis lag aber weit unter dem Reichsdurchschnitt von 18,3 %, was gegenüber der Reichstagswahl von 1928 eine Versechsfachung der Stimmen war.[164] Auch die DKP, der eigentliche Wahlgewinner, legte kräftig zu, verdoppelte ihren Stimmanteil auf 20,2 % und wurde mit 60.555 Stimmen zweitstärkste Partei. Die SPD, die über 30.000 Stimmen verloren hatte, lag zwar mit 28,4 % gegenüber 38,3 % im Jahr 1928 immer noch an der Spitze; die radikalen Parteien dominierten aber jetzt klar gegenüber der „bürgerlichen Mitte". War der KPD „die Mehrzahl der Erwerbslosen aus den nördlichen Industrievierteln zugeströmt", eroberte die NSDAP ihre Stimmanteile beim Mittelstand, „wie die Zunahme in der Innenstadt, im Südwesten, Süden und Südosten zeigte."[165] Hochburg blieb Mengede, wo man 11,1 % der Stimmen erreichte.

Das Wahlergebnis veränderte das politische Klima in Dortmund grundlegend. Es war die Zeit, als der „Durchbruch der Radikalen" erfolgte,[166] oder, wie Beck es aus der Rückschau von 1938 formulierte, als auch für die Dortmunder Nationalsozialisten „der Endkampf um die Macht" ausgetragen wurde, der von „entsagungsvoller Opferbereit-

---

[160] Klotzbach (1969), S. 22; Günther Högl: Das 20. Jahrhundert: Urbanität und Demokratie, in: Geschichte der Stadt Dortmund, Dortmund 1994, S. 355–506, hier S. 418.
[161] Klotzbach (1969), S. 22.
[162] Dortmunder Zeitung vom 3. November 1931.
[163] Zu Hermann Weygand sind keine weiteren biographischen Angaben überliefert.
[164] Die genauen Wahlergebnisse bei Graf (1958), S. 187ff.
[165] Klotzbach (1969), S. 35
[166] Klotzbach (1969), S. 25.

schaft, selbstverständlicher Treue und kühnster Unerschrockenheit" geprägt war.[167] Dem Dortmunder Reichsbanner, eine 1924 von den drei Parteien der Weimarer Koalition SPD, Zentrum und DDP gegründeter mittlerweile reichsweit 3 Mio. Mitglieder umfassender politischer Wehrverband zum Schutz der demokratischen Republik, war klar, dass „man sich gegen die Kampftruppen Hitlers vielmehr auch physisch, für die Fälle von Straßenkämpfen oder Saalschlachten, wappnen mußte," so dass man eigene Schutzformationen zusammenstellte.[168] Der Radikalismus in Dortmund nahm beängstigende Züge an und „führte rasch zu einer Verwilderung der politischen Sitten."[169] Der Wahlkampf für die Reichstagswahl im Juli sowie die Aufhebung des SA-Verbots Mitte Juni bildeten den politische Hintergrund für die extreme Zunahme der Gewalttätigkeit im Jahr 1932, obwohl Polizeipräsident Josef Lübbrig (SPD) noch kurz vor seinem Tod am 17. September 1931 alle öffentlichen Kundgebungen der NSDAP verboten hatte. 1932 fanden nach dem Jahresbericht der Dortmunder Polizei 2.030 öffentliche politische Veranstaltungen und 53 Umzüge statt, die von 825.000 Menschen besucht wurden; davon entfielen 470 auf die NSDAP, 407 auf die KPD und 237 auf die SPD. In 59 Versammlungen und bei 12 Umzügen musste die Polizei einschreiten; strafbare Handlungen und unerlaubter Waffenbesitz lösten 1.250 Strafverfahren aus. Das Überfallkommando wurde 1.129 alarmiert, davon in 1.064 Fällen „aus gebotenem Anlass".[170] Jüngere Forschungen zum Dortmunder Norden haben herausgearbeitet, dass allein hier, dem Epizentrum der Krawalle, zwischen 1930 und Dezember 1932 in der Dortmunder Presse insgesamt 115 Fälle von politischer Gewalt nachgewiesen werden können; wahrscheinlich liegt aber die Dunkelziffer noch wesentlich höher.[171] Die erwähnte Studie unterscheidet vier Stufen von politischer Gewalt: Stufe 1: vorrangig symbolische Gewalt; Aufmärsche, Demonstrationen, öffentliche Aufrufe, Gewaltandrohungen; Stufe 2: tätliche Auseinandersetzungen; Schlägereien, Überfälle, Handgemenge, keine schwerwiegenden Verletzungen; Stufe 3: schwerwiegende Gewalt bis hin zu lebensbedrohlichen Verletzungen; Einsatz von Stich- und Schlagwaffen; Stufe 4: schwerste Gewalt; Einsatz von Schusswaffen, Gewalt mit Todesfolge. Im Ergebnis wurden im Jahr 1932 doppelt so viele Gewaltdelikte gegenüber dem Vorjahr gezählt und der Gebrauch von Waffen war bei Saal- oder Straßenschlachten keine Seltenheit mehr. Die Zahl der Gewalttaten der Stufe 4 hatte sich mehr als verdreifacht.

Von besonderer Bedeutung war neben dem „Dortmunder Blutsonntag" am 16. Oktober 1932[172] die sog. Schwanenwall-Affäre am 19. April, die zeigte, wie stark der Machtver-

---

[167] Beck (1938), S. 305.
[168] Klotzbach (1969), S. 37
[169] Klotzbach (1969), S. 38.
[170] Klotzbach (1969), S. 81.
[171] Joana Seiffert: „Der Norden, der Dortmunder Wedding, gehört den Arbeitern!" Politische Gewalt im Dortmunder Norden am Ende der Weimarer Republik, Vortrag in der Mahn- und Gedenkstätte Steinwache Dortmund, am 17. Januar 2013; der Vortrag ist auf der Homepage der Gerda Henkel Stiftung (https://lisa.gerda-henkel-stiftung.de) abrufbar und basiert auf der Masterarbeit der Autorin, die unter dem Titel Politische Gewalt im Dortmunder Norden in der Endphase der Weimarer Republik, München 2022, erschienen ist.
[172] Am 16. Oktober 1932 zog eine rund 800-köpfige SA-Formation unter Polizeischutz in einem Propagandamarsch zum Nordmarkt, damals Platz der Republik, und provozierten die in der Nordstadt stark vertretene kommunistische Organisation „Kampfbund gegen den Faschismus" und das sozialdemokratische „Reichsbanner". Es kam zu einem Feuergefecht, bei dem Polizeikugeln zwei unbeteiligte Passanten töteten und 14 Menschen zum Teil schwer verletzten. Der Westfälische Kämpfer, das Parteiorgan der KPD deutete die Geschehnisse um und setzte den Opfern ein Denkmal als Märtyrer: Auf den Gräbern der am 16. Oktober in Dortmunds Norden erschossenen Arbeiter wächst noch kein Gras, noch klingen die Schreie der Kinder, noch zittert in den Betrieben und Straßen die Empörung der Arbeiterschaft über den gemeinen Überfall, der am

lust der öffentlichen Hand bereits geworden war. Die Polizei hatte unter dem Einsatz von Gummiknüppeln versucht, einen Menschenauflauf vor der Parteizentrale der NSDAP aufzulösen, an dem 300 bis 350 Personen beteiligt waren, die sie mit „Lumpenpack", „Bluthunde" und „Zörngiebelknechte" beschimpfte. Hintergrund war die von Zörngiebel angeordnete Schließung des SA-Heimes, das im Hinterhaus untergebracht war und wo zwei Nationalsozialisten Unterschlupf gefunden hatten, die zuvor auf dem Höchsten zwei junge Arbeiter ermordet hatten.[173] Nach der Polizeiaktion stellte der nationalsozialistische Rechtsanwalt Stockheck Strafanzeige wegen Hausfriedensbruch und Körperverletzung, der zu ungewöhnlich hohen Strafen und einer starken Verunsicherung der beteiligten Polizeibeamten führte. Der vorsitzende Richter, Bruno Eckhardt[174], ging weit über das von der Staatsanwaltschaft geforderte Strafmaß hinaus. Einer der Beisitzer war der spätere Dortmunder Oberbürgermeister Ludwig Malzbender.[175] Eckhardt wurde später Vorsitzender des Dortmunder NS-Sondergerichts und gilt als „blutigster Richter" in der Dortmunder Rechtsgeschichte. „Nach Ansicht der Nationalsozialisten hatte im Schwanenwall-Prozeß das ‚System' unter Anklage gestanden; es war verurteilt worden."[176] Das Urteil gegen Hauptmann Moritz und sieben seiner Beamten, gegen die Gefängnisstrafen von bis zu einem Jahr und drei Monaten sowie ein dreijähriges Berufsverbot verhängt wurden, feierten die Nationalsozialisten in aller Öffentlichkeit.[177]

2.3. „Machtergreifung" und politische Gleichschaltung in Dortmund

Die Wahl des Reichspräsidenten am 13. März 1932 erforderte, wie bereits erwähnt, einen zweiten Wahlgang, der am 10. April 1932 stattfand. Der Wahlkampf führte Adolf Hitler auch nach Dortmund, wo er am 10. März zusammen mit Hermann Göring und Joseph Goebbels erstmals in der vollbesetzten Westfalenhalle sprach. Hier hatte am 26. Februar bereits Ernst Thälmann[178], Kandidat der KPD, vor ebenfalls 25.000 Menschen gesprochen. Zwar setzte sich Reichspräsident Paul Hindenburg mit Unterstützung der Weimarer Koalition, bestehend aus SPD, Linksliberalen (seit 1930 Deutsche Staatspartei) und Zentrumspartei, im zweiten Wahlgang mit 53,1 % der Stimmen gegenüber Hitler (36,8 %) und Thälmann (10,2 %) durch; Hitler und die NSDAP waren aber auch in Dortmund zu einer nicht mehr zu ignorierenden politischen Kraft geworden. Man hatte 21,4 % der Stimmen oder knapp 64.623 Wählerstimmen gewonnen. Das war die politische Stimmungslage in Dortmund, wo sich die 1929 ausgebrochene Wirtschaftskrise

---

16. Oktober unter dem harmlosen Mantel der Flugblattverteilung durch die Nazis durchgeführt wurde, nach, und schon planen sie einen zweiten Zug in den Norden. Um dieselben Vorkommnisse wie am 16. zu verhindern, müssen die Arbeiter geschlossen die Einheitsfront bilden und in der Einheitsfront bekunden, unter allen Umständen die Arbeiterwohnungen vor faschistischen Überfällen zu schützen." Westfälischer Kämpfer vom 2. November 1932.

[173] Högl (1994), S. 424.
[174] Zu Bruno Eckhardt (1880–1945) siehe den biographischen Anhang.
[175] Dieter Knippschild: Artikel Ludwig Malzbender, in: Biographien bedeutender Dortmunder, Band 2, Essen 1998, S. 79– 81; zu Ludwig Malzbender vgl. genauer Kapitel 2.5.2. „Die Affäre Malzbender" dieser Arbeit.
[176] Klotzbach (1969), S, 75.
[177] Beck (1938), S. 488.
[178] Zu Ernst Thälmann (1886–1944) siehe den biographischen Anhang.

nahezu täglich weiter drastisch zugespitzte, als Adolf Hitler in Berlin am 31. Januar 1933 zum Reichskanzler ernannt wurde. Die industrielle Produktion bei den Schlüsselindustrien Kohle, Stahl und Bier brach ein und die Arbeitslosigkeit nahm dramatisch zu.[179]

Nach der bisher vorliegenden stadtgeschichtlichen Forschung, der es allerdings an vielen Stellen noch an Tiefe fehlt,[180] wurde in Dortmund zunächst der Polizeiapparat gleichgeschaltet, auch weil es im Zuge der Ernennung Hitlers zum Reichskanzler nach der „spontanen Siegesfeier" der Nationalsozialisten am folgenden Tag zu starken Gegendemonstrationen kam. „Bis in die Nacht hinein ertönten die Rufe: Nieder mit Hitler!"[181] Am selben Tag, dem 1. Februar 1933, wurden alle Versammlungen der KPD „unter freiem Himmel" vom preußischen Innenminister Hermann Göring verboten. Parallel zum Reichstag wurden auch die Stadtparlamente aufgelöst und die Presse- und Versammlungsfreiheit eingeschränkt. Nach dem Reichstagsbrand am 27. Februar 1933 wurden schließlich wesentliche Grundrechte außer Kraft gesetzt, die für die jetzt einsetzende Verhaftungs- und Säuberungswelle eine scheinlegale Grundlage schufen.[182]

Der Fackelzug des „erwachenden Volkes" am 2. Februar war eine erste große politische Machtdemonstration, als SA, SS, der Stahlhelm und der Deutschnationale Arbeiterbund gemeinsam durch Dortmund marschierten. Doch der Widerstand war längst

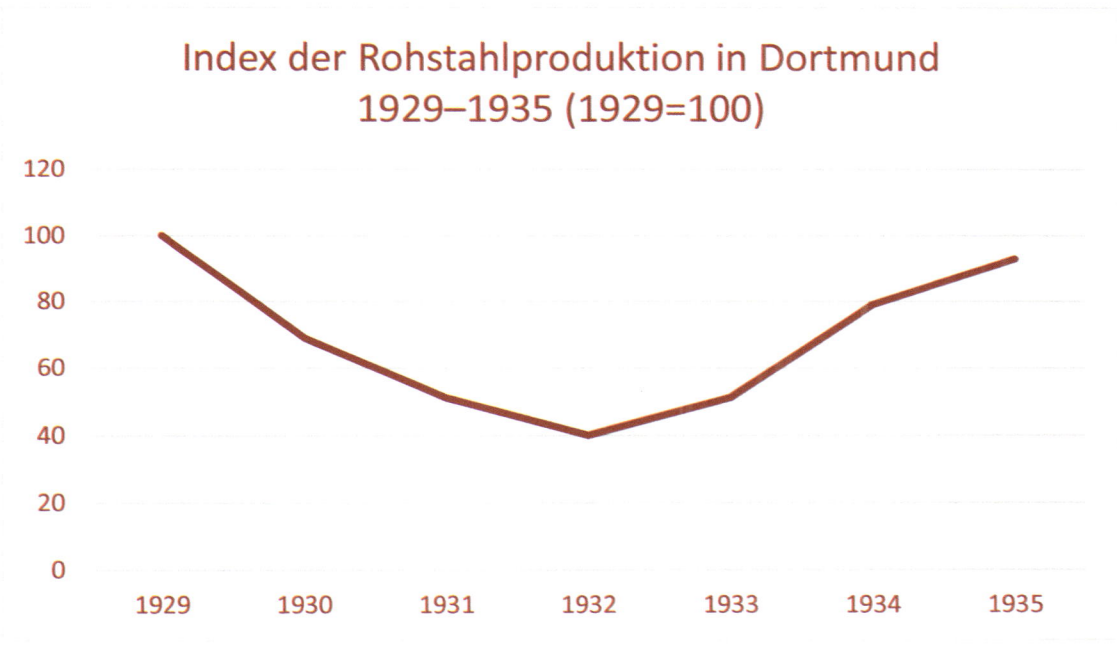

Quelle: Resch, S. 126

[179] Vgl. Karl-Peter Ellerbrock: Die Weltwirtschaftskrise von 1929: ein Wendepunkt in der deutschen Geschichte, in: Die 1920er Jahre. Dortmund zwischen Moderne und Krise, hg. von Günther Högl und Karl-Peter Ellerbrock, Essen 2012, S. 87–91.

[180] Immer noch grundlegend Günther Högl (Hg.): Widerstand und Verfolgung in Dortmund 1933–1945. Katalog zur ständigen Ausstellung des Stadtarchivs Dortmund in der Mahn- und Gedenkstätte Steinwache, Dortmund 2002; derselbe (1994), besonders S. 416–458; derselbe: Dortmund am Ende der Weimarer Republik und während der Herrschaft des Nationalsozialismus, in: Dortmund. 1100 Jahre Stadtgeschichte, im Auftrag der Stadt Dortmund herausgegeben von Gustav Luntowski und Norbert Reimann, Dortmund 1982, S. 271–296.

[181] Högl (1994), S. 428.

[182] Vgl. oben die genaue Darstellung im Kapitel 2. „Machtergreifung und Gleichschaltung" dieser Arbeit.

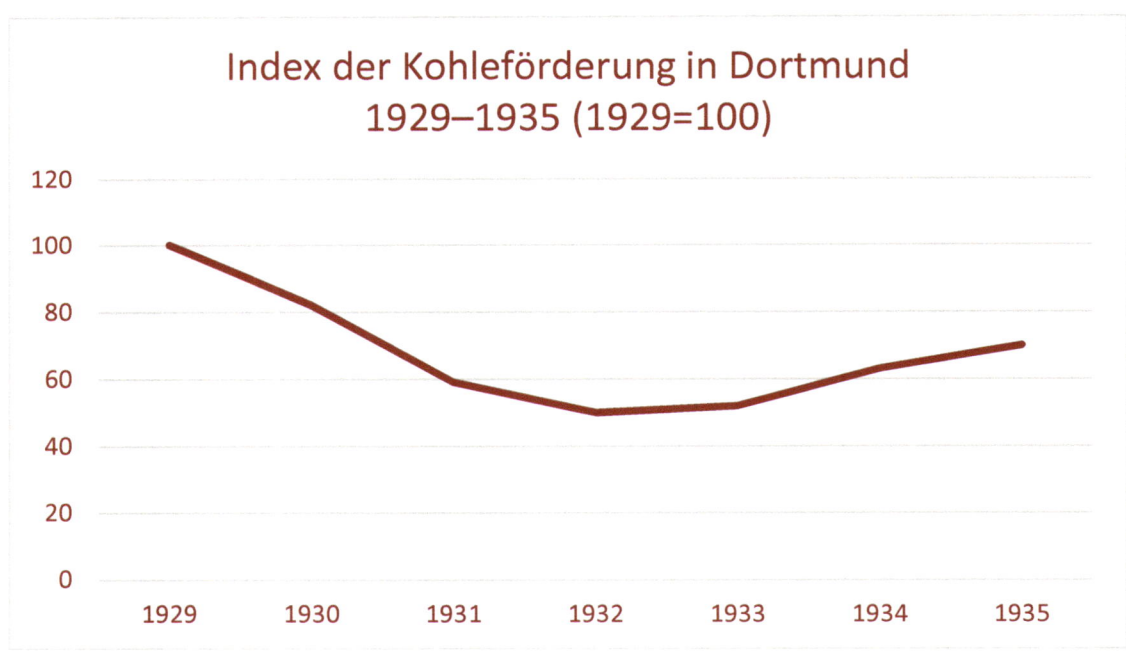

Quelle: Resch, S. 126

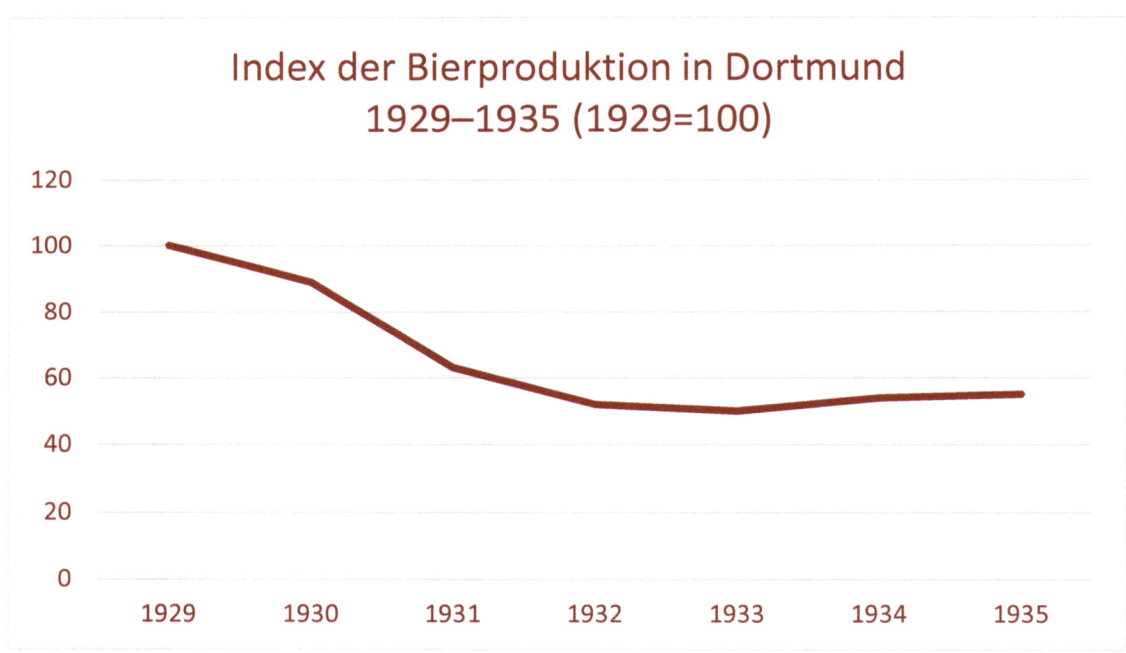

Quelle: Resch, S. 126

nicht gebrochen. Schon am 17. Februar wurde Polizeipräsident Zörngiebel aus dem Amt entlassen. An seiner Stelle wurde SA-Gruppenführer Wilhelm Schepmann, ein Nationalsozialist der ersten Stunde, der maßgeblich am Aufbau der SA im Ruhrgebiet beteiligt war,[183] an dieser wichtigen machtpolitischen Schaltstelle in der Stadt installiert. Zu seinen ersten Amtshandlungen gehörte eine umfassende „Säuberungsaktion", so dass nunmehr „willfährige nationalsozialistische Beamte" den Polizeiapparat beherrschten.[184] Auch der „Verband Preußischer Polizeibeamter" wurde früh gleichgeschaltet.[185] Nicht nur bei der Dortmunder Polizei begann die „Zeit der neuen Karrieren des Opportunismus".[186] Der berüchtigte „Schießerlass", den Hermann Göring am 17. Februar aussprach, tat sein Übriges und öffnete dem nationalsozialistischem Gewalt- und Terrorregime vor allem durch SA- und SS-Einheiten, die in diesem Zusammenhang offiziell in den Rang einer „Hilfspolizei" erhoben wurden, Tor und Tür.[187] Am 25. Februar erneuerte Göring seine Aufforderung zu rücksichtsloser Gewaltanwendung gegen politische Gegner bei einer Kundgebung in der Dortmunder Westfalenhalle; zwei Tage später brachen nach dem Reichstagsbrand auch im „roten Dortmund" alle Dämme und eine nie gekannte Verfolgung von „Staatsfeinden" begann, der viele Widerstandskämpfer und Oppositionelle zum Opfer fielen. Ein typisches Beispiel ist der Sozialdemokrat und Journalist Fritz Henßler,[188] zwischen 1924 und 1933 Vorsteher der Dortmunder Stadtverordnetenversammlung, der am 2. April erstmals in „Schutzhaft" genommen und zu einer Haftstrafe verurteilt wurde. Er war von Juni bis zu seiner Befreiung am 2. Mai 1945 im KZ Sachsenhausen inhaftiert, wo er gedemütigt und misshandelt wurde. Nach 1945 wurde er Oberbürgermeister der Stadt Dortmund und Vorsitzender der SPD-Landtagsfraktion.[189]

Quelle: Berechnet nach Klotzbach, S. 243

[183] Zu Wilhelm Schepmann (1894–1970) siehe den biographischen Anhang.
[184] Eine zweite Säuberungsmaßnahme folgte im Zuge der Märzwahlen, die auch die „unteren Beamten erfaßte." Resch (1969), S. 37.
[185] Ebenda.
[186] Högl (1994), S. 429.
[187] „Polizeibeamte, die in Ausübung dieser Pflichten von der Schußwaffe Gebrauch machen, werden ohne Rücksicht auf die Folgen des Schußwaffengebrauchs von mir gedeckt."; zitiert nach Wolfgang Michalka (Hg.): Das Dritte Reich. Dokumente zur Innen- und Außenpolitik, Bd. 1: „Volksgemeinschaft" und Großmachtpolitik 1933–1939, München 1985, S. 24f.
[188] Zu Fritz Henßler (1886–1953) siehe den biographischen Anhang.
[189] Vgl. Günther Högl: Artikel Friedrich Wilhelm (Fritz) Henßler, in: Biographien bedeutender Dortmunder, Band 3, Essen 2001, S. 97–101.

Quelle: Berechnet nach Klotzbach, S. 243

Im Gestapogefängnis, der „Steinwache" im Dortmunder Norden, wurden zwischen 1933 und 1945 insgesamt 57.522 Menschen inhaftiert, wie die überlieferten Haftbücher dokumentieren. Die Mehrzahl waren politische Gegner des NS-Systems, aber auch rassisch Verfolgte" und seit 1941 ausländische Zwangsarbeiter. Die Grafiken zeigen, dass nach einer ersten Welle im Jahr 1933 die Zahl der Inhaftierungen in den folgenden Jahren zurückging, 1941 das Niveau von 1933 wieder erreicht wurde und 1942/43 auf einen Höchststand zusteuerte. Ob das ein Hinweis auf einen zunehmenden Widerstand in Dortmund ist oder auf eine Verschärfung der Verfolgungsmaßnahmen zurückzuführen ist, um die Kriegsziele nicht durch innere Spannungen zu gefährden, kann an dieser Stelle nicht entschieden werden.

Am 5. und 12. März 1933 fanden in dieser von Terror und Gewalt geprägten politischen Atmosphäre Neuwahlen zum Reichstag und zur Dortmunder Stadtverordnetenversammlung statt, die alles andere als freie, demokratische Wahlen waren. Die NSDAP setzte sich zwar klar durch und erzielte 43,9 % der Stimmen, verfehlte aber das erklärte Ziel einer absoluten Mehrheit. Zweitstärkste Partei war die SPD mit 18,3 % vor der KPD (12,3 %), dem Zentrum (11,9 %) und der DNVP (7,9 %). Bezogen auf Dortmund steigerte die NSDAP ihren Stimmanteil gegenüber 1932 auf 27,0 % und ging auch hier erstmals als stärkste Partei bei Reichstagswahlen hervor, allerdings dicht gefolgt von der KPD (23,1 %), der SPD (20,8 %), dem Zentrum (18,4 %) und der DNVP (6,7 %). Am 7. März hissten die Anhänger der Dortmunder NSDAP zunächst auf dem Polizeipräsidium dann zwei Tage später auf dem Rathaus die Hakenkreuzfahne. Am 9. März wurden auf Anordnung von Polizeipräsident Schepmann symbolvoll die Rathenau-Allee[190] in Adolf-Hitler-Allee, die Stresemannstraße[191] in Göringstraße,[192] die Erzbergerstraße[193] in Schlageterstraße,[194] der Republikplatz in Horst-Wessel-Platz,[195] die Lassallestraße[196] in Zie-

---

[190] Zu Walther Rathenau (1867–1922) siehe den biographischen Anhang.
[191] Zu Gustav Ernst Stresemann (1878–1929) siehe den biographischen Anhang.
[192] Zu Hermann Göring (1893–1946) siehe den biographischen Anhang.
[193] Zu Matthias Erzberger (1875–1921) siehe den biographischen Anhang.
[194] Zu Albert Leo Schlageter (1894–1923) siehe den biographischen Anhang.
[195] Zu Horst Wessel (1907–1930) siehe den biographischen Anhang.
[196] Zu Ferdinand Lassalle (1825–1864) siehe den biographischen Anhang.

rothstraße[197], die Bebelstraße[198] in Franz-Seldte-Straße[199], die Friedrich-Ebert-Straße[200] in Wilhelm-Frick-Straße[201] und die Ernst-Mehlich-Straße[202] in Adolf-Höh-Straße[203] umbenannt. Die Umbenennung von Straßen in Nazi-Ikonen war in Deutschland weit verbreitet. In Westfalen-Lippe wurden nach Adolf Hitler insgesamt 196 Straßen, nach Horst Wessel 91, nach Hermann Göring 81 und nach Albert Leo Schlageter 63 Straßen neu benannt. Franz Seldte kam „nur" auf 17 und Wilhelm Frick auf 6 Benennungen, während die lediglich in Dortmund bekannten Adolf Höh und Karl Zieroth[204] nur auf zwei bzw. eine Umbenennung kamen.[205] Am Tag seines 44. Geburtstages, am 20. April 1933, wurde Adolf Hitler Ehrenbürger der Stadt Dortmund.

Bei der am 12. März stattfindenden Stadtverordnetenwahl legte die NSDAP noch einmal zu und erreichte 30,2 % der Stimmen und wurde erstmals stärkste Partei im Dortmunder Stadtparlament. „Die Anhängerschaft der NSDAP blieb in Dortmund überwiegend auf den Mittelstand beschränkt, dessen Existenzgrundlage durch die Wirtschaftskrise ernsthaft bedroht war."[206] Es gab keine Fluktuation bei den Stimmen zwischen Kommunisten und Nationalsozialisten, die Gewinne der NSDAP waren hauptsächlich Folge der Zunahme der Wahlbeteiligung, insbesondere im bürgerlichen Lager. Die NSDAP profitierte in Dortmund von den Abwanderungen der Wähler der bürgerlichen Parteien. Die NSDAP verfügte mittlerweile über 15 Ortsgruppen.[207] Gewählt wurden 26 Mitglieder der NSDAP, 6 Abgeordnete der Kampffront Schwarz-Weiß-Rot,[208] jeweils ein Abgeordneter der DVP und des Evangelischen Volksdienstes, 17 Sozialdemokraten, ebenfalls 17 Zentrumsmitglieder und 16 Abgeordnete der DKP. An der Spitze der NSDAP Fraktion standen Gottfried Flach, Franz Bauer, Heinrich König, Bruno Schüler[209], der Bergmann Friedrich Poganatz, der Landwirt Otto Paßmann und der Reisende

---

[197] Karl Zieroth war ein Polizeioberwachtmeister, der am 23. Februar 1933 bei der Verfolgung im Schlachthofweg in Dortmund-Hörde von Kommunisten angeschossen wurde und wenig später verstarb; Horst Chmielarz: Der „Fall Zieroth", in: Verdrängt, vergessen, verschwiegen, hg. vom Arbeitskreis „Hörde Damals", o.O., o.J. (Dortmund 2002), S. 69–79.
[198] Zu August Bebel (1840–1913) siehe den biographischen Anhang.
[199] Zu Franz Seldte (1882–1947) siehe den biographischen Anhang.
[200] Zu Friedrich Ebert (1871–1925) siehe den biographischen Anhang.
[201] Zu Wilhelm Frick (1877–1946) siehe den biographischen Anhang.
[202] Zu Ernst Mehlich (1882–1926) siehe den biographischen Anhang.
[203] Zu Adolf Höh (1902–1930) siehe den biographischen Anhang.
[204] Zieroth war Polizeioberwachtmeister und bei der Verfolgung im Schlachthofweg (Dortmund-Hörde) von Kommunisten angeschossen (23.02.1933) und ist wenig später verstorben; sonst sind keine biographischen Angaben überliefert.
[205] Vgl. Die Straßenbenennungspraxis in Westfalen und Lippe während des Nationalsozialismus. Datenbank der Straßenbenennungen 1933–1945; www.strassennamen-in-westfalen-lippe.lwl.org.
[206] Högl (1982), S. 282.
[207] Das waren Aplerbeck mit Erich Schelkmann an der Spitze, Barop (Emil Schürmann), Eving (Fritz Vogt), Dortmund-Hafen (Albert Kloppmann), Hörde (Hermann Buhr), Dortmund-Hoesch (Albert Wirth), Lütgendortmund (Alfred Meininghaus), Dortmund-Mitte (Erich Kleiner), Mengede (Franz Land), Dortmund-Ost (Rudolf Drews), Dortmund Süd-Ost (Albert Korthaus), Dortmund-Vinckeplatz (Heinz Twittenhoff), Dortmund-West (Karl Wagener), Westerfilde (Friedrich Poganatz) und Wickede-Assel (Max Lobin); Beck (1938), S. 41ff.
[208] Die Kampffront war ein nach den alten Reichsfarben Schwarz-Weiß-Rot benanntes Wahlbündnis aus Deutschnationaler Volkspartei (DNVP) und Stahlhelm. Die de facto von der DNVP dominierte Kampffront wurde am 11. Februar 1933 gegründet und trat nur zur Reichstagswahl am 5. März des Jahres an, bei der sie 8 % der Stimmen erreichte. Bei geheimen Treffen Hitlers mit Industriellen am 20. Februar 1933 wurde der NSDAP zusammen mit der Kampffront ein Wahlfonds von 3 Mio. RM von Industriellen zugesagt, von dem die Kampffront 25 % erhalten sollte.
[209] Vgl. zu Bruno Schüler genauer das Kapitel 2.5.1. „Staatskommissar Schüler greift durch!" dieser Arbeit.

Heinrich Dräger.[210] Mitglieder der Kampffront Schwarz-Weiß-Rot/DNVP waren Major a. D. Wilhelm Heider, die Witwe Emmy Tewaag,[211] der Rechtsanwalt Dr. Detmar Philippi, der Magazinvorarbeiter Adolf Bartsch und der Bergwerksdirektor Rüdiger Schmidt.[212] Die konsolidierende Sitzung der Stadtverordnetenversammlung fand am 3. April 1933 statt und wurde zu einer perfekt inszenierten Machtdemonstration der NSDAP, obwohl sie nur über 26 eigene, zusammen mit der Kampffront Schwarz-Weiß-Rot/DNVP über 32 der insgesamt 84 Mandate verfügte, so dass SPD, Kommunisten und Zentrum mit zusammen 50 Stadtverordneten nach den Ergebnissen der Wahl rein rechnerisch eine klare Mehrheit besaßen. Allerdings waren die demokratischen Spielregeln längst ausgehebelt worden. Mit Hilfe des Gesetzes zur Gleichschaltung der Länder mit dem Reich vom 31. März wurde allen gewählten Abgeordneten der KPD durch den „inzwischen ebenfalls nazifizierten Regierungspräsidenten von Arnsberg" ihr Mandat kurzerhand entzogen, so dass sie zur Sitzung gar nicht mehr eingeladen wurden. Vier sozialdemokratische Abgeordnete, darunter ihr Wortführer Fritz Henßler, waren zuvor in „Schutzhaft" genommen worden und fehlten ebenfalls bei der Sitzung. Der Aufmarsch von gewaltbereiten SA- und SS-Truppen sorgte zudem für die gewünschten Mehrheiten. Folgen wir den atmosphärisch dichten Schilderungen in der Dortmunder Presse:

„Kurz vor 18 Uhr ertönte Musik aus der Richtung Reinoldikirche. Braune Kolonnen rückten in Marschordnung heran. Voran die SA-Kapelle 98, erschienen die Fraktionen der Nationalsozialistischen Deutschen Arbeiterpartei und einige Gruppen von SA- und SS-Leuten mit einer stattlichen Fahnenabordnung. Auch die Fraktion der Kampffront Schwarz-Weiß-Rot erschien geschlossen, begleitet von einem ansehnlichen Trupp des Deutschnationalen Kampfringes. Major a. D. Heider, der Fraktionsvorsitzende, trug die grüne Uniform als Landesjugendführer der Deutschnationalen Ringjugend. Im Festsaal des Alten Rathauses erstrahlten die riesigen Deckenleuchter, die dem Mauerwall einer Stadt mit Türmen und Toren nachgebildet sind, in hellstem Licht. In der Mitte der Kopfseite des Saales war die schwarz-weiß-rote Fahne, zu beiden Seiten die Hakenkreuzflagge aufgehängt, beiderseits von ihnen noch eine Flagge in den Dortmunder Stadtfarben Rot-Weiß. Die Fahnen waren mit frischem Grün umrankt. Unter den Fahnen nahmen, der Saalmitte zugewandt, auf dem Podium des Saales die Mitglieder des Magistrats, davor neben dem Rednerpult Staatskommissar Schüler und Oberbürgermeister Dr. Eichhoff Platz, auf der anderen Seite die Protokollführer. Ihnen gegenüber befanden sich die Plätze der Stadtverordneten, dahinter zwei Reihen Tische für die Presse, sodann die Zuhörerplätze. Unter den Zuhörern befanden sich zahlreiche SA-, SS- und Kampfring-

---

[210] Es folgten der Arbeiter Alfred Lange, der Oberstudienrat Harry Eilers, der Kaufmann Karl Meyer, der Landbundsyndikus Dr. jur. Wilhelm Kuhlmann, der Handlungsgehilfe Friedrich Kölbel, der praktische Arzt Dr. med. Hans Pfeiffer, der Kaufmann und Wirt Paul Wegmann, der Rechtsanwalt Wilhelm Stockheck, der Schlosser Hans Viehbach, der Bergbauunternehmer Josef Chrillgen, der kaufm. Angestellte August Bertram, der Kaufmann Paul Drucks, der Steuerinspektor a. D. Alfred Westphal, der Straßenbahnschaffner Hermann Sprotte, der Monteur August Vollgold, der Zigarrenhändler Albert Korthaus, der Kaufmann Hermann Weygand und der Schrotthändler Heinrich Cronau; Resch (1969), S. 41.

[211] Emmy Tewaag (DNVP) war neben den Damen Schroer und Klein (beide Zentrum) eine der drei Frauen in der Dortmunder Stadtverordnetenversammlung, die im August ihre Ämter niederlegten, weil Frauen in der parlamentarischen Arbeit unerwünscht waren; Resch (1969), S. 72. Die erste Frau im Dortmunder Magistrat war Rosa Buchthal, die jüdischer Abstammung war, 1919 zur Stadträtin gewählt wurde und als unbesoldetes Magistratsmitglied bis 1928 diesem Gremium gehörte. Sie war für die Stadtbibliothek, die Verwaltungsbibliothek und das Stadtarchiv zuständig; vgl. die Personalakte im Stadtarchiv Dortmund, Best. 3 P, Nr. 4507.

[212] Resch (1969), S. 41.

leute. Draußen war, gespielt von der SA-Kapelle, soeben das Horst-Wessel-Lied verklungen, man hörte Heilrufe und ‚Das ist die Garde', als die Sitzung ihren Anfang nahm."[213]

Der Verlauf der Sitzung war präzise geplant und offenbar von langer Hand vorbereitet worden. Der seit 1910 amtierende Oberbürgermeister Ernst Eichhoff, ein Anhänger der DVP, verpflichtete zu Beginn die Stadtverordneten durch Handschlag; zuerst die der NSDAP, dann die der Kampffront/DNVP, die der DVP, die des Evangelischen Volksdiensts, die des Zentrums und schließlich die der SPD. Als neuer Stadtverordnetenvorsteher wurde Gauinspektor Gottfried Flach gewählt; seine Stellvertreter wurden Wilhelm Heider von der Kampffront Schwarz-Weiß-Rot/DNVP und Parteigenosse Franz Bauer.

Bei den anschließenden Magistratswahlen wurden insgesamt 17 Stadträte gewählt, davon sieben von der NSDAP, zwei von der Kampffront Schwarz-Weiß-Rot/DNVP, fünf vom Zentrum und drei von der SPD. Davon wurden allerdings nur zehn kommissarisch vom am 23. März durch den preußischen Innenminister Hermann Göring installierten Staatskommissar Bruno Schüler tatsächlich eingesetzt, darunter sechs Nationalsozialisten, drei Zentrumspolitiker und ein Vertreter des Kampfbundes Schwarz-Weiß-Rot/DNVP. Den drei sozialdemokratischen Magistratsmitgliedern wurden von Staatskommissar Schüler kurzerhand ihre Ämter entzogen, „da eine sachliche Arbeit von ihnen nicht mehr zu erwarten war."[214] Das Verbot der SPD am 20. Juni 1933 beendete schließlich auch in Dortmund die politische Arbeit der Sozialdemokratie, die sich fortan im Untergrund und Widerstand organisierte. Kurz darauf erfolgte am 28. Juni die Selbstauflösung der DNVP und am 6. Juli die des Zentrums. Am 1. August wurde schließlich der amtierende Oberbürgermeister Ernst Eichhoff aus dem Amt gedrängt und in den Ruhestand versetzt. Maßgeblich daran beteiligt waren sein Nachfolger Wilhelm Banike[215] und NSDAP-Kreisleiter Hesseldieck.[216] Die seit 1919 von den politischen Parteien nach demokratischen Grundsätzen bestimmte gemeindliche Selbstverwaltung, die das „kommunale Honoratiorenregiment" des preußischen Dreiklassenwahlrechts abgelöst hatte, wurde schon wenige Monate nach der Machtergreifung durch die totalitären Machtstrukturen des NS-Staates, die sich auch im „roten Dortmund" in kürzester Zeit entfalten konnten, außer Kraft gesetzt. „Die ‚Gleichschaltung' war nahezu abgeschlossen,"[217] und eine neue kommunalpolitische Elite bestimmte fortan die Geschicke der Stadt. Die seit 1834 bestehende Magistratsverfassung wurde in Dortmund de facto schon im Juli 1933 von der „Bürgermeisterverfassung" abgelöst, wonach das „Führerprinzip" eingeführt und der von der Partei eingesetzte Oberbürgermeister die städtische Verwaltung „in voller und ausschließlicher Verantwortung" führte,[218] was indes nicht konfliktfrei verlief, sondern zu einem fortwährenden Konkurrenzgerangel zwischen den Repräsentanten der Stadtverwaltung und der örtlichen Parteileitung führen sollte.

---

[213] Die feierliche erste Stadtverordnetensitzung. Einführung der neuen Stadtverordneten – Wahl des Vorstandes – Die Nationale Front triumphiert auch in Dortmund, Sonderseite der Dortmunder Zeitung vom 4. April 1933; S. 11.

[214] Zitiert nach Luntowski (1984), S. 49 und Högl (1994), S. 431.

[215] Zu Wilhelm Banike vgl. genauer das Kapitel 2.5.3. „Oberbürgermeister Willi Banike" dieser Arbeit.

[216] Vgl. Wolfgang Stelbrink: Die Dortmunder Kreisleiter der NSDAP. Zur Biographie und Herrschaftspraxis einer lokalen NS-Elite, in: Beiträge zur Geschichte Dortmunds und der Grafschaft Mark Bd. 95 (2004), S. 133–211, hier S. 151–152.

[217] Högl (1994), S. 432.

[218] Luntowski (1984), S. 50; Das preußische Gemeindeverfassungsgesetz vom 15. Dezember 1933 führte dann das „Führerprinzip" auf einer breiten gesetzlichen Grundlage ein, wodurch die demokratischen städtischen Leitungsstrukturen umgestaltet und der Oberbürgermeister mit weitgehenden politischen Vollmachten ausgestattet wurde.

2.3. „Machtergreifung" und politische Gleichschaltung in Dortmund

2.4. Zankapfel kommunale Finanzen

„Die Stadt ist am Ende ihrer Kraft," stellte Oberbürgermeister Eichhoff am 5. Oktober 1932 resigniert fest.[219] Bei der Dortmunder NSDAP standen die kommunalen Finanzen ganz oben auf der Agenda ihres kommunalpolitischen Programms. Die Verschuldung der Stadt war auch das beherrschende Thema der Antrittsrede des nach der „Machtergreifung" neu gewählten Vorsitzenden der Dortmunder Stadtverordnetenversammlung Gottfried Flach am 3. April 1933 im Rathaus:

> „Am Ende der Inflation waren praktisch keine Schulden vorhanden. Im Jahr 1933 war es infolge der sehr glorreichen Verwaltungsmaßnahmen gelungen, die Schulden dieser Stadt einschließlich der eingegangenen Bürgschaften auf etwa 160 Millionen Mark anwachsen zu lassen. Das bedeutet, daß die Stadtväter es verstanden haben, allmonatlich eine Schuld von über 1 ¼ Mill. Mk. aufzuwenden. Diesen 160 Millionen Mark Schulden stehen auf der Aktivseite schätzungsweise 200 Millionen Mark Vermögen gegenüber, wobei zu beachten ist, daß bei einer etwaigen Realisierung vielleicht nur die Hälfte dieser Werte, also etwa 100 Millionen Mark, erzielt werden könnten. Es stehen also 160 Millionen Mark Schulden 100 Millionen Mark Vermögen gegenüber. Ein ehrbarer Kaufmann müßte bei dieser Bilanz schon längst Konkurs angemeldet haben. Diese große Schuldenstand bedeutet für den laufenden Haushalt eine dauernde Belastung von etwa 14 Millionen Mark. Um diese ungeheure Summe aufzubringen, mußten natürlich sämtliche verfügbaren Steuerquellen restlos in Anspruch genommen werden. [...] Wir behaupten, daß der Zeit entsprechend solche hohen Schulden hätten vermieden werden können, wenn man nicht der Großmannssucht der Gemeindeverwaltung freien Lauf gelassen hätte. Ich erinnere hier in Dortmund nur an die Pädagogische Akademie und das Arbeitsphysiologische Institut, an die Kinderklinik, an die Bauten des Volksparks und der Westfalenhalle und weitere mehr. Nicht zu vergessen die großzügigen Eingemeindungen. Man soll jetzt nicht behaupten, daß man zur Zeit der Aufgreifung dieser Pläne sich in einer aufsteigenden Konjunktur befunden habe und nicht trostlose Erwerbslosigkeit vor Augen sah [...] so ist heute hier der trostlose Zustand geschaffen, der etwa 45.000 bis 50.000 Menschen die Arbeit entzogen und dem materiellen und seelischen Zerfall preisgegeben sind. Hätte man also, um es noch einmal kurz zu fassen, jener Großmannssucht die Spitze abgebogen, in der Verwaltung äußerste Sparsamkeit eintreten lassen, so stehen wir auf dem Standpunkt, daß man den Haushaltsplan hätte ausgleichen können trotz Verminderung der steuerlichen Einnahmen. Daß dieses nicht geschah, mußte in erster Linie der gewerbliche Mittelstand als Steuerzahler verspüren. Hinzu kam für den Mittelstand, daß durch die Erwerbslosigkeit im Wesentlichen die Kaufkraft der Bevölkerung gesenkt wurde. Die Not des Mittelstands wurde noch dadurch erhöht, daß man es verstanden hat, die Einheitswarengeschäfte hier in Dortmund im Übermaß anzusiedeln und die Warenhäuser steuerlich zu bevorzugen. So kann festgestellt werden, daß nicht nur die Arbeiterschaft, welche die größte Zahl der Dortmunder Bevölkerung ausmacht, sondern auch der von der Arbeiterschaft im Wesentlichen lebende Mittelstand vernichtet wurde. Die wirtschaftlichen Maßnahmen mußten im Weiteren eine ebenso unerträgliche Belastung des Grundbesitzes eintreten lassen, die sich auf die Mietgestaltung hier in Dortmund ungünstig auswirkte."[220]

Es durfte in der geschliffenen nationalsozialistischen Rhetorik Flachs natürlich der Hinweis auf die prophetisch anmutende Weitsicht „unseres Führers Adolf Hitler" nicht fehlen, der „bereits 1924 und später immer und immer wieder darauf aufmerksam machte,

---

[219] Tremonia vom 6. Oktober 1932, Nr. 277, Resch (1969), S. 24.
[220] Dortmunder Zeitung vom 4. April 1933, Nr. 161, S. 11f.

daß die Erwerbstätigkeit in Deutschland in nie gekanntem Ausmaße ansteigen müsse, daß er immer und immer wieder den Wirtschaftszerfall betonte, wenn man in Deutschland nicht eine grundsätzliche Änderung der Politik nach innen und nach außen durchführe. Als Auswirkung dieser wahnsinnigen Verträge mußte auch die Stadt Dortmund als Industriestadt in Mitleidenschaft gezogen werden." Hinter dieser Plattitüde war allerdings kein umsetzbares wirtschaftspolitisches Konzept zu erkennen. An den Schluss seiner Rede stellte Flach ein vages neun Punkte Programm. „Unser Bestreben muß es sein, in all diesen Dingen Wandel zu schaffen und mit der Zeit auf sämtlichen wirtschaftlichen Gebieten einen gerechten Ausgleich zu finden. Der jungen Generation, die heute erwerbslos auf den Straßen und Plätzen der Stadt nutzlos ihre Tage verbringen muß, muß in erster Linie durch den Ausbau des freiwilligen Arbeitsdienstes und die später eintretende Arbeitsdienstpflicht geholfen werden."[221] Der Arbeitsdienst sollte vor allem beim Ausbau des Dortmund-Ems-Kanals eingesetzt werden, eine wahrscheinlich schon mit Blick auf seine künftige militärische Bedeutung wichtige Infrastrukturmaßnahme, die einer besseren Erzversorgung der Dortmunder Eisen- und Stahlindustrie dienen sollte.

Daneben sollte größte Sparsamkeit herrschen und die „Ausmerzung" unproduktiver städtischer Regiebetriebe und Einrichtungen sowie eine vermehrte Auftragserteilung an das ortsansässige Gewebe und Handwerk erfolgen. Auf dem Programm standen auch Hilfen für die Bauernschaft und eher „weiche" Faktoren wie die Ausrottung des Klassenkampfgedankens, die Beseitigung der „unglückseligen Grenze" zwischen dem Dortmunder Norden und dem Dortmunder Süden sowie die Schaffung eines „von hohem Pflichtbewußtsein durchdrungenen Beamtentums."[222]

Tatsächlich gelang es den Nationalsozialisten schon bis 1936/37 den Schuldenstand der Stadt Dortmund auf „Null" herunterzufahren. Die Nationalsozialisten schrieben die Sanierung der kommunalen Finanzen später dem neuen Stadtkämmerer Hans Pagenkopf zu: Als „hervorragender Finanzmann war er wohl bestens in der Lage, die schlechten Etatverhältnisse der Stadt Dortmund zu bereinigen."[223] Pagenkopf war allerdings erst seit Februar 1936 im Amt. Zudem kam den Nationalsozialisten dabei die wirtschaftliche Scheinblüte zugute, die nicht nur die Massenarbeitslosigkeit beseitigte, sondern auch die Steuereinnahmen sprudeln ließ.

Grundlage für die Berufung von Bruno Schüler,[224] der im März 1933 als Staatskommissar eingesetzt wurde, war das Gesetz zur Erzielung weiterer Ersparnisse in der gemeindlichen Verwaltung. Eine seiner ersten Maßnahmen war die Herabsetzung der Zahl der besoldeten Stadträte von elf auf sechs Dezernenten. Neben Einsparungen zielte diese Maßnahme vor allem auch auf den Ausschluss politisch unerwünschter sozialistischer Dezernenten.[225] Zur Sanierung der kommunalen Finanzen hatte Schüler nach eigenem Bekunden darüber hinaus 100 weitere Stellen eingespart, indem er die ärztliche Versorgung der Wohlfahrtsempfänger gegen eine „Kopfpauschale" den Krankenkassen übertrug, sodann das städtische Kinderheim Pivitsheide in Detmold, das Altersheim in Kirchhörde und das Krankenhaus in Eving schließen ließ, die Anzahl der erholungsbedürftigen Kinder erheblich reduzierte und schließlich rückständige Steuern, insbeson-

[221] Ebenda.
[222] Dortmunder Zeitung vom 4. April 1933, Nr. 161, S. 112, Resch (1969) S. 60.
[223] Stadtarchiv Dortmund 100 Nr. 14.
[224] Siehe dazu genauer das Kapitel 2.5.1. „Staatskommissar Schüler greift durch!" dieser Arbeit.
[225] Graf (1958), S. 46 f

2.4. ZANKAPFEL KOMMUNALE FINANZEN

dere von jüdischen Firmen und Warenhäusern, rigoros eintrieb.[226] All diese Maßnahmen waren allerdings nur punktuell und nicht Resultat einer umfassenden nationalsozialistischen kommunalen Haushaltspolitik.

Folgen wir der „Etatsrede" von Oberbürgermeister Banike anlässlich der Verabschiedung des Haushaltsplanes der Stadt Dortmund für das Geschäftsjahr 1939 am 14. April 1939, die aus der Feder Pagenkopfs stammte und eine Bilanz der letzten Haushaltsjahre seit 1929 enthielt,[227] erkennen wir, dass die vermeintlich erfolgreiche nationalsozialistische Haushaltspolitik im Wesentlichen auf der wirtschaftlichen Scheinblüte einer Hochkonjunktur beruhte, die im Zeichen von massiver militärischer Aufrüstung und

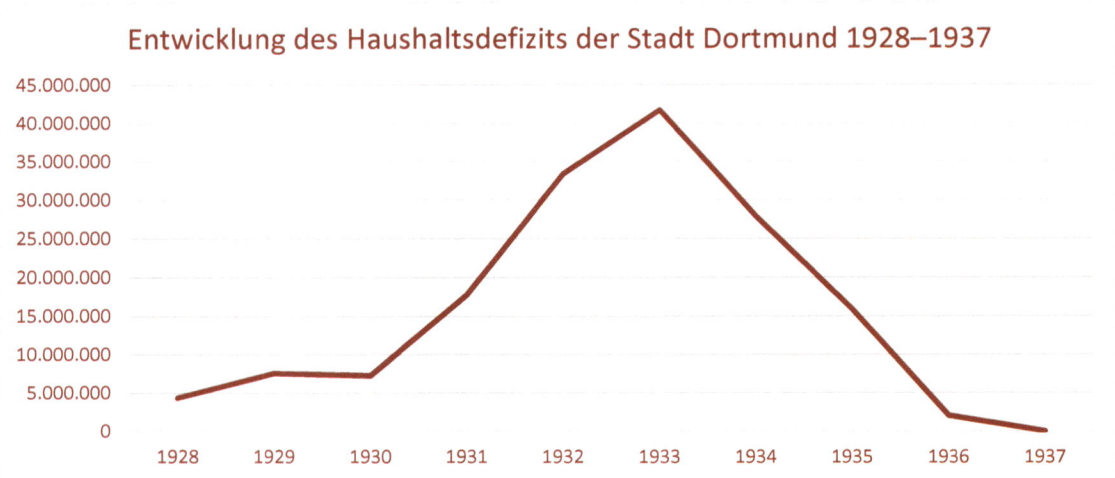

Quelle: Resch, S. 177, in RM

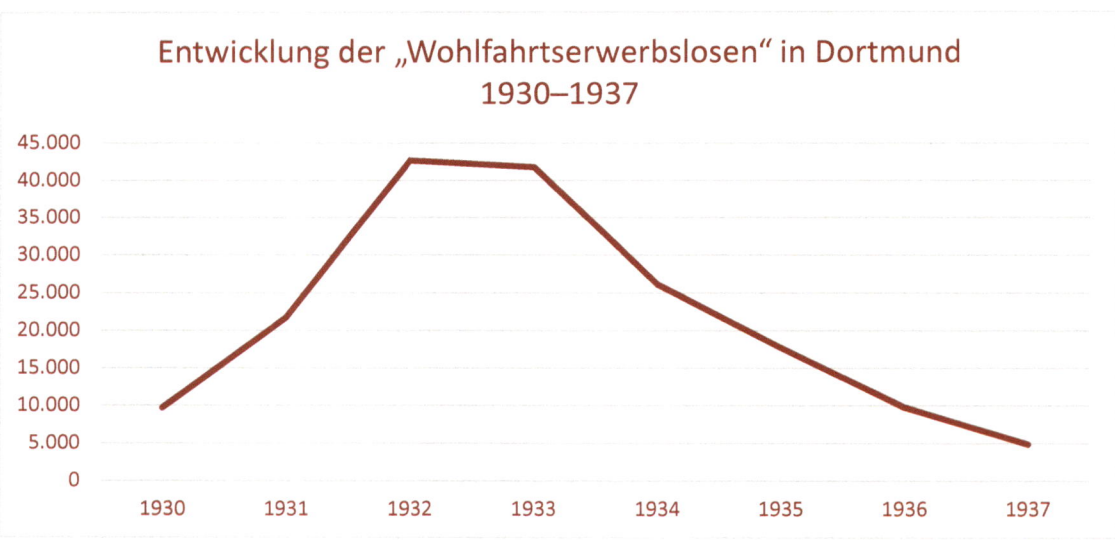

Quelle: Stadtarchiv Dortmund, Bestand 429 Nr. 167, S. 5

[226] Rechenschaftsbericht des Prokuristen Bruno Schüler in Dortmund über seine Tätigkeit als Staatskommissar der Stadt Dortmund vom 28. April 19333 an den Preußischen Minister des Innern und den Herrn Regierungspräsidenten in Arnsberg; Stadtarchiv Dortmund, Personalakte Bruno Schüler.

[227] Stadtarchiv Dortmund, Bestand 429 Nr. 167.

eines bevorstehenden Eroberungskrieges stand. Das von Flach in seiner programmatischen Rede entworfene Sanierungskonzept spielte logischerweise in den Ausführungen Banikes keine Rolle.

Die im Zuge der nationalsozialistischen Arbeitsbeschaffungspolitik nach 1933 rapide sinkenden Ausgaben für „Wohlfahrtszwecke", das waren Aufwendungen infolge der hohen Arbeitslosigkeit, konnten infolge der „Maßnahmen der Reichsregierung auf dem Gebiete des Arbeitseinsatzes" stark abgesenkt werden.[228] Zwischen 1930 und 1933 hatten sich in Dortmund die Wohlfahrtsaugaben von 23,7 Mio. RM auf 44,4, Mio. RM fast verdoppelt. Allerdings erhielt die Stadt bis auf eine Differenz von 2 Mio. RM fast die komplette Summe durch Staatshilfen refinanziert.[229] Die Wohlfahrtsaufwendungen sanken nach der „Machtergreifung" zwischen 1933 und 1936 von 18,7 Mio. RM auf 16,5 Mio. RM.[230] Über die Höhe der gewährten Staatshilfen enthält die Rede Banikes allerdings keine Angaben. Banike führte aus, dass „die Auswirkungen der verbesserten Wirtschaftslage weit grösser waren" als die Minderausgaben bei den Wohlfahrtsaufwendungen.[231] Die Einsparungen an den übrigen Verwaltungsausgaben, die im selben Zeitraum von 31,1 Mio. RM auf 27,6 Mio. RM zurück gingen, betrugen 3,5 Mio. RM. Dabei ist zu bemerken, dass zum Beispiel die Ausgaben für das Stadttheater zwischen 1930 und 1937 um über 47 % gekürzt,[232] die Polizeikosten, „die zwangsläufig bedingt sind", aber erhöht und auch die „Aufwendungen für die Volksertüchtigung sowie für die Hitlerjugend erfreulicherweise gesteigert" wurden.[233]

2.5. Die neue kommunalpolitische Elite

2.5.1. „Staatskommissar Schüler greift durch!"

„Wir wissen, daß wir in Dortmund die schwarz-rote Koalition zum Teufel jagen. Und wenn uns die Dortmunder Bevölkerung auch nicht die ganze Vollmacht geben sollte, so werden wir dieser Koalition doch ein Ende machen und einen Staatskommissar nach Dortmund entsenden, der hier Ordnung schafft," eiferte sich Kreisleiter Flach Anfang März des Jahres 1933.[234] Bis zur Einsetzung des Staatskommissars wenige Wochen später versetzten SA und SS die politischen Gegner durch gewaltsame Übergriffe in Angst und Schrecken. Am 12. März drangen SA-Leute zum Beispiel gewaltsam in das Haus des Vorsitzenden der Zentrums-Fraktion, Otto Koch, ein, misshandelten ihn und zwangen ihn zu einer schriftlichen Erklärung, den Führer künftig nicht mehr zu verunglimpfen.[235] Am 17. März überfielen SS-Leute den Sozialdemokraten Wilhelm Hansmann,[236] einen der „mutigsten und entschlossensten Kämpfer gegen alle antirepublika-

---

[228] Zu den Mythen der nationalsozialistischen Arbeitsmarktpolitik siehe genauer Kapitel 3.3.2. „Arbeitsbeschaffungsprogramme und der Mythos vom Autobahnbau" dieser Arbeit.
[229] Die Stadt Dortmund erhielt dafür insgesamt 66,1 Mio. RM an Staatshilfen; Stadtarchiv Dortmund, Bestand 429 Nr. 167, S. 3.
[230] Ebenda, S. 4.
[231] Ebenda S. 2.
[232] Ebenda, S. 8.
[233] Ebenda, S. 4f.
[234] Dortmunder Zeitung vom 9. März 1933, Nr. 117.
[235] General Anzeiger vom 15. März 1933, Nr. 73.
[236] Zu Wilhelm Hansmann (1886–1963) siehe den biographischen Anhang.

nischen Gruppen" während der Weimarer Republik, in seiner Eichlinghofer Wohnung, misshandelten ihn ebenfalls und warfen den schwer Verletzten schließlich in einen Wassergraben.[237] In derselben Nacht war auch ein Überfall der SA auf Jakob Stöcker, seit 1929 Chefredakteur des Dortmunder Generalanzeigers, geplant, der aber gewarnt wurde und rechtzeitig aus Dortmund fliehen konnte.[238] Am 18. März besetzten schließlich Einheiten der SA und der Polizei das Stadthaus und nahmen den Sozialdemokraten Gottlieb Levermann, Leiter des Wohlfahrtsamtes und Mitglied des Magistrats, in „Schutzhaft".[239]

Am 23. März 1933 wurde Bruno Schüler „als bewährter Parteigenosse" vom preußischen Innenminister Hermann Göring zum Staatskommissar für die Stadt Dortmund ernannt. Er trat sein Amt am 29. März an.[240] Schüler wurde 1901 in Hagen-Haspe geboren und war ein Nationalsozialist der ersten Stunde. Nach dem Abitur an der dortigen Oberrealschule nahm er als Freiwilliger am Ersten Weltkrieg teil und schloss sich nach Kriegsende dem Freikorps Maercker an.[241] Schüler trat 1923 in die NSDAP ein und wurde Mitglied der SA. 1920 absolvierte er eine Banklehre, war zunächst als Bankbeamter, seit 1925 dann bei der Dortmunder Union-Brauerei zunächst als „Inlandsreisender" später als „Repräsentant für das Ausland" tätig. 1932 trat er aus der Loge „Zur alten Linde", der er seit Juni 1930 angehört hatte, aus, weil die Partei um seine Mitgliedschaft wusste und die Ziele der Loge nicht in das nationalsozialistische Weltbild passten. Nach der Machtergreifung stieg er auf Druck der NSDAP – Schüler galt als „Freund und ältester Mitkämpfer des Gauleiters Josef Wagner"[242] – vom Prokuristen zum Vorstandsmitglied auf.

Als Staatskommissar stand er über dem formal noch amtierenden Oberbürgermeister Eichhoff und der Stadtverordnetenversammlung. Seine Aufgabe war die „Erzielung weiterer Ersparnisse in der gemeindlichen Verwaltung." Schüler verwaltete acht Dezernate.[243] In den Mittelpunkt seiner Tätigkeit rückte er groß angelegte „Säuberungsaktionen" der städtischen Verwaltung von politisch und „rassisch" unerwünschten Personen. Seine Maßnahmen, über die er einen umfangreichen Tätigkeitsbericht verfasste, richteten sich vor allem gegen Juden, denen er „Greuelhetze" gegen das neue Regime vorwarf. Seine Maßnahmen standen am Anfang einer bald darauf losbrechenden Welle harter Repressalien. Dortmund zählte 1933 insgesamt 4.108 Einwohner jüdischen Glaubens.[244]

---

[237] Klotzbach (1969), S. 108. „Am Abend des 17. März saß der SS-Scharführer Herbert Hoyer mit einigen Gesinnungsfreunden in dem Dortmunder Lokal ‚Hellweger Hof'. Unter Führung Hoyers brachen mehr als 20 Personen mit Kraftfahrzeugen in Richtung Eichlinghofen auf. Nachdem sie Hansmann aus seiner Wohnung geholt hatten, ging die Fahrt weiter zur SS-Unterkunft in Körne. Hier wurde Hansmann mit verschiedenen Schlagwerkzeugen mehrmals besinnungslos geprügelt. Den schwer Verwundeten fuhr man schließlich nach Aplerbeck und warf ihn nahe dem Polizeisender in einen Wassergraben." Hansmann, der sich mit letzter Kraft retten konnte, floh daraufhin aus Dortmund ins Saarland, dann nach Frankreich und in die Schweiz.

[238] Klotzbach (1969), S. 109f.

[239] Graf (1958), S. 46; Dortmunder General Anzeiger vom 20. März 1933.

[240] Dortmunder Zeitung vom 30. März 1933, Nr. 152.

[241] Zu Georg Maercker (1865–1924) siehe den biographischen Anhang.

[242] Ausführungen des Kreisleiters der NSDAP Hesseldieck bei Schlüters Verabschiedung; vgl. Abschied von Stadtrat Schüler, in: Tremonia vom 27. Februar 1939.

[243] Das waren das städtische Hauptamt, das Personalamt, das Arbeiterlohnamt, das Verkehrs- und Presseamt, die Verwaltungsbibliothek und das Stadtarchiv, das Statistische Amt und das Wahlamt sowie das Kulturdezernat, das die Bereiche Stadt- und Landesbibliothek, Stadttheater, Orchester, Konservatorium, Museum, Vortragswesen und Volkshochschule umfasste.

[244] Klotzbach (1969), S. 114f.

„Staatskommissar Schüler greift durch," titelte die Dortmunder Zeitung bereits wenige Tage nach seinem Amtsantritt:

> *„Der Staatskommissar für die Stadt Dortmund, Schüler, der die ersten Tage seines Wirkens damit zugebracht hat, sich einen allgemeinen Überblick über die Verwaltung zu verschaffen, hat nunmehr begonnen, die Verwaltung von ungeeigneten Kräften zu säubern. Mit Wirkung vom 1.4.1933 sind daher folgende Beamte beurlaubt worden: Stadtrat Levermann, Magistratsrat Dellwig; Magistratsrat Dresing, Stadtinspektor Weilke, Brandoberinspektor Beckmann, Polizeikommissar Leinberger. Die Stadtobersekretäre Griwenka und Zier, gegen die ein Dienststrafverfahren schwebt, sind mit sofortiger Wirkung ihres Dienstes unter Einbehaltung der Hälfte ihres Einkommens enthoben. Die Dienstenthebung dieser beiden Beamten ist vom Staatskommissar deswegen angeordnet worden, weil er ganz besonderen Wert darauf legt, die Aktion zur Widereinführung der Sauberkeit in der Verwaltung bis in die letzte Amtsstube zu betreiben.*
>
> *Durch eine weitere Verfügung ist auch dem unhaltbaren Zustand der Besetzung der Arztstellen an den städtischen Krankenanstalten mit jüdischen Ärzten, die oft den Unwillen der national gesinnten Bevölkerung hervorgerufen hat, ein Ende gemacht worden. Es handelt sich hier um die Oberärzte Professor Engel und Samson und die Assistenzärzte Lepehne, Hirsch, Burbaum, Altmann, Zeichner und Fräulein Reinauer. Durch die Beurlaubung dieser Ärzte wird der Betrieb der städtischen Krankenanstalten, insbesondere der Kinderklinik, in keiner Weise in Mitleidenschaft gezogen. Der Staatskommissar hat dafür gesorgt, daß sofort ein vollwertiger Ersatz zur Stelle war. Mit der kommissarischen Leitung der Kinderklinik ist der Privatdozent Meyer zur Hörste von der Universitätsklinik Münster beauftragt worden. [...] Der Staatskommissar hat sich aber auch der lebhaften Klagen erinnert, die von den Wohlfahrtsempfängern in bezug auf die Zuweisung an jüdische Zahnärzte erhoben worden sind. Dem Wohlfahrtsamt ist im Rahmen dieser ersten Aktion mitgeteilt worden, daß die Verträge mit jüdischen Zahnärzten zum nächstmöglichen Termin zu kündigen sind.*
> *Im Stadttheater hat der Staatskommissar ebenfalls bedeutsame Veränderungen vorgenommen. Den zu Recht bestehenden Klagen des nationalen Teiles der Theaterbesucher über die starke Beschäftigung jüdischer Künstler in deutschen Opern ist durch die sofortige Beurlaubung der jüdischen Opernkräfte ein Ende gemacht worden. Der Staatskommissar ist der Meinung, daß ein jüdisch durchsetztes Ensemble in der Zeit nationaler Wiedergeburt gerade in Dortmund nicht tragbar ist. Es sind daher mit sofortiger Wirkung folgende Kräfte der Oper beurlaubt worden: Kapellmeister Wolfes, die Opernsänger Weltner, Ucke und Bodmer, sowie die Opernsängerin Frau Wolfreim. [...] Eine Entlassung jüdischer Angestellten ist auch in der Stadtverwaltung angeordnet. Damit dürfte sich in städtischen Diensten kein Jude mehr befinden. [...] Um eine Gleichschaltung mit den Anordnungen der Reichsstellen zu erreichen, hat der Staatskommissar verfügt, daß es städtischen Dienststellen untersagt ist, in Warenhäusern, Spa-Läden und jüdischen Geschäften Einkäufe oder Bestellungen vorzunehmen. Schließlich ist mit sofortiger Wirkung den marxistischen und jüdischen Jugendverbänden die Benutzung städtischer Gebäude und Plätze untersagt worden. Die städtischen Zuschüsse, die bisher an diese Organisationen gewährt wurden, sind gestrichen."*[245]

Nach eigenem Bekunden Schülers wurden 7 Oberbeamte, 15 mittlere Beamte, 19 Angestellte und 10 Arbeiter entlassen und zwar „wegen nicht arischer Abstammung" oder „Angehörigkeit zur KPD oder sonstiger Betätigung staatsfeindlicher Gesinnung"; über etwa 40 Personen „werden zur Zeit noch Ermittlungen angestellt, da bezüglich ihrer nationalen

---

[245] Dortmunder Zeitung Nr. 160 vom 4. April 1933.

Gesinnung Zweifel bestehen. […] Von den rund 1.200 ehrenamtlichen Wohlfahrtspflegern habe ich 337 auf die Arbeiterwohlfahrt und KPD entfallenden aus dem Dienst entfernt."[246]

Die Amtszeit Schülers als Staatskommissar endete am 7. August 1933; schon seit Juli 1933 war er zum „Zweiten Bürgermeister" und von Dezember 1933 bis August 1934 zum kommissarischen Oberbürgermeister der Stadt Dortmund ernannt worden. Nachdem Willi Banike 1934 hauptamtlich die Amtsgeschäfte übernommen hatte, war Schüler bis September 1938 als ehrenamtlicher Stadtrat tätig und leitete das Dortmunder Kulturdezernat. Von 1933 bis 1934 wurde Schüler zudem als Präsident und von 1934 bis 1936 als Vizepräsident der Industrie- und Handelskammer zu Dortmund installiert. Darüber hinaus war er von 1935 bis 1938 Mitglied des Westfälischen Provinzialrates, Vorsitzender des Westfälischen Verkehrsverbandes und der Hauptgruppe VII (Nahrungs- und Genußmittel) der Reichsgruppe Industrie, von November 1935 bis August 1938 Mitglied des Beirats der Wirtschaftskammer Westfalen-Lippe und Mitglied des Beirats der Reichswirtschaftskammer.

Seine zahlreichen Aufsichtsratsmandate vornehmlich in der zur Bank für Brauindustrie AG in Berlin und Dresden, später Frankfurt, beherrschten Brauerei-Gruppe und seine Mitgliedschaft im Präsidium der Deutschen Brauerbundes sicherten ihm ein ausgedehntes Netzwerk, das er 1938 nutzte, um sich aus der Politik zurückzuziehen und in Frankfurt den lukrativen Vorsitz des Vorstands der Schöfferhof-Binding-Bürgerbräu AG zu übernehmen. Sein Ausscheiden bei der Dortmunder-Union Brauerei geht auf ein Zerwürfnis mit Carl Brügmann (1866–1946), Sohn des Firmengründers Leonhard Brügmann, zurück, der seit 1923 dem Vorstand angehörte und von 1934 bis zu seinem Tod Vorsitzender des Aufsichtsrats war. Die Dresdener Bank hatte versucht, Brügmann „über die Partei" zu stürzen und die Oberhand in dem Unternehmen zu gewinnen; Schüler war ein Protagonist dieser Pläne, die aber an der Persönlichkeit Brügmanns scheiterten, der 1938 seinen Vertrauten Felix Eckhardt (1896–1982) in den Vorstand berief, der bis 1959 die Brauerei als Vorstandsvorsitzender und von 1959 bis 1972 als Aufsichtsratsvorsitzender verantwortlich leitete.[247]

Am 26. Februar 1939 wurde Bruno Schüler in einem Festakt im „festlich geschmückten Sitzungszimmer des Stadthauses" in Anwesenheit der Dortmunder Ratsherren, des Regierungspräsidenten Ludwig Runte, der von 1935 bis 1941 amtierte, Dortmunds Oberbürgermeisters Willi Banike und des NSDAP-Kreisleiters Hesseldieck feierlich verabschiedet. Gleichzeitig schied er aus seinen verbliebenen städtischen Ehrenämtern aus. „Nachdem Sie sich schon viele Jahre vor der Machtergreifung zur nationalsozialistischen Bewegung bekannten und durch Ihr offenes Bekenntnis zu Adolf Hitler in die Reihe der nationalsozialistischen Führer traten, konnte man 1933, als es galt, einen bewährten Parteigenossen in die Stadtverwaltung zu nehmen, keinen Besseren finden als Sie."[248] Oberbürgermeister Banike verlieh ihm schließlich die „Große Stadtplakette in Gold" und

---

[246] Rechenschaftsbericht des Prokuristen Bruno Schüler in Dortmund über seine Tätigkeit als Staatskommissar der Stadt Dortmund vom 28. April 19333 an den Preußischen Minister des Innern und den Herrn Regierungspräsidenten in Arnsberg; Stdtarchiv Dortmund, Personalakte Bruno Schüler.

[247] WWA N 44; Karl-Peter Ellerbrock (Hg.): Westfälische Wirtschaftsgeschichte. Quellen zur Wirtschaft, Gesellschaft und Technik vom 18. bis 20. Jahrhundert aus dem Westfälischen Wirtschaftsarchiv, Münster 2017, S. 181.

[248] Rede von Oberbürgermeister Dr. Banike, in: Abschied von Stadtrat Schüler, in: Tremonia vom 27. Februar 1939.

überreichte ihm eine Büste des Führers. „Die denkwürdige Feierstunde wurde darauf von Oberbürgermeister Dr. Banike mit dem Siegheil auf unseren Führer geschlossen."[249]

2.5.2. Die Affäre Malzbender

Erster von den Nationalsozialisten eingesetzter Oberbürgermeister Dortmunds wurde am 20. Juli 1933 der Jurist Ludwig Malzbender, nachdem der seit 1910 amtierende nationalliberale (DVP) Ernst Eichhoff auf starken politischen Druck der NSDAP „auf eigenen Antrag" zum 1. August 1933 in den Ruhestand versetzt wurde.[250] Malzbender war ein politischer Opportunist, der sich schon bald nach dem Antritt einer Stelle als Gerichtsrat am Dortmunder Landgericht, wo er ab dem 1. Februar 1930 den Vorsitz am Arbeitsgericht übernommen hatte, dem Bund Nationalsozialistischer Deutscher Juristen anbiederte, der unter der Führung des Rechtsanwalts Wilhelm Stockheck stand. Er trat in die NSDAP ein und wurde am 28. März 1933 von Gauleiter Wagner als Landrat in Arnsberg vorgeschlagen, nachdem er sich zuvor im August 1932 als Beisitzer im Schwanenwall-Prozess die Gunst der Dortmunder NSDAP erworben hatte. Auf Empfehlung Stockhecks wurde er im Mai zum kommissarischen Landrat im Landkreis Lippstadt berufen. Die Karrierespirale nahm noch einmal an Fahrt auf und der preußische Innenminister Hermann Göring ernannte ihn „per Schnellbrief" am 20. Juli zum kommissarischen Oberbürgermeister der Stadt Dortmund. Die längst gleichgeschaltete Stadtverordnetenversammlung holte elf Tage später den Wahlakt per Akklamation nach und am 7. August wurde Malzbender feierlich in sein neues Amt eingeführt. Offenbar war dieser aber politisch mehrgleisig gefahren und „kurz nach seiner Ankunft in Dortmund" im Jahr 1930 auch Mitglied der SPD und des Zentrums geworden,[251] was nun ruchbar wurde. Malzbender flüchtete am 28. November 1933 aus Dortmund in die Tschechoslowakei und wurde tags drauf seines Amtes enthoben; es folgten die Suspendierung aus dem Justizdienst und der Ausschluss aus der NS-Juristenvereinigung. Malzbender, der mittlerweile nach Eindhoven geflüchtet war, wurde am 20. April 1934 beim Grenzübertritt festgenommen und verbrachte mehrere Wochen in Gestapohaft.

2.5.3. Oberbürgermeister Willi Banike

Die westfälische Landeszeitung berichtete am 30. Juli 1934, dass ein „bewährter Kämpfer der NS-Bewegung zum endgültigen Führer der Stadt ernannt worden" sei. „Seit 1925 steht er im aktiven Kampf der NS-Bewegung."[252] Willi Banike, am 3. Juli 1900 in Amberg geboren, bestand 1918 das Abitur am Realgymnasium in Hattingen und studierte anschließend Rechtswissenschaften in Würzburg, Berlin und Münster, wo er auch 1923 promoviert wurde. Er absolvierte 1926 das zweite Staatsexamen in Berlin und war hier einige Monate als Richter tätig, bevor er sich als Rechtsanwalt in Bochum niederließ und 1933 als Notar zugelassen wurde. Er trat schon 1925 in die NSDAP ein, verließ die Partei aber 1927 wieder, bevor er 1931 erneut der NSDAP beitrat und im selben Jahr zum Bezirksobmann des Nationalsozialistischen Juristenbundes, Gaufachgruppenleiter der Fachgruppe

---

[249] Ebenda.
[250] So Schüler in seinem Tätigkeitsbericht; Stadtarchiv Dortmund, Personalakte Bruno Schüler.
[251] Knippschild (1998), S. 80.
[252] Westfälische Landeszeitung vom 30. Juli 1934, Nr. 205.

Rechtsanwälte, Abteilungsleiter bei der Gauleitung Westfalen-Süd und Mitglied der SA aufstieg. 1933 wurde er zudem Rechtsberater der SA-Gruppe Westfalen und wurde am 20. April 1936 zum SA-Standartenführer und am 30. Januar 1939 zum SA-Oberführer ernannt.

Bevor er am 20. August 1934 auf Vorschlag von Gauleiter Josef Wagner, der ihn „charakterlich und menschlich absolut zuverlässig und einwandfrei" nannte, in das Amt als Oberbürgermeister von Dortmund eingeführt wurde, war er vom 12. März bis zum 15. Dezember 1933 Stadtverordneter in Bochum, seit dem 7. April als Stadtverordnetenvorsteher. Im April 1934 war er zum Sonderbeauftragten für die Stadtverwaltung Bochum ernannt worden. In seiner Funktion als Oberbürgermeister der Stadt Dortmund amtierte Banike von 1942 bis 1945 auch als Vorsitzender des Vorstands der Sparkasse Dortmund. Darüber hinaus war er Mitglied des Vorstandes des Ruhrverbandes, des Lippeverbandes, des Ruhrtalsperrenvereins und der Emschergenossenschaft. Zudem gehörte er zahlreichen Aufsichtsräten bei der VEW, der Dortmunder Stadtwerke AG, der Dortmunder Gemeinnützigen Wohnungsbaugesellschaft, der Flughafen Dortmund GmbH, der Schüchtermann Kremer-Baum AG und des Wasserwerks für das nördliche westfälische Kohlenrevier AG an. Von 1939 bis 1945 war er Mitglied des Westfälischen Provinzialrats in Münster. 1941 wurde er Reserveoffizier bei der Wehrmacht, fungierte hier aber nur als Kriegsberichterstatter in der Heimat, zuletzt im Range eines Majors der Reserve.

Banike war ein aktiver Teil des NS-Regimes, auch wenn ein gespanntes Verhältnis zur NSDAP-Kreisleitung und zur Gauleitung Westfalen-Süd herrschte.[253] „In seine Amtszeit fielen die Verfolgung politisch Andersdenkender, die Drangsalierung, Verfolgung und Deportation der jüdischen Bürgerinnen und Bürger Dortmunds und die Gleichschaltung der Stadtgesellschaft."[254] Verantwortlich war Banike auch für die intensive Verstrickung der Dortmunder Stadtverwaltung „in das verbrecherische System der Zwangsarbeit während des Krieges."[255] Den Vorwurf, an der perfiden Enteignung der jüdischen Synagoge beteiligt gewesen zu sein, versuchte Banike wenig glaubhaft dadurch zu entkräften, dass er erklärte, zu jener Zeit als Soldat an einer militärischen Übung teilgenommen zu haben. Nicht er, sondern Dr. Pagenkopf habe zu der Zeit die Geschäfte des Oberbürgermeisters geführt. „Er bestreitet nicht, daß ihn Dr. Pagenkopf nachträglich vielleicht über den inzwischen abgeschlossenen Kaufvertrag unterrichtete. Zudem wurde die im Kaufvertrag deutlich zu niedrig angesetzte Summe, es handelte sich bei einem Verkehrswert von mindestens einer Mio. um eine Summe von 170.000 RM, nie ausgezahlt, sondern von der Gestapo unter fadenscheinigen Grün-

Oberbürgermeister Dr. Willi Banike, von 1942–1945 Vorstandsvorsitzender der Sparkasse Dortmund
Quelle: Winterfeld, S. 6

---

[253] Vgl. dazu genauer Stelbrink (2004), S. 141–211.
[254] Stefan Mühlhofer: Dr. Willi Banike, in: Westfälische Lebensbilder 20 (im Erscheinen).
[255] Ebenda.

den beschlagnahmt.[256] Banike erklärte jedoch, nichts davon gewußt zu haben, daß dieser Kaufvertrag nur unter politischem Druck zustande gekommen sei."[257] Dem widerspricht die eidesstattliche Zeugenaussage des jüdischen Rechtsanwaltes Dr. Louis Koppel in der Entnazifizierungssache Dr. Pagenkopf, in der er dem Oberbürgermeister der Stadt Dortmund in einem Brief über die stattgefundenen Repressalien unterrichtete. „Ich habe am Schlusse dieser Versammlung den an den Oberbürgermeister der Stadt Dortmund zu richtenden Brief abgefaßt und im Eingang des Briefes – wenn auch mit der durch die politische Lage gebotenen Vorsicht – zum Ausdruck gebracht, daß wir den Entschluß unter dem Eindruck der uns gemachten Eröffnungen faßten."[258]

2.5.4. „Nicht Nationalsozialist genug"? Der Experte für kommunale Finanzen Hans Pagenkopf

Hans Pagenkopf wurde 1901 in Finkenwalde geboren und studierte nach dem Abitur Rechts- und Staatswissenschaft in Berlin, Göttingen und Köln, wurde 1925 als Diplom-Volkswirt examiniert, promovierte 1926 in Köln zum Dr. jur. und 1934 in Berlin zum Dr. rer. pol. Zwischen 1926 und 1933 war er Justiziar bei den Hagener Klöckner-Werken. Er trat 1932 in die NSDAP ein und wurde nach der „Machtergreifung" am 25. April 1933 Hagener Bürgermeister und Stadtkämmerer. Pagenkopf wurde Gauamtsleiter für Kommunalpolitik im Gau Westfalen-Süd. Als Hauptstellenleiter im Hauptamt für Kommunalpolitik der Reichsleitung der NSDAP war er für Finanz- und Steuerfragen zuständig. Als 1933 der ehemalige Dortmunder Stadtkämmerer Wilhelm Kaiser, der seit 1919 im Amt war, in den Ruhestand ging,[259] fiel der Blick des amtierenden stellvertretenden Gauleiters Emil Stürtz auf Pagenkopf, der sich beruflich verändern wollte. Im Februar 1936 wurde Pagenkopf dann Stadtkämmerer und Erster Beigeordneter der Stadt Dortmund im Range eines Bürgermeisters. Zudem wurde er Vorstandsmitglied der Dortmunder Stadtwerke AG und Vorstandsvorsitzender der Dortmunder Sparkasse. Pagenkopf galt als einer der führenden nationalsozialistischen Experten auf dem Gebiet der öffentlichen Finanzen. Er war stellvertretender Vorsitzender der Provinzialdienststelle Westfalen des Deutschen Gemeindetages und hatte den Vorsitz der Arbeitsgemeinschaft westfälischer Finanzdezernenten inne. An der Universität Münster unterrichtete Pagenkopf im Rahmen eines Lehrauftrages ab dem Sommersemester 1935 im Fach Gemeindewirtschaft bzw. ab 1938 im Fach Kommunalwissenschaft. Dort begründete er das Institut für Kommunalwissenschaften und wurde von November 1938 bis 1945 dessen erster Direktor. Im April 1943 wurde er zum Honorarprofessor ernannt.

---

[256] „Aus den Schilderungen des Zeugen Heinberg ging weiter hervor, daß die jüdische Gemeinde niemals in den Besitz der vereinbarten Kaufsumme gelangte. Vielmehr sei ihnen damals von der Gestapo eröffnet worden, daß beim Abriß der Synagoge Druckschriften und Propagandamaterial gefunden worden sei, was zur Folge hatte, daß die Kaufsumme beschlagnahmt wurde." Westdeutsches Tageblatt vom 3. November 1948; vgl. auch die eidesstattlichen Erklärungen von Rechtsanwalt Dr. Louis Koppel, der an den entsprechenden Ereignissen als Rechtsbeistand der jüdischen Gemeinde zugegen war; genauer Kapitel 2.5.4. „Nicht Nationalsozialist genug? Der Experte für kommunale Finanzen Hans Pagenkopf" dieser Arbeit.
[257] Westdeutsches Tageblatt vom 3. November 1948.
[258] Stadtarchiv Dortmund, Bestand 130 Nr. 596
[259] Kaiser wurde nach Kriegsende zwischen 1945 und 1947 erneut Stadtkämmerer und am 20. Februar 1957 „aufgrund seiner herausragenden Verdienste für die Stadt Dortmund das Ehrenbürgerrecht verliehen."

Einen politischen Widersacher hatte Pagenkopf im Kreisleiter der Dortmunder NDSAP Friedrich Hesseldieck gefunden, der am 1. Januar 1936 zum Prokuristen bei den VEW aufgestiegen war. In einem Schreiben an den Stellvertretenden Gauleiter Westfalen-Süd, Heinrich Vetter,[260] vom 24. April 1937 teilte er auf dessen Wunsch seine „Erfahrungen mit dem Parteigenossen Dr. Pagenkopf als Gauamtsleiter für Kommunalpolitik"

mit.[261] Ob Hesseldiecks Urteil, dass Pagenkopf „nicht Nationalsozialist genug ist und voraussichtlich auch nicht werden wird", zu berechtigten Zweifeln an der nationalsozialistischen Grundüberzeugung Pagenkopfs Anlass geben, muss allerdings stark bezweifelt werden. Es geht in der Beurteilung Hesseldiecks, der sich offenbar wiederholt von Pagenkopf übergangen fühlte, eher um Fragen der Umgangsform und das Einhalten parteiinterner Hierarchien.[262] Er vermisste konkret einen Antrittsbesuch, sodann die fehlende Abstimmung bei finanzpolitischen Maßnahmen wie der Kürzung des Wohlfahrtetats oder der Erhöhung der Krankenhaus- und Straßenbahntarife mit ihm, „als Kreisleiter und Beauftragten der NSDAP bei der Stadtverwaltung Dortmund." Offenbar hatte der ausgewiesene Finanzexperte Pagenkopf Kreisleiter Hesseldieck in diesem Zusammenhang in seine Schranken gewiesen, indem er darauf hinwies, dass dieser „als Beauftragter der Partei nach dem Gesetz kein Recht" habe, „an den Gemeinderatssitzungen teilzunehmen," was Hesseldieck in seinem politischen Selbstverständnis offenbar tief getroffen hatte.

Dr. Dr. Hans Pagenkopf, Bürgermeister, Kämmerer und Vorstandsvorsitzender der Sparkasse Dortmund, 1941
Quelle: Winterfeld, S. 8

Die „negative" Beurteilung von Hesseldieck muss im Zusammenhang mit übergeordneten Machtkonflikten des Kreisleiters mit der Stadtverwaltung, der Gauleitung und dem Arnsberger Regierungspräsidenten gesehen werden.[263] Tatsächlich liest sich Hesseldiecks Kritik an Pagenkopf, er sei „nicht politisch reif genug, das Amt für Kommunalpolitik zu führen," eher als Ausdruck persönlicher Konkurrenz und verletzter Eitelkeit. Von Vetter, der selbst auf Vorschlag von Gauleiter Josef Wagner am 26. Oktober 1936 von Hitler zum Stellvertretenden Gauleiter im Gau Westfalen-Süd und Nachfolger von Emil Stürtz ernannt und gleichzeitig zum Hauptdienstleiter der NSDAP befördert worden war, erhoffte er sich Protektion gegenüber einem potentiellen Konkurrenten bei der Berücksichtigung bei künftig zu besetzenden politischen Ämtern, denn Empfehlungen der Gauleitung Westfalen-Süd waren ein wichtiges Sprungbrett für eine politische Karriere, wobei die Linientreue der Partei gegenüber ein wichtiges Kriterium war. Hesseldieck verließ Dortmund im Mai 1940 und war als Oberbereichsleiter und später als Hauptamtsleiter und Personalchef beim Stellvertreter des Führers in München tätig, wo

---

[260] Zu Heinrich Vetter (1890–1969) siehe den biographischen Anhang.
[261] Stadtarchiv Dortmund 100 Nr. 14.
[262] „Eine durchaus ungehörige Art habe ich auch darin gefunden, dass der Gauamtsleiter Dr. P. den Hauptamtsleiter der Reichsltg. im Amt für Kommunalpolitik, Parteigenossen Schön, in Dortmund zu einer Rede vor den Kreisamtsleitern für Kommunalpolitik des Gaues veranlasste, ohne den zuständigen Gauleiter bzw. Stellvertretenden Gauleiter oder den örtlichen Hoheitsträger zu verständigen bzw. einzuladen." Ebenda.
[263] Stelbrink (2004), S. 161ff.

er unmittelbar Martin Bormann unterstellt war. 1943 kehrte er in den Gau Westfalen-Süd zurück und wurde am 1. Juli 1943 auf Vorschlag des Beauftragten der NSDAP Oberbürgermeister der Stadt Bochum.

Die Konkurrenz zwischen Pagenkopf und Hesseldieck änderte aber nichts daran, dass beide ein Jahr später bei der Enteignung der jüdischen Synagoge, die der jüdischen Gemeinde in Dortmund gehörte, gemeinsame Sache machten. Zu den Vorgängen ist die protokollierte Zeugenaussage „in der Entnazifizierungssache Dr. Pagenkopf" des an den Verhandlungen beteiligten jüdischen Rechtsanwaltes Dr. Louis Koppel aus Hörde, „jetzt wohnhaft in 55 Liberty Street, New York 5 NY, vom 22. Juni 1951 überliefert:

„In den Zeitungen der Nazi-Partei, insbesondere der ‚Roten Erde', wurde Stimmung dafür gemacht, daß die Synagoge, die als ‚Schandfleck' im Stadtbild bezeichnet wurde, verschwinden müsse. Im September 1938 teilte mir Herr Leo Jonas, Vorsteher der jüdischen Gemeinde, mit, er sei vom Oberbürgermeister der Stadt Dortmund, und zwar von seinem Stellvertreter Dr. Pagenkopf, für den folgenden Tag um 9 Uhr zum Stadthaus bestellt worden. Er fügte hinzu, er wisse noch nicht, worum es sich handele. Ich erwiderte, es handle sich zweifellos um die Synagoge. Er bat mich, da ich Vorsteher des Repräsentanten-Kollegiums der Gemeinde war, mitzukommen. Auf Anfrage wurde ihm erlaubt, mich mitzunehmen. Im Stadthaus befand sich Herr Dr. Pagenkopf und mit ihm ein anderes Mitglied des Magistrats. Es mag der Stadtbaurat Franz gewesen sein. Herr Pagenkopf machte uns mit dem gleichzeitig anwesenden Kreisleiter Hesseldiek [sic] bekannt. Die Besprechung wurde eröffnet von Herrn Pagenkopf mit dem Bemerken, wir hätten ja wohl aus den Zeitungen gelesen, daß die Synagoge verschwinden müsse. Die Stadt benötige nun den Platz, auf dem die Synagoge stünde, für einen Luftschutzkeller und für einen Parkplatz. Wir zeigten uns natürlich bestürzt von der Eröffnung. Ich fragte, ob denn dieser Keller und dieser Parkplatz genau auf dem Platz eingerichtet werden müsse, auf dem die Synagoge stünde. Herr P. erklärte, daß diese Angelegenheit schon entschieden sei. Es sei auch der Preis festgesetzt, nämlich für die Synagoge einschl. von zwei Grundstücken in der Taubenstraße, die der Synagogengemeinde gehörten auf etwa – nach meiner Erinnerung – 170.000 RM. Wir sträubten uns gegen den Gedanken, über den Preis zu sprechen, da wir uns nicht in der Lage sahen, an das Verschwinden der Synagoge zu glauben. Als unser Protest, dessen ich mich nach den einzelnen Worten nicht erinnere, sich fortsetzte, griff Hesseldiek in brüsker Form ein und fragte: ‚Wieviele Mitglieder umfaßt die Synagogengemeinde noch?' Auf unsere Antwort, etwa 2.600, erwiderte er in drohendem Tone: ‚Dann wird es mir ein Leichtes sein, die Gemeinde innerhalb weniger Wochen auf 600 herunterzubringen'. Er erklärte ferner: ‚Ich habe den Auftrag, die Synagoge zu beseitigen, direkt vom Stellvertreter des Führers aus Nürnberg mitgebracht'.[264] Nun folgten weitere Erklärungen dieser Art, sowohl von Herrn Pagenkopf als auch von Herrn Hesseldiek, ohne daß ich im Einzelnen noch weiß, wer die einzelnen Äußerungen getan hat. Soviel ist mir aber in unauslöschlicher Erinnerung, daß beide in dem Verfahren, uns unter Druck zu setzen, in ihren Äußerungen zusammen wirkten. Es waren beide, die uns abwechselnd klar machten, daß, wenn wir uns mit der Abgabe der Synagoge einverstanden erklärten, die Angelegenheit friedlich verlaufen könne und daß die Gemeinde – es standen damals die hohen jüdischen Feiertage bevor – ihre Gottesdienste an anderer Stelle abhalten könnte, z. B. in der Synagoge in Hörde oder anderswo, während andernfalls die Sache gewaltsam vor sich gehen würde. [...] Es wurde dann trotz unseres inneren Widerstrebens auch die Frage des Preises erörtert. Herr Pagenkopf erklärte: ‚Für das Gebäude der Synagoge wird natürlich

---

[264] Hesseldieck bezog sich auf den vom 5. bis 12. September 1938 in Nürnberg stattfindenden Reichsparteitag Großdeutschland der NSDAP; die Propagandainszenierungen auf dem von Albert Speer geplanten Reichsparteitagsgelände fanden seit 1933 in Nürnberg statt und wurden von bis zu einer Million Menschen besucht.

„Eine Zierde der Stadt für ewige Zeiten", schwärmte der Dortmunder Oberbürgermeister Wilhelm Schmieding bei der Einweihung der Dortmunder Synagoge im Juni 1900; Postkarte der Dortmunder Synagoge aus dem Jahr 1905. Quelle: Stadtarchiv Dortmund

> *nichts bezahlt, denn wir wollen es ja niederreißen.' Auf meine Entgegnung, daß doch mindestens Grundsätze eines Enteignungsverfahrens angewendet werden müßten, wenn ein Objekt für öffentliche Zwecke herangezogen werden sollte, wurde mir von beiden, und zwar nicht etwa nur von Herrn Hesseldiek, klar gemacht, daß dies gar nicht in Betracht komme und daß am Preis nichts zu ändern sei. [...] Als wir schließlich erklärten, wir könnten überhaupt nicht handeln ohne Zusammenberufung der Körperschaften der Gemeinde, nämlich des Vorstands und der Repräsentanten-Versammlung, erklärte Hesseldiek, er werde für sofortige Genehmigung des Zusammentretens durch die Gestapo Sorge tragen. Einer von beiden rief sodann die Gestapo an, und wir wurden mit dem Bemerken entlassen, daß die Versammlung auf den Nachmittag desselben Tages einberufen werden könne und daß wir mit der Entscheidung am folgenden Morgen um 9 Uhr – eine längere Frist werde nicht gewährt werden – dieser zustimmen müssten."*[265]

So kam ein Kaufvertrag über 170.000 RM zustande; der reale Wert wurde später auf mindestens eine Million DM geschätzt.[266]

> *„Einige Zeit nach den oben geschilderten Vorgängen im Stadthaus wurden wir zur Gestapo beschieden. Dort traf ich in einem dunklen Raum, in dem ein Knoblauch von*

---

[265] Eidesstattliche Zeugenaussage in der Entnazifizierungssache Dr. Pagenkopf des jüdischen Rechtsanwaltes Dr. Louis Koppel aus Hörde, jetzt wohnhaft in 55 Liberty Street, New York 5 NY, vom 22. Juni 1951; Stadtarchiv Dortmund, Bestand 130 Nr. 596.

[266] Der Verkehrswert lag etwa bei einer Mio. RM, wie das spätere Entschädigungsverfahren feststellte; Stadtarchiv Dortmund Bestand 130, Nr. 596; vgl. genauer Kapitel 4.1. „Kontinuitäten und Diskontinuitäten. Ehemalige Führungskräfte der Sparkasse Dortmund in Nachkriegsdeutschland" dieser Arbeit..

der Decke herunterhing,[267] *neben Herrn Jonas andere Mitglieder des Vorstands an. Wir wurden nach längerem Warten in einen Raum geführt, in welchem eine größere Anzahl von Gestapobeamten anwesend war. Einer von ihnen, nach meiner Erinnerung war es Kommissar May, erklärte uns: ‚Ich habe Ihnen eine für Sie unangenehme Eröffnung zu machen. Man hat in einem Nebenraum der Synagoge staatsfeindliche Schriften gefunden. Daher ist das Surrogat für die Objekte, nämlich der Kaufpreis, als dem Staat verfallen erklärt worden. Sie haben nur Kenntnis zu nehmen von dem Akt und durch Ihre Unterschrift zu bestätigen, daß Ihnen die Konfiszierung bekanntgegeben worden ist.' Wir haben dann ohne ein Wort unterschrieben. Man entließ uns mit dem Bemerken: ‚Über Sie persönlich wird der Führer der Landespolizei befinden.'"*[268]

In den seit 1952 von der Jewish Trust Corporation angestrengten Entschädigungsverhandlungen über die Enteignung des Synagogengebäudes kam Koppel noch einmal 1963 persönlich nach Dortmund, um auszusagen. Er wiederholte dort seine Aussagen nahezu identisch, die dadurch ohne Frage an Glaubwürdigkeit gewinnen.[269]

„Reisst ab den Judentempel!" rief nach der Zeugenaussage des Dortmunder Kaufmanns Friedrich Uhl, der gegenüber der jüdischen Synagoge am Hiltropwall wohnte, NSDAP- Kreisleiter Friedrich Hesseldieck am 21. September 1938 den ungefähr 300 Menschen zu, die sich vor der Synagoge versammelt hatten. Darunter waren viele Hitlerjungen und SA-Männer in Uniform. Der Kaufmann Hans Kamler bestätigt diese Aussagen. „Es waren viele hundert Mann, insbesondere war die Hitlerjugend in großer Zahl angetreten. Redner war der Kreisleiter Hesseldieck. In seiner Rede hetzte er gegen die Juden und der Zweck seiner Ausführungen ging dahin, den Leuten die Zerstörung der Synagoge schmackhaft zu machen. Während seiner Rede war auch ein Mann bereits oben auf die Kuppel der Synagoge gestiegen und war damit beschäftigt, den Davidstern mit der Kugel herunterzubringen. Dies gelang ihm

„Reisst ab den Judentempel!" Kreisleiter Hesseldieck spricht vor der Synagoge; Westfälische Landeszeitung Rote Erde vom 22. September 1938
Quelle: Stadtarchiv Dortmund

[267] Ob es sich dabei um ein abergläubisches Symbol handelt (Knoblauch schützt vor Hexen, Dämonen, Vampiren und dem Bösen Blick) wird nicht weiter aufgelöst.
[268] Eidesstattliche Zeugenaussage in der Entnazifizierungssache Dr. Pagenkopf des jüdischen Rechtsanwaltes Dr. Louis Koppel aus Hörde, jetzt wohnhaft in 55 Liberty Street, New York 5 NY, vom 22. Juni 1951; Stadtarchiv Dortmund, Bestand 130 Nr. 596.
[269] „Bald nach Abschluß des Kaufvertrages, aber noch vor der sogenannten Kristallnacht, sind Vertreter der jüdischen Gemeinde zu der Gestapo in Dortmund-Hörde bestellt worden. Zu diesen Vertretern habe ich gehört. Auch Herr Jonas war dabei. Bei der Gestapo wurde uns eröffnet, dass man in der Synagoge staatsfeindliche Schriften gefunden hätte. Aus diesem Grunde werde der gesamte Kaufpreis für das Synagogengrundstück und die anderen Grundstücke Taubenstraße 2 und 4 konfisziert. Über die Einziehung des Kaufpreises war auch bereits ein Schriftstück angefertigt worden. Die anwesenden Vertreter der jüdischen Gemeinde mußten unterschreiben, dass sie von diesem Schriftstück Kenntnis genommen hätten:" Stadtarchiv Dortmund, Bestand 130 Nr. 596.

auch."²⁷⁰ Es folgte unter dem Anstimmen antisemitischer Hassgesänge der Sturm auf die Synagoge. Der eigentliche Abriss des Gebäudes erfolgte dann am 3. Oktober durch die Essener Firma Altwert. Damit gehört die Zerstörung der Dortmunder Synagoge nach ähnlichen nationalsozialistischen Übergriffen in München im Juni 1938 sowie Nürnberg (10. August 1938) und Kaiserslautern (29. August 1938) zu den unrühmlichen Vorreitern des Abrisses von insgesamt 872 jüdischen Gotteshäusern, der zumeist in der Pogromnacht vom 9. auf den 10. November 1938 erfolgte und in die Geschichte der Judenverfolgung in Deutschland einging.

---

[270] Zitiert nach Ruhr Nachrichten vom 9. November 2022.

3. Die Sparkasse Dortmund im Nationalsozialismus

„Als die Not am größten war, entstand dem deutschen Volke der Retter: Adolf Hitler übernahm am 30. Januar 1933 als Reichskanzler die Macht. Dieser Tag ist ein Wendepunkt in der deutschen Geschichte. In unvorstellbarem Maße änderte sich dank der Tatkraft des genialen Führers die innere und äußere Geschichte des deutschen Volkes. Die Erwerblosen, deren Zahl zu Ende des Jahres 1932 in Deutschland mehr als sechs Millionen betrug, wurden wieder in den Arbeitsprozeß eingegliedert, die deutsche Wirtschaft bis zur Grenze ihrer Leistungsfähigkeit angekurbelt, die land- und viehwirtschaftlichen Erträge gesteigert, die Wehrhoheit wieder hergestellt und die Wehrkraft des deutschen Volkes auf eine noch nicht erreichte Höhe gebracht."[271] Die bekannte Dortmunder Historikerin und langjährige Direktorin des Dortmunder Stadtarchivs, Luise von Winterfeld,[272] die von der Dortmunder Sparkasse mit der Erarbeitung einer Festschrift zu ihrem 100-jährigen Bestehen beauftragt wurde, ist 1941 dem vielerorts längst geläuterten Begeisterungstaumel der „Machtergreifung" immer noch erlegen und feierte die wirtschaftlichen und militärischen Scheinerfolge der Nationalsozialisten überschwänglich als historische Zeitenwende. Mit dem Angriff auf die Sowjetunion und dem Kriegseintritt der USA hatte der Kriegsverlauf indes 1941 eine bedrohliche Wende genommen und die militärische Selbstüberschätzung mit dem winterlichen Angriff auf Moskau immer stärker irrationale Züge angenommen. Die wirtschaftliche Scheinblüte war im Zuge des Autarkiewahns der aufzehrenden Kriegswirtschaft mit ihren Konsumeinschränkungen längst beendet und in einer Mangelwirtschaft gemündet. Obwohl Luise von Winterfeld nicht Mitglied der NSDAP war, ist schon ihre 1934 erschienene Geschichte der freien Reichs- und Hansestadt Dortmund von „Wohlwollen" gegenüber dem Nationalsozialismus gekennzeichnet.[273] In der zweiten Auflage von 1956 wurde diese Haltung zwar vordergründig revidiert,[274] bleibt aber von einer kritischen Aufarbeitung der NS-Zeit in Dortmund noch weit entfernt.[275] Das in der Rezeptionsgeschichte der über 100 Veröffentlichungen von Luise von Winterfeld zur Dortmunder Stadtgeschichte weitestgehend übersehene Jubiläumsbuch der Sparkasse darf bei der immer noch ausstehenden kritischen Aufarbeitung ihrer Rolle während des Nationalsozialismus nicht übersehen werden.

[271] Winterfeld (1941), S. 85.
[272] Zu Luise von Winterfeld (1882–1967) siehe den biographischen Anhang.
[273] Bettina Sierck: Artikel Luise Anna Dorothea von Winterfeld, in: Biographien bedeutender Dortmunder, Band 2, Essen 1998, S. 149–150, hier S. 150.
[274] Dass die neuen Machthaber ihre Herrschaft mit Rechtsbrüchen und Gewaltakten begründeten, bleibt z. B. unerwähnt.
[275] „Da es Hitler durch ein Aufbauprogramm glückte, die große Arbeitslosigkeit rasch zu vermindern, nahmen die durch Gewalt eingeschüchterten und durch Zukunftsversprechen verblendeten Dortmunder Bürger den allgemeinen Boykott jüdischer Geschäfte und großer Warenhäuser ohne offenes Murren hin." Luise von Winterfeld: Geschichte der Freien Reichs- und Hansestadt Dortmund, Dortmund, 7. Auflage 1981, S. 192. „Sie nahmen bestürzt hin", oder „sie ließen sich auch gefallen" waren weitere Floskeln, die zum Teil aktive Rolle größerer Bevölkerungskreise herunterzuspielen und zu verharmlosen.

3. DIE SPARKASSE DORTMUND IM NATIONALSOZIALISMUS

3.1. Die Sparkassenleitung

Die neue kommunalpolitische Elite bildete sich satzungsgemäß auch im Vorstand der Sparkasse ab; dazu gehörten der Oberbürgermeister oder ein von ihm beauftragtes Magistratsmitglied als Vorsitzender, sieben Stadtverordnete, die von der Stadtverordnetenversammlung zu wählen sind, sowie fünf Angehörige des Gewährverbandes, die vom Oberbürgermeister zu bestimmen sind. Eine Satzungsänderung trat nach der „Machtergreifung" der Nationalsozialisten ein, als der Reichswirtschaftsminister und Preußische Minister für Wirtschaft und Arbeit eine neue Mustersatzung verfügte, die zum 1. März 1935 in Kraft trat.

Der am 1. September 1925 von Oberbürgermeister Eichhoff „zum Mitgliede und Vorsitzenden des Sparkassenvorstandes" ernannte Stadtrat Wilhelm Kaiser blieb bis zu seinem Ausscheiden als Stadtkämmerer trotz politischer Vorbehalte bis April 1936 im Amt, weil keine fachlich geeigneten Parteigenossen der NSDAP zur Verfügung standen. Obwohl er als Mitglied der Zentrumspartei nach der „Machtergreifung" seine übrigen politischen Ämter und die mit dem Amt verbundenen Tätigkeiten als Geschäftsführer der Dortmunder Wasserwerke GmbH und der Dortmunder Gemeinnützige Wohnungsbau GmbH sowie sein Aufsichtsratsmandat bei der Dortmunder Hafen AG verlor,[276] behielt er den Vorsitz im Sparkassenvorstand.[277] 1936 bat er schließlich um seine Versetzung in den Ruhestand, weil aufgrund von politischen Intrigen Reichszuschüsse für die Stadt Dortmund nicht zur Auszahlung kamen, solange er im Amt war. Seine Amtszeit im Sparkassenvorstand endete mit seinem Ausscheiden aus dem Amt des Stadtkämmerers am 1. April 1936. Sein Nachfolger als Stadtkämmerer und Vorstandsvorsitzender der Sparkasse Dortmund wurde Bürgermeister Hans Pagenkopf, der das Amt bis 1942 inne hatte. Nachfolger Pagenkopfs als Vorstandsvorsitzender wurde bis Kriegsende Oberbürgermeister Willi Banike.

Seit Anfang des Jahres 1933 bekleidete der Rechts- und Ordnungsdezernent Hermann Ostrop im Sparkassenvorstand das Amt des stellvertretenden Vorsitzenden. Er hatte den seit 1924 amtierenden Stadtrat und Liegenschaftsdezernenten Eduard Cremer abgelöst.[278] Der Zentrumspolitiker Ostrop, der nach den Vorgaben des Gesetzes zur Wiederherstellung des Berufsbeamtentums zwischenzeitlich beurlaubt worden war, wurde schon nach zweieinhalb Wochen gegen den erklärten Willen der NSDAP Kreisleitung aufgrund der Intervention von Staatskommissar Schüler wieder in sein altes Amt eingesetzt und verblieb hier bis zum 15. Juni 1937, als er nicht wiedergewählt und mit 48 Jahren in den Ruhestand versetzt wurde. Ihm folgte Stadtrat Arthur Lemme, seit Mai 1933 Mitglied der NSDAP und im Kreisrechtsamt der Partei tätig. Er wechselte aus dem Amt des Bürgermeisters der Stadt Grünberg in Schlesien 1937 nach Dortmund und übernahm hier als Nachfolger Ostrops die Leitung des Rechtsamtes.[279]

Mit der „Machtergreifung" begann auch im Vorstand der Sparkasse Dortmund das Stühlerücken. Erste Mitglieder der NSDAP waren nach den Wahlen am 15. Mai 1933 die Parteigenossen Bergwerksdirektor Rüdiger Schmidt, Steiger i.R. Heinrich Weber und

---

[276] Er gehörte weiterhin dem Aufsichtsrat der Dortmunder Straßenbahn GmbH (bis 1939, danach bis 1953 Dortmunder Stadtwerke) und der Gartenstadt Dortmund eGmbH (bis 1939), dem Kuratorium der Landesbank (bis 1943) an.
[277] Archiv der Sparkasse Dortmund, Akte Vorstand 1925–1947.
[278] Zu Hermann Ostrop (1888–1963) siehe den biographischen Anhang.
[279] Stadtarchiv Dortmund Bestand 111 Nr. 69.

Dr. Ing. Karl Apel. Zu den gewählten Mitgliedern gehörte auch Fritz Henssler, Chefredakteur des SPD Parteiorgans Westfälische Allgemeine Volkszeitung, der 1924 zum Mitglied der Dortmunder Stadtverordnetenversammlung gewählt worden war, deren Vorsteher er von 1925 bis zur „Machtergreifung" war. „Eine Mitarbeit des sozialdemokratischen Stadtverordneten Henßler kommt nach den inzwischen erlassenen ministeriellen Durchführungsbestimmungen zum Betätigungsverbot der SPD nicht mehr in Betracht", hieß es kurz nach der Vorstandswahl kühl in einem Schreiben des Magistrats an den Vorstand der Sparkasse vom 30. Juni 1933.[280]

Der Sparkassenvorstand (Ordentliche Mitglieder)

Standartenführer Wilhelm Schütz

Großhändler Otto Weber

Kaufmann Karl Meyer-Marbach

Justizrat Hermann Buhr

Architekt Karl Meyer

Kaufmann Richard Kreitz

Der Sparkassenvorstand im Jubiläumsjahr 1941. Quelle: Winterfeld, S. 104

[280] Archiv der Sparkasse Dortmund, Akte Vorstand 1925–1947.

Der Sparkassenvorstand (Stellvertreter)

Stadtrat Lemme (Stellv. Vorsitzender)

Kaufmann Peter Enck

Prokurist Erich Kleiner

Kaufmann Walther Frucht

Rechtsanwalt und Notar Dr. Albert Hilverling

Metzgermeister Hermann von der Heydt

Der Sparkassenvorstand im Jubiläumsjahr 1941. Quelle: Winterfeld, S. 105

Von den 1932 amtierenden Vorstandsmitgliedern[281] blieb bis 1937 niemand mehr im Amt. Mit dem Rechtsanwalt Dr. Körling und dem Bauunternehmer Feldhoff verblieben bis dahin einzig noch zwei Mitglieder der Zentrumspartei im Sparkassenvorstand; spätestens im Jahr 1937 war dieser dann komplett nazifiziert. Im Jubiläumsjahr 1941 posierten bis auf die Stellvertreter Stadtrat Arthur Lemme, Kaufmann Walther Frucht und Metzgermeister Hermann von der Heydt, die aber „stolz" das Parteiabzeichen am Revers trugen, alle ordentlichen und stellvertretenden Mitglieder in SS- oder SA-Uniform vor der Kamera.

[281] Neben dem Vorsitzenden Dr. Kaiser und seinem Stellvertreter Eduard Cremer waren dies die Stadträte Hilgering, Silbersiepe und Sträter, die Stadtverordneten Altenhenne, Becke, Berkemeyer, Görshop, Rosemann, Plöger und Schüller sowie der Kaufman Dwerny, der Bauunternehmer Feldhoff und der Architekt Winzer; Geschäftsbericht 1932; Archiv der Sparkasse Dortmund.

Nach der „Machtergreifung" blieb der Sparkassendirektor Karl Jessen (geb. 1890), der 1930 von der Kieler Sparkasse nach Dortmund kam, bis 1937 im Amt. Jessen war ein ausgewiesener und erfahrener Bank- und Sparkassenfachmann. Er hatte eine dreijährige Lehre bei der Kieler Commerzbank absolviert und kam nach Tätigkeiten als Bevollmächtigter bei der Oldenburgischen Landesbank, als Prokurist bei der Alfelder Aktienbank, als Stellvertretender Direktor der Stadtsparkasse Einbeck (1920) nach Kiel (1923), wo er zunächst II. (1926) und schließlich I. Direktor (1928) bei der Spar- und Leihkasse wurde, die unter seiner Leitung einen starken Aufschwung nahm und zwischen 1924 und 1930 von 62 auf 136 Mitarbeiter wuchs. Die gegen Jessen im März 1934 von einem ehemaligen Angestellten der Sparkasse Dortmund vorgebrachten Vorwürfe, der SPD angehört zu haben, blieben folgenlos. Der Kreisleiter der NSDAP Flach stellte sich in einem Schreiben an den damals amtierenden kommissarischen Oberbürgermeister Bruno Schüler hinter Jessen: „Jessen hat diese entkräftet und durch Belege das Gegenteil bewiesen, sodaß politisch nichts gegen ihn einzuwenden ist."[282] Auch der Reichsbund der Deutschen Beamten und die Mitglieder des Vertrauensrates positionierten sich in einem Schreiben an Schüler vom 7. Mai 1934 für Jessen, an dessen „nationaler Gesinnung" keinerlei Zweifel bestünden.[283]

In Jessens Amtszeit fiel der erfolgreiche „Einbau von 10 selbständigen Kassen, die durch Eingemeindung in den Jahren 1928 und 1929 von der Stadtsparkasse übernommen worden sind." Er trieb „grundlegende Vereinfachungen des Betriebes in technischer Hinsicht" voran, hat dadurch die Wirtschaftlichkeit verbessert und im „Stadtgebiet eine Anzahl von Zweigstellen eingerichtet," schrieb Bürgermeister Banike in dem 1939 ausgestellten Dienstzeugnis. Jessen habe die ihm gestellten Aufgaben „zur vollen Zufriedenheit" seiner Vorgesetzten gelöst und ist „am 31.12.1937 infolge Zurruhesetzung aus dem Dienst der Stadt Dortmund ausgeschieden."[284]

Offenbar wurde Jessen, der schon im jungen Alter von 47 Jahren um seine Versetzung in den Ruhestand bat, 1937 nach der Verschmelzung mit der Verbandssparkasse Dortmund aus dem Amt gedrängt. Jessen hatte die Nazifizierung der Belegschaft nur schleppend vorangetrieben, pflegte ein distanziertes Verhältnis zur DAF und hatte sich wiederholt kritisch zum Nationalsozialismus geäußert.[285] Der Verbandssparkasse stand der linientreue Erich Henning (geb. 1886) vor, der nun die Chance sah, in der Karriereleiter noch weiter aufzusteigen, denn er war ein typischer NS-Karrierist. Nach dem Besuch des Gymnasiums, den er mit der mittleren Reife abschloss, absolvierte er eine Banklehre, war Kriegsteilnehmer im Ersten Weltkrieg, dann zwischen 1925 und 1926 als Leiter der ländlichen Centralkasse in Minden tätig, wechselte jetzt bis 1930 in die Industrie und war schließlich Sachbearbeiter beim Arbeitsamt Dortmund. Er trat 1931 in die NSDAP ein, wurde 1932 SS-Mitglied (seit 1937 Obersturmbannführer) und stieg am 1. Mai 1936 zum Sparkassendirektor bei der Dortmunder Verbandssparkasse auf. Nach der

---

[282] Stadtarchiv Dortmund Bestand 530, Personalakte Karl Jessen.
[283] „Soweit es sich hierbei um die bekannten Angriffe und Anschuldigungen des früheren Angestellten Backs handelt, besteht Einmütigkeit darüber, daß diese nur aus persönlichen Gründen erfolgten und jeder sachlichen Grundlage entbehrten." Schreiben vom 7. Mai 1934 an Oberbürgermeister Schüler; Stadtarchiv Dortmund Bestand 530, Personalakte Karl Jessen.
[284] Zeugnis des Oberbürgermeisters Willi Banike vom 8. März 1939; ebenda.
[285] Siehe dazu genauer Kapitel 3.5.2. „Schleppende Nazifizierung" dieser Arbeit. Jessen hatte zum Beispiel in einem Rundschreiben an die Mitarbeiter angeordnet, dass bei der Maikundgebung auf das Tragen von Parteiabzeichen zu verzichten sei.

3.1. DIE SPARKASSENLEITUNG

Fusion mit der Sparkasse Dortmund fungierte er zunächst ab dem 1. März 1938 als II. Direktor und wurde zum 1.4. 1939 zum I. Direktor ernannt.

Als Vertreter Hennings wurde zum 1. November 1939 der promovierte Jurist Dr. Rudolf Schierjott (geb. 1901) eingestellt, der dem II. Direktor und Stellvertreter Jessens, Paul Arnold, folgte, der zeitgleich mit Jessen in den Ruhestand versetzt wurde. Schierjott hatte 1930 seine zweite juristische Staatsprüfung abgelegt und war als Justitiar und Leiter der Landwirtschaftlichen Entschuldungsstelle tätig. Er trat zum 1. April in die NSDAP ein, stieg dort zum Ortsgruppen-Stellenleiter auf und war Mitglied der SA.

Wilhelm Luthe, Rendant, seit 1911 Direktor   Karl Jessen, Direktor   Erich Henning, Direktor

Die Direktoren der Sparkasse Dortmund vor- und nach der „Machtergreifung"
Quelle: Winterfeld, S. 131

3.2. Aufschwung und tiefer Fall: Die geschäftliche Entwicklung

Getragen von der wirtschaftlichen Scheinblüte nach 1933 erlebte die Sparkasse Dortmund einen starken Aufschwung. Die wirtschaftliche Boomphase in Deutschland von 1933 bis 1939 übertraf mit einem Anstieg des realen Volkseinkommens von jährlich durchschnittlich 8,2 % sogar die Jahre des späteren „bundesrepublikanischen Wirtschaftswunders". Die gute Konjunktur war bis 1936 maßgeblich durch den krisenbedingten Konsum- und Investitionsstau und die nun einsetzende Nachfragekompensation bedingt. Der weitere scheinbar zyklenfreie Aufschwung basierte nach 1936 aber vor allem auf den staatlichen Rüstungsaktivitäten und wirtschaftlichen Autarkiebestrebungen. Die in Deutschland herrschende wirtschaftliche Hochkonjunktur war weitgehend von der weltwirtschaftlichen Entwicklung abgekoppelt, wie schon ein flüchtiger Blick auf das Wachstum der übrigen Industrieländer zeigt. Das Ungleichgewicht zwischen staatlicher Nachfrage und tatsächlicher volkswirtschaftlicher Substanz wurde immer größer.[286]

„Schon im zweiten Jahre nach der Machtübernahme war die Sparkasse soweit gesundet, daß sie die Zahl ihrer Geschäftsstellen beträchtlich vermehren konnte."[287] Die Zahl der Zweigstellen wurde zwischen Februar 1934 und Januar 1935 auf 23 ausgebaut und um die

---

[286] Vgl. Werner Abelshauser: Kriegswirtschaft und Wirtschaftswunder, in: Vierteljahrshefte für Zeitgeschichte 47 (1999), S. 503–538.
[287] Winterfeld (1941), S. 89.

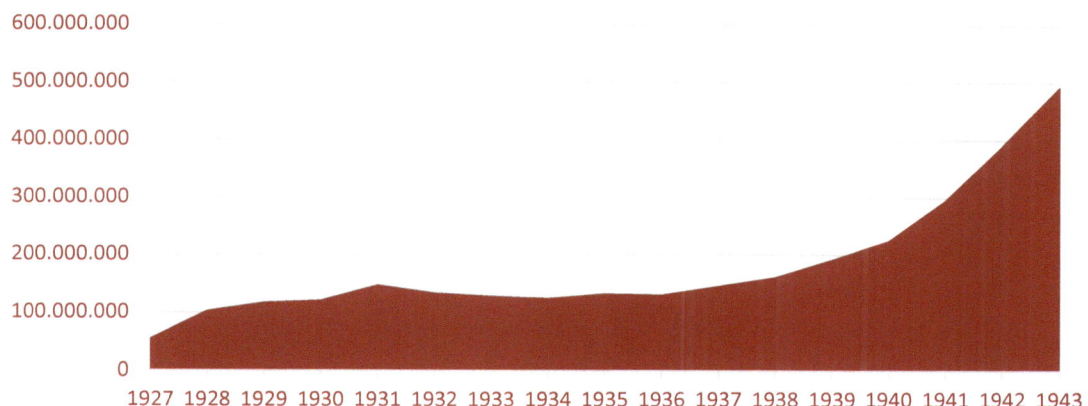

Quelle: Geschäftsberichte der Sparkasse Dortmund, jeweilige Jahrgänge, in RM

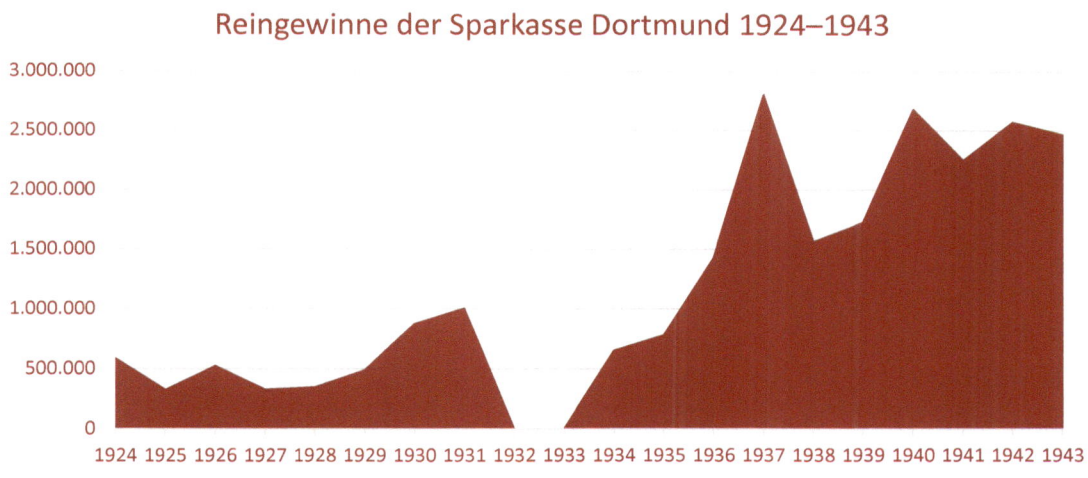

Quelle: Geschäftsberichte der Sparkasse Dortmund, jeweilige Jahrgänge, in RM

Zweigstelle 16 an Betenstraße, die Zweigstelle 17 an der Märkischen Straße, die Zweigstelle 18 an der Göbenstraße, die Zweigstelle 19 am Borsigplatz, die Zweigstelle 20 an der Schützenstraße, die Zweigstelle 21 an der Lindemannstraße (seit 1938 Sonnenstraße), die Zweigstelle 22 im nördlichen Außenbezirk und schließlich die Zweigstelle 23 in Huckarde am Dieckhoff erweitert. „Zur weiteren Erleichterung des Sparverkehrs wurden in den weniger dichtbesiedelten Außenbezirken neue, unselbstständige Geschäftsstellen geschaffen. Sind die Zweigstellen als Töchter der Hauptstelle anzusehen, so kann man diese Pendel- und Annahmestellen als ihre noch unmündigen Enkelinnen betrachten."[288] Dazu zählten die Pendelstellen in Berghofen, auf dem Höchsten, in Kirchlinde und Bövinghausen sowie in Oespel.

[288] Winterfeld (1941), S. 90.

3.2. Aufschwung und tiefer Fall: Die geschäftliche Entwicklung

Ein stärkeres Wachstum verzeichnete die Sparkasse Dortmund im Geschäftsjahr 1937, als zum 31. Dezember die Verbandssparkasse Dortmund auf das Institut verschmolzen wurde. Bereits in der langen Phase der Gründung der Dortmunder Sparkasse hatte der Bürgermeister von Lünen 1835 seinem Dortmunder Amtskollegen vorgeschlagen, dass sich die Städte Dortmund und Lünen zur gemeinsamen Errichtung einer Sparkasse in Verbindung mit einer Leihkasse zusammenschließen sollten. Der Dortmunder Bürgermeister lehnte jedoch ab und riet Lünen, stattdessen eine Vereinigung zwischen Lünen, Castrop und Mengede anzustreben. So entstand die Idee zur Gründung der Sparkasse für den Landkreis Dortmund, die am 1. Mai 1911 verwirklicht wurde. Zwar hatten die Vorverhandlungen schon 1904 begonnen, sich jedoch hinausgezögert, weil die Ansichten über die Notwendigkeit, neben der Stadtsparkasse eine Kreissparkasse zu errichten, stark auseinander gingen. Die neu errichtete Kreissparkasse bezog das Gebäude der ehemaligen Niederdeutschen Bank am Ostenhellweg und begann alsbald der Sparkasse Dortmund Konkurrenz zu machen.

Als die Kreissparkasse durch die Auflösung des Landkreises Dortmund im Jahr 1928 ihren Gewährträger verlor, lag es nahe, sie mit der Sparkasse Dortmund zusammenzuführen. Die Städte Dortmund, Castrop-Rauxel, Lünen und Herne schlossen sich aber zunächst zu einem Sparkassenzweckverband zusammen und wandelten die Sparkasse des Landkreises in die Verbandssparkasse Dortmund um. Da jedoch die vier beteiligten Städte bereits eigene Sparkassen unterhielten, erwies sich diese Regelung als wenig dauerhaft. Im Jahr 1937 wurde daher der Zweckverband aufgelöst und die Verbandssparkasse auf die Sparkasse Dortmund übertragen. Die übernommene Verbandssparkasse brachte ein Spareinlagenvolumen von 11,35 Mio. RM ein.

Die Geschäfte der Dortmunder Sparkasse entwickelten sich insbesondere nach dem Kriegsausbruch im Jahr 1939 glänzend und die Höhe der Bilanzsumme zeigte steil nach oben. Garant war die starke Einbindung der Sparkassen in die nationalsozialistische Rüstungsfinanzierung, zu der im Schatten der nationalsozialistischen Sparpropaganda die letzten Sparpotenziale aus der Bevölkerung herausgepresst wurden. Gleichzeitig schöpfte man deren hohe Liquidität durch zunehmende Konsumeinschränkungen auf diese Weise ab.[289] Die starke Politisierung der Sparkassen führte auch zu einer engen Einbindung in die Enteignung jüdischer Vermögen, von der sie selbst aber finanziell kaum profitierten.[290]

Die Verwendung des Reingewinns erfolgte seit 1933 mit einer Quote von 25 % als Ausschüttung an den Gewährträger satzungskonform für gemeinnützige Zwecke; 1938 und 1939 stieg diese Quote vorübergehend auf 50 % an. 1940 und 1941 wurde die Ausschüttung wieder auf 25 % des Reingewinns halbiert, für 1942 und 1943 enthält der Geschäftsbericht keine Angaben.

„Business as usual", diesen Eindruck vermittelt der letzte vor Ende des Zweiten Weltkriegs erschienene Geschäftsbericht der Sparkasse Dortmund für das Jahr 1943. Man blicke wieder einmal auf ein erfolgreiches Geschäftsjahr zurück. „Die bewährten Einrichtungen der Kasse und die Arbeitsfreudigkeit der Gefolgschaft gewährleisteten trotz mancher kriegsbedingten Schwierigkeiten den glatten Geschäftsverlauf; das Vertrauen der Bevölkerung war die Grundlage für die auch im Jahr 1943 zu verzeichnende günstige Entwicklung."[291] Werfen wir nur einen flüchtigen Blick auf die Kriegsereignisse und den

---

289 Vgl. dazu genauer Kapitel 3.3. „Außerordentliche Finanzbedarfe des NS-Staates und die Rolle der Sparkassen bei ihrer Finanzierung" dieser Arbeit.
290 Vgl. dazu genauer Kapitel 3.4. „Enteignung jüdischen Vermögens" dieser Arbeit.
291 WWA Bestand S 7 Nr. 268.

Alltag des Jahres 1943, wird klar, dass die gewählte Formulierung die reale Situation stark verharmloste. Nach der Kapitulation von Stalingrad im Februar 1943 rief zwar Joseph Goebbels in seiner berüchtigten Berliner Sportpalastrede den „totalen Krieg" aus, Erschöpfung, schlechte Versorgung und Nachschubprobleme ließen indes die Kampfkraft der deutschen Wehrmacht rapide sinken. Nach dem Zusammenbruch an der Ostfront verschoben sich sämtliche Kampfgebiete in Richtung Deutsches Reich, Bündnispartner wie Rumänien, Bulgarien oder Finnland fielen ab. Die Versorgungslage der zivilen Bevölkerung spitzte sich dramatisch zu. Das Alltagsleben in den deutschen Großstädten wurde durch permanente Luftangriffe der Alliierten geprägt. Auf Dortmund wurden zwischen 1939 und 1945 insgesamt 105 Angriffe geflogen; darunter waren acht Großangriffe, bei denen insgesamt mehr als 22.000 t Bomben abgeworfen wurden. Allein der Angriff am 12. März 1945 hatte 6.000 Tote gefordert und einen Schutt- und Trümmerhaufen von 11 Mio. m³ hinterlassen, dem zwei Drittel der noch vorhandenen Wohnsubstanz zum Opfer gefallen waren. Die Einwohnerzahl war bei Kriegsende auf etwa 300.000 herabgesunken, was etwa der Hälfte des Bevölkerungsstandes von vor 1939 entsprach. In den Großstädten des Ruhrgebiets war mehr als die Hälfte der Wohnungen zerstört. Die Geschäftsberichte der Sparkasse Dortmund brechen jetzt ab und setzen erst wieder mit dem Geschäftsjahr 1948/49 ein, so dass wir für die letzten beiden Kriegsjahre weder über Geschäftszahlen noch über Beschreibungen der wirtschaftlichen Lage verfügen.

3.2.1. Spenden für den NS-Staat

„Die Adolf-Hitler-Spende der deutschen Wirtschaft hat die Aufbauarbeit des Führers drei Jahre begleitet. Die freudige Bereitschaft der deutschen Betriebe, ihren Teil am großen nationalen Werk zu übernehmen, hat es der Adolf-Hitler-Spende der deutschen Wirtschaft ermöglicht, auch im dritten Spendenjahr die übernommenen Verpflichtungen zu erfüllen. Das Kuratorium hat dem Wunsch des Führers entsprechend beschlossen, ein viertes Jahr die Finanzierung des nationalen Aufbauwerks zu übernehmen. Deutschland hat unter der Führung Adolf Hitlers in den vergangenen drei Jahren einen beispiellosen inneren und äußeren Aufstieg erlebt. Die Adolf-Hitler-Spende der deutschen Wirtschaft wird dem Führer ein Zeichen des Dankes sein, dem ihm die deutsche Wirtschaft in so großem Maße schuldet."[292]

Auch die Sparkasse Dortmund beteiligte sich mit jährlichen Beträgen zwischen 6.000 RM und knapp 9.000 RM an der Adolf-Hitler-Spende der deutschen Wirtschaft. Diese war auf Anregung im Frühjahr 1933 von Gustav Krupp von Bohlen und Halbach, Hjalmar Schacht und Martin Bormann zum 1. Juni 1933 vom Reichsstand der Deutschen Industrie zugunsten der NSDAP eingeführt worden und stand de facto Adolf Hitler zur persönlichen Disposition zur Verfügung. Die Einführung der Spende kräftigte das „Interessenbündnis auf Gegenseitigkeit" zwischen NSDAP und Unternehmerverbänden, denn im Gegenzug versprachen die Nationalsozialisten die dauerhafte Ausschaltung der Gewerkschaften.[293] Gustav Krupp von Bohlen und Halbach übernahm den Vorsitz des Kuratoriums. Die von jedem Unternehmen abzuführende Summe betrug 5 Promille

---

[292] Anschreiben der Adolf-Hitler-Spende im Juni 1936 an die einzelnen Betriebe, sich auch in diesem Jahr an der Adolf-Hitler-Spende zu beteiligen; Archiv der Sparkasse Dortmund, Akte Spenden 1936–1947.
[293] Sie setzten zudem den Generalrat der Wirtschaft ein, mit dem Krupp und andere Wirtschaftsführer ihren politischen Einfluss sichern sollten; vgl. Kahn (2006), S. 165f. und S. 516.

der Personalkosten. Insgesamt belief sich die bis 1945 aufgelaufene Spendensumme der deutschen Wirtschaft auf etwa 700 Mio. RM (ca. 4,6 Mrd. Euro).[294] Zwar war die Spende „freiwillig"; sie entwickelte sich aber mehr und mehr zu einer Zwangsabgabe.

Die zu entrichtenden Spendensummen der einzelnen Sparkassen wurden pauschal über den Deutschen Sparkassen- und Giroverband veranschlagt; die westfälischen Sparkassen hatten nach einem Umlageschlüssel davon 9,24 % zu übernehmen, die wiederum vom Westfälischen Sparkassen- und Giroverband auf seine Mitgliedsunternehmen umgelegt wurden.[295] Die Zahlung war in vier Teilzahlungen aufgesplittet. Offenbar hatte sich das Einsammeln von Spenden durch Mitglieder der NSDAP zu einem von vielen Wirtschaftsbetrieben beklagten Missstand entwickelt, denn der Stellvertreter des Führers, Rudolf Heß,[296] sprach ein entsprechendes Verbot für „alle Angehörigen und Dienststellen der Partei, ihrer Gliederungen und angeschlossenen Verbände" aus, bei Unternehmen, die an der Adolf-Hitler-Spende beteiligt sind, vorstellig zu werden. Ausgenommen war allein das Winterhilfswerk.[297]

Die Sparkasse Dortmund machte darüber hinaus namhafte Einzelspenden zum Beispiel an das Haus der Deutschen Kunst (1934 in Höhe von 5.000 RM) oder an das Deutsche Rote Kreuz (1940 in Höhe von 10.000 RM) und spendete regelmäßig dem Winterhilfswerk in einer Größenordnung von 10.000 RM, lehnte aber auch zahlreiche Spendengesuche ab. Der nationalsozialistische Reichskriegerbund hatte zum Beispiel um eine Spende für die Errichtung eines Krieger-Ehrenmals für gefallene Soldaten im Ersten Weltkrieg in Hombruch nachgesucht. Die Übernahme einer Patenschaft für den Aufbau von Sparkassen in den „befreiten Ostgauen" im Februar 1940 wurde mit dem Hinweis abgelehnt, dies sei eher eine Aufgabe der zuständigen Reichsbehörde. Abgelehnt wurde auch das Gesuch des Winterhilfswerkes „anläßlich der Wiederkehr des Tages der Machtergreifung" nach zehn Jahren um eine Sonderspende in Höhe von 10.000 RM.

Eine Großspende in Höhe von 150.000 RM (ca. 1 Mio. Euro) gewährte der soeben ins Amt berufene neue Sparkassendirektor Henning 1938 auf Antrag der NSDAP für den Bau eines Hitlerjugendheimes, der allerdings nicht realisiert wurde. Bis 1947 hatte sich auf dem entsprechenden Sparbuch, das der NSDAP ausgehändigt worden war, durch Verzinsung ein Betrag in Höhe von 186.449,73 RM angesammelt. Am 11. November 1947 entschied der Vorsitzende des Sparkassenvorstandes, Oberstadtdirektor Wilhelm Hansmann, einen Antrag zu stellen, diesen Betrag „für wohltätige Zwecke (Kriegsbeschädigte, Flüchtlinge, Jugendheime)" umzuwidmen.[298]

[294] Rüdiger Hachtmann: Wissenschaftsmanagement im „Dritten Reich", Band 2, Göttingen 2007, S. 1032.
[295] Archiv der Sparkasse Dortmund, Akte Spenden 1936–1947.
[296] Zu Rudolf Heß (1894–1987) siehe den biographischen Anhang.
[297] Das organisatorisch der NS-Volkswohlfahrt unterstellte Winterhilfswerk war eine Stiftung öffentlichen Rechts, die durch das Einsammeln von Sach- und Geldspenden bedürftige „Volksgenossen" entweder unmittelbar oder über Nebenorganisationen der „Nationalsozialistischen Volkswohlfahrt" materiell unterstützte. Seit 1939/1940 übertraf das Spendenaufkommen mit fast 700 Mio. RM die aus Steuermitteln für öffentliche Fürsorgeverbände aufgebrachten Summen, so dass der Staatshaushalt von Sozialausgaben entlastet wurde. Ideologisch sollte auch das Zusammengehörigkeitsgefühl der Bevölkerung gefördert werden; vgl. Florian Tennstedt: Wohltat und Interesse. Das Winterhilfswerk des Deutschen Volkes. Die Weimarer Vorgeschichte und ihre Instrumentalisierung durch das NS-Regime, in: Geschichte und Gesellschaft 13 (1987), S. 157–180.
[298] Archiv der Sparkasse Dortmund, Akte Spenden 1936–1947.

Sammelverbotsplakette für Beteiligte an der Adolf-Hitler-Spende zum Aushang in den Geschäftsräumen
Quelle: Archiv der Sparkasse Dortmund

3.3. Die Finanzbedarfe des NS-Staates und ihre Finanzierung

Bis Ende September 1944 hatte sich infolge der expansiven militärischen Aufrüstung und der Kriegskosten im Deutschen Reich eine Schuldenlast von 323,6 Mrd. RM aufgetürmt.[299] Die deutschen Sparkassen, deren Zahl als Folge von staatlich verordneten Zwangsfusionen oder im Zuge der Rationalisierungsmaßnahmen im deutschen Kreditgewerbe angeordneten Schließungen von ursprünglich 2.820 auf 1.953 zurückgegangen war, wurden mit einem Anteil von mehr als 25 % oder einer Geldsumme 85,6 Mrd. RM die wichtigsten Finanziers NS-Regimes. Die Spareinlagen wuchsen durch eine politisch motivierte Sparpropaganda der Sparkassen, die angesichts der steigenden inflationären Tendenzen die überschüssige Kaufkraft der Bevölkerung absorbieren und dem NS-Staat für seine Kriegsziele zur Verfügung stellten. Diese Geschäftspolitik wurde durch stark eingeschränkte Konsummöglichkeiten infolge von autarkiepolitisch motivierter Kon-

---

[299] Manfred Oertel: Die Kriegsfinanzen, in: Dietrich Eichholtz (Hg.): Geschichte der deutschen Kriegswirtschaft 1939–1945, München 1996, S. 681–737, hier S. 714.

sumlenkung und kriegsbedingter Mangelwirtschaft flankiert. So wuchs der Einlagenbestand zwischen 1939 und 1944 um gut 270 % auf 80,4 Mrd. RM. Hohe Zuwachsraten wurden auch beim Bausparen sowie dem Giro- und Wechselverkehr erzielt. Neben dem Instrument der „Mefo-Wechsel", die bis zum Frühjahr 1938 ein Volumen von etwa 12 Mrd. RM erreichten,[300] wurde vor allem das Wertpapiergeschäft der Kreditwirtschaft für die Rüstungsfinanzierung instrumentalisiert. Die „Mefo-Wechsel" erreichten in der Anfangsphase des Dritten Reichs einen Anteil von bis zu 50 % (1934/35) an der Rüstungsfinanzierung, verloren aber seit dem Vierjahresplan von 1936 an Bedeutung.[301]

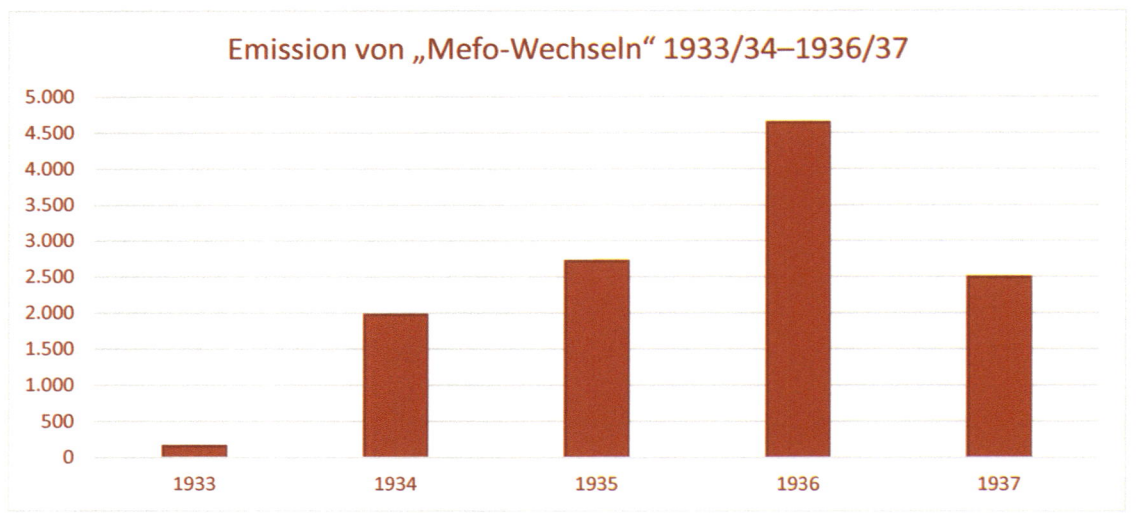

Quelle: Nach Ritschel (2000), S. 36, in Mio. RM

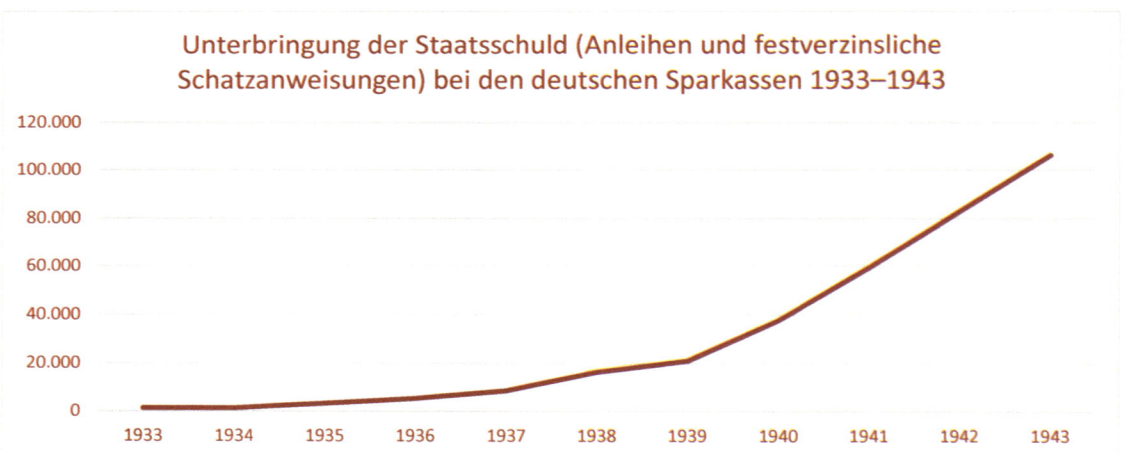

Quelle: Nach Brodesser, S. 142f., in Mio. RM

[300] „Firmen, die Zahlungsansprüche aus staatlichen Rüstungsaufträgen hatten, zogen Wechsel auf eine 1933 gegründete Scheinfirma, die Metallurgische Forschungsanstalt (Mefo). Die Reichsbank diskontierte diese Wechsel anschließend, wodurch die Rüstungsaufträge bezahlt wurden. Da die Wechsel bis auf fünf Jahre prolongiert werden konnten, blieben sie zunächst im Portefeuille der Reichsbank, die dadurch dem Reich praktisch mittel- bis langfristige Kredite in erheblichem Umfang zur Verfügung stellte." Wixforth (2018), S. 91.

[301] Alfred Ritschel: Deficit Spending in the Nazi Recovery 1933–1938. A Critical Reassessment, Zürich 2000, S. 36.

Hier spielten die Sparkassen eine herausragende Rolle und „gegen Ende des Zweiten Weltkriegs enthielt der Wertpapierbestand der Sparkassen fast ausschließlich Papiere des Reichs oder reichseigenen Unternehmen."[302] So entstand eine „geräuschlose Kriegsfinanzierung", in die die Sparkassen an exponierter Stelle eingebunden waren. Ihre Bilanzsumme erreichte 1939 schon 27,76 Mrd. RM und stieg bis 1944 noch einmal rasant um über 260 % auf über 100 Mrd. RM an, womit die Sparkassen einsam an der Spitze der deutschen Kreditwirtschaft lagen und an den Berliner Großbanken mit einer Bilanzsumme von 10,14 Mrd. RM (1939) bzw. 31,12 Mrd. RM (1944) vorbeizogen.[303]

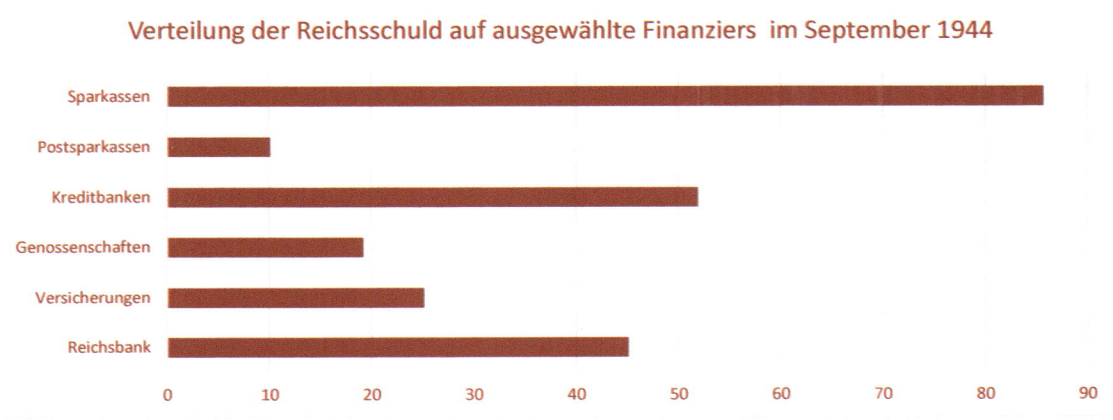

Quelle: Oertel, S. 714, in Mrd. RM

3.3.1. „Wer säet, der erntet!" Akkumulation von Sparvermögen

Nach der Machtergreifung erhielt das Spargeschäft eine neue, politische Note und wurde ideologisch überhöht. Die markante Parole „Wer spart, hilft Adolf Hitler" erschien in einer von Hakenkreuzen umrankten Anzeige im Oktober 1933 in der westfälischen Lokalzeitung die Glocke, die in Oelde erschien und besonders im östlichen Westfalen weit verbreitet war. Die Sparkasse Dortmund wählte mit „Wer säet, der erntet!" einen politisch neutraleren Slogan, der mit einer Bildmarke versehen u.a. auf der Rückseite der gedruckten Geschäftsberichte einen festen Platz in der Unternehmenskommunikation erhielt und im Bildpathos der Zeit die Blut- und Bodenideologie des NS-Staates transportierte.

Hinter der vordergründigen Absicht, den deutschen Sparsinn wiederzubeleben, stand jedoch ein allein kriegswirtschaftlich motiviertes finanzpolitisches Kalkül. Durch die bedingungslose Erhöhung der Sparquote sollte möglichst viel Kapital akkumuliert werden, das über die Sparkassen zur Finanzierung der umfänglichen Rüstungsprogramme in die Staatskasse umgeleitet werden sollte. Schon aus volkswirtschaftlicher Perspektive gab es bei steigender Beschäftigungsquote und zunehmenden Einkommen auf der einen Seite und stark eingeschränkten Konsummöglichkeiten auf der anderen Seite eigentlich keine Alternative zum Sparen. Die durchschnittlichen Wochenlöhne stie-

---

[302] Wixforth (2018), S. 94.
[303] Deutsche Bundesbank: Deutsches Geld- und Bankwesen in Zahlen 1876 –1975, Frankfurt 1976, S. 78 und S. 102.

gen zwischen 1938 und 1943 um rund 14 %; trotz annähernd ebenso stark erhöhter Lebenshaltungskosten kam es wegen mangelnder Konsumgüter zu einem erheblichen Kaufkraftüberschuss.[304] Hier setzte die NS-Propaganda begleitet durch die Einführung neuer Sparformen an, die vom NS-Regime stark befördert wurden. Zwischen 1933 und

[304] Christoph Buchheim: Der Mythos vom „Wohlleben", in: Vierteljahrshefte für Zeitgeschichte 58 (2010), Heft 3, S. 299–328, hier S. 301–302. Wie gut oder wie schlecht ging es den Deutschen im Zweiten Weltkrieg wirklich? Mit differenziertem Blick auf unterschiedliche gesellschaftliche Schichten und Phasen des Krieges gibt der Beitrag eine klare Antwort: Der Lebensstandard war schon zu Beginn des Krieges dürftig und verschlechterte sich im Laufe des Krieges dramatisch. Ausnahme war eine kleine Oberschicht aus Partei, Staat und Wirtschaft, die ein wahres Luxusleben entfaltete.

1938 stiegen die Spareinlagen der 2.428 statistisch erfassten deutschen Sparkassen von 11,49 Mrd. RM um fast 75 % auf 19,87 Mrd. RM (ca. 130 Mrd. Euro) an.[305]

Die im Archiv der Sparkasse Dortmund vorhandenen Akten zeigen, wie intensiv man sich in der Sparkassenleitung mit dem Thema Sparen beschäftigte.[306] Allerdings hatte man schon vor dem Ersten Weltkrieg mit dem „Pfennigsparen", dem Schulsparen, der Aufstellung von Sparautomaten und Öffnungszeiten an Sonntagen neue Instrumente zur Förderung des Sparsinne entwickelt. Die Wachstumskurve verlief aber zunächst flach und stieg erst seit 1936 leicht an. Im Fokus der geschäftspolitischen Überlegungen stand jetzt die Hitler-Jugend, an deren 36.000 Mitglieder, Sparkarten ausgehändigt wurden.[307] Dennoch blieb der Zuwachs der Spareinlagen mit 33 % weit unter dem Reichsdurchschnitt.

Ein besonderes Instrument zur frühen Kundenbindung waren die 1933 eingeführten Geschenkgutscheine in Höhe von drei RM für Neugeborene. 1942 kamen 5.395 solcher

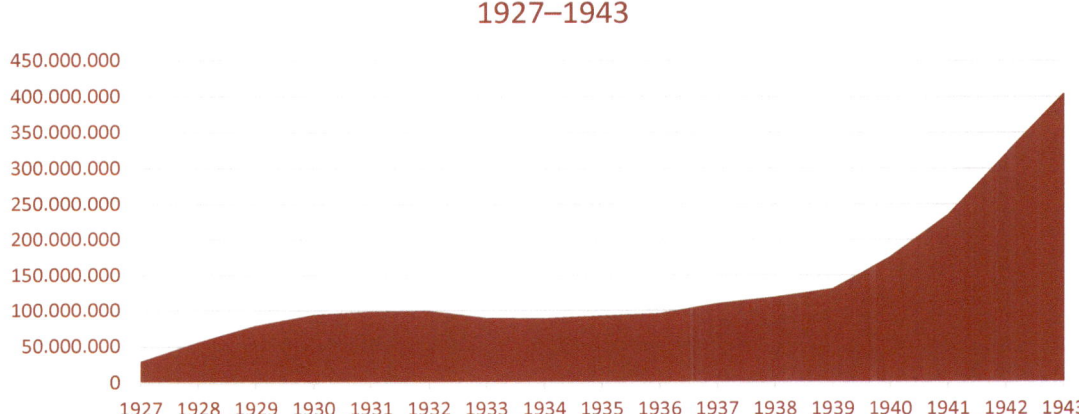

Quelle: Geschäftsberichte der Sparkasse Dortmund, jeweilige Jahrgänge, in RM

Gutscheine zur Einlösung. Ausgeschlossen waren allerdings nichtarische Kinder. Wie tief die Sparpropaganda in der Bevölkerung verwurzelt war, zeigt die Beschwerde aus dem Kreis des Jungvolkes der NSDAP, eine Abteilung der Hitlerjugend, in der 10 bis 13-jährige Jungen organisiert waren, vom März 1937, die an den Führer des Jungbannes 144 in Dortmund Lindenhorst gerichtet war und beklagte, dass dem neugeborenen Sohn des „Vollblutjuden Wolf" ein solcher Gutschein ausgehändigt worden sei. Dieser kontaktierte den Parteigenossen Paulstich, der in der Sparkasse eine leitende Position inne hatte mit der Bitte um Klärung, was am 8. Juni 1937 zu einer offiziellen Erklärung führte, dass bei der Geburt von nichtarischen Kindern keine Geschenkgutscheine ausgegeben werden.[308]

---

[305] Wixforth (2018), S. 92–94; vgl. auch Deutsche Bundesbank: Deutsches Geld- und Bankwesen in Zahlen 1876–1975, Frankfurt 1976, S. 78 und S. 102.
[306] Archiv der Sparkasse Dortmund, Akte Sparförderung 1931–1942.
[307] Protokoll über die Vertrauensratssitzung vom 3. März 1936; Archiv der Sparkasse Dortmund, Akte Betriebsvertretungen 1933–1939.
[308] Archiv der Sparkasse Dortmund, Akte Sparförderung 1931–1942.

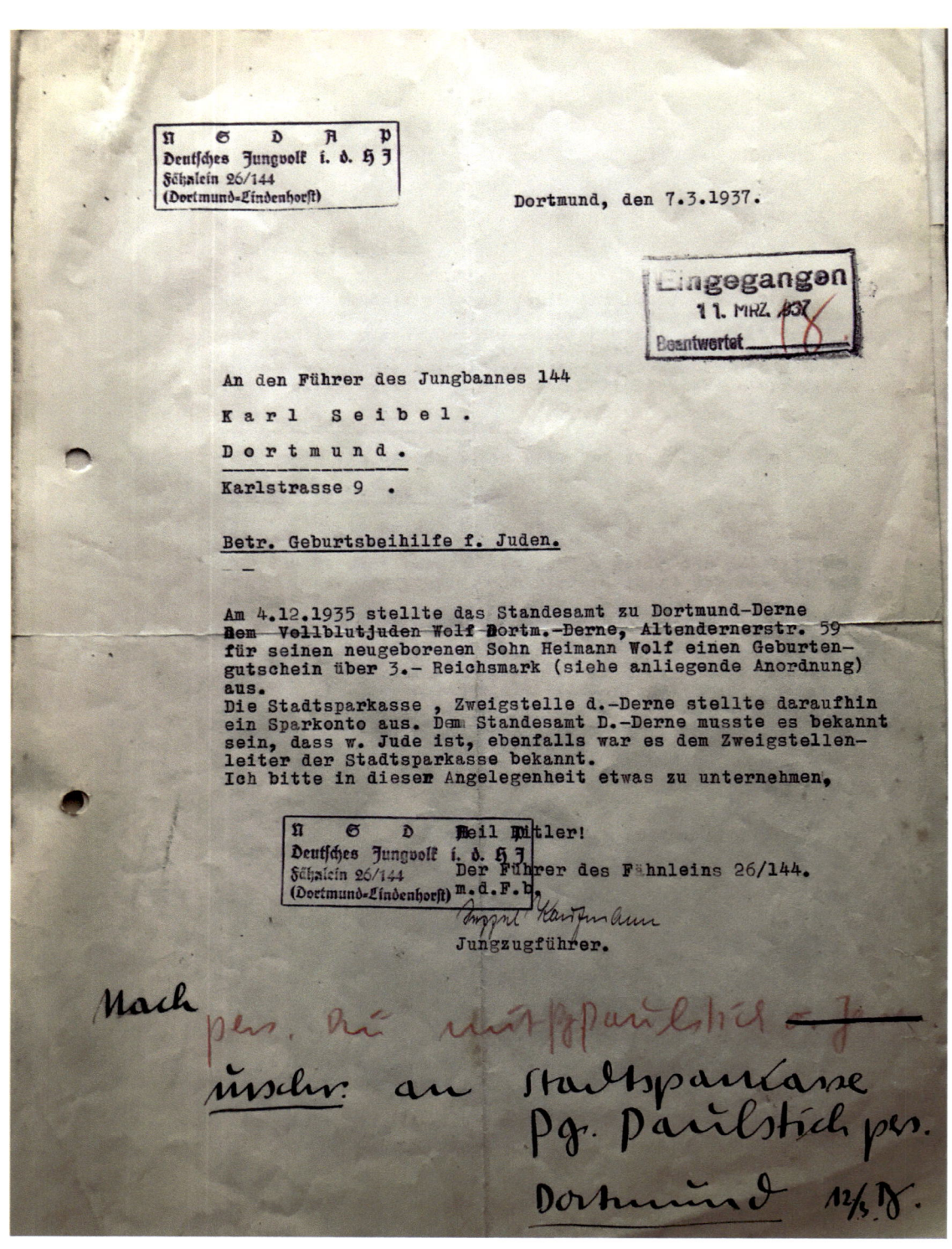

1937 führte die Sparkasse Dortmund ein neues Schulsparsystem ein, an dem bis 1939 in besonderen Schulspargemeinschaften 158 Schulen mit zusammen 28.000 Schulkindern beteiligt wurden, die zusammen pro Jahr mehr als 300.000 RM sparten, die durch Kleinstbeträge zusammenkamen und ebenfalls vom NS-Staat zur Rüstungsfinanzierung

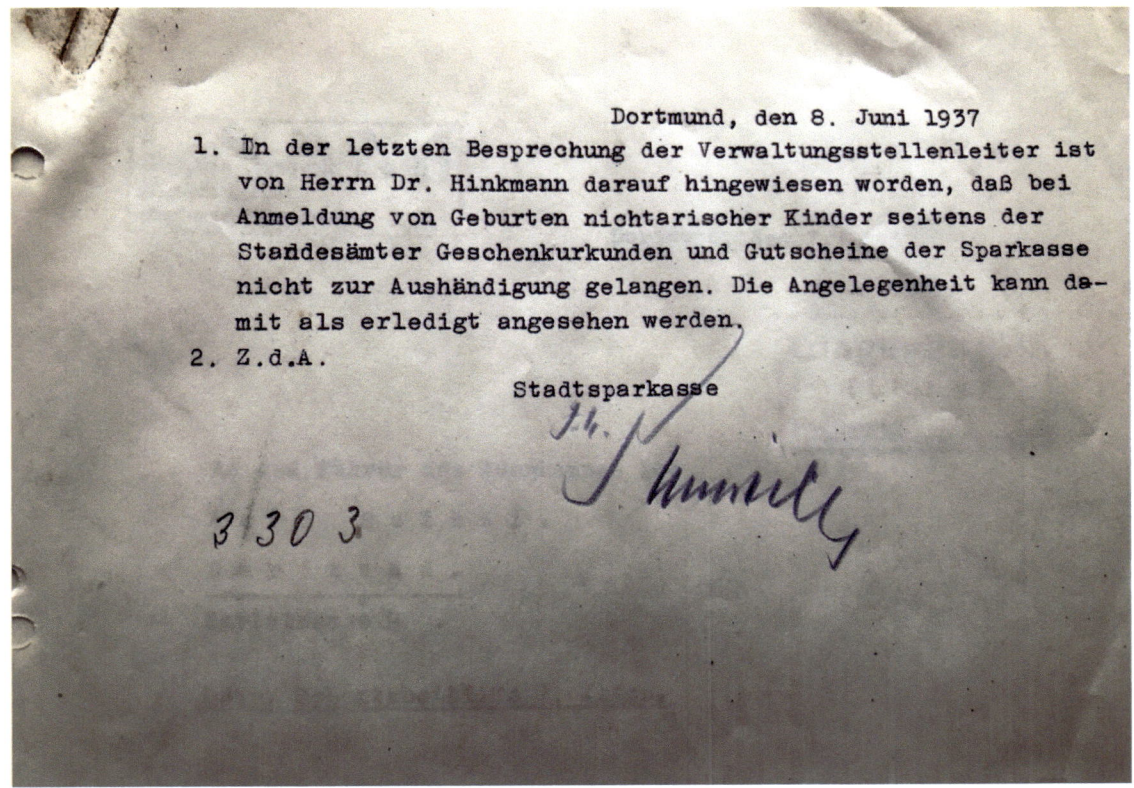

abgeschöpft wurden. 1942 wurde mit 1,5 Mio. RM das beste Jahresergebnis erzielt und die Gesamtsumme wuchs bis 1943 auf knapp 3,5 Mio. RM an. Dabei sank das jährliche Sparergebnis auf knapp 130.000 RM, weil der Schulsparbetrieb durch die im Laufe des Jahres 1943 vorgenommenen Evakuierungen stark eingeschränkt wurde. Das Kleinspargeschäft mit Heimspardosen, das 1942 einen Umfang von 219.436 RM bei 10.654 Entleerungen erreicht hatte, brach im Folgejahr zusammen, weil die Metallknappheit dazu zwang, die Zahl der im Umlauf befindlichen Heimspardosen, das waren 1942 allein in Dortmund 38.301 Stück, einzuschmelzen.[309]

Das vom NS-Regime propagierte Gefolgschaftssparen, das im Übrigen für die Sparkassen zu einer neuen Konkurrenzsituation mit anderen Kreditinstituten führte,[310] rückte die Belegschaften der großen Montankonzerne in den Fokus der Sparagitationen der Dortmunder Sparkasse.[311] 1937 übernahm die Sparkasse Dortmund die Werkssparkassen der Gelsenkirchener Bergwerks AG und der VEW mit 2.000 Konten und Spareinlagen in Höhe von 180.000 RM.[312] Das Werksparen erreichte bis Ende des Jahres 1943 ein Sparvolumen von knapp 1 Mio. RM. Eine Innovation war die 1936 eingeführte Neuregelung der Lohnzahlung bei Hoesch, die fortan bargeldlos auf ein Einlagenkonto bei der Sparkasse erfolgte. Mit einem Einlagenbuch, das zum Sparen anregen sollte, konnte der Arbeiter dann „nach Bedarf Geld abheben".

---

[309] Meldungen aus dem Reich. Die geheimen Lageberichte des Sicherheitsdienstes der SS 1938–1945, 17 Bände, Berlin 1984, S. 3764.
[310] Meldungen aus dem Reich (1984), S. 1952.
[311] Ebenda.
[312] Winterfeld (1941), S. 93.

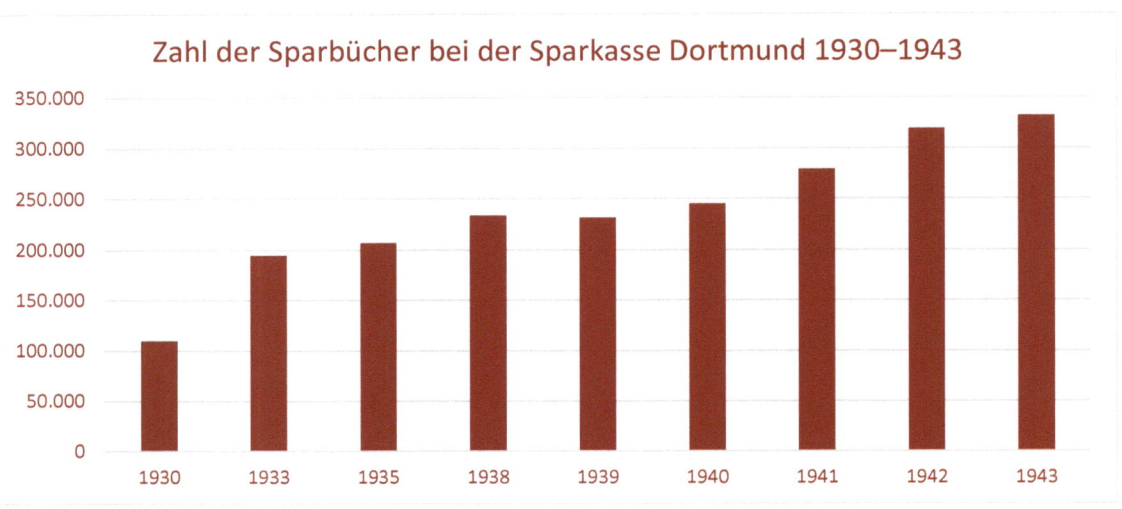

Quelle: Geschäftsberichte der Sparkasse Dortmund, jeweilige Jahrgänge

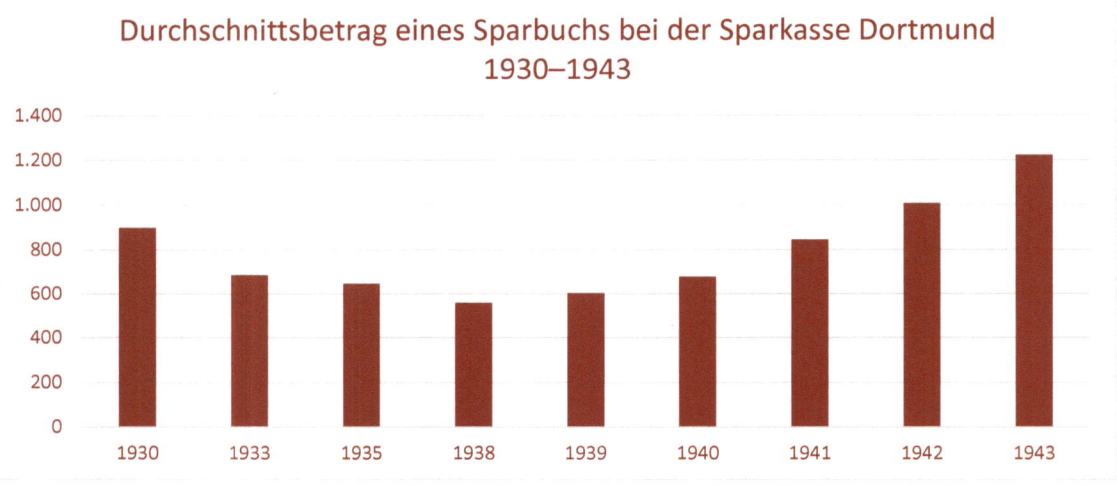

Quelle: Geschäftsberichte der Sparkasse Dortmund, jeweilige Jahrgänge, in RM

Ein entsprechender Aktenvermerk an den Sparkassendirektor Jessen vom 12. Mai 1936 zeichnete zunächst ein positives Bild. „Auf den Einlagekonten ist bis jetzt ein Betrag in der Höhe von etwa 10 % des monatlich überwiesenen Betrages stehen geblieben. Es kann damit gerechnet werden, dass diese stehen gebliebenen Beträge im Laufe der Zeit Sparkonten als reine Sparbeträge gutgebracht werden. Etwa 10 % der beteiligten Arbeitnehmer von Hoesch sind bereits als echte Sparer anzusprechen, da sie monatlich von 2–10 Reichsmark bereits vorhandenen oder neu angelegten Sparkonten gutschreiben lassen. Etwa 1/3 der beteiligten Personen haben bisher noch auf restloser Abhebung der Lohnbeträge bestanden. Es kann jedoch damit gerechnet werden, dass der weitaus grösste Teil im Laufe der nächsten Monate ebenfalls von einer restlosen Abhebung absieht. Erfahrungsgemäss müssen sich die an einer solchen Neuregelung Beteiligten zunächst an den praktischen Ablauf gewöhnen, bevor sie weiterer Beeinflussung, wie vorliegend im Sinne des Sparens, zugänglich sind. Der bisher bemerkbare Erfolg kann insoweit als zufriedenstellend angesprochen werden."[313] Jessen selbst hatte zahlreiche persönliche Gespräche mit Hoesch-Arbeitern „vor Ort" geführt und mit einem mit ausgesuchten Arbeitern einstudierten Rollenspiel für die volkswirtschaftliche Bedeutung des Kleinsparens geworben.

> *„Ich begab mich in die Walzwerkabteilung eines großen Industriewerks. Inmitten eines Gewirrs von Eisengerüsten, Maschinen und Walzpressen laufen glühende Schlangen über einen Rollboden, die zu Eisenbahnschienen, Spundwänden und anderen Fabrikaten geformt werden. Es ist ein Höllenlärm und schwer, sich verständlich zu machen. Man sieht, daß hier Schwerstarbeit verrichtet wird. Aus einer Gruppe von Arbeitern suche ich mir einen derselben heraus [...] Dabei entwickelte sich ein Gespräch, in dem zunächst die persönlichen, individuellen Vorteile des Sparens bezogen auf die Lebenssituation eines Stahlarbeiters erörtert wurden.*
> *Sparkassenleiter: In der Tat kommt den kleinen Sparbeträgen eine viel größere Bedeutung zu, als im Allgemeinen angenommen wird. Ich will Ihnen dieses kurz an einem Beispiel erläutern: In dem Werk, das Sie beschäftigt, sind, wie ich höre, rd. 20.000 Arbeiter tätig. Wenn jeder von Ihnen wöchentlich 1.- RM spart, so bedeutet es, daß im Jahre rd. 1 Million RM an Spargeldern zusammenkommt.*
> *Werksangehöriger: Das ist allerdings viel Geld.*
> *Sparkassenleiter: Diese Million bleibt ja nicht im Geldschrank der Sparkasse, sondern sie wird größtenteils für wirtschaftliche Zwecke, z. B. zur Errichtung von Wohnungen, Hergabe von Darlehen und Krediten an Handels- und Gewerbetreibende usw. wieder verwendet. Die weitere Folge davon ist dann, daß für jede Million, die zu Arbeitsbeschaffungszwecken bereitgestellt wird, auch mindestens 500 Volksgenossen wieder Arbeit und Brot finden.*
> *Werksangehöriger: Daß unsere kleinen Sparbeträge eine solche Auswirkung haben könnten, habe ich mir allerdings nicht vorgestellt. Dann sind unsere ersparten Groschen ja von ganz erheblicher Bedeutung für die allgemeine Wirtschaft, außerdem ist jeder Arbeiter infolge der vermehrten Arbeitsbeschaffungsmöglichkeiten selbst daran interessiert, fleißig zu sparen."*[314]

Der Erfolg dieser Besuche war zumindest zweifelhaft, denn zwei Jahre später hatte sich das Meinungsbild in der Sparkasse zu diesem Projekt verändert. In einem Aktenvermerk an den mittlerweile amtierenden Direktor Henning, der offenkundig höhere Erwartungen als sein Vorgänger Jessen mit seinem gemäßigten Nazifizierungskurs hatte,[315] hieß es ernüchtert:

> *„Die hiesige Zweigstelle führt an Einlagebüchern für die Angehörigen der Fa. Hoesch etwa 300 Stück. Monatlich werden von der Fa. Hoesch rd. RM 39.000 überwiesen. Von den bisher eingegangenen Beträgen von insgesamt rd. RM 183.000 sind bis heute RM 15.000 als Einlagen stehen geblieben, d.s. 8,2 %, ein Betrag also, der im Verhältnis zu der aufgewendeten Arbeit und den Selbstkosten der Sparkasse sehr gering ist. Der Annahmebeamte und der Kassierer haben die Betriebsangehörigen immer wieder darauf hingewiesen, den Lohnbetrag nicht auf einmal, sondern bei vorkommendem Bedarf abzuheben. Der Rest könne als Spareinlage stehen bleiben. Auf den volkswirtschaftlichen Wert des Sparens wurde immer aufmerksam gemacht. Die Antwort lautete in den meisten Fällen:,Alles ab, es ist mein verdientes Geld', oder:,Ich gebrauche es. Ich hab*

---

[313] Archiv der Sparkasse Dortmund, Akte Sparförderung 1931–1942.
[314] Ebenda.
[315] Vgl. dazu genauer Kapitel 3.5. „Belegschaft unterm Hakenkreuz" dieser Arbeit.

die Überweisung nicht gewünscht. Es ist ja gezwungenermassen überwiesen worden'. Hebt nun tatsächlich jemand seinen ganzen Lohn nicht ab, dann kommt er bestimmt am nächsten oder übernächsten Tag, um den Rest abzuholen. Sehr oft werden auf den Abhebungszetteln auch die Restpfennige eingetragen und an der Kasse verlangt. Dieses Ansinnen mußte jedoch aus kassentechnischen Gründen abgelehnt werden. M. E. ist es ganz selbstverständlich, dass die alten Kunden der Sparkasse in der Bedienung allen Hoesch-Kunden vorgehen. Wird dieses von der Annahme durchgeführt, so kommen die Beschwerden, wie: ‚Geht es denn hier nicht der Reihe nach', ‚Ich war zuerst da' usw. Die alte Kundschaft der Sparkasse fühlt sich hierdurch zurückgesetzt. Wenn aus Klagen derselben bis heute noch nicht laut geworden sind, so kann man doch den Unwillen in den Gesichtern lesen. Es ist beobachtet worden, dass an den Lohnzahlungstagen Geschäfte der übrigen Kundschaft wegen des starken Andranges und der damit verbundenen Wartezeiten nicht getätigt werden. Wegen der der Sparkasse entstehenden Selbstkosten kann ich sagen, dass ich jeden einzelnen Buchungsposten mit RM 0,12 errechnet habe. Hinzu kommt noch für jedes Einlagebuch und Konto ein Betrag von RM 0,25."[316]

Überlagert wurden all diese Maßnahmen von einer zunehmenden Sorge innerhalb der Bevölkerung, „man werde von seinem Geld nichts mehr wiedersehen."[317] So oder ähnlich gaben die geheimen Lageberichte des Sicherheitsdienstes der SS zwischen 1938 und 1945 immer wieder das Stimmungsbild in der Bevölkerung wieder. Vor allem gingen Sorgen um, dass eine Erhöhung der Verbrauchssteuern, Zwangsanleihen oder andere Formen von Vermögensabgaben drohten, die sich mit Inflationsangst und Angst vor einem Währungsverfall verbanden.[318] So beobachteten die Berichte wiederholt eine Flucht in Sachwerte (Goldwaren, Uhren und Schmuck und andere Waren aller Art), wobei die Preise offenbar keine Rolle spielten. Eine geschickte, psychologisch aufgebaute Werbung bzw. Sparpropaganda waren die erfolgreichen Antworten, die der NS-Staat dem entgegensetzte. Auch die Dortmunder Sparkasse bediente sich dieser Methoden. „Den Spargedanken trug die Sparkasse unermüdlich ins Volk durch Zeitungsnotizen, wirkungsvolle Plakate, Werbefilme, durch Verteilung von Druckschriften und durch die Aufstellung von Werbeständen bei verschiedenen Ausstellungen."[319] Die Spitzen der Dortmunder Sparkasse, Oberbürgermeister Banike und der Finanzexperte, Bürgermeister und Kämmerer Pagenkopf, beschworen in ihren Grußworten zum 100-jährigen Bestehen der Dortmunder Sparkasse im Jahr 1941 die sittliche Kraft des Sparens und das Vertrauen und die Treue der Sparer, um „auch in Zukunft die ihr zufallenden großen Aufgaben" (Banike) zum „Wohle der Allgemeinheit" im Sinne des „nationalsozialistischen Denkens" (Pagenkopf) zu erfüllen. Banike wies mit Stolz darauf hin, dass die Sparkasse Dortmund „eine große volkswirtschaftliche Aufgabe erfüllt", eine ideologische Chiffre, hinter der sich letztlich nichts anderes als die Kriegsfinanzierung verbarg. Gute Beispiele der nationalsozialistischen Sparpropaganda sind die öffentlich wirksam inszenierten Spartage, aber auch der Vertrieb von KDF-Feriensparmarken und seit 1939 der Sparmarken für den KDF Volkswagen, Aktionen, an denen sich die Sparkasse Dortmund mit großem Engagement beteiligte.[320] Begleitet wurde die Sparwerbung mit einer modernen Film- und Diapositivwerbung in den zahlreichen Dortmunder Lichtspieltheatern.

---

[316] Archiv der Sparkasse Dortmund, Akte Sparförderung 1931–1942.
[317] Meldungen aus dem Reich (1984), S. 642.
[318] So in Dortmund, Meldungen aus dem Reich (1984), S. 4287.
[319] Winterfeld (1941), S. 93.
[320] KDF bedeutete „Kraft durch Freude", eine im November 1933 gegründete Unterorganisation der DAF; vgl. dazu genauer Kapitel 3.5.3. „Leistungskampf deutscher Betriebe" dieser Arbeit.

Bereits im ersten Jahr der NS-Herrschaft war der Weltspartag in „Nationaler Spartag" umbenannt worden. Eine Deutsche Sparwoche fand erstmals vom 26. bis zum 31. Oktober 1942 statt.

Dortmund, den 17. Oktober 1942

An alle Zweigstellen!

In diesem Jahre ist erstmalig der bisherige " Deutsche Spartag " zu einer " Deutschen Sparwoche ", die vom 26. bis 31. Oktober stattfindet, erweitert worden. Die Werbung aus diesem Anlaß kann aus kriegsbedingten Gründen nicht in dem Umfange wie in den Vorjahren erfolgen. Im Rahmen des Möglichen wird jedoch auch für die "Deutsche Sparwoche " eine zeitgemäße Werbung erfolgen. Diese erstreckt sich auf

1) Gemeinschaftsinserate des Sparkassenverbandes in den Tageszeitungen
2) Werbung in den Lichtspieltheatern,
3) den Aushang von Werbeplakaten mit Hinweis auf die Deutsche Sparwoche an den Litfaßsäulen im Stadtgebiet,
4) eine besondere Werbungsaktion in den Schulen,
5) die Ausschmückung der Kassenräume der Hauptstelle und der Zweigstellen und Aushang von besonderen Werbeplakaten,
6) die Ausschmückung von Schaufenstern, soweit solche bei den Zweigstellen vorhanden sind.
   Hierzu wird den Zweigstellen das Material zur Verfügung gestellt,
7) die Ausgabe einer Broschüre " Die Schatzkammer der deutschen Hausfrau " und der Sondernummer der Deutschen Sparzeitung an die Kundschaft.

Ich bitte die Zweigstellenleiter, sich um eine einfache Blumendekoration für den Kassenraum und für die Schaufenster zu bemühen. Die Vorkehrungen sind so rechtzeitig zu treffen, daß die Werbemaßnahmen mit Montag, den 26. Oktober einsetzen.

Nach Ablauf der Sparwoche ist mir das Sparergebnis in den Tagen vom 26. bis 31. Oktober in einer besonderen Meldung mitzuteilen.

Sparkassendirektor
gez. Henning

Sie wurde eingeführt, damit der Einzahler nicht wie am normalen Spartag Schlange stehen musste. Für das Personal brachte die Arbeitsverteilung eine Entlastung. Außerdem konnten an verschiedenen Tagen der Woche gezielt verschiedene Kundengruppen angesprochen werden. Wie schon in den Vorjahren, gab es ein zentrales Werbemotiv, in diesem Jahr mit Reichsadler und Eichenlaub. Während der Deutschen Sparwoche erfolgten im Reich 4,3 Mio. Einzahlungen über zusammen 675 Mio. RM. Die Einlagen wurden mit einem Sonderstempel quittiert. Reichsweit wurden 300.000 neue Sparer gewonnen.

Glasdia zur Kinowerbung für die erste Sparwoche 1942; Quelle: Archiv des Historischen Archivs des Ostdeutschen Sparkassenverbandes, Berlin

Das Sparen wurde in der NS-Propaganda nun zunehmend mit kriegspolitischen Inhalten verbunden. In der Deutschen Sparkassen-Zeitung riefen der Präsident und weitere Spitzenmanager des Deutschen Sparkassen- und Giroverbandes zu verstärkten Sparanstrengungen in der Kriegszeit auf. Sparen sei wichtig für die Lohn- und Preisstabilität in der Kriegswirtschaft. Von der „Front der Sparer" war die Rede. Durch Sparen bekunde der „Volksgenosse" sein Vertrauen auf den deutschen „Endsieg". Auch an spektakulären neu aufgelegten Sparprojekten mangelte es nicht; ein gutes Beispiel war die Spargeschenkaktion des Generalinspektors für das deutsche Straßenwesen für verdiente Westwallarbeiter, bei dem für den Abschluss von Sparverträgen Zusatzprämien und Spargutscheine lockten.[321] Die Themen Sparen und Kriegsführung wurden immer öfter miteinander verknüpft und rückten unter dem Motto „kämpfen – arbeiten – sparen!" in der Bildsprache der zeitgenössischen Sparkassenwerbung eng aneinander.

Auch die Sparkasse Dortmund beteiligte sich regelmäßig an den „Nationalen Spartagen". Dafür entwickelte man innovative Werbemittel. Am 30. Oktober 1936 wurde zum Beispiel eine „über den Eingang zu unserer Hauptstelle in der Dunkelheit mit Scheinwerfern zu beleuchtende Pfennigsäule sowie unterhalb des Dachstuhles eine weithin sichtbare Werbeschrift ‚Spart! Spargeld schafft Arbeit und Brot' angebracht."[322] Diese Lichtreklame brachte eine Tageseinnahme von rund 160.000 Mark ein.[323] Beworben wurde der Spartag zudem mit Aufrufen an alle deutschen Männer und Frauen. „Deutschland groß und stark zu machen, ist das Ziel, das wir uns alle gestellt haben. Das deutsche Volk setzt hierfür rastlos und unermüdlich seine ganzen Kräfte ein. Überall regen und rühren sich fleißige Hände, sie legen den Grund, sie hämmern den Stein, sie mauern die Wand, sie

---

[321] Archiv der Sparkasse Dortmund, Akte Sparförderung 1931–1942.
[322] Ebenda.
[323] Winterfeld (1941), S. 93.

zimmern das Haus sie werken und schaffen, und die dienen alle Einem: Deutschland! […] Deutschland baut seine Zukunft aus eigener Kraft! Der Kampf um wirtschaftlichen Aufstieg, Freiheit und Brot geht weiter. Der erstarkende Wirtschaftskörper braucht neuen Kräftezufluß. Was das pulsierende, Lebenskraft spendende Blut für den menschlichen Körper, ist für die Wirtschaft das Kapital. Aber Kapital entsteht nur durch Sparen! Der Sparwille des deutschen Volkes ist der Garant für den Wiederaufstieg. […] Ein Beweis von Willenskraft ist es, wenn Du Dich zwingst, aus Deinem Einkommen regelmäßig einen bestimmten Betrag zurückzulegen. […] In der Not ist Dein Sparkassenbuch ein verlässlicher Freund."[324]

Plakat „Kämpfen – arbeiten – sparen" von 1940; Quelle: Archiv des Historischen Archivs des Ostdeutschen Sparkassenverbandes, Berlin

Hinter der hohen Zahl an neuen Sparbüchern standen zum Teil Kleinstbeträge. Bei rund 60 % der Sparbücher lagen die Einlagen unter 100 RM, bei 41,4 % sogar unter 20 RM.[325] „Als besonders wirkungsvoll wird in Fachkreisen das steuerbegünstigte Sparen angesehen"[326], das in dem Modell vom Eisernen Sparen ein ideologisch wirkungsmächtiges Sparprogramm hervorbrachte. Mit der Verordnung zur Lenkung der Kaufkraft vom 30. Oktober 1941 wurde für Lohn- bzw. Gehaltsempfänger die Möglichkeit geschaffen, monatlich bis zu 26 RM, ab dem 1. Januar 1943 erhöht auf 39 RM, vom Arbeitgeber einbehalten und auf ein besonderes Sparkonto einzahlen zu lassen. Dieser Teil des Arbeitslohnes musste nicht versteuert werden und war von Sozialversicherungsbeiträgen befreit, so dass sich die Rendite über die Zinsen hinaus entsprechend erhöhte. Die Spareinlagen sollten frühestens ein Jahr nach Kriegsende für den Anleger wieder verfügbar werden.[327] Vater des „Eisernen Sparens" war der Staatssekretär im Reichsfinanzministerium Fritz Reinhardt.[328] Folgen wir seinen Ausführungen im Rundfunk im Vorfeld des Nationalen Spartages am 28. Oktober 1941:

> „Es muß im Krieg Ehrensache eines jeden Volksgenossen sein, seinen privaten Bedarf an Gütern und Leistungen auf das unbedingt Erforderliche zu beschränken. Was an Anschaffungen aufgeschoben werden kann, muss aufgeschoben werden. Der Verzicht der Heimat ist die Voraussetzung für die fortgesetzte Steigerung der Schlagkraft unserer Soldaten an der Front. Es muß jeder bestrebt sein, den größtmöglichen Teil seines Einkommens für die Zeit nach Beendigung des Krieges zurückzulegen. Es wird die Zeit kommen, in der die Schranken auf dem Warenmarkt fallen werden. Es wird dann je-

---

[324] Archiv der Sparkasse Dortmund, Akte Sparförderung 1931–1942.
[325] Winterfeld (1941), S. 95.
[326] Meldungen aus dem Reich (1984), S. 643.
[327] Auf Anordnung der Kontrollkommission für Deutschland wurden „Eiserne Sparkonten" ab dem 1. April 1947 in gewöhnliche Sparkonten umgewandelt, die den allgemeinen Zins- und Kündigungsbestimmungen unterworfen waren. Wie alle anderen Guthaben wurden diese allerdings durch die Währungsreform 1948 im Verhältnis von 10:0,65 auf die D-Mark umgestellt. Weil die Guthaben erst nach dem 1. Januar 1940 entstanden, wurden sie anders als andere Sparguthaben nicht durch das Gesetz zur Milderung von Härten der Währungsreform (Altsparergesetz) vom 14. Juli 1953 entschädigt.
[328] Zu Fritz Reinhardt (1895–1969) siehe den biographischen Anhang.

der die Anschaffungen nachholen können, auf die er während des Krieges verzichtet hat. Jeder Volksgenosse ist verpflichtet, den Teil vereinnahmter Geldzeichen, der seinen laufenden Geldmittelbedarf übersteigt, zur Sparkasse oder zur Bank zu bringen. An einem der nächsten Tage wird im Reichsgesetzblatt eine Verordnung des Ministerialrats für die Reichsverteidigung erscheinen, nach der das Sparen unter bestimmten Voraussetzungen besonders belohnt wird. Bestimmte Einkommensteile, die auf Sparkonten eingezahlt werden, sind frei von allen Reichssteuern; das gilt auch für die Zinsen, die diesen Sparbeträgen jährlich zugeschrieben werden. [...] Voraussetzung für diese besondere Belohnung ist, daß der Lohn- oder Gehaltsempfänger für die Dauer des Krieges darauf verzichtet, das Sparguthaben zu kündigen. Sparkonten solcher Art sind ‚Eiserne Sparkonten'."[329]

In den Geschäftszahlen der Sparkasse Dortmund lässt sich zwar eine starke Belebung der Spartätigkeit feststellen, die allerdings weniger vom „Eisernen Sparen" ausgelöst wurde.[330] Der Geschäftsbericht für 1941 verzeichnet bereits „zahlreiche Meldungen" zu einer Beteiligung an der neuen Sparform. Konkret wurden 1942 aber insgesamt nur 11.726 „Eiserne Sparkonten" gezählt, das waren knapp ein Viertel aller in diesem Jahr neu angelegten Sparkonten und entsprach einem Anteil von gerade einmal 3,7 % der insgesamt 318.156 Sparkonten. Angaben zu der Sparsumme wurden nicht gemacht. Auch im nächsten Geschäftsjahr war die Bilanz zum „Eisernen Sparen" in Dortmund ernüchternd; es kamen lediglich 2.265 neue Sparbücher hinzu. Das waren weniger als 20 % aller neu angelegten Sparbücher. Der Anteil der „Eisernen Sparkonten" am Gesamtbestand der nunmehr 330.622 Sparbücher stieg nur marginal auf gerade einmal 4 %. Mitteilungen über die erzielten Sparsummen enthält auch der Geschäftsbericht für 1943 nicht.

Auch auf Reichsebene blieben die Ergebnisse weit hinter den Erwartungen zurück. Im Dezember 1941 gab der Präsident des Deutschen Sparkassen- und Giroverbandes für das Jahr 1942 als Sparziel des „Eisernen Sparens" bei den Lohn- und Gehaltszahlungen die Summe von 3 bis 4 Mrd. RM aus. Weitere zwei Mrd. RM sollten aus Weihnachts- und Sondergratifikationen abgeschöpft werden, womit eine Steuervergünstigung von mindestens 300 bis 400 Mio. RM verbunden sei. Reinhardt selbst ging von einer Summe von 4 bis 5 Mrd. RM aus.[331]

Bis Ende 1942 wurden 1.820.344 „Eiserne Sparverträge" bei den deutschen Sparkassen abgeschlossen; mit 177.105 Neuabschlüssen im Folgejahr wuchs die Zahl nur um knapp 10 % an. Tatsächlich blieben die Einlagen hinter den Erwartungen weit zurück: Sie beliefen sich für das Jahr 1942 bei den Sparkassen reichsweit auf 52,2 Mrd. RM; der Anteil des „Eisernen Sparens" schlug mit 465 Mio. RM lediglich mit 0,91 % zu Buche. Im Jahr 1944 wurden bei einem Sparvolumen von 80,4 Mrd. RM durch das Sparprogramm 1,3 Mrd. RM, was 1,64 % der gesamten Spareinlagen entsprach, abgeschöpft. Die entsprechenden Zahlen der Privatbanken liegen nicht vor; sie werden aber als noch weitaus geringer und unbedeutend eingeschätzt.[332]

---

[329] Archiv der Sparkasse Dortmund, Akte Sparförderung 1931–1942.
[330] Meldungen aus dem Reich (1984), S. 3055.
[331] Archiv der Sparkasse Dortmund, Akte Sparförderung 1931–1942.
[332] Vgl. Ingo Loose: Kredite für NS-Verbrechen. Die deutschen Kreditinstitute in Polen und die Ausraubung der polnischen und jüdischen Bevölkerung 1939–1945, München 2007, S. 196; Philipp Kratz: „Sparen für das kleine Glück", in: Götz Aly (Hg.): Volkes Stimme, Frankfurt 2006, S. 59–79, hier S. 74.

3.3.2. Arbeitsbeschaffungsprogramme und der Mythos vom Autobahnbau

In den gängigen Vorstellungen von der nationalsozialistischen „Machtergreifung" spielt die Beseitigung der Massenarbeitslosigkeit durch umfassende Arbeitsbeschaffungsmaßnahmen, allen voran durch den Autobahnbau, eine herausragende Rolle. Bei genauerer historischer Betrachtung waren die großen Arbeitsbeschaffungsmaßnahmen allerdings keine genuine Schöpfung der Nationalsozialisten, die erst mit einem zeitlichen Verzug von vier Monaten nach der „Machtergreifung" mit dem Gesetz zur Minderung der Arbeitslosigkeit vom 1. Juni 1933 an ältere Maßnahmen anknüpften, die erstmals im September 1932 unter Reichskanzler von Papen auf den Weg gebracht worden waren.[333] Auch das Finanzierungssystem, im Kern eine getarnte Erhöhung der schwebenden Staatsverschuldung, war in dem Programm zur Belebung der Wirtschaft in der Notverordnung vom 4. September 1932 vorgedacht.[334] Damit war der später in der öffentlichen Wahrnehmung den Nationalsozialisten zugeschriebene Durchbruch zu einer aktiven Konjunkturpolitik, der in der Finanzierungsform der Kreditschöpfung über Arbeitsbeschaffungswechsel erfolgte, bereits vollzogen. Im Kabinett Kurt von Schleicher (3. Dezember 1932 bis 30. Januar 1933) wurde schließlich schon am 15. Dezember 1932 das Reichskommissariat für Arbeitsbeschaffung eingerichtet, dessen Sofortprogramm die unmittelbare Arbeitsbeschaffung fest etablierte. Die vornehmlich den Kommunalbehörden und Kommunalverbänden zur Verfügung gestellten Mittel umfassten Instandsetzungen und Verbesserungen der Infrastruktur, mussten volkswirtschaftlich relevant und bis Ende Dezember 1933 abgeschlossen sein. Die Finanzierung erfolgte durch Wechsel, die auf zwei Jahre prolongierbar und mit einer Rediskontierungszusage der Reichsbank versehen waren, so dass sie als erstklassige Wertpapiere den Geldumlauf erhöhten und durch bei der Reichsbank hinterlegte Sicherheiten abgesichert waren.

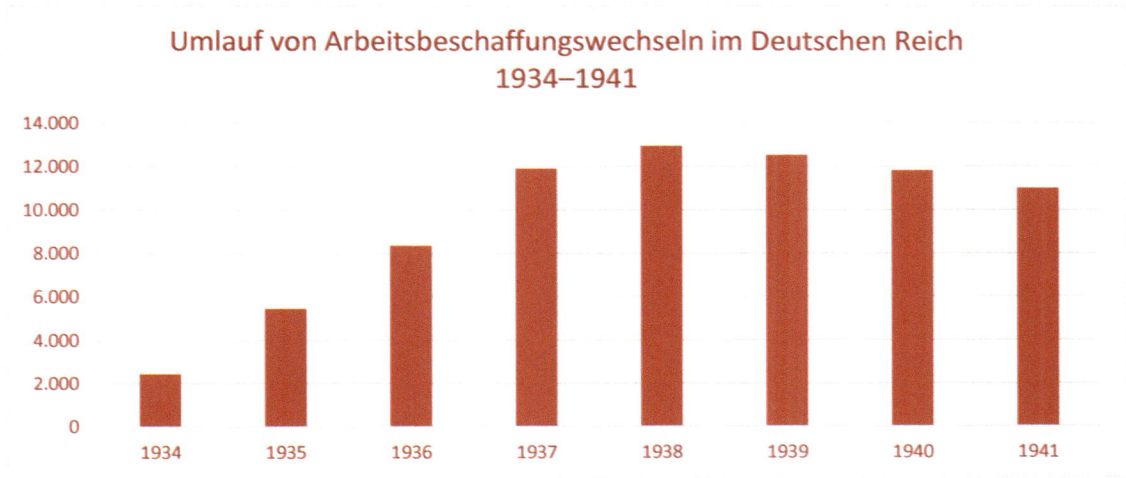

Quelle: Bilanzbestände von Wechseln nach § 12 Abs 4 KWG[335]; nach Brodesser, S. 37, in Mio. RM

[333] Vgl. Helmut Marcon: Arbeitsbeschaffungspolitik der Regierungen Papen und Schleicher. Grundsteinlegung für die Beschäftigungspolitik im Dritten Reich, Frankfurt 1974.

[334] Es handelte sich dabei um von der Börsensteuer befreite Steuererleichterungen in Form von Gutscheinen und Beschäftigungsprämien, ebenfalls in Form von Gutscheinen, die an der Börse gehandelt wurden und prinzipiell lombardfähig waren. Im Grunde genommen handelte es sich also um ein mittelfristiges Wertpapier mit bestimmtem Einlösetermin und fester Verzinsung; Brodesser (2011), S, 32f.

[335] „Wechsel, die an das Reich oder die Länder gewährt oder durch diese verbürgt oder gesichert sind. Bei den

Die Nationalsozialisten förderten durch das nach dem Staatssekretär im Reichsfinanzministerium „Reinhardt-Programm" benannte Maßnahmepaket, Instandsetzungen an öffentlichen Gebäuden, die Teilung von Wohnungen, Arbeiten zur Flussregulierung, Tiefbauarbeiten den Ausbau vorstädtischer und ländlicher Siedlungen sowie Erneuerungsarbeiten an der Infrastruktur durchzuführen. Die Umsetzung wurde öffentlichen Körperschaften und gemeinwirtschaftlichen Unternehmen übertragen, die zu 80 % unterstützungsberechtigte Arbeitslose einstellen mussten.

Profitierten von den Arbeitsbeschaffungsmaßnahmen vor 1933 vor allem gering verdienende Notstandsarbeiter des Freiwilligen Arbeitsdiensts, entwickelte sich während des Nationalsozialismus ein Investoren-Modell, von dem in erster Linie mittelständische und große Unternehmen der Bauwirtschaft profitierten.[336] Es wundert nicht, dass die Sparkassenorganisation mit ihrem speziellen Kundenklientel, das überwiegend Arbeiter, Angestellte, Beamte, selbstständige kleinere Gewerbetreibende und kleine bis mittlere Betriebe des Mittelstandes umfasste, in die Finanzierung kaum eingebunden war, die weitestgehend zu einer Domäne der Geschäftsbanken wurde. Der Anteil der Sparkassen betrug in der Spitze im Jahr 1941 gerade einmal 16 Mio. RM und kam nicht über einen Anteil von 0,146 % hinaus.[337] Ein Blick in die Bilanzen der Dortmunder Sparkasse bestätigt diesen Befund. Für das Jahr 1935 lassen sich „Einzugswechsel" in Höhe von gerade einmal 23.132,95 RM identifizieren.[338]

Neben den direkten staatlichen Arbeitsbeschaffungsmaßnahmen, für die vor 1933 insgesamt 900 Mio. RM und dann im Zuge der Reinhardt-Programme 1,510 Mrd. RM aufgewendet wurden, führten auch die Reichsbahn mit einem finanziellen Aufwand in

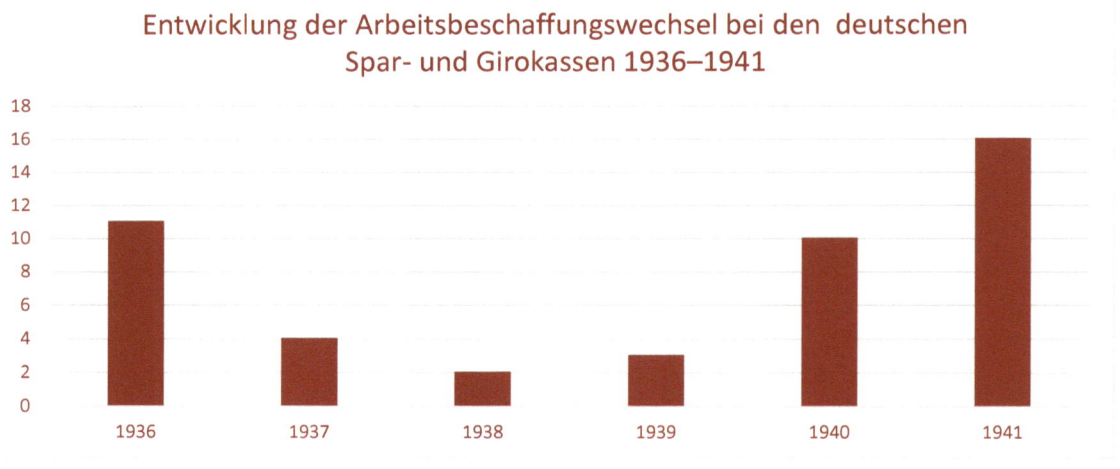

Quelle: Brodesser, S. 37, in Mio. RM

Arbeitsbeschaffungswechseln lag diese Bürgschaftszusage vor, so dass davon auszugehen ist, dass es sich bei Arbeitsbeschaffungsmaßnahmen um Wechsel dieser Kategorie gehandelt haben dürfte." Brodesser (2011), S. 36f.

[336] „Die Zuschüsse betrugen zwischen 20 % (Instandsetzungsarbeiten) und 50 % (Umbauten), der Rest wurde durch die privaten Auftraggeber investiert, so dass sich der Stimulationseffekt entsprechend vervielfältigte. Die Finanzierung durch die privaten Auftraggeber wurde neben der Zuschusszahlung auch durch die Ausgabe von Zinsvergütungsscheinen (4 % der privaten Investitionssumme für die kommenden sechs Jahre) erleichtert, die in der Folgezeit durch das Reich zugunsten des Investors eingelöst wurden." Brodesser (2011), S. 40f.

[337] Brodesser (2011), S. 37.

[338] Geschäftsbericht der Sparkasse Dortmund für das Jahr 1935, S. 20, Archiv der Sparkasse Dortmund, Akte Verwaltungsberichte 1933–1939.

Höhe von 1,01 Mrd. RM,[339] die Reichspost im Umfang von 111 Mio. RM und das im Juni 1933 per Gesetz errichtete Unternehmen Reichsautobahn[340] umfangreiche Arbeitsbeschaffungsprogramme durch.[341] Das Autobahnprojekt diente vor allem militärisch-strategischen Zwecken und hatte an der Beseitigung der Arbeitslosigkeit und Konjunkturbelebung nach 1933 so gut wie keinen Anteil, weil 78 % der gesamten Investitionssumme in Höhe von knapp 3 Mrd. RM erst ab dem Vierjahresplan im Jahr 1936 flossen.[342] Insgesamt war der Beschäftigungsimpuls der direkten staatlichen Programme weitaus geringer als in der öffentlichen Wahrnehmung angenommen. Die historische Forschung geht heute davon aus, dass der Zuwachs auf lediglich 400.000 Personen beschränkt blieb,[343] was gemessen am Rückgang der Arbeitslosenzahl allein zwischen 1932 und 1935 um 3,5 Mio. Menschen nur einen Bruchteil darstellte. Für den Rückgang der Arbeitslosigkeit war vor allem der rasante Konjunkturverlauf in diesen Jahren verantwortlich.

3.3.3. Die Aufrüstung und ihre Finanzierungsmethoden

„Über sechs Jahre habe ich nun am Aufbau der deutschen Wehrmacht gearbeitet. In dieser Zeit sind über 90 Milliarden für den Aufbau unserer Wehrmacht aufgewendet worden. Sie ist heute die am besten ausgerüstete der Welt," prahlte Hitler in seiner berühmt berüchtigten Reichstagsrede vom 1. September 1939, mit der er den Beginn des Zweiten Weltkrieges einleitete.[344] Der ehemalige Reichsfinanzminister Johann Ludwig Graf Schwerin von Krosigk bezifferte die Ausgaben auf 60,9 Mrd. RM und die historische Forschung hat diesen Betrag mittlerweile ebenfalls auf maximal 70 Mrd. RM korrigiert.[345] Nach der amtlichen Statistik der Wehrmachtsausgaben belief sich die Summe auf 73,15 Mrd. RM.[346] Die Gesamtkosten der Rüstungs- und Kriegskosten lassen sich indes kaum exakt ermitteln, weil neben dem Reichswehretat zivile Ausgaben, die wie der Ausbau oder die Wartung des Reichsschienennetzes, der Wasserstraßen oder der Autobahnbau einem mittelbaren militärischen Zweck dienen sollten, nicht erfasst sind. Ebenso nicht berücksichtigt sind die Kosten für den Unterhalt der Familien der Soldaten, die sich während des Krieges auf eine Summe von 27,53 Mrd. RM auftürmten.[347] Beschränkt man sich allein auf den Wehrmachtshaushalt,[348] addierten

[339] Nach Guido Golla: Nationalsozialistische Arbeitsbeschaffung in Theorie und Praxis 1933 bis 1936, Diss. Köln 1996, S. 83 und S. 118.
[340] RGBL. 1933 I, S. 651.
[341] Wolfram Fischer: Deutsche Wirtschaftspolitik 1918–1945, Opladen 1968, S. 18.
[342] Albrecht Ritschl: Hat das Dritte Reich wirklich eine ordentliche Beschäftigungspolitik betrieben?, in: Jahrbuch für Wirtschaftsgeschichte 1 (2003), S. 125–140, hier S. 128.
[343] Golla (1996), S. 124.
[344] „Seit 5 Uhr 45 wird jetzt zurückgeschossen! Und von jetzt ab wird Bombe mit Bombe vergolten! Wer mit Gift kämpft, wird mit Giftgas bekämpft. Wer sich selbst von den Regeln einer humanen Kriegführung entfernt, kann von uns nichts anderes erwarten, als daß wir den gleichen Schritt tun. Ich werde diesen Kampf, ganz gleich gegen wen, so lange führen, bis die Sicherheit des Reiches und bis seine Rechte gewährleistet sind!" Verhandlungen des Reichstags. 4. Wahlperiode. Band 460. Stenographische Berichte 1939–1942. 3. Sitzung, Freitag, 1. September 1939, S. 45–48.
[345] Willi A. Boelcke: Die Kosten von Hitlers Krieg. Kriegsfinanzierung und finanzielles Kriegserbe in Deutschland 1933–1948, Opladen 1985, S. 30.
[346] Zahlen nach den Angaben des Länderrats des amerikanischen Besatzungsgebietes; nach Brodesser (2011), S. 46.
[347] Vgl. Fritz Federau: Der Zweite Weltkrieg. Seine Finanzierung in Deutschland, Tübingen 1962, S. 59f.
[348] Zahlen für das Folgende nach den Angaben des Länderrats des amerikanischen Besatzungsgebietes; Summen ohne die Summen der Mefo-Wechsel in Höhe von ca. 12 Mrd. RM, die nicht in den offiziellen Haushaltsrechnungen erscheinen; nach Brodesser (2011), S. 46.

sich die Jahressummen bis 1944/45 auf eine Gesamtsumme von 576,93 Mrd. RM, die seit Kriegsausbruch jährlich bis zu 80 % der gesamten Staatsausgaben verschlangen.

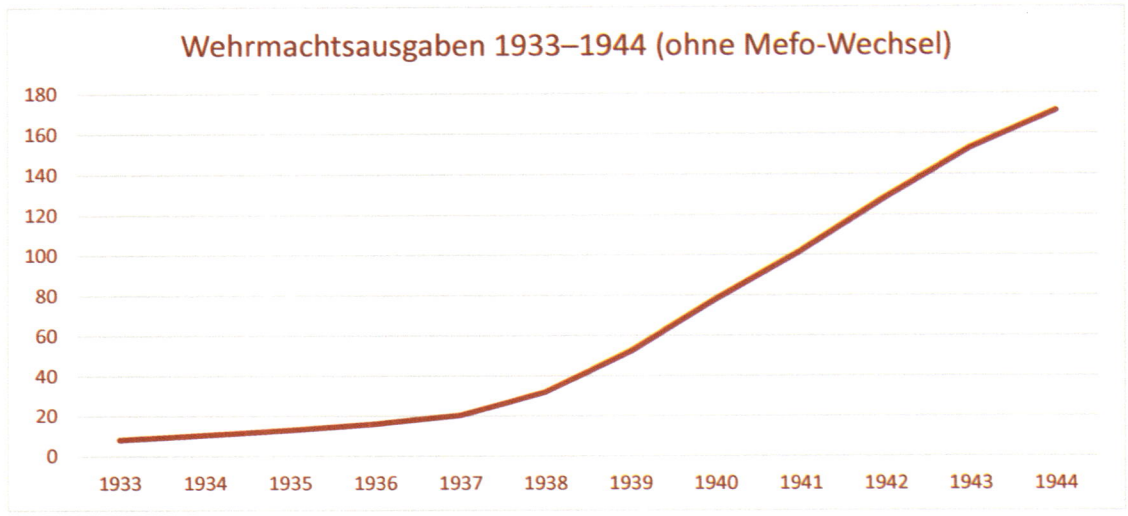

Quelle: Nach Brodesser, S. 46, in Mrd. RM

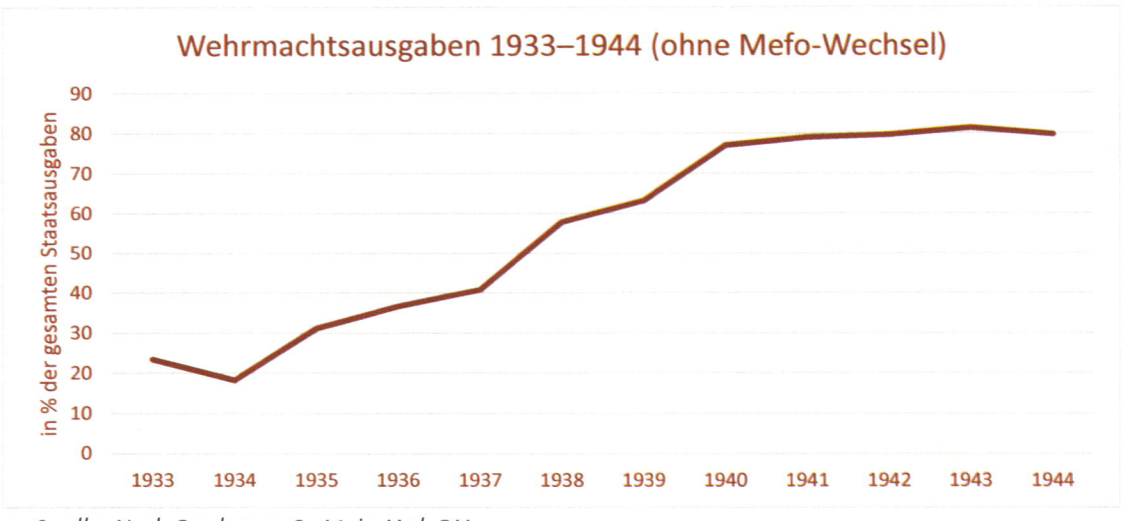

Quelle: Nach Brodesser, S. 46, in Mrd. RM

3.3.3.1. Finanzierung durch Steueraufkommen

Bis Kriegsbeginn dominierten die Einnahmen aus Steuern und Zöllen. Im Trend verschob sich zwischen 1933 und 1938 die Höhe der öffentlichen Einnahmen von der Verbrauchs- auf die Einkommens- und Vermögenssteuer, auf die jetzt zusammen fast 85 % des Steueraufkommens entfielen. Getragen von dem wirtschaftlichen Konjunkturboom der Jahre nach 1933 lagen die Einkommens- und Körperschaftssteuern bei Kriegsausbruch vorn und zogen an der Umsatzsteuer vorbei, die im weiteren Kriegsverlauf bis 1943 auch noch von der Lohnsteuer überflügelt wurde.[349]

[349] Für das Folgende grundlegend Brodesser (2011), S. 50–67.

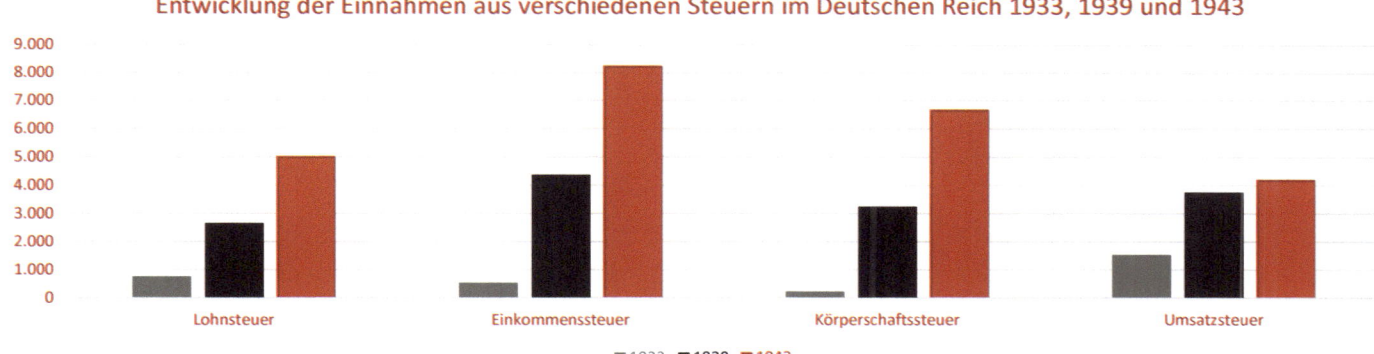

Quelle: Nach Brodesser, S. 55, in Mio. RM

Insgesamt konnte das Steueraufkommen des Reiches auf über 38 Mrd. RM mehr als verdreifacht werden; auch die Gemeindesteuern stiegen getragen von der Gewerbesteuer um 150 % auf knapp 5,9 Mrd. RM an, während die Steuereinnahmen der Länder um 52 % auf knapp 0,6 Mrd. RM einbrachen.[350] Die nationalsozialistische Staatsführung hatte in ihrer Regierungserklärung zum Ermächtigungsgesetz am 23. März 1933 eine umfangreiche Steuerreform angekündigt, die nicht nur der nationalsozialistischen Weltanschauung verpflichtet sein sollte, sondern auch eine starke Vereinfachung des Steuersystems sowie eine spürbare Senkung der Steuerbelastung bringen sollte. Die neue ideologische Ausrichtung kam im Steueranpassungsgesetz vom 16. Oktober 1934 zum Ausdruck, das forderte, bei Ermessungsentscheidungen der Behörden danach zu entscheiden, „was dem Volksganzen nütze."[351] Ansonsten entsprachen die ersten neuen Steuergesetze für die Einkommens-, Körperschafts-, Vermögens- und Umsatzsteuer „in weiten Teilen den entsprechenden Gesetzen aus den zwanziger Jahren"[352] und brachten zur Konjunkturbelebung erhebliche Steuererleichterungen, was möglich war, weil die Rüstungsausgaben bis 1936 überschaubar blieben. Die Steuererleichterungen in Höhe von jährlich ca. 1,1 Mrd. RM wurden aber durch die sprudelnden Steuereinahmen infolge des wirtschaftlichen Aufschwungs mehr als kompensiert.

Die zwei Anhebungen der Körperschaftssteuer in den Jahren 1936 von 20 % auf 30 % und 1938 von 30 % auf 40 % blieben bis zum Kriegsausbruch die einzigen nennenswerten Steueranpassungen. Die steuerpsychologische Situation hatte sich danach geändert; Wirtschaft und Bevölkerung sollten durch stabile Steuersätze zu mehr Leistungsbereitschaft angeregt werden. Aufgrund des „Ausnahmezustandes der Volksgemeinschaft" wurden aber ab dem 1. Januar 1940 Kriegszuschläge zur Lohn- und Einkommenssteuer in Höhe von 50 % erhoben; allerdings durfte dabei ein Höchststeuersatz von 65 % nicht überschritten werden. Das bedeutete konkret, dass die Einkommen zwischen 5.000 und 8.000 RM mit 57,1 % den größten Belastungssprung hinnehmen mussten, während die Einkommen über 100.000 RM mit 41,5 % weit moderater belastet wurden. Die Länder und Gemeinden wurden ebenfalls zu einer Kriegsabgabe in Höhe von 15 % ihrer

---

[350] Zahlen nach den Angaben des Länderrats des amerikanischen Besatzungsgebietes bei Brodesser (2011), S. 55.
[351] Fritz Blaich: Die Grundsätze nationalsozialistischer Steuerpolitik und ihre Verwirklichung, in: Friedrich Wilhelm Henning (Hg.): Probleme der nationalsozialistischen Wirtschaftspolitik, Berlin 1976, S. 99–117, hier S. 108.
[352] Blaich (1976), S. 103f.

Einnahmen aus der Einkommens-, Körperschafts- und Umsatzsteuer verpflichtet. Mit dem Beginn des Russlandfeldzuges im Sommer 1941 und der steigenden finanziellen Kriegslast drohten die Staatsfinanzen zu kollabieren; die Körperschaftssteuer wurde auf zunächst 50 % und im Januar 1942 auf 55 % erhöht. Eine Kriegsgewinnsteuer belastete Mehrgewinne bei natürlichen Personen mit 25 % und bei juristischen Personen mit 30 %; weitere Erhöhungen der Einkommens- und Verbrauchssteuern[353] waren politisch nicht mehr durchsetzbar.

Trotz der steigenden Steuereinnahmen war ihr Finanzierungsanteil für den Staatshaushalt mit seinen explodierenden Kriegskosten allerding stark rückläufig und sank zwischen 1933 und 1939 von 85,19 % auf 46,45 % ab, während die Kreditfinanzierung eine gegenläufige Entwicklung nahm und seit 1940 den Löwenanteil zu den Rüstungsausgaben beisteuerte. Auch die den besetzten Ländern abgepressten Besatzungskosten sind erwähnenswert, mit denen 1942/43 knapp 15 % der Wehrmachtsausgaben finanziert wurden.[354] Die Gesamtsumme belief sich zwischen 1939 und 1944 auf 114,47 Mrd. RM, wovon auf Frankreich mit 40,14 Mrd. RM vor den Niederlanden (14,5 Mrd. RM) und Belgien (11 Mrd. RM) der Löwenanteil entfiel.[355]

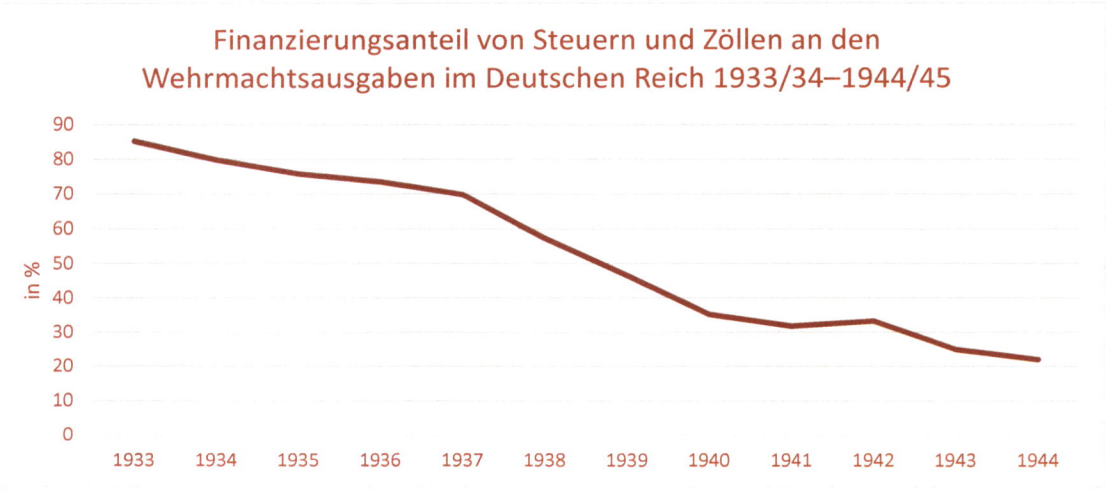

Quelle: Nach Brodesser, S. 46

3.3.3.2. „Geräuschlose Kriegsfinanzierung"

Die 2011 an der Universität Frankfurt bei Dieter Lindenlaub und Werner Plumpe entstandene Dissertation von Carsten Brodesser hat mit bestechender Analytik herausgearbeitet, dass die deutschen Sparkassen „die wie kaum eine andere Institution die maßgeblichen Sammelbecken und Schleusestationen" eines vom NS-Regime in Gang gesetzten Liquiditätskreislaufes waren. „Überschüssige Geldmengen sollten von ihnen angesaugt

---

[353] Mit der Kriegswirtschaftsverordnung vom September 1939 wurden 20% des Kleinverkaufspreises auf Bier, Tabak und Branntwein sowie 1.- RM je Flasche Schaumwein erhoben; 1941 erhöhten sich die Zuschläge bei Tabak auf 50 %, bei Branntwein um 35 % und bei Schaumwein auf 3.- RM pro Flasche, wobei die realen Steuereinnahmen aufgrund verringerter Zuteilungen kontinuierlich und durch den Produktionseinbruch ab 1944 fast komplett zurückgingen.
[354] Zahlen nach den Angaben des Länderrats des amerikanischen Besatzungsgebietes nach Brodesser (2011), S. 46.
[355] Vgl. Götz Aly: Hitlers Volksstaat. Raub, Rassenkrieg und nationaler Sozialismus, Frankfurt 2005, S. 320.

und möglichst reibungslos der Staatsfinanzierung zur Verfügung gestellt werden. Die Sicherstellung dieses Spargeldzuflusses durch Ausschaltung alternativer Verwendungsmöglichkeiten sowohl auf der Seite der Konsumenten als auch auf Seiten der Kapitalsammelstellen war insofern das ‚Schmiermittel' für die Kriegs- und Rüstungsfinanzierung."[356] Dabei war die „geräuschlose" Finanzierung von Staatsaktivitäten schon in den Bestimmungen des preußischen Sparkassenreglements von 1838 angelegt, wonach diese ihr Vermögen „auf erste Hypothek" in inländischen Staatspapieren oder in anderen sicheren Papieren anzulegen hatten. Das preußische Gesetz, betreffend die Anlage von Sparkassenbeständen in Inhaberpapieren vom 23. Dezember 1912 bestimmte schließlich, dass die Sparkassen je nach Höhe des Einlagenbestandes zwischen 15 % (bis 5 Mio. RM) und 25 % (mehr als 10 Mio. RM) in mündelsichere Inhaberschuldverschreibungen anzulegen hatten, wovon 60 % preußische oder Staatspapiere des Deutschen Reichs sein mussten. „Im Kern fanden Sparguthaben über den Umweg der Kapitalsammelstellen[357] ihren Weg in die Staatsfinanzierung. Die Sparer wurden dadurch unmittelbar zu Gläubigern des Reiches. Insofern war diese ‚indirekte' bzw. ‚geräuschlose' Finanzierung von Staatsaktivitäten keine Erfindung der Nationalsozialisten."[358]

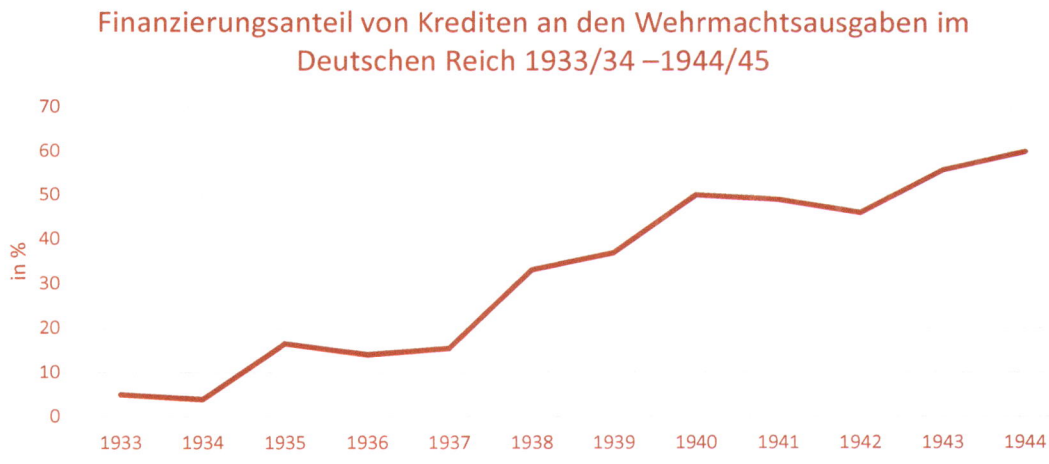

Quelle: Nach Brodesser, S. 46

Die Kreditfinanzierung des Staatshaushaltes wurde spätestens mit Ausbruch des Zweiten Weltkrieges die Haupteinnahmequelle des NS-Staates, nachdem die Instrumentarien der Vorfinanzierung von Staatsaufträgen durch Wechsel oder Steuergutscheine bzw. sog. Wehrmachtsverpflichtungsscheinen angesichts der rasant fortschreitenden Staatsverschuldung an ihre Grenzen stießen. Die Reichsbank verkündete in ihrer Hauptversammlung am 11. März 1938 eine „Finanzierungswende".

---

[356] Brodesser (2011), S. 111.
[357] „Sammelbegriff für Institutionen, bei denen in erheblichem Umfang Einlagen erfolgen bzw. deren Geschäftstätigkeit damit verbunden ist, mit diesem Kapital als Anbieter auf dem Geld-, vorwiegend aber auf dem Kapitalmarkt aufzutreten. Zu den Kapitalsammelstellen zählen v.a. Kreditinstitute, Versicherungen, Sozialversicherungsanstalten, Bausparkassen und Investmentgesellschaften." Gabler Wirtschaftslexikon Online, abgerufen am 4. Oktober 2024.
[358] Brodesser (2011), S. 79.

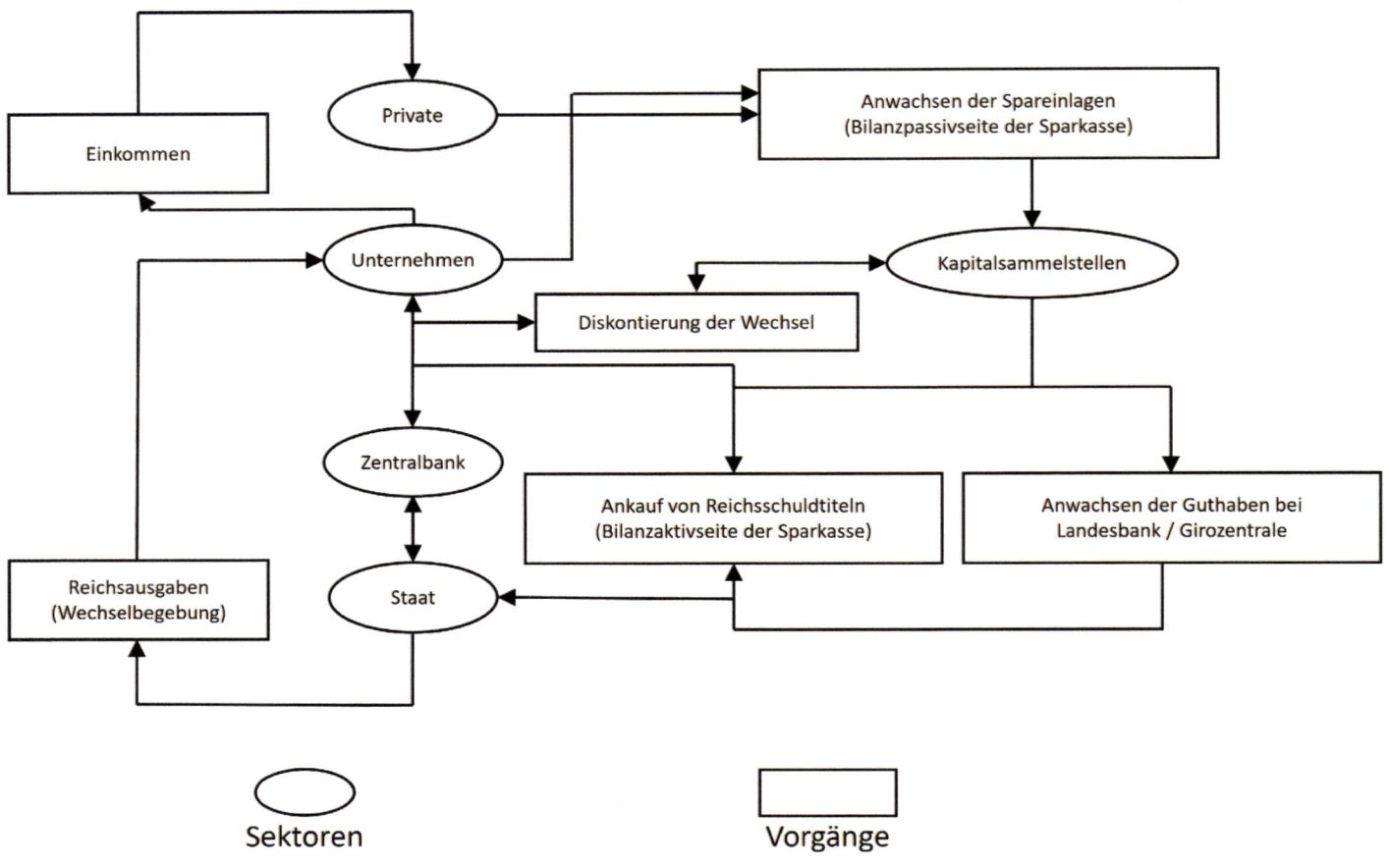

Schema der „geräuschlosen Kriegsfinanzierung"
Quelle: Nach Brodesser, S. 80

Am Anfang stand die Ausgabe von Lieferschatzanweisungen, kurz „Lieferschätze" genannt. Sie wurden mit 3 % verzinst und besaßen eine Laufzeit von sechs Monaten ohne Prolongationsrecht; sie waren über diese Zeit nicht verlängerbar und konnten lediglich zu 75 % ihres Nominalbetrages beliehen werden. Ihre Ausgabe brachte für den Reichshaushalt eine vorübergehende finanzielle Bewegungsfreiheit. Bis zum Gesetz über die deutsche Reichsbank vom 15. Juni 1939, das einer ungebremsten Staatsverschuldung Tor und Tür öffnete und ihre Höhe in die Willkür des Willens des „Führers und Reichskanzlers" legte, wurden weitere neue Finanzierungsinstrumente entwickelt. Neben den „Lieferschätzen" in Höhe von 6,5 Mrd. RM kamen zur Finanzierung des zwischen 1938 und 1940 gebauten Westwalls Reichsanleihen in Höhe von 7,2 Mrd. RM, zu 4 % verzinste Schatzanweisungen in Höhe von 2,7 Mrd. RM, im Vorgriff auf künftige Steuereinnahmen Steuergutscheine mit einer Laufzeit von 12 Monaten und einem Zins von 12 % (4,8 Mrd. RM) sowie sog. Wehrmachtsverpflichtungsscheine zur Anzahlung und Vorfinanzierung von Wehrmachtslieferungen (300–400 Mio. RM) auf den Kapitalmarkt, blieben aber angesichts der rasant wachsenden Rüstungsausgaben nur ein Tropfen auf dem heißen Stein. Daher wurde eine Begrenzung der staatlichen Geldschöpfung abgeschafft und die bisherige Deckung des Notenumlaufs durch Gold und Devisen durch die Hereinnahme von Schatzwechseln und die Gewährung von Betriebskrediten an das Reich erweitert.

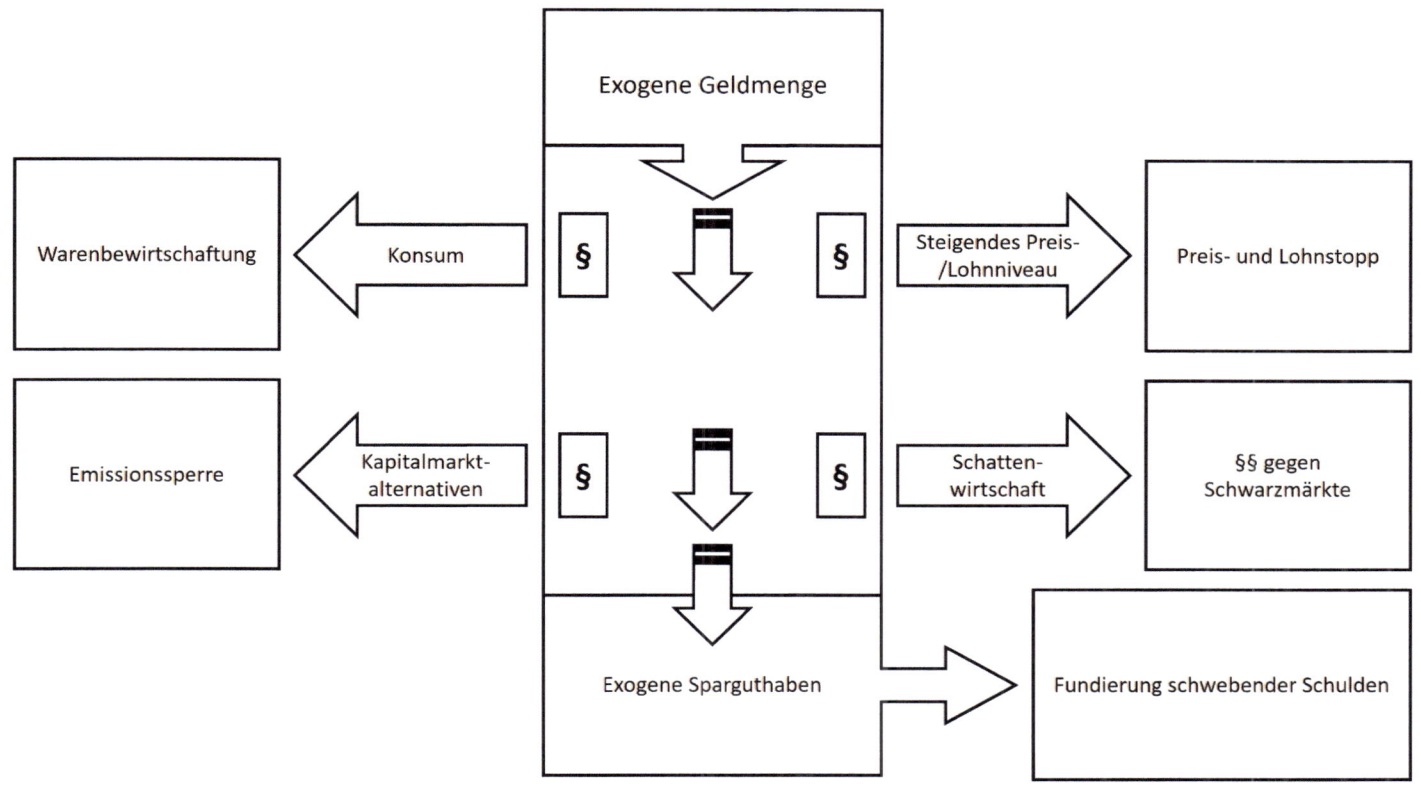

Kanalisierung der exogenen Geldmenge zu Gunsten der „geräuschlosen Kriegsfinanzierung"
Quelle: Nach Brodesser, S. 107

Mit dem Gesetz verlor die Reichsbank auch formal ihre Unabhängigkeit und wurde zu einem Spielball des NS-Regimes.[359] „Wer die Reden Hitlers hörte, seine Texte las und die vielen Äußerungen der anderen führenden Repräsentanten des Regimes vernahm, konnte keinem Zweifel unterliegen: Der ideologische Korridor und die langfristigen Ziele, in denen auch die Reichsbank funktionierte […] konnten jedermann klar sein."[360]

Die Finanzpolitik des NS-Regimes führte im Kern zu einem Geldmengenüberhang, der nicht kaufkraftwirksam werden durfte, weil er zu einem Anstieg der Preise und Löhne geführt und die Inflation angeheizt hätte. Daher sollten möglichst geringe Geldmengen für das parallel schrumpfende Güter- und Dienstleistungsangebot zur Verfügung stehen. Sie mussten bei den Kapitalsammelstellen quasi stillgelegt und an den Staat umgelenkt werden. Dazu wurden eine Abnahmeverpflichtung staatlicher Schuldpapiere, die Eindämmung alternativer Verwendungsmöglichkeiten z. B. auf dem Schwarzmarkt, eine Zutrittsbeschränkung konkurrierender Emittenten auf dem Kapitalmarkt sowie Preis- und Lohnhöchstgrenzen als neue Rahmenbedingungen eingeführt.[361] Ein Hypotheken-

---

[359] Schon mit dem Gesetz über die Kreditermächtigung vom 19. Februar 1935 und dem Gesetz zur Neuregelung der Verhältnisse der Reichsbank und der Reichsbahn vom 10. Februar 1937 waren ihre Befugnisse stark eingeschränkt worden.
[360] Brechtken (2024), S. 8.
[361] Die Verordnung zur vorläufigen Sicherstellung des lebenswichtigen Bedarfs des deutschen Volkes vom 27. August 1939 wurde zur Konsumlenkung für 14 Warengruppen, darunter die wichtigsten Lebensmittel, ebenso die Ausgabe von Bezugsscheinen eingeführt, die Verbrauchsregelungs-Strafordnung vom 6. April 1940 belegte Verstöße gegen den Schwarzmarkthandel mit hohen Geld- und Haftstrafen. Die Preisstoppver-

sperrerlass vom 12. August 1938 sowie Regelungen zur zielgerichteten Anlage von Liquiditätsguthaben führten quasi zu einem staatlichen Monopol des Kapitalmarktangebotes für Sparkassen. „Insofern wurde der Geldüberhang, dem keine Konsumgüter gegenüberstanden, seiner Zahlungsfunktion gegenüber privaten Gütern entkleidet. Letztlich sollte er aufhören, ‚Geld zu sein.'"[362]

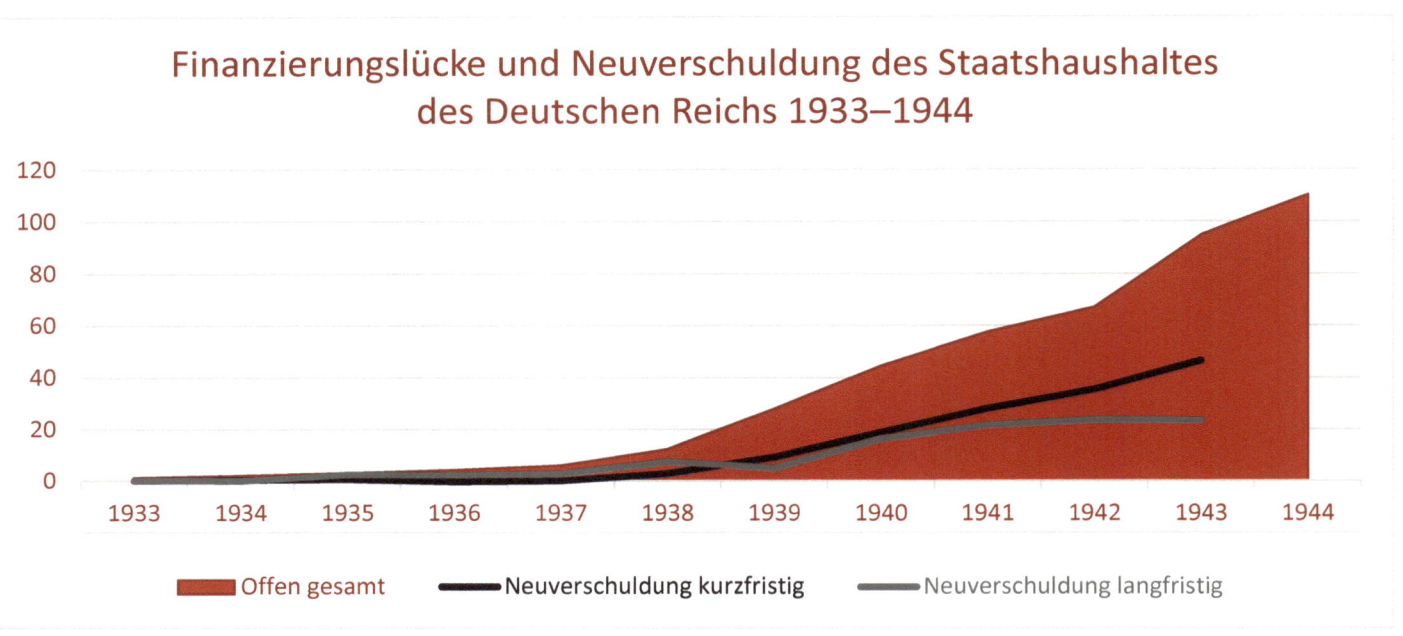

Quelle: Nach Brodesser, S. 110, in Mrd. RM

Aufgrund dieser expansiven Verschuldungspolitik klaffte spätestens seit 1937/38 eine Finanzierungslücke, deren Schere immer weiter auseinanderging. Die Staatsfinanzen waren im Grunde genommen bereits zu diesem Zeitpunkt zerrüttet. Seit 1939 war man sich wohl auch innerhalb des NS-Regimes dessen bewusst, denn die geheimen Lageberichte des Sicherheitsdienstes der SS zwischen 1938 und 1945 dokumentieren eine zunehmende Bespitzelung des Alltags der Bevölkerung über die „bei einem Teil der Bevölkerung vorhandene Angst vor Entwertung oder Wegnahme der Ersparnisse,"[363] also des Verfalls der Währung. Man beobachtete sehr genau, wann und wo sich in der Stimmungslage der Bevölkerung Inflationsangst oder negative Einstellungen zum Zustand der deutschen Währung breit machten, denen man dann „vor Ort" mit gezielten Propagandamaßnahmen entgegenwirkte. Erste „Gerüchte über Geldentwertung" registrierte man in dem Bericht vom 13. Dezember 1939.[364] Aus dem übergeordneten politischen Ziel alle noch „ungebundenen Gelder annähernd restlos zu erfassen", machte man keinen Hehl.[365]

ordnung vom 16. November 1936 und die Verordnung über die Lohngestaltung vom 16. Juni 1938 zielten in dieselbe Richtung. Verordnungen, die die Neuausgabe von Wertpapieren genehmigungspflichtig machten, sorgten de facto für eine Emissionssperre. Ein Kommunalkreditverbot bestand bereits seit der Bankenkrise von 1931.

[362] Brodesser (2011), S. 105.
[363] Meldungen aus dem Reich (1984), S. 643.
[364] Meldungen aus dem Reich (1984), S. 600.
[365] Meldungen aus dem Reich (1984), S. 643.

In den Bilanzen der Sparkasse Dortmund lassen sich die finanzpolitischen Maßnahmen des NS-Staates zur „geräuschlosen Kriegsfinanzierung" in idealtypischer Weise wiederfinden. Noch 1941, als die Kriegsmaschinerie und ihr Finanzierungssystem längst auf Hochtouren liefen, stellt man diese Entwicklung aber verklärend dar: „Die Anlage in Wertpapieren hat in den Jahren 1933–1939 stark zugenommen, weil die Sparkasse selbstverständlich durch Zeichnung von Reichsanleihen und den Ankauf von Reichs- und Staatspapieren dazu beiträgt, dem Reich Mittel für die großen Arbeitsbeschaffungen, Siedlungsunternehmen, Produktionsförderungen usw. zur Verfügung zu stellen."[366] Nur allzu willig folgte man den staatlichen Vorgaben, bestand ja die Sparkassenleitung aus von den Nationalsozialisten ausgesuchten Funktionären, die sich dem nationalsozialistischen Macht- und Herrschaftssystem verpflichtet hatten und längst zu willfährigen Erfüllungsgehilfen des NS-Staates geworden waren. „Da das Verhältnis der Reichs- und Staatspapiere zu dem Gesamtbestand den Vorschriften nicht entsprach, ist in größerem Umfange ein Umtausch in Reichs- und Staatspapiere vorgenommen worden, worauf auch der große tatsächliche Kursgewinn zurückzuführen ist," lesen wir schon im Geschäftsbericht von 1935.[367] Der Zugang betrug im laufenden Jahr die Summe von 6.568.818 RM womit sich der Buchwert auf 8.975.243 RM gegenüber dem Vorjahr stark erhöhte. Der Vierjahresplan und vor allem der Ausbruch des Zweiten Weltkrieges trieb die Anlagepolitik des Hauses dann in neue Dimensionen.

Quelle: Geschäftsberichte der Sparkasse Dortmund, jeweilige Jahrgänge, in RM

---

[366] Winterfeld (1941), S. 97.
[367] Archiv der Sparkasse Dortmund, Akte Verwaltungsberichte 1933–1939.

3.4. Enteignung jüdischen Vermögens

Man geht heute davon aus, dass der Wert des jüdischen Vermögens im Deutschen Reich im April 1938 etwa 7 Mrd. RM betrug. Ein Großteil davon floss in die Kriegskasse des NS-Staates. Die wichtigsten Instrumente zur Abschöpfung jüdischen Kapitals waren die Konfiskation, die Reichsfluchtsteuer, die „Sühneleistungen", eine den Juden auferlegte Vermögensabgabe, sowie Abschläge beim Devisentransfer, die sog. Dego[368]-Abgaben, im Kontext von Emigrationen.

Der Enteignung lagen zahllose Gesetze und Verordnungen zu Grunde; schon seit 1933 boten das Gesetz über den Widerruf von Einbürgerungen und die Aberkennung der deutschen Staatsangehörigkeit sowie das Gesetz über die Einziehung volks- und staatsfeindlichen Vermögens das Eigentum missliebiger Personen zu konfiszieren. Beide Gesetze wurden intensiv gegen Juden angewandt. Die Erste Verordnung zum Reichsbürgergesetz vom 14. November 1935 sprach dann den Juden das Bürgerrecht ab („Ein Jude kann nicht Reichsbürger sein;" § 4.), entzog ihnen das Stimmrecht in politischen Angelegenheiten und schloss sie von öffentlichen Ämtern aus. Jüdische Beamte wurden mit Wirkung zum 31. Dezember 1935 zwangsweise in den Ruhestand versetzt.[369] Die Zahl der gegen Juden gerichteten Gesetze erreichte 1938 ihren Höhepunkt. Sie zielten einerseits auf die flächendeckende Erfassung der jüdischen Bevölkerung und ihres Vermögens, andererseits auf ihre Ausgrenzung aus dem öffentlichen Leben, ihre wirtschaftliche Vernichtung und Vertreibung aus Deutschland. Eine besondere Rolle spielte die Reichsbank, die an der Erfassung und Enteignung der Vermögen jüdischer Ausgewanderter an exponierter Stelle beteiligt war. Sie war zentrale Anlieferungsstelle für erbeutete jüdische Vermögenswerte und organisierte deren Verkauf im neutralen Ausland.[370] Auch das im Ausland geraubte sog. Nationalbankgold in Höhe von rd. 1,3 Mrd. RM, das überwiegend aus Belgien (560 Mio. RM), den Niederlanden (340 Mio. RM) und Italien (197,7 Mio. DM) stammte, wurde durch die Reichsbank vereinnahmt und in Rüstungsausgaben umgelenkt.[371]

Eine erste wichtige Rechtsgrundlage der „fiskalischen Judenverfolgung"[372] war die Reichsfluchtsteuer, ursprünglich kein genuin nationalsozialistisches Gesetzeswerk, die im Dezember 1931 per Verordnung des Reichspräsidenten eingeführt worden war. Sie unterwarf Personen, die vor dem 31. Dezember 1927 ihren Aufenthalt oder Wohnsitz in Deutschland begründeten und diesen vor dem 1. Januar 1938 (seit 1938 jährlich und seit dem 9. Dezember 1942 „bis auf weiteres" verlängert) aufgaben, einer Steuerzahlung in Höhe von 25 % auf ihr steuerpflichtiges Vermögen. Das Gesetz wurde in der NS-Zeit mit antijüdischer Stoßrichtung verstärkt. Im Dezember 1936 wurden die Devisenregelungen verschärft; allen deutschen Juden wurden generell Auswanderungspläne unterstellt, der

---

[368] Abkürzung für Deutsche Golddiskontbank.
[369] „Wenn diese Beamten im Weltkrieg an der Front für das Deutsche Reich oder für seine Verbündeten gekämpft haben, erhalten sie bis zur Erreichung der Altersgrenze als Ruhegehalt die vollen zuletzt bezogenen ruhegehaltsfähigen Dienstbezüge." RGBl Teil 1, Nr. 125, 14. November 1935.
[370] Ritschel (2024), S. 27f.
[371] Ralf Banken: „Alles und das Letzte einsetzen". Die Reichsbank und die nationalsozialistische Gold- und Devisenpolitik, in: Magnus Brechtken, Ingo Loose (Hg.): Von der Reichsbank zur Bundesbank. Personen, Generationen und Konzepte zwischen Tradition, Kontinuität und Neubeginn, Frankfurt 2024, S. 65–78, hier S. 77.
[372] Christiane Kuller: Entziehung – Verwaltung – Verwertung. Finanzverwaltung und Judenverfolgung, in: Hans Günter Hockerts, Christiane Kuller, Axel Drecoll, Tobias Winstel (Hg.): Die Finanzverwaltung und die Verfolgung der Juden in Bayern. Bericht über ein Forschungsprojekt der LMU München in Kooperation mit der Generaldirektion der Staatlichen Archive Bayerns, München 2004, S. 22.

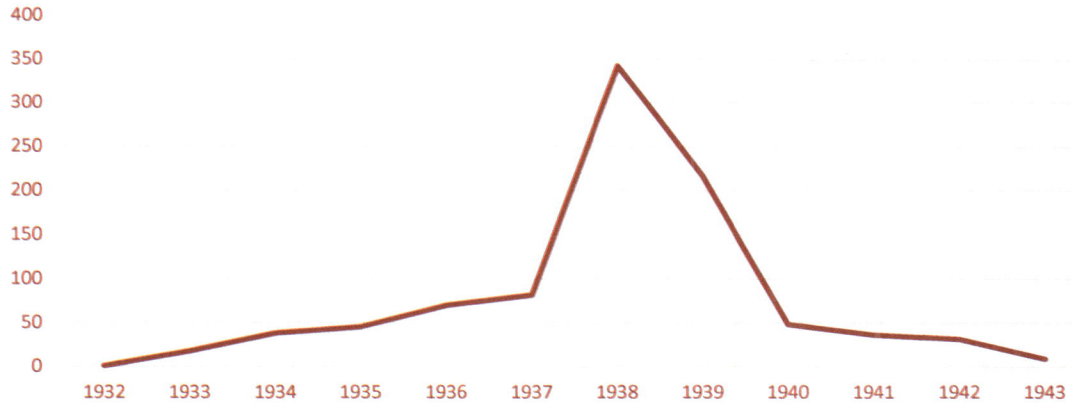

Quelle: Nach Brodesser, S. 68, in Mio. RM

fiskalische Zugriff wurde unabhängig einer tatsächlichen Emigration und der NS-Staat bediente sich präventiv allen jüdischen Vermögens. Im Archiv der Dortmunder Sparkasse sind vier solcher Vorgänge minutiös dokumentiert, die zeigen, wie der Zugriff auf die jüdischen Vermögenswerte zur Sicherung der fiskalischen Ansprüche aus den Forderungen der Reichsfluchtsteuer erfolgte. Insgesamt handelte es sich um eine Summe von 56.538 RM, im Durchschnitt also 14.134 RM, was gemessen an heutiger Kaufkraft einer Summe von 378.000 bzw. etwa 95.000 Euro entspricht. Dazu wurden in einem ersten Schritt die jüdischen Vermögen vom Oberfinanzpräsidenten mit einer Sicherungsanordnung belegt.

Per Vordruck erfolgte die Verpfändung der in den Depots verwahrten Wertpapiere an die Sparkasse Dortmund, die die Verwahrung und die Übertragung der Vermögenswerte an die Finanzbehörden unternahm. Dem ging in der Regel eine Verpfändungserklärung der betroffenen jüdischen Eigentümer voraus.

Seit 1938 regulierte der Staat dann die bis dahin von einzelnen gesellschaftlichen Gruppen „eigenständig vorgenommene ‚wilde Arisierung' jüdischen Eigentums durch eine Vielzahl von Verordnungen und Regelungen – nicht zuletzt zu seinem eigenen finanziellen Nutzen. Alle jüdischen Gewerbebetriebe wurden nun ‚zwangsarisiert'."[373] Die Ereignisse um den Novemberpogrom markierten den Übergang zu immer größerer staatlicher Willkür. Hintergrund war das Attentat des polnischen Juden Herschel Grynszpan (auch Grünspan), der am 7. November 1938 in Paris ein Attentat auf den deutschen Diplomaten Ernst vom Rath verübte. Den Nationalsozialisten wurde diese Tat zum Vorwand, unter dem Motto „Rache für den Mord an vom Rath" schon lange geplante Pogrome (russ. Verwüstung, Zerstörung) gegen die Juden durchzuführen. „Teilweise ergab sich das Verfolgungspotential auch erst aus dem Ineinandergreifen mit anderen Bereichen der NS-Politik. Auf der einen Seite zur Auswanderung gedrängt, auf der anderen Seite im Falle einer Emigration von der fiskalischen Ausplünderung bedroht, befanden sich die deutschen Juden in einem Zangengriff."[374] Neben der Reichsfluchtsteuer[375] mussten sie seit dem 12. November 1938 eine „Sühneleistung" für die „feindliche Haltung des Judentums

[373] Kuller (2004), S. 24.
[374] Kuller (2004), S. 22.
[375] Die folgenden Dokumente, die den genauen Ablauf einer Enteignung im Zusammenhang mit der Erhebung der Reichsfluchtsteuer zeigen, stammen aus dem Archiv der Sparkasse Dortmund, Akte Juden-Depots.

3.4. ENTEIGNUNG JÜDISCHEN VERMÖGENS

Der Oberfinanzpräsident Westfalen   Münster (Westf.) 18.Februar 1939
in Münster   Warendorferstrasse 94   Pl.
- Devisenstelle -

TGb. Nr.: E VIII/ 1543 / Schm.   Herrn Steuerberater Preussner
Akte: <u>Eheleute Back-Alexander, Dortmund-</u>   als Vertreter der Juden:
            <u>Hörde.</u>   Eheleute Back u. deren
                                                   Geschwister bzw. verheirateten
                                                   Kinder Alexander,
                                                   <u>D o r t m u n d</u>
                                                                      Märkische Str. 68

<u>S i c h e r u n g s a n o r d n u n g !</u>

25. FEB 1939

~~Sie haben angegeben~~ - Es besteht der hinreichende Ver -
dacht -, dass ~~Sie~~ <u>die von Ihnen vertretenen Personen</u> beabsichtigen auszuwandern.

Es besteht die Gefahr, dass hierbei unter Umgehung oder Verletzung bestehender Vorschriften Vermögenswerte der Devi - senbewirtschaftung entzogen werden.

Auf Grund des § 59 des Devisengesetzes vom 12. 12. 1938 ordne ich daher an:

Die Verfügung über folgende Vermögenswerte ist nur mit meiner Genehmigung zulässig:

1. Vermögen des Albert Back, Dortmund-Hörde.
   a) Grundbesitz in Dortmund-Hörde, Hermannstr. 41/45.
   b) Wertpapiere im Depot bei der Fa. Burkhardt & Co., Essen und bei der Stadtsparkasse, Dortmund,
   c) Forderungen.

2. Vermögen der Helene Back, Dortmund-Hörde.
   a) Grundbesitz in Dortmund-Hörde, Hermannstr.,
   b) Forderungen gegen den Ehemann,

3. Vermögen des Fritz Back in Dortmund-Hörde
   a) Guthaben bei der Fa. Burkhardt & Co., Essen,
   b) Wertpapiere "   "   "   "   "   "   "

4. Vermögen der Liese Alexander, Dortmund-Hörde. Guthaben bei der Fa. Burkhardt & Co., Essen

x) 5.   Unter Verfügung ist u.a. auch die Veräusserung, Ver - pfändung, Abtretung, Beleihung usw. zu verstehen.

Steuern und sonstige öffentliche Abgaben sowie Versiche - rungsprämienzahlungen können von der kontoführenden Kasse ge - gen Vorlage von Belegen unmittelbar an den Begünstigten für den Konto - bezw. Depotinhaber abgeführt werden. Desgleichen ist die Sicherstellung von Steuern und Abgaben durch die Bank ohne weitere Genehmigung gestattet.

                                                                         <u>Erträgnisse</u>

x) 5. Vermögen der Dora Alexander, Dortmund-Hörde. Wertpapiere bei der
      Fa. Burkhardt & Co., Essen.

Erträgnisse gesperrter Depots, Zinsen gesperrter Konten, Zinsen aus Forderungen sowie Miet- und Pachteinnahmen verbleiben zu Ihrer freien Verfügung. Soweit diese Beträge zur Bestreitung des Lebensunterhaltes nicht ausreichen, kann bei mir Freigabe eines monatlichen Betrages aus einem gesperrten Konto beantragt werden.

~~Zum Bezuge Ihres Lebensunterhaltes geben ich aus dem gesperrten Konto xxxxx~~
~~RM xxxxxxxxxxxxxx pro Monat frei.~~

Wertpapierkauf aus gesperrtem Konto ist mit der Massgabe gestattet, dass die gekauften Wertpapiere in ein gesperrtes Depot bei der kontoführenden Bank genommen werden ; desgleichen Tausch von Wertpapieren mit der Massgabe, dass in bar anfallende Spitzen dem gesperrten Konto gutzubringen sind. Umlegung eines Kontos zum Zweck einer günstigeren Verzinsung ist gestattet.

Spesen, Provisionen, Kosten und Debetzinsen der kontoführenden Kasse können ohne weiteres dem gesperrten Konto belastet werden.

Bei Zuwiderhandlungen gegen diese Anordnungen machen Sie sich strafbar. (§ 69 Abs. 1, Ziffer 6 des Dev. Ges. vom 12. 12. 1938).

Gegen diese Anordnung ist die Beschwerde, durch deren Einlegung die Durchführung dieser Anordnung nicht gehemmt wird, zulässig.

Über die Beschwerde, die bei mir einzulegen ist, entscheidet der Herr Reichswirtschaftsminister.

Die vorläufige Sicherungsanordnung der Zollfahndungsstelle Dortmund vom 10.I.1939 wird durch diese Anordnung aufgehoben.

Im Auftrage:
gez. Heising.

Abschrift:

der Stadtsparkasse, D o r t m u n d

zur gefl. Kenntnis.

Im Auftrage:
gez. Heising.

B e g l a u b i g t :

Abschrift.

Dortmund, 6. Dezember 1938.

Ich habe dem Finanzamt **Dortmund-Süd**

in **Dortmund,** **Märkische** Straße Nr. **124.**

in Höhe von **9609.-** R.M Sicherheit zu leisten.

Als Sicherheit verpfände ich hiermit die folgenden von der _Bezeichnung der Bank_

Stadtsparkasse, _ggf. Depositenkasse_ in **Dortmund,**

Hansastr. für mich verwahrten Wertpapiere:

1. RM 2000.- Obligationen, 5% Mülheimer Bergwerksverein v. 1937,
2. " 4000.- Reichsschuldbuchforderungen 4½% per 1947,
3. Ausgabe I, für die Stadtsparkasse eingeschrieben,
4. " 4000.- Reichsschuldbuchforderungen 4½% per 1946,
5. Ausgabe II, lt. beiliegender Abschrift am
6. 5/12.1938 von der Commerz- und Privatbank, hier,
7. auf die Stadtsparkasse, hier, umgeschrieben.
8. RM 10000.-
9.
10.

Diese Wertpapiere sind mein Eigentum. Rechte Dritter bestehen an den Wertpapieren nicht.

Soweit sich die Wertpapiere im Sammeldepot befinden, bezieht sich die Verpfändung auf meinen Miteigentumsanteil. Die Verpfändung erstreckt sich nicht auf die Nutzungen der Wertpapiere.

An Stelle der Übergabe trete ich den Anspruch auf Herausgabe der Wertpapiere, der mir aus der Verwahrung oder Sammelverwahrung gegen die **Stadtsparkasse, hier,** _Bezeichnung der Bank_

zusteht, an das Deutsche Reich, vertreten durch das Finanzamt **Dortmund-Süd**, ab.

Soweit ich hinsichtlich der Wertpapiere keinen Eigentumsanspruch, sondern nur einen schuldrechtlichen Anspruch auf Lieferung gegen die Bank habe, verpfände ich diesen Anspruch.

Ich verpflichte mich, der Bank binnen 24 Stunden Anzeige über die Verpfändung zu erstatten. —
Ich habe der Bank Anzeige über die Verpfändung erstattet.

Fedor Heine
Unterschrift

Dortmund, Schauenstall 29
Wohnung

Verpfdg. 1
(Verpfdg. von Wertpapieren)

Abschrift !
Dortmund, den 13. April 1938.

Wir, die Eheleute Albert Kamp, von hier, Steinstr.56 haben dem Finanzamt Dortmund-Nord in Dortmund in Höhe von 38.250 RM Sicherheit für etwaige Reichsfluchtsteuer zu leisten.

Als Sicherheit verpfänden wir als alleinige Inhaber des Kontos Eheleute Albert Kamp, Dortmund, Steinstr.56 hiermit die folgenden von der Städt. Sparkasse in Dortmund für uns verwahrten Wertpapiere :

RM. 5.000,-- 4½ % Westf.Landesbank Goldpfandbriefe R II
" 5.000,-- 4½ % Rhein.Hyp.Bank " R 41
" 2.000,-- 4½ % Preuß.Centr.Boden Kredit AG.Kenn-Nr.24703 v.27
" 3.000,-- 4½ % dto. " " 24702 v.26
" 5.000,-- 4½ % Westf.Boden Kreditanstalt AG. " " 26003 Lwn. 9
" 1.500,-- 4½ % Rhein.Westf.Bod.Creditbk. " " 25103 Lr. 16
                                                                                                         25109
                                                                                                         25121
" 2.000,-- 4½ % dto. " " 25107 Lr. 10.27
" 500,-- 4½ % dto. " " 913 Lr. 6
" 5.000,-- 4½ % Hannov.Landescredit Anstalt " " 20276 Lr. 5
" ~~3.000,-- 4½ % Rhein.Hyp.Bank~~

Diese Wertpapiere sind unser Eigentum. Rechte Dritter bestehen an den Wertpapieren nicht.

Soweit sich die Wertpapiere im Sammeldepot befinden, bezieht sich die Verpfändung auf unser Miteigentumsanteil. Die Verpfändung erstreckt sich nicht auf die Nutzungen der Wertpapiere.

An Stelle der Uebergabe treten wir den Anspruch auf Herausgabe der Wertpapiere, der uns aus der Verwahrung oder Sammelverwahrung gegen die Städt.Sparkasse Dortmund,Dortmund, zusteht, an das Deutsche Reich, vertreten durch das Finanzamt Dortmund-Nord,ab.

Soweit wir hinsichtlich der Wertpapiere keinen Eigentumsanspruch, sondern nur einen schuldrechtlichen Anspruch auf Lieferung gegen die Städt-Sparkasse,Dortmund, haben, verpfänden wir diesen Anspruch.

Wir haben der Städt.Sparkasse,Dortmund, Anzeige über die Verpfändung erstattet.

gez. Albert Kamp
" Henriette Kamp geb. Salomon.

gegenüber dem deutschen Volk" entrichten, und zwar eine Abgabe in Höhe von 20 %, seit 1939 dann 25 % auf Vermögenswerte über 5.000 RM. In Summe spülten die Einnahmen aus der Reichsfluchtsteuer 936,6 Mio. RM und aus den Sühneleistungen ca. 1,1 bis 1,2 Mrd. RM in die deutsche Staatskasse. Am 25. November 1941 wurde mit der 11. Verordnung zum Reichsbürgergesetz das Enteignungsverfahren wesentlich beschleunigt. Der Vermögensverfall trat automatisch beim Überschreiten der Reichsgrenze ein und die Vermögenskonfiskation wurde auch bei bereits laufenden Deportationen durchgeführt.[376]

Eine unrühmliche Rolle spielte die Deutsche Golddiskontbank, ursprünglich 1924 als teilstaatliche Spezialbank gegründet, die die deutsche Exportindustrie durch Finanzierung von Rohstoffimporten fördern sollte. Nach der Machtergreifung war sie zunächst in die Rüstungsfinanzierung eingebunden und platzierte die Mefo-Wechsel in Form von Block- und Solawechseln der Golddiskontbank am Geldmarkt. Im Bundesarchiv Berlin werden im Bestand R 182 (Reichsfinanzverwaltung) etwa 250 Ordner zur Dego-Abgabe aufbewahrt, in denen in alphabetischer Folge die Abgabepflichtigen sowie die Höhe der von ihnen geleisteten Zahlungen enthalten sind.[377] Die von der Dego einbehaltenen Abschläge bezogen sich in ihrer Höhe auf die ins Ausland zu transferierenden Werte; sie stiegen von 20 % im Januar 1934 im August 1934 auf 65 %, im Oktober 1936 auf 81 % und im September 1939 sogar auf 96 %.[378]

> *„Die Golddiskontbank hatte durch die Judenvermögensabgabe einen neuen Tätigkeitsbereich bekommen. Juden, die die Absicht hatten auszuwandern, mussten ihre Wertpapiere entweder direkt der Preussischen Staatsbank zur Verfügung stellen oder sie beließen sie bei ihrer Hausbank, die die Wertpapiere in ein Sperrdepot zugunsten der Preussischen Staatsbank umlegten. Die Preussische Staatsbank fungierte in dieser Tätigkeit als Treuhänderin des Reichswirtschaftsministeriums, verkaufte die Wertpapiere und überwies den Erlös auf ein Konto bei der Golddiskontbank zugunsten des Reichswirtschaftsministeriums. Die Golddiskontbank, die auf Rechnung des Reichswirtschaftsministeriums arbeitete, verminderte den Gegenwert der Devisen um einen vom Reichswirtschaftsministerium vorgegebenen Abschlag. Das um diesen Betrag verminderte Guthaben wurde anschließend wieder der Hausbank des Auswanderers in Devisen zur Verfügung gestellt. Die Auswanderer verloren jegliche Rechte an den Wertpapieren, wenn diese einmal auf das Sonderdepot ‚Reichswirtschaftsministerium – Ausfuhrförderungsfonds – Kapitaltransfer' bei der Preußischen Staatsbank überwiesen worden waren. Die Golddiskontbank war ferner bei Transaktionen involviert, die Barbeträge und Umzugsgut jüdischer Auswanderer betrafen. Wenn beispielsweise Barbeträge überwiesen werden sollten, hatte die Hausbank des jüdischen Auswanderers die Beträge an die Golddiskontbank zu überweisen, die diese dann auf einem Konto des Reichswirtschaftsministeriums gutschrieb. Die Golddiskontbank wiederum überwies dann den um einen beträchtlichen Abschlag verminderten Gegenwert in Devisen zurück. Umzugsgut und sonstige Vermögensgegenstände durften nur mit Genehmigung der zuständigen Devisenstelle ins Ausland gebracht werden. Die Genehmigung wurde nur dann erteilt, wenn eine Abgabe an das Reichswirtschaftsministerium bezahlt wurde, das für diesen Zweck ein Konto bei der Golddiskontbank unterhielt."*[379]

---

[376] Kuller (2004), S. 24.
[377] Susanne Meinl, Jutta Zwilling: Legalisierter Raub. Die Ausplünderung der Juden im Nationalsozialismus durch die Reichsfinanzverwaltung in Hessen, Frankfurt 2004, S. 254.
[378] Frank Bajohr: Arisierung als gesellschaftlicher Prozess, in: Claus Offe (Hg.): Demokratisierung der Demokratie, Frankfurt/M. 2003, S. 21.
[379] So die präzise Darstellung des Bundesarchivs, das die Grundzüge der Abläufe zusammengefasst hat; vgl. https://www.bundesarchiv.de/findbuecher/rlg_findm/findb/R182-19288.xml, abgerufen am 3.10.2024.

Die Reichsfinanzverwaltung spielte bei der Enteignung jüdischen Vermögens eine bedeutende Rolle. Sie war seit 1919 in drei Ebenen unterteilt. An der Spitze stand das Reichsfinanzministerium in Berlin, darunter waren die Landesfinanzämter (seit 1937 Oberfinanzpräsidien) organisiert, bei denen neben der Devisenstelle die Abteilungen „Besitz- und Verkehrssteuern" sowie „Zoll- und Verbrauchssteuern" im Falle einer Emigration auf das Vermögen der Auswanderer zugriffen. Auf der untersten Ebene arbeiteten die einzelnen Finanzämter.

Die Finanzverwaltung war auch in Westfalen nicht nur eine reine Fachbehörde, „die ungeachtet des politischen Geschehens ihre Arbeit sachlich und vom Unrecht jener Jahre unberührt geleistet hat. Die Verfolgung der Juden und anderen Bevölkerungsgruppen fand sowohl in den eigenen Reihen als auch gegenüber den betroffenen Bürgern statt."[380] Die Behörden funktionierten im NS-System fachkundig, kompetent und reibungslos. Am Anfang stand nach dem Gesetz zur Wiederherstellung des Berufsbeamtentums, das unmittelbar nach der Machtergreifung erlassen worden war, die Entfernung jüdischer Beamter aus dem Dienst. 5.729 von 6.685 Beamten wurden Mitglied der NSDAP und erhofften sich dadurch Karrieresprünge.[381]

Zentrale Betätigungsfelder der westfälischen Finanzverwaltung wurden die Erhebungen der Reichsfluchtsteuer und der Judenvermögensabgabe, deren Eintreibung schließlich in der vollständigen Enteignung der Juden mündete. Eine führende Rolle innerhalb der Finanzverwaltung nahm das Landesfinanzamt Berlin ein, das eng mit der zentralen Steuerfahndungsstelle, den übrigen Landesfinanzämtern und vor allem mit der Geheimen Staatspolizei zusammenarbeitete, um das Netz der erfassten Auswanderungswilligen über das Wohnsitzfinanzamt, die Zollfahndungsstelle bis hin zur Devisenstelle möglichst eng zu stricken, in dem sich wie der Jude Walter Porta aus Dortmund viele Auswanderungswillige verfingen.[382]

Die erzielten Einnahmen aus der Judenvermögensabgabe betrugen reichsweit rd. 1,2 Mrd. RM (knapp 8 Mrd. Euro), davon entfielen mehr als 25 Mio. RM auf Westfalen, die sich auf 2.533 Betroffene verteilten. Der weitaus größte Teil der Betroffenen konnte die geforderten Beträge nicht bar entrichten, so dass in einem standardisierten Verfahren die vorhandenen Wertpapiere systematisch eingezogen und enteignet wurden. Es war den Juden zudem verboten, Schmuck, Edelmetalle und Kunstgegenstände frei zu veräußern, sondern sie mussten diese bei eigens von der Steuerbehörde eingerichteten öffentlichen Ankaufsstellen in Zahlung geben, wodurch sich eine zusätzliche, in der Statistik nicht näher bezifferte Einnahmequelle und ein florierender grauer Markt eröffneten.[383]

Die Maßnahmen dehnten sich bis zur vollständigen Enteignung der Juden stetig aus. Seit August 1943 erfolgte z. B. die Verwaltung des Vermögens der jüdischen Kultusgemeinden durch die Oberfinanzpräsidenten.[384] „Mit der Deportation der Juden in die Vernichtungslager begann schließlich das finale Szenario, um eine möglichst vollständige

---

[380] Wolfgang Leesch: Geschichte der Finanzverfassung und -verwaltung in Westfalen seit 1815, 2. überarbeitete Sonderausgabe der Oberfinanzdirektion Münster, Münster o.J. (1994), darin: Ilse Birkwald: Die Finanzverwaltung im Dritten Reich, S. 235–275, hier S. 235.

[381] Birkwald (1994), S. 243.

[382] Der Fall Walter Porta ist detailliert dargestellt bei Birkwald (1994), S. 248–257.

[383] Birkwald (1994), S. 258–260.

[384] Gerd Blumberg: Etappen der Verfolgung und Ausraubung und ihre bürokratische Apparatur, in: Alfons Kenkmann, Bernd-A. Rusinek (Hg.): Verfolgung und Verwaltung. Die wirtschaftliche Ausplünderung der Juden und die westfälischen Finanzbehörden, Münster 1999, S. 15–40, hier S. 29.

Einziehung des zurückgebliebenen Vermögens zu gewährleisten, wobei die Sicherstellung und Vereinnahmung fast ausschließlich durch die Finanzverwaltung erfolgte und mit bürokratischer Präzision nach den Vorgaben der jeweiligen Gesetze und Verordnungen durchgeführt wurde."[385]

3.4.1. Sühneleistungen, Konfiskation bei Auswanderung und Reichsfluchtsteuer

Im Archiv der Dortmunder Sparkasse sind drei Ordner zu „Juden-Depots" überliefert. Ein Ordner enthält genaue Abläufe zur Rolle der Sparkasse bei der Entrichtung der einzelnen jüdischen Mitbürger von den Finanzbehörden auferlegten „Sühneleistungen" durch Veräußerungen von Wertpapierdepots. Voraussetzung war, dass ihnen keine Barmittel mehr zur Verfügung standen, die zur gänzlichen oder teilweisen Deckung der ersten Sühnerate hätten mit herangezogen werden können, und ebenso keine „Kostbarkeiten" wie Juwelen, Schmuck oder Kunstgegenstände mehr vorhanden waren, „durch deren Verkauf flüssige Mittel" hätten beschafft werden können.[386] Ein Vordruck der Sparkasse Dortmund dokumentiert, wie standardisiert die Enteignungsabläufe waren.

Die im Archiv der Sparkasse Dortmund erhaltenen Dokumente reichen von Dezember 1938 bis Januar 1940 und umfassen 25 Vorgänge in einem Gesamtwert in Höhe von 147.625,02 RM, was einer heutigen Kaufkraft von etwa 1 Mio. Euro entspricht. Im Durchschnitt betrug also jede „Sühneleistung" nach heutigem Wert rd. 40.000 Euro. Der in den Akten dokumentierte Spitzenwert lag bei 38.000 RM oder in heutiger Kaufkraft bei knapp 260.000 Euro.

Die folgenden ausgewählten Dokumente zeigen beispielhaft, wie der Zugriff auf die in den jüdischen Wertpapierdepots liegenden Vermögenswerte im Zusammenspiel der Finanzbehörden, der Sparkasse und der Preußischen Staatsbank, die 1904 aus der alten Seehandlung hervorgegangen war,[387] funktionierte. Die jüdischen Enteignungsopfer, denen Verhaftung und andere Repressionen drohten, fügten sich widerspruchslos und wurden zu einem funktionierenden Rädchen im scheinlegalen Getriebe eines massenhaften Enteignungsverfahrens, das sich formal bis zur Berechnung einer der Sparkasse zu entrichtenden „Bearbeitungsgebühr" in Höhe von 0,5 % der eingezogenen Vermögenswerte als bürokratischer Perfektionismus darbot.

Eine besondere Variante bei den Enteignungen jüdischer Vermögen war die „ersatzlose Abgabe" von Umzugsgut, die bei Auswanderungen erhoben wurde. Um zu verhindern, dass jüdische Auswanderer erhebliche Vermögenswerte als Umzugsgut ins Ausland bringen konnten, durften nur Gegenstände mitgenommen werden, die zum persönlichen Gebrauch unbedingt erforderlich waren. Im Mai 1938 wurde angeordnet, dass das Umzugsgut rechtzeitig der Devisenstelle zu melden sei. Wert und Anschaffungszeitpunkt der Gegenstände waren in einem Verzeichnis genau anzugeben. Für „Neubesitz", das waren Gegenstände, die nach Jahresbeginn 1933 erworben worden waren, wurde eine ersatzlose Abgabe in Höhe des Anschaffungswertes festgesetzt, in Einzelfällen ging

---

[385] Birkwald (1994), S. 261.
[386] Schreiben von Gerhard Engel an die Sparkasse Dortmund vom 23. Dezember 1938; Archiv der Sparkasse Dortmund, Akte Juden Depots II, Aufträge und Abrechnungen über Sühneleistungen.
[387] Die Preußische Seehandlungsgesellschaft war 1772 durch Friedrich II. als bedeutende Einrichtung der Wirtschaftsförderung in der Frühindustrialisierung gegründet worden; 1904 erfolgte die Umbenennung in Königliche Seehandlung (Preußische Staatsbank), 1918 in Preußische Staatsbank (Seehandlung).

An

das Finanzamt _____

in _____

Erklärung

(1) Ich bitte, den $\frac{\text{Teilbetrag}}{\text{Gesamtbetrag}}$ der Judenvermögensabgabe in Höhe von _____ *RM*
durch $\frac{\text{Wertpapiere}}{\text{Grundstücke}}$ entrichten zu dürfen, da es mir unmöglich ist, den genannten Betrag mit ordentlichen Zahlungsmitteln zu bezahlen.

(2) Ich besitze an barem Geld, Guthaben bei Banken, Sparkassen und sonstigen Geldverkehrsinstituten den Betrag von .... *RM*
Ich erwarte in den nächsten drei Monaten Zahlungen (z. B. Unterhaltszahlungen, Pensionen, Renten, Zinsen, Mieteinnahmen, Kapitalrückzahlungen usw.) in Höhe von .... *RM*

(3) Ich versichere, daß ich von keiner anderen Seite unterhalten werde und den Lebensunterhalt für mich und die folgenden Personen zu bestreiten habe:

(4) Ich habe aus den angegebenen Beträgen in den nächsten drei Monaten außerdem die folgenden Verpflichtungen zu erfüllen:

(5) Ich beabsichtige, mit den folgenden Personen _____
_____ am _____ 1939
auszuwandern, und bedarf für die Ausreise eines Betrags von .... *RM*.

(6) Ich bin mir bewußt, daß diese Erklärung vom Finanzamt geprüft wird, und daß ich mich durch unwahre Angaben strafbar mache.

(7)*) Sollte das Finanzamt feststellen, daß ich verpflichtet bin, den obengenannten Betrag (Absatz 1) ganz oder zum Teil in ordentlichen Zahlungsmitteln zu entrichten, so ist das Finanzamt in jedem Fall befugt, die in Zahlung gegebenen Wertpapiere bis zur endgültigen Abrechnung der gesamten Sühneleistung der Juden zurückzubehalten. Erträge, die während der Zurückbehaltung anfallen, verbleiben dem Reich.
Ich bin damit einverstanden, daß im Fall der Überzahlung das Finanzamt auch andere als die in Zahlung gegebenen Wertpapiere oder bares Geld erstattet.

_____, _____ 1939.

Name: _____

Stand: _____

Wohnung: _____

*) Gilt nur bei Inzahlunggabe von Wertpapieren.

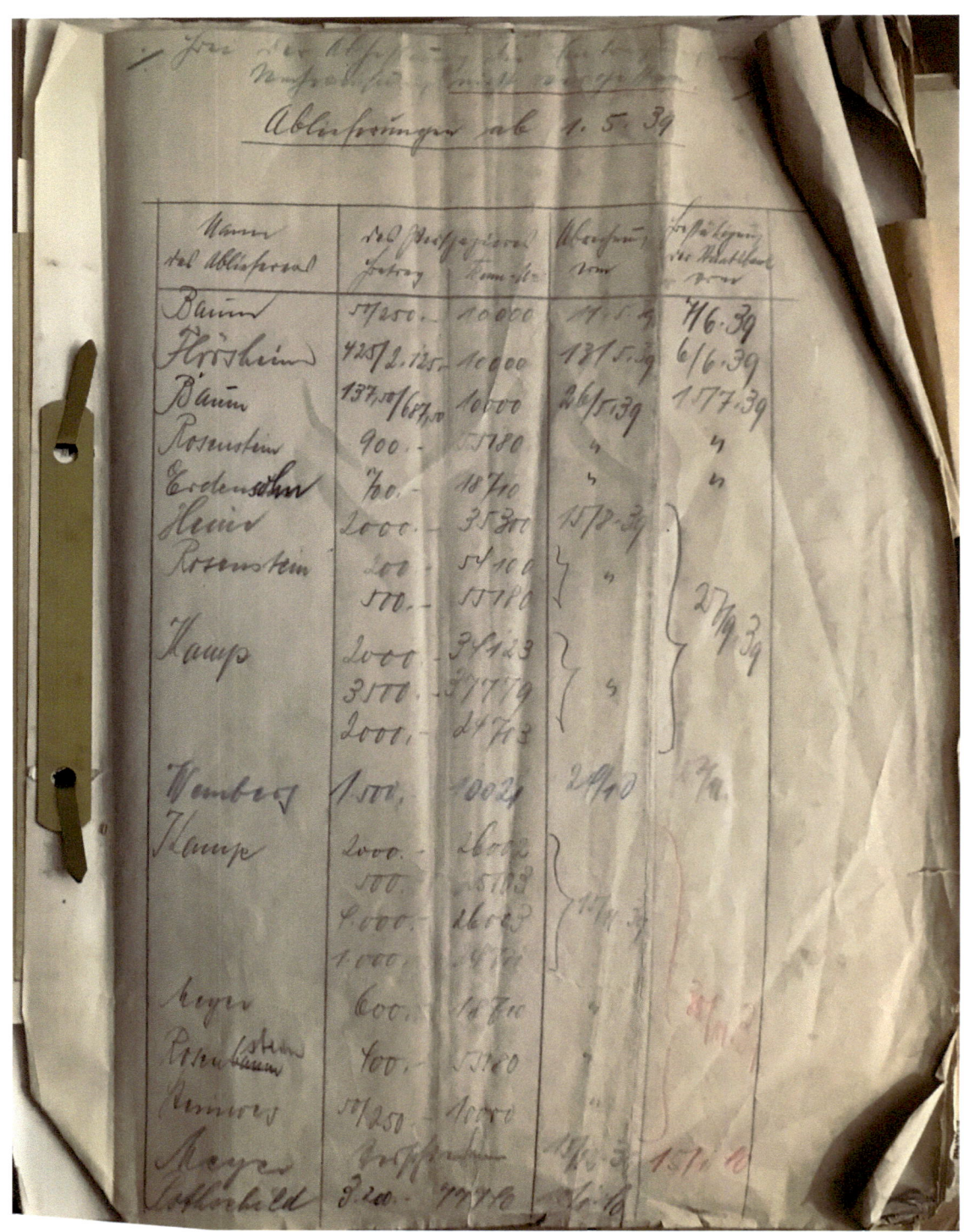

Handschriftliche Zusammenstellung von ab dem 1. Mai 1939 abgelieferten Wertpapieren aus jüdischem Eigentum zur Begleichung der „Sühneleistungen"

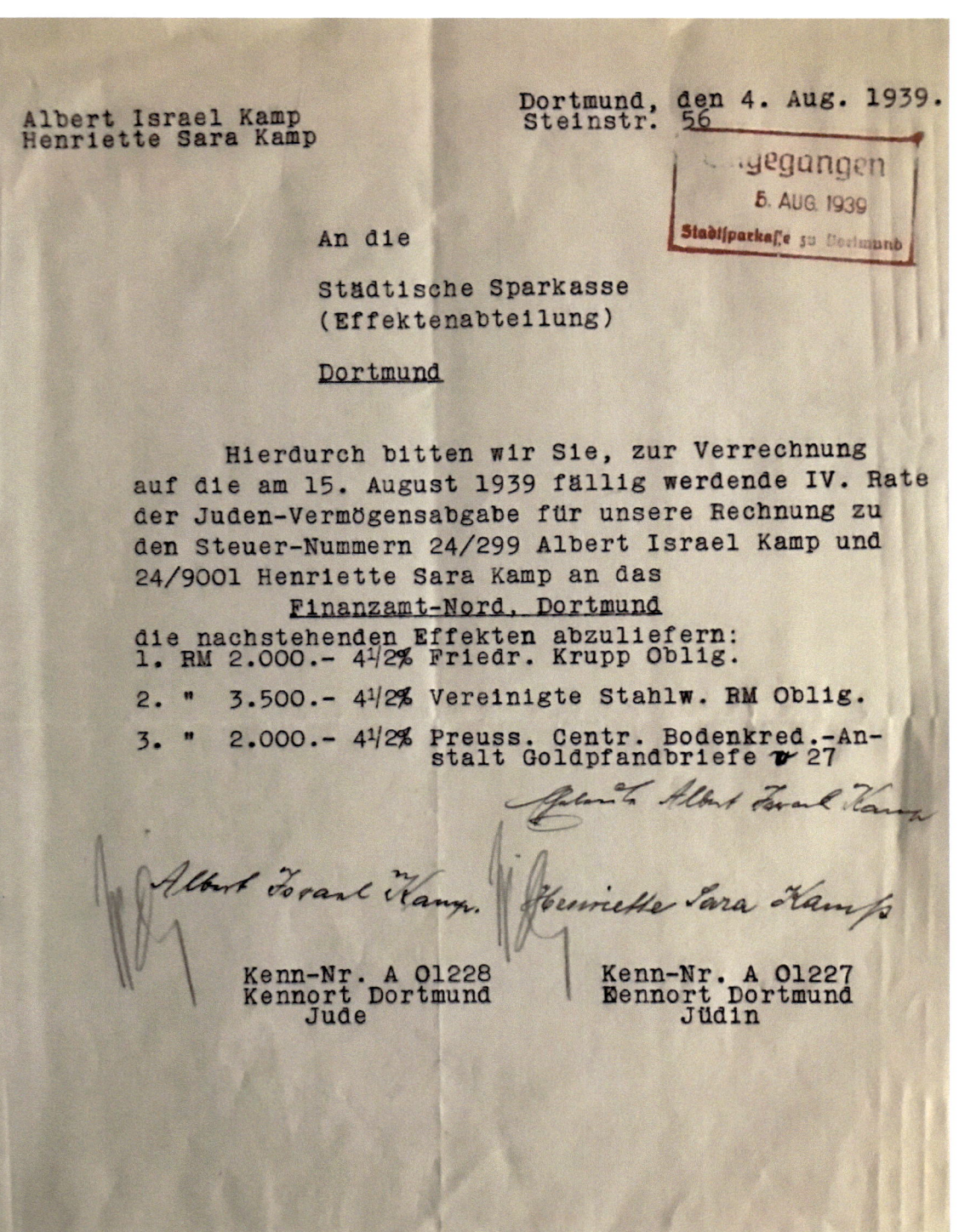

Auftrag der Eheleute Kamp an die Sparkasse Dortmund zur Entrichtung der Sühneleistungen an das Reichsfinanzministerium

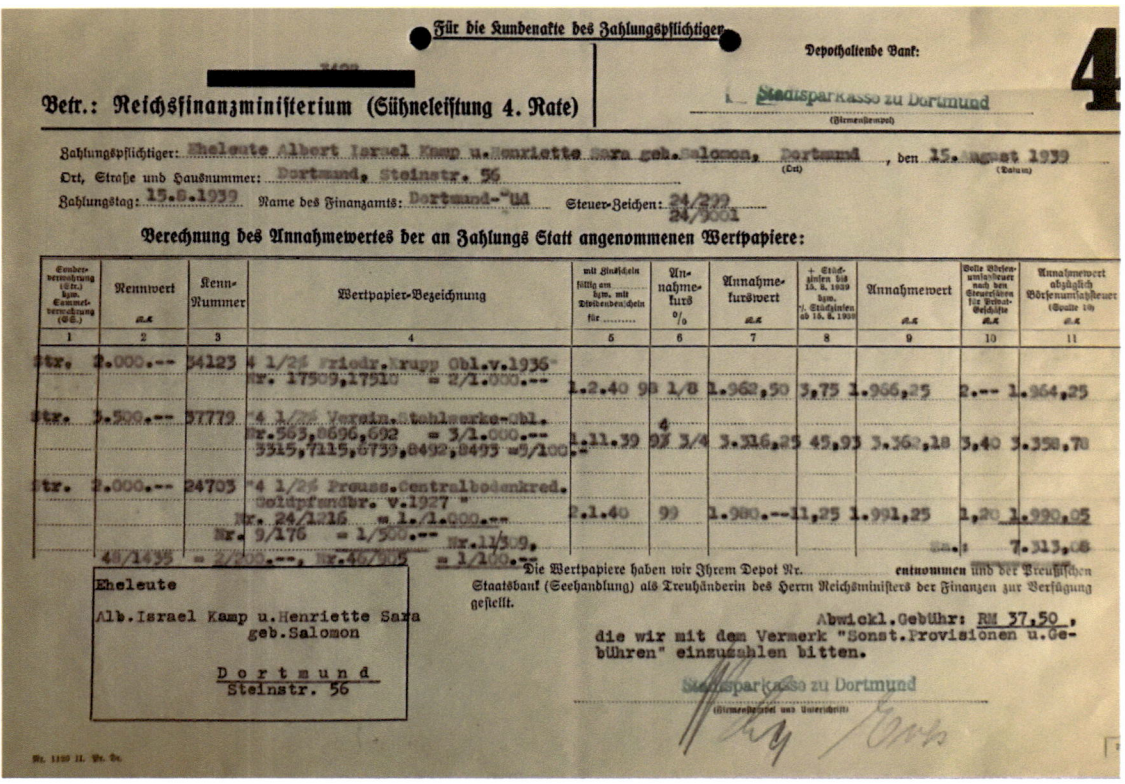

Wertpapierabrechnung der Sparkasse Dortmund zur Entrichtung der Sühneleistungen des Ehepaares Albert und Henriette Kamp an das Reichsfinanzministerium

An den
Oberfinanzpräsidenten
Westfalen
- Devisenstelle -
M ü n s t e r i./Westf.
Rudolfstr. 16

Effekten 15.8.1939

Aufgrund Ihrer Sicherungsanordnungen sind die Depots der Juden
Fedor Israel H e i n e
Eheleute Albert Israel K a m p
zu Ihren Gunsten gesperrt.

Wir bitten Sie um Mitteilung, ob ohne Ihre Genehmigung aus diesen Depots Wertpapiere zur Begleichung der Judenvermögensabgabe entnommen werden können.

Heil Hitler!
Stadtsparkasse zu Dortmund
- Effekten-Abteilung -

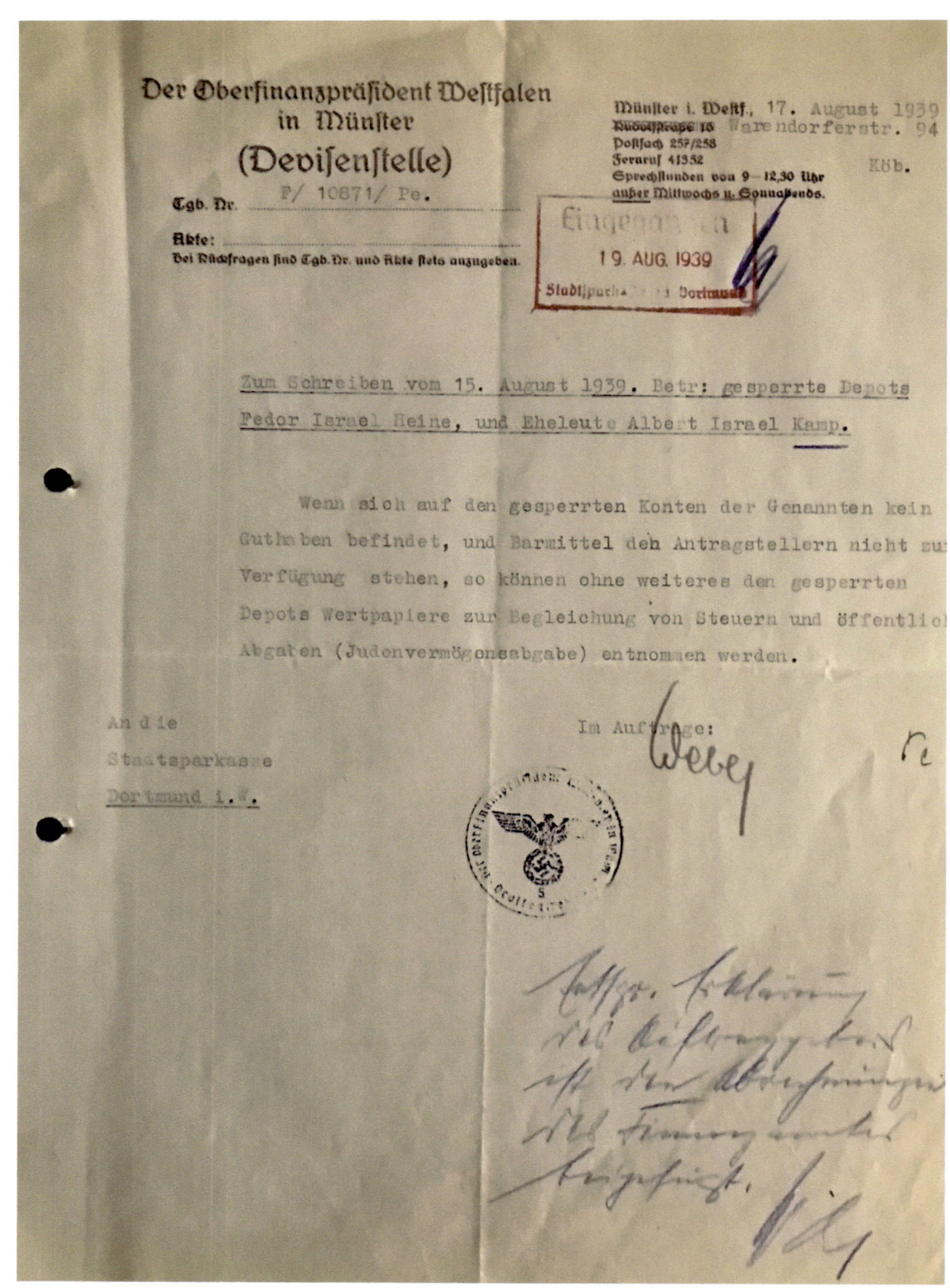

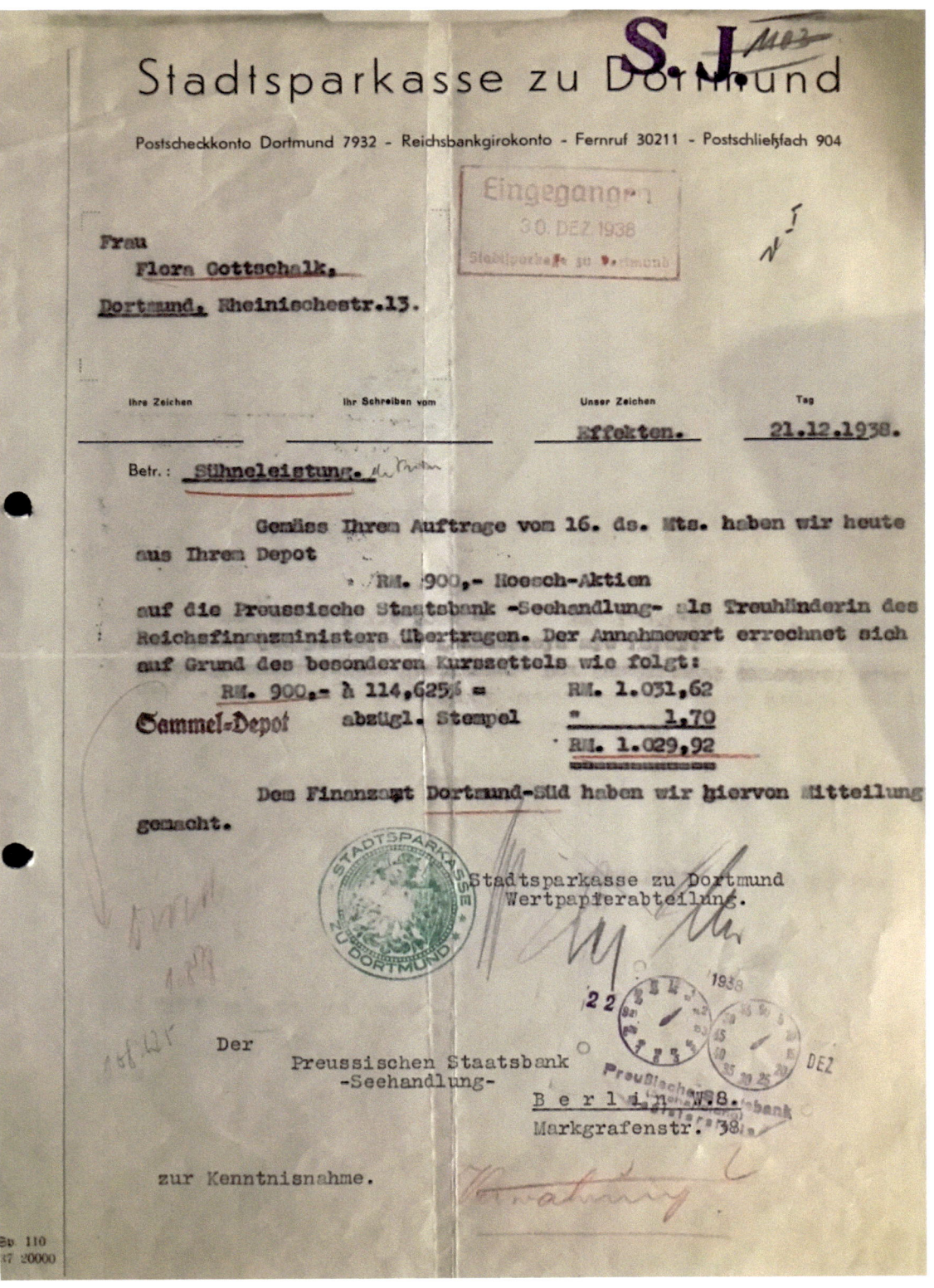

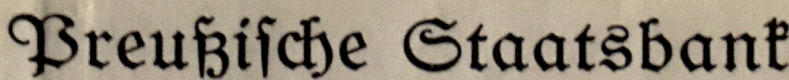

Preußische Staatsbank
(Seehandlung)

Berlin W 8 Markgrafenstraße 38

Postanschrift: Berlin W 8 Telegramm-Anschrift: Staatsbank Berlin

An die
Stadtsparkasse zu Dortmund,

Dortmund
Postschließfach 904

Eingeg. 29. DEZ. 1938

Anl.

| Die stets anzugebende Konto-Nr. | Ihre Nachricht vom 22.12.38 | Tagebuch-Nr. III | Tag: 28.12.38 |

Betr. Sühneleistung der Juden

Die anliegenden 4 Abrechnungen lassen wir Ihnen wieder zugehen mit der Bitte, auf den Abrechnungen zu vermerken, ob die erwähnten Wertpapiere für uns als Streifband-Depot oder Giro-Sammeldepot in Verwahrung genommen worden sind. Im ersteren Falle wären uns die Nummern der Stücke aufzugeben.

Preußische Staatsbank
(Seehandlung)
Direktionsbüro I

Der Oberfinanzpräsident Westfalen   Ru   Münster (Westf.),   6.3.1939
in Münster - Devisenstelle -   Rudolfstr.16
Tgb.Nr. D/   /Sa   Postfach 257/258
Akte: Gerhard Israel Engel, Dortmund   Fernruf 41352
~~Otto-~~Senftstr.141   Sprechstunden v. 9-12,30 Uhr
Bei Rückfragen sind Tgb.Nr.   ausser Mittwochs u. Sonnabends.
und Akte stets anzugeben.

    Die Verbringung des im beiliegenden Verzeichnis aufgeführten Umzugsgutes in das Ausland wird hiermit genehmigt. (§ 57 des Gesetzes über die Devisenbewirtschaftung vom 12.12.1938).

    Die Genehmigung wird mit der Auflage erteilt, dass durch den Auswanderer ein Betrag von RM __7.225.-__
(i.W. RM: __Siebentausendzweihundertfünfundzwanzig o/100__)

ersatzlos an die Deutsche Golddiskontbank, Berlin, abgeführt wird. Bei der Überweisung an die Deutsche Golddiskontbank ist die Angabe "Abgabe für Umzugsgut" erforderlich. Der abfertigenden Zollstelle ist der Nachweis der Zahlung durch Vorlage der Quittung der Deutschen Golddiskontbank zu erbringen. Gegenstände aus Gold, Silber oder Platin dürfen nicht ausgeführt werden.

    Herrn Gerhard Israel Engel,   Im Auftrage:
Anlagen. D o r t m u n d
    d.Herrn Assessor jur.Pieper gez.Unterschrift
Axxxxx   I Südbahnhof   Abschrift übersende ich zur gefl.
Haupt/Zollamt   Kenntnisnahme.
in Dortmund
                                  Im Auftrage:

Vordr. 332 v. 28.2.1939 - 3.000

Der Oberfinanzpräsident Westfalen   Münster i. Westf.,   11.März 1939
    in Münster   Ru   Rudolfstraße 16
  (Devisenstelle)   Postfach 257/258
                                Fernruf 41352
Tgb.Nr. D/ 3752 /Sa   Sprechstunden von 9 – 12,30 Uhr
       Gerhard Israel Engel, Dortmund   außer Mittwochs u. Sonnabends.
Akte:
Bei Rückfragen sind Tgb.Nr. und Akte stets anzugeben.

Abschrift

    Die in meinem Bescheid vom 6.3.1939 Tgb.Nr. D/3574/Sa festgesetzte Abgabe in Höhe von RM 7.225.- wird auf RM 5.200.- (i.W. RM: Fünftausendzweihundert o/100) ermässigt.

                                  Im Auftrage:
                                  gez.Unterschrift

An das Zollamt I Südbahnhof   Abschrift übersende ich zur gefl.
  D o r t m u n d   Kenntnisnahme.

Herrn Gerhard Israel Engel,   Im Auftrage:
  D o r t m u n d
  d.Herrn Assessor jur.Pieper

> Dortmund, den 23. März 1939.
>
> An die
> Stadtsparkasse zu
> <u>Dortmund</u>.
>
> Aus dem Depot meines minderjährigen Sohnes Gerhard Israel Engel bitte ich
>
> RM. 5.000,- 5% Mitteldeutsche Stahlwerke-Obl.v.37
> " 200,- 4½% Bank f. Industrie-Obligationen v.36
>
> an die Deutsche Golddiskontbank zur Anrechnung auf die Abgabe für Umzugsgut in Höhe von
>
> RM. 5.200,-
>
> gemäss Bescheid des Oberfinanzpräsidenten Westfalen -Devisenstelle- vom 6. u. 11.3.39 abzuführen.
>
> *[handschriftlich:] für Gerhard Israel Engel*
> *Carl Israel Engel*
> *als gesetzlicher Vertreter.*

die Gebühr auch weit darüber hinaus. Neuerworbene und zum Wiederverkauf geeignete Gegenstände wie Fotoapparate oder Musikinstrumente wurden selbst mit ersatzloser Abgabe nur dann freigegeben, wenn „der Auswanderer diese Sachen zur persönlichen Ausübung seines Berufes [...] und zur Begründung einer bescheidenen Existenz im Ausland unbedingt benötigte."[388] In den historischen Akten der Sparkasse Dortmund sind dazu drei Fälle dokumentiert, die nach ähnlichem Muster der Eintreibung der Sühneleistungen organisiert waren. Die Devisenstelle beim Oberfinanzpräsidenten Westfalen genehmigte die Verbringung von Umzugsgut ins Ausland und erhob eine ersatzlose Abgabe an die Deutsche Golddiskontbank. Daraufhin beauftrage der Betroffene die Sparkasse Dortmund mit der Abgabe entsprechender Wertpapiere aus dem Wertpapierdepot an das Reichswirtschaftsministerium, treuhänderisch an die Preußische Staatsbank, Seehandlung, in einem Depot „Ausfuhrförderungsfonds, ersatzlose Abgabe".

Ein weiterer Ordner enthält 78 „Verfügungen und Verordnungen betr. Judenvermögen", die vom 22. November 1938 bis zum 7. November 1939 reichen und an dieser Stelle nicht im Detail dargestellt werden können. Sie wurden überwiegend als Sonderrundschreiben des Westfälischen Sparkassen- und Giroverbandes und ihres geschäftsführenden Direktors Römer an die einzelnen Mitgliedssparkassen versendet und gelangten hier als

[388] Runderlass des Reichswirtschaftsministeriums vom 17. April 1939, abgedruckt in Susanne Heim (Bearbeiterin): Die Verfolgung und Ermordung der europäischen Juden durch das nationalsozialistische Deutschland 1933–1945, Band 2, Deutsches Reich 1938 – August 1939, München 2009, Dokument Nr. 273.

Herrn
    Carl Israel Engel,
Dortmund, Otto Senftstr. 141.

                                    Effekten.   27.3.1939.

    Depot Gerhard Engel.

    Auftragsgemäss haben wir an die Preussische Staatsbank -Seehandlung- zwecks Verrechnung auf die ersatzlose Abgabe -Umzugsgu gemäss Entscheidung des Herrn Oberfinanzpräsidenten Westfalen in Münster i/W., Devisenstelle, vom 6. u. 11.3.39 -Tgb.-Nr. D/3574/Sa. und D/3752/Sa.-

    RM. 5.000,- 5% Mitteldeutsche Stahlwerke-Obl.v.37
            Nr. 4600/4 = 5/1.000,-,
    "   200,- 4½% Bank für deutsche Industrie-Obl.
            A. Nr. 27082/83 = 2/100,-

abgeliefert. Von den Stücken halten wir uns entlastet.
    Der Anrechnungskurs stellt sich wie folgt:

RM. 5.000,- zum Kurse von $100^{3}/8\%$ = 5.018,75	
./. Stückzinsen f.3 Tage 2,08	RM. 5.016,67
" 200,- zum Kurse von 97,75% = 195,50	
+ Stückzinsen f.147 Tage 3,68	" 199,18
	RM. 5.215,85
Für Börsenumsatzsteuer hierauf haben wir Sie mit	RM. 5,30
" Provision mit	" 26,--
	RM. 31,20

auf Scheckkonto Nr. 12006 belastet.

                            Stadtsparkasse zu Dortmund.
                                 Effekten-Abteilung.

Für die Akten der depothaltenden Bank

Betr. Reichswirtschaftsministerium (Ausfuhrförderungsfonds – ersatzlose Abgabe)

Depothaltende Bank:

An die
Preußische Staatsbank
(Seehandlung)
Berlin W 8

Stadtsparkasse zu Dortmund
(Firmenstempel)

Dortmund, den 27. März 1939

Antragsteller: Gerhard Israel Engel
Wohnort, Straße und Nr.: Dortmund, Otto Senftstr. 141
Höhe der Auflage zur ersatzlosen Zahlung: RM 5.200,– lt. Bescheid des Herrn Oberfinanzpräsidenten
(Devisenstelle) Münster i/W. vom 6. und 11.3.1939
Geschäftszeichen der Devisenstelle: Tgb.-Nr. D/3574/Sa., D/3752/Sa.
Tag der Übertragung: 27.3.1939   Amtliche Kurse vom: 25.3.1939
der Börse zu Berlin   für lfd. Nr. 1
    Börse zu Freiverkehr für lfd. Nr. 2

Berechnung des Annahmewertes der ersatzlos an Stelle von Barzahlungen übertragenen Wertpapiere:

Falls die Wertpapiere der Preußischen Staatsbank (Seehandlung) bei einer dritten Stelle zur Verfügung gestellt werden, ist die Depotgutschrift dieser dritten Stelle hier beizufügen.

Lfd. Nr.	Sonderverwahrung (Str.) bzw. Sammelverwahrung (G.S.)	Nennwert RM	Kenn-Nr.	Wertpapier-Bezeichnung unter Angabe des nächstfälligen Zins- bzw. Dividendenscheines	Börsenkurs %	Stückzinsenberechnung Tage	+/-	Stückzinsen RM	Annahmewert RM
1	Str.	5.000,–	35262	5% Mitteld.Stahlwerke-Obl.v.37 A/O. Nr.4600/4 =5/1000,–	100 3/8	3	./.	2,08	5.016,67
2	Str.	200,–	4	4½% Bank f.Ind. Obl. M/A. A.Nr.27082/83 = 2/100,–	97,75	147	+	3,68	199,18
									5.215,85

Die vorbezeichneten Wertpapiere haben wir für Sie als Treuhänderin des Herrn Reichswirtschaftsministers in einem Depot unter der Bezeichnung „Preußische Staatsbank (Seehandlung) – Reichswirtschaftsministerium, Ausfuhrförderungsfonds – ersatzlose Abgabe –" in Verwahrung und Verwaltung genommen. Soweit es sich hierbei um Sonderverwahrung handelt, nehmen wir auf die oben angegebenen Nummern bzw. auf das beiliegende Nummernverzeichnis Bezug.

Stadtsparkasse zu Dortmund

(Firmenstempel und Unterschriften)

Handlungsanweisung in die Effektenabteilungen. Der Westfälische Sparkassen- und Giroverband nahm also eine wichtige Transmissionsaufgabe zwischen der Politik, der Finanzverwaltung und dem operativen Geschäft der einzelnen Sparkassen wahr. Es würde den Rahmen dieser Untersuchung allerdings sprengen, diese Rolle genauer zu analysieren.

3.4.2. Der Fall Hugo Israel Cohen

Hugo, seit dem 3. Januar 1939 nach der nationalsozialistischen Namenrechtsverordnung vom 17. August 1938 zusätzlich mit dem Zwangsnamen Israel ausgestattet, Cohen wurde am 3. März 1878 in Castrop als Sohn des Kaufmanns Simon Cohen (1849–1929), Vor-

I. Verkauf von Wertpapieren.

Blatt	Inhalt
2	Verfügungen von Juden über Guthaben und Depots
3	Verkauf von Wertpapieren aus jüdischem Besitz
5	Verwertung von Wertpapieren aus jüdischem Besitz zur Bezahlung von Steuern und sonstigen Abgaben
6 c	Verkauf von Wertpapieren in Höhe von RM 1.000.--
11 b	Verfügungen über den jüdischen Besitz
11 c	Verkauf von Wertpapieren - wie Blatt 5 - einmalig RM 1.000.--
12	Verwertung von Wertpapieren aus jüdischen Depots - weitere RM 1000.--
28	Verwertung von Wertpapieren aus jüdischem Besitz - monatlich laufend RM 1.000.--
29 IIa	Verkauf von Wertpapieren an die deutsche Reichsbank und Golddiskontbank.
39d	Inanspruchnahme der Freigrenze.
45a	Wertpapierverkäufe zur Bezahlung von Auswanderungskosten
45b	Wertpapierverkäufe im Rahmen der monatlichen Freigrenze
47	Verkauf von Wertpapieren zur Bestreitung der Auswanderungskosten

II. Sühneleistungen.

Blatt:	Inhalt:
4	Sühneleistungen der Juden -Hingabe von Wertpapieren-
6a	" " "
7	Wertpapierverwendung für die Bußezahlung
8	Zahlung der Judenbuße aus Sperrguthaben
9	Inzahlungnahme von Grundstücken
10	Sühneleistung der Juden 1.Rate
11e	Sühneleistung der Juden 1.Rate
13	Erster Teilbetrag der Judenvermögensabgabe
14	Inzahlungnahme von Wertpapieren für den ersten Teilbetrag
15	Sühneleistung - Nachtrag zum Kurszettel -
19a	Inzahlungnahme von Wertpapieren zur Judenvermögensabgabe
19b	Entrichtung der Judenvermögensabgabe im ganzen.
19c	Voraussetzung für die Inzahlungnahme von Wertpapieren und Grundstücken
21a	Hingabe von Wertpapieren 2.Rate
23	Nachtragsberechnung bei Hingabe von Wertpapieren
25.	Hingabe von Wertpapieren 2.Rate
29 IId	Sühneleistung aus Ausländer- und Auswandererdepots
30	2.Rate der Judenvermögensabgabe
33 III	2.Teilbetrag der Judenvermögensabgabe.
39 b	Hingabe von Wertpapieren
40	Hingabe von Wertpapieren - 3. Rate
41	**Judenvermögensabgabe/Dritter Teilbetrag**
42	Sühneleistung der Juden, Hingabe von Wertpapieren an Zahlungs Statt, 4. Rate
44	Judenvermögensabgabe/ 4.Teilbetrag
46	Judenvermögensabgabe, 4. Rate. Betr. Inzahlungsnahme von Wertpapieren, deren Annahmewert den Restbetrag der Judenvermögensabgabe übersteigt.
49	Judenvermögensabgabe 5. Rate -Überprüfung Österreich-

III. Reichsfluchtsteuer.

Blatt	Inhalt
22	Inzahlungnahme von Wertpapieren
24	Inzahlungnahme von Wertpapieren
34 II	Devisenrechtliche Genehmigung für die Inzahlunggabe von Wertpapieren aus Ausländer- und Auswandererdepots.
39 b	Hergabe von Wertpapieren

IV. Auflagen der Devisenstellen.
(Abwertungsgewinne , Ausfuhrförderungsumlage und sonstige ersatz- Abgaben).

Blatt	Inhalt
18	Inzahlungnahme von Wertpapieren jüdischer Auswanderer
20	dto.
21b	dto.
26	Hingabe von Wertpapieren zur Bezahlung von Abwertungsgewinnen.
29 IIc	Inzahlungnahme von Wertpapieren
31	Inzahlungnahme von Wertpapieren zur Bezahlung von Abwertungsgewinnen.
34 II	Devisenrechtliche Genehmigung für die Inzahlungnahme von Wertpapieren aus Ausländer- und Auswandererdepots.
36	Inzahlungnahme von Wertpapieren jüdischer Auswanderer.
39 b	Hingabe von Wertpapieren

V. Verschiedenes.

Blatt	Inhalt
1	Allgemeiner Erlass des Reichswirtschaftsministers über die Verfügung von Juden über Guthaben und Depots.
6b	Depotzwang, Umlegung von Wertpapieren, Erhöhung eines Pfandrechts, Einlösung von Kupons, Konversionen, Erneuerung der Zinsscheinbogen, Stimmrechtsausübung usw.
11a	Depotzwang für den jüdischen Wertpapierbesitz.
11d	Genehmigung bei Einlösung von Zinsscheinen usw. wie zu 6b
11f	Depotzwang für Juden ausländischer Staatsangehörigkeit
16	Wertpapierdepots von Juden deutscher Staatsangehörigkeit im Ausland
17	Umlegung von Wertpapieren
21c	Depotpflicht für jüdische Wertpapiere
27	Hingabe von Wertpapieren für den Transfer zum Sperrmarkkurs.
29 I	Depotzwang für jüdischen Wertpapierbesitz
29 IIb	Genehmigung wegen Umtausch, Diskontierung und Verpfändung von Wertpapieren
32	Hingabe von Wertpapieren für den Transfer
33 I	Schenkung von Wertpapieren
33 II	Verkauf von Auslandsbonds aus jüdischem Besitz an die Aussteller
34 I	Aktien von Unternehmungen in der Tschechoslowakei
34 II	Devisenrechtliche Genehmigung für die Inzahlungnahme von Wertpapieren für den Transfer aus Ausländer- und Auswandererdepots.
35	Hingabe von Wertpapieren jüdischer Auswanderer für den Transfer
37	Auswandererabgaben an die Kultusvereinigungen
38	Ablieferung von Kostbarkeiten.
39a	Umlegung und Austausch von Wertpapieren.
39b	Hingabe von Wertpapieren für den Vermögenstransfer
39c	Auslieferung wertloser Wertpapiere
43	Einreichung von Reichsbankanteilen zum Umtausch
45c	Umlegungen aus dem Depot eines Juden in das Depot eines anderen Juden - genehmigungsfreie Grenze von RM.10.000,- auf RM. 50.000,- erhöht -
48	Mitnahme von Juwelen und Sachen aus Edelmetall durch Juden gegen Devisenablieferung -Auswanderung

beter und Stadtrat 1919, und Henriette Edel Kleeberg (geb. 1843) geboren.[389] Er besuchte ab Ostern 1893 das Gymnasium Petrinum, wo er Ostern 1897 das Abitur bestand. Anschließend studierte er Medizin in Freiburg, wechselte 1897 nach Heidelberg, Göttingen und München, kehrte 1900 nach Freiburg zurück, bestand hier 1902 das Staatsexamen, erhielt am 27. Juni 1902 seine Approbation und wurde zeitgleich promoviert. 1906 ließ er sich in Dortmund nieder und eröffnete am Ostenhellweg 50 eine Praxis für Haut- und Harnleiden, später Geschlechtsleiden.

1902 wurde er zum Militär eingezogen und diente als „Einjähriger" freiwilliger Arzt bei der Reitenden Abteilung des Westfälischen Feldartillerie-Regiments No. 7, dann beim 1. Westfälischen Pionier-Bataillon in Deutz. Am 1. März 1903 wurde er als Reservist entlassen. Im Ersten Weltkrieg diente er als Offizier im Rang eines Generaloberarztes.

Verfolgt wurde Cohan als Jude und Homosexueller nach § 175 RStGB, der am 1. September 1935 von den Nationalsozialisten um den Tatbestand von beischlafähnlichen auf sämtliche „unzüchtigen" Handlungen ausgeweitet wurde. Erste Ermittlungen erfolgten durch die Dortmunder Justiz bereits 1931, wurden aber nach 1933 von der Gestapo nicht weiterverfolgt; „die Vorwürfe dürften mithin frei erfunden gewesen sein, offenkundig schenkte nicht einmal die Gestapo ihnen Glauben."[390] Cohens Homosexualität scheint indes real gewesen zu sein;[391] es folgten 1936 und 1937 zwei weitere Anklagen, die zu einer Gefängnisstrafe von einem Jahr und drei Monaten führten; „die Ärztekammer Westfalen streicht ihn daraufhin zunächst vorübergehend, wenig später endgültig aus ihren Reihen und entzieht ihm am 20. August 1938 die Zulassung als Arzt."[392]

Bereits im August 1938 hatte die Reichsfluchtsteuerstelle beim Finanzamt Dortmund-Süd einen „Sicherheitsbescheid in Höhe von 14.337,– RM" gegen Cohen erlassen. Er sei nach dem „Verbot zur Ausübung der Praxis" verdächtig, seinen Wohnsitz ins Ausland zu verlegen. Das Oberfinanzpräsidium Münster gewährte Cohen aus seinem Vermögen nur eine monatliche Summe von 500 RM für den Lebensunterhalt, über den Rest konnte er fortan nicht mehr frei verfügen. Die großbürgerlich eingerichtete Wohnung war mittlerweile arisiert worden. Seine Nichte Anne Chervet, Tochter seiner Schwester Grete (1886–1943), erinnerte sich 1956 an die Wohnung: „Da ich sehr häufig in seiner Wohnung war, kenne ich die Einrichtungsgegenstände dieser Wohnung noch genau. Dr. Hugo Cohen bewohnte eine große Etage in der Stadt. [...] Wenn man die Wohnung betrat, lagen rechts 3 Praxisräume mit vollständiger Einrichtung. Seine Privatwohnung war besonders wertvoll und reichhaltig ausgestattet, was mir sehr imponierte. Insbesondere hatte ich Freude an seinem ausgezeichneten Klavierspiel auf seinem Flügel." Neben dem Bechstein-Flügel habe er eine Geige besessen, „nach Angabe meines Onkels eine Stradivari". Die große Wohnung bewirtschaftet er nicht allein, wie sie berichtet, „hinter der Küche lag ein kleines Zimmer für seine Hausangestellte".

---

[389] Die nachfolgenden biografischen Daten wurden im Rahmen eines Stolperstein-Projekts vom Dortmunder Historiker Dr. Frank Ahland ermittelt; Wir erinnern an D r. H u g o C o h e n, geboren 3. März 1876 in Castrop, ermordet im Winter 1942 in Dünamünde. https://www.nordstadtblogger.de/wp-content/uploads/2018/09/hugo-cohen-1.pdf#:~:text=Wir%20erinnern%20an%20D%20r.%20H%20u%20g%20o%20C, abgerufen am 5. Oktober 2024.

[390] Ebenda.

[391] Sie sei der Familie kein Geheimnis gewesen; so sein Großneffe Hans Kychenthal Hecht, Enkel seiner Schwester Hedwig (1879–1942); ebenda.

[392] Ebenda.

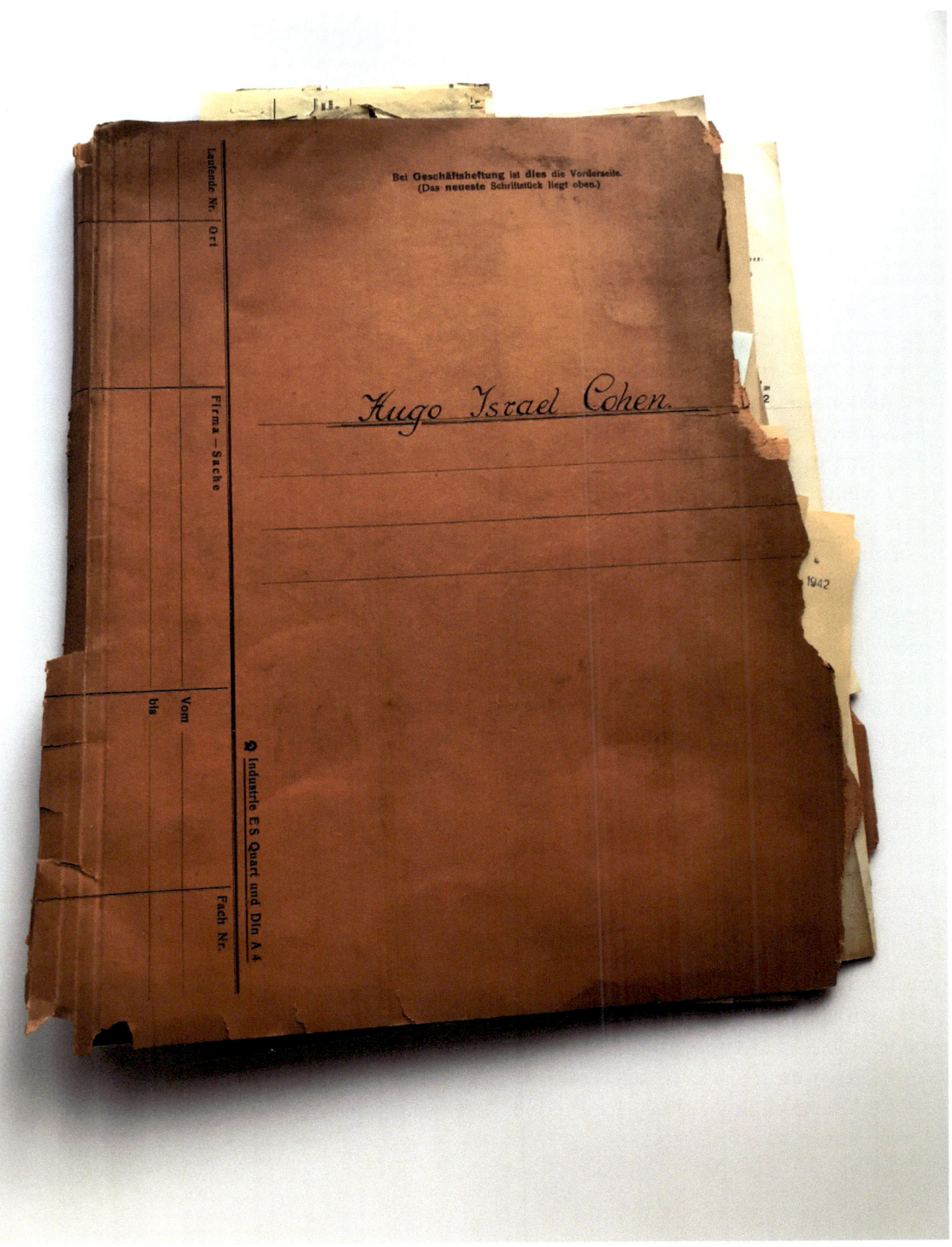

3.4. Enteignung jüdischen Vermögens

Er zog zur vom Niederrhein stammenden sozialdemokratischen Politikerin Jeanette Wolff, die nach ihrer Entlassung aus nationalsozialistischer „Schutzhaft" 1935 nach Dortmund kam und in der Münsterstraße 40 ½ nicht nur einen Mittags- und Abendtisch für Juden anbot, sondern und auch Zimmer vermietete. Während des Novemberpogroms am 9. November 1938 wurde Cohen hier wie die anderen Bewohner der Pension von SA-Leuten schwer misshandelt und zusammen mit Jeanette Wolffs Ehemann Hermann ins KZ Sachsenhausen verschleppt, wo sie aber im Dezember wieder frei kamen.

Im Mai 1942 begann schließlich die Enteignung des Wertpapierdepots von Hugo Cohen bei der Dortmunder Sparkasse, an der die Geheime Staatspolizei als anordnende Instanz beteiligt war. Die entsprechenden Unterlagen sind akribisch in der Akte Juden-Depots, Hugo Israel Cohen, abgeheftet und vermitteln vordergründig betrachtet den Eindruck von legalen, ordnungsgemäß und bürokratisch korrekten Buchungsvorgängen. Mit dem Wissen um die gesetzlichen und auf dem Verordnungswege getroffenen nationalsozialistischen Regelungen zum Umgang mit jüdischem Vermögen offenbaren die ausgewählten folgenden Dokumente den perfiden und scheinlegal inszenierten Raub des Vermögens, das schließlich der Rüstungsfinanzierung zufloss. Alle an diesen Vorgängen Beteiligten mussten Kenntnis darüber haben, um was es eigentlich ging.

Nach der KZ-Haft kehrte Hugo Cohen am 24. November 1938 nach Dortmund zurück. Er wohnte nun zur Untermiete bei der Familie Eisenstätt am Westenhellweg 91/93. Am 20. Mai 1941 zog er zwangsweise in ein sog. Judenhaus in Huckarde, Parsevalstraße 4. „Dort erhält er im Herbst 1941 wie auch Jeanette Wolff die Aufforderung, sich im Börsensaal einzufinden, dem Saal des Gasthauses Zur Börse am Dortmunder Viehmarkt, am Steinplatz gegenüber der Steinwache gelegen. Dort finden sich rund 1.400 Juden aus dem Regierungsbezirk Arnsberg ein. Sie werden registriert und müssen ihr gesamtes Hab und Gut abgeben. Die katastrophalen Zustände im Börsensaal, auf dem Transport in ungeheizten und verschmutzten Waggons und den Terror bei der Ankunft im Rigaer Ghetto schildert Jeanette Wolff in ihren 1946 erstmals veröffentlichten Erinnerungen.[393] Mit dem ersten Transport wurden beide am 27. Januar 1942 in das Ghetto von Riga verschleppt. Bei der Ankunft wurden die westfälischen Juden von deutschen und lettischen SS-Leuten mit Stock- und Kolbenschlägen misshandelt. Wie Jeanette Wolff schilderte, war Cohen schwerkrank, litt unter Erfrierungen und an Diabetes. Cohen wurde kurz nach der Ankunft in Riga zusammen mit anderen überwiegend Älteren und Kranken unter Schlägen auf Lastwagen verbracht und nach Dünamünde verschleppt, wo er schließlich ermordet wurde. Die sog. Aktion Dünamünde, bei der rund 3.000 Juden aus dem Rigaer Ghetto ermordet worden sind, hat entweder Anfang Februar oder Mitte März 1942 stattgefunden. Ob Hugo Cohen, 1956 offiziell für tot erklärt, seinen 66. Geburtstag noch erlebt hat, ist unklar. Er starb im Februar oder März 1942 im Alter von 65 oder 66 Jahren."[394]

---

[393] Jeanette Wolff: Sadismus oder Wahnsinn. Erlebnisse in den Deutschen Konzentrationslagern im Osten, in: Bernd Faulenbach (Hg.): „Habt den Mut zu menschlichem Tun." Die Jüdin und Demokratin Jeanette Wolff in ihrer Zeit (1888–1976), Essen 2002, S. 101–113.

[394] Ahland, wie Fußnote 389; der gleichzeitige Gebrauch von Präsens und und Präteritum (Tempuswechsel) so auch im Original

An die
Geheime Staatspolizei
Dortmund - Hörde

Effekten   21.5.1942
/G.
Depot " Hugo Israel Cohen "

Die im Depot des Juden Hugo Israel C o h e n ruhenden

RM 1.2oo.-- " Hoesch-Aktien"
RM 1.400.-- " Vereinigte Stahlwerke-Aktien "
RM 2.000.-- " Dortmunder Union-Brauerei-Aktien"
sind von der Preussischen Staatsbank (Seehandlung), Berlin W.8, zwecks Übernahme angefordert worden. Es sollen dagegen
" 3 1/2% Schatzanweisungen des Deutschen Reiches" überlassen werden.

Unter Bezugnahme auf Ihr Schreiben vom 2.10.1941, mit welchem Sie die Beschlagnahme des Depots anordneten, bitten wir Sie, uns Ihre Genehmigung hierzu zu erteilen.

Heil Hitler!
Stadtsparkasse zu Dortmund
- Effekten-Abteilung -

3.4. Enteignung jüdischen Vermögens

Preußische Staatsbank
(Seehandlung)

Drahtwort: Staatsbank Berlin
Ortsruf: Sam.-Nr. 16 46 21
Fernruf: 16 53 71
Fernschreiber: Berlin (01) 15 68

Absender: Preußische Staatsbank (Seehandlung) / Berlin W 8

An die

Stadtsparkasse zu Dortmund

Dortmund
Hansastraße 3

| Bearb. Die stets anzugebende Konto-Nr. BfS. 35103 | Ihre Nachricht vom 27.5.42 | Unsere Tagebuch-Nr. J/J | Berlin W 8, Markgrafenstraße 38 20.6.42 |

Betr.: Hugo Israel Cohen.

Wir erhielten von Ihnen zu Gunsten des Obigen

RM 97,02

ohne nähere Verwendungsangabe. Da wir annehmen, daß es sich um die Ihnen Wert 3.6.1942 vergütete Barspitze auf die uns auf Grund unserer Abforderung vom 14.5.1942 zwecks Umtausch in 3½% Deutsche Reichsschatzanweisungen gelieferten

RM 2.000,-- ~~5 500~~- Dortmunder Union-Brauerei Aktien

handelt, lassen wir Ihnen den Betrag wieder zugehen, mit der Bitte, ihn für Hugo Israel Cohen zu verwenden. Die aus dem Umtausch anfallenden 3½% Deutschen Reichsschatzanweisungen werden wir Ihnen ebenfalls zugehen lassen.

Preußische Staatsbank
(Seehandlung)

Konten: Reichsbankgirokonto Berlin, Kontonummer 1/2 / Postscheckkonto Berlin Nr. 190
Nr. 174 IX. 10000. 11. 41. C/2090

Preußische Staatsbank
(Seehandlung)

Drahtwort: Staatsbank Berlin
Ortsruf: Sam.-Nr. 16 46 21
Fernruf: 16 53 71

Eingegangen 8. JULI 1942 Stadtsparkasse Dortmund

Absender: Preußische Staatsbank (Seehandlung) / Berlin W 8

An die

Stadtsparkasse zu Dortmund

Dortmund
Hansastr. 3

Die stets anzugebende Konto-Nr.: **BfS.35103**
Ihre Nachricht vom
Unsere Tagebuch-Nr.: Jo/Wu.
Berlin W 8, Markgrafenstraße 38
6.7.1942

w/Hugo Israel Cohen

Wir erhielten von Ihnen RM 97,02 zu Gunsten des vorgenannten Depotinhabers. Unter Bezugnahme auf unser Schreiben vom 20.6.42 fragen wir an, warum uns dieser Betrag nun zum zweiten Mal zurück-überwiesen er wird, da doch dem bei Ihnen geführten Konto des Cohen zusteht.

Preußische Staatsbank
(Seehandlung)
Büro für Sonderaufgaben

3.4. Enteignung jüdischen Vermögens

An den
Herrn Oberfinanzpräsidenten
Westfalen
(Dienststelle für die Einziehung eingezogener Vermögenswerte)
M ü n s t e r i./Westf.
Hohenzollernring 80

O 5205/594   2.3.1942   Effekten   11.7.1942
                                  Pl./G.

    Unter Bezugnahme auf Ihr Schreiben vom 2.3.1942 betr. Vermögensverfall des Hugo Israel C o h e n , früher Dortmund-Deusen, Parsevalstr. 4, zugunsten für des Deutschen Reiches teilen wir Ihnen mit, dass Cohen bei uns noch ein Wertpapierdepot besteht. Zum damaligen Zeitpunkt hatten wir folgende Wertpapiere in Verwahr:

RM 2.000.-- " Dortmunder Union-Brauerei-Aktien "
RM 1.200.-- " Hoesch-Aktien "
RM 2.500.-- " Sarotti-Schokolade-Aktien "
RM 1.000.-- " Schlegel-Scharpenseel-Brauerei-Aktien "
RM   200.-- " Deutsche Anleihe-Ablösungsschuld mit Auslosung "
RM 1.400.-- " Vereinigte Stahlwerke-Aktien "

Inzwischen sind hiervon auf Anforderung
RM 2.000.-- " Dortmunder Union-Brauerei-Aktien "
RM 1.200.-- " Hoesch-Aktien "
RM 1.400.-- " Vereinigte Stahlwerke-Aktien "
an die Preussische Staatsbank (Seehandlung), Berlin W. 8, Markgrafenstr.38, abgeliefert und von dieser mit

                                      RM 2.790,94
                                      RM 1.734,85
                                      RM 1.940,96
                                      RM 6.466,75

gutgeschrieben worden.
Dagegen sind an Cohen überlassen worden:
RM 2.700.-- " 3 1/2% Deutsche Reichsschatzanweisungen von 1942,
             III.Folge "
RM 1.700.--   dergl.
RM 1.900.--   dergl.

                                                                            b.wenden!

und hierfür
RM 2.693,92
RM 1.696,45
RM 1.895,95
RM 6.286,32

in Rechnung gestellt.

Der überschiessende Betrag von RM... wird Ihnen durch uns oder durch die Preussische Staatsbank (Seehandlung), Berlin W. 8, überwiesen werden.

Heil Hitler!
Stadtsparkasse zu Dortmund
-Effekten-Abteilung-

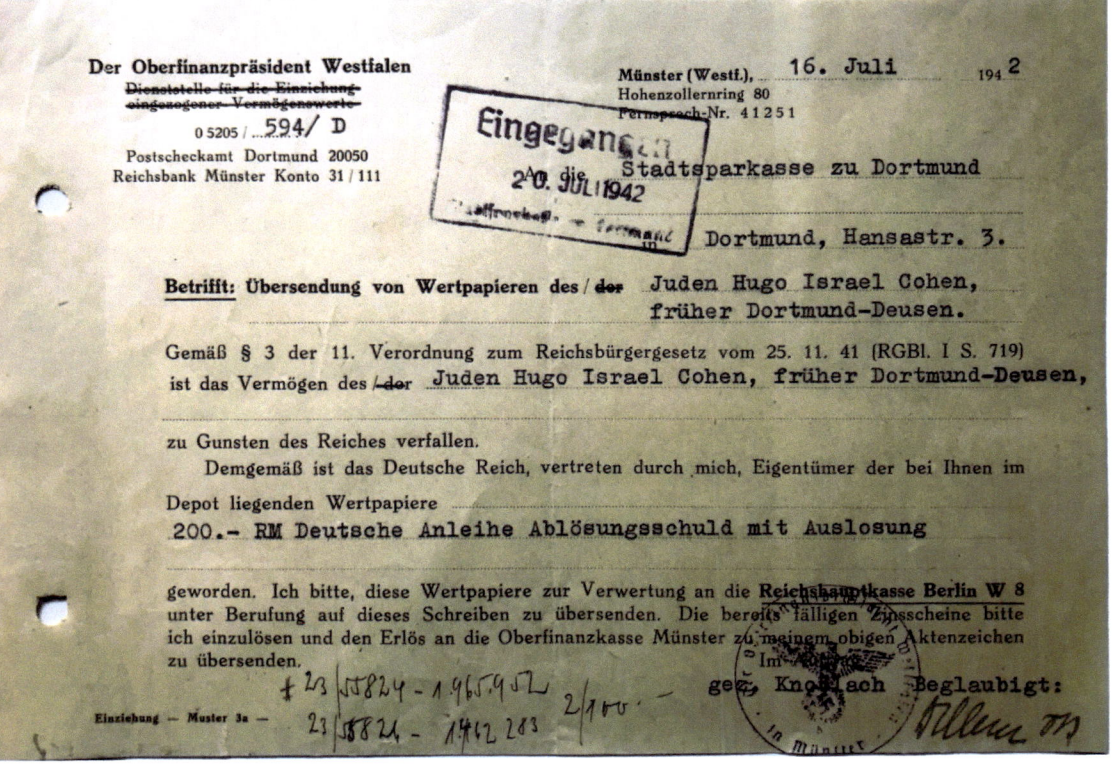

3.4. Enteignung jüdischen Vermögens

An die

Preussische Staatsbank
- Seehandlung -

B e r l i n W. 8.
Markgrafenstr. 38

Bearb.Nr.BfS 35103   Effekten/Fl./B.   13.7.1942.

w./Hugo Israel Cohen.

        Im Anschluss an unser Schreiben vom 10.7. und unter nochmaligen Hinweis auf den eingetretenen Vermögensverfall, bitten wir Sie, uns mitzuteilen, ob Sie die mit Ihrem Schreiben vom 3.6. und 8.6. uns angezeigte Lieferung von insgesamt

     RM 6.300.-- 3½% Deutsche Reichsschatzanw. v.1942,3.Folge

für Rechnung des oben benannten Juden noch ausführen werden.

      Wir geben Ihnen ferner Kenntnis davon, dass wir an börsengängigen Aktien für Cohen noch

     RM 2.500.-- Sarotti Aktien und
     " 1.000.-- Schlegel Scharpenseel Brauerei Aktien

in Verwahr haben und bitten, uns mitzuteilen, ob wir die Stücke an Sie liefern sollen oder ob diese von Ihnen angefordert werden.

                                    Heil Hitler!
                             Stadtsparkasse zu Dortmund
                               - Effekten-Abteilung -

**Landesbank und Sparkassenzentrale
für Westfalen (Girozentrale)**

— Mündelsichere öffentlich-rechtliche Bankanstalt —

Münster (Westf.), Friedrichstraße 1

Konten:
Deutsche Girozentrale —
Deutsche Kommunalbank, Berlin
Reichsbank-Giro-Konto Münster
Postscheckkonto Dortmund 35 400

htanschrift:
Landesgirobank

Fernsprecher:
Sammelnummern 24 251 u 24 341

An die

Stadtsparkasse

D o r t m u n d

Ihre Zeichen	Ihre Nachricht vom	Unser Zeichen	Tag
G.	30.7.42	26 Bcht./Lü.	31.7.42

Betreff

Ihren Auftrag zur Lieferung von

RM 6.300.-- 3½% Deutsche Reichsschatzanweisungen v.1942 + 16.10.42 -10098-

an die Reichshauptkasse, Berlin W 8, können wir noch nicht ausführen, da die effektiven Stücke dieser Anleihe noch nicht erschienen sind.

Wir haben den Auftrag vorgemerkt und werden denselben nach Erscheinen der Stücke unverzüglich zur Ausführung bringen.

Heil Hitler!
Landesbank und Sparkassenzentrale
für Westfalen (Girozentrale).

1. AUG. 1942

3.4. Enteignung jüdischen Vermögens

In Abänderung meines Schreibens vom 24.2.42

Der Oberfinanzpräsident Westfalen
Dienststelle für die Einziehung
eingezogener Vermögenswerte
O 5205 / 5947
Postscheckamt Dortmund 20050
Reichsbank Münster Konto 31/111

Münster (Westf.), 1. August 1942
Hohenzollernring 80
Fernsprech-Nr. 41251

eingegangen 3. AUG 1942

An die Stadtsparkasse

in Dortmund Hansastr. 3

Betrifft: Übersendung von Wertpapieren des/der *Juden Hugo Israel Cohen, Dortmund-Hausen*

Gemäß § 3 der 11. Verordnung zum Reichsbürgergesetz vom 25.11.41 (RGBl. I S. 719) ist das Vermögen des/der *Juden Hugo Israel Cohen, Dortmund-Hausen* zu Gunsten des Reiches verfallen.

Demgemäß ist das Deutsche Reich, vertreten durch mich, Eigentümer der bei Ihnen im Depot liegenden Wertpapiere *6300,- RM 3½% Deutsche Reichsschatzanweisungen von 1942, III. Folge, f. 16.10.42 ff* geworden. Ich bitte, diese Wertpapiere zur Verwertung an die ~~Reichshauptkasse Berlin W8~~ *Deutsche Reichsbank Wertpapier-sammelstelle Berlin* unter Berufung auf dieses Schreiben zu übersenden. Die bereits fälligen Zinsscheine bitte ich einzulösen und den Erlös an die Oberfinanzkasse Münster zu meinem obigen Aktenzeichen *6111* zu übersenden.

Einziehung — Muster 3a —

---

156   3.4. Enteignung jüdischen Vermögens

An den
Herrn Oberfinanzpräsi-
denten Westfalen
M ü n s t e r   i./Westf.
Hohenzollernring 80

O 5205/594 D   1.8.42   Effekten   20.8.1942
                          /G.

Übersendung von Wertpapieren des Juden Hugo
Israel Cohen, früher Dortmund-Deusen.

In Erledigung Ihres Auftrages vom
1.ds.Mts. lieferten wir

RM 6.300.-- " 3 1/2% Deutsche Reichsschatzanwei-
                sungen von 1942, III.Folge "
                + 16.10.42

an die Deutsche Reichsbank, Berlin C.111, unter
Angabe der Bearbeitungsnummer O 5205/594D .

Heil Hitler!
Stadtsparkasse zu Dortmund
-Effekten-Abteilung-

3.4.3. Resonanzen

Nach dem Ende des Zweiten Weltkrieges stellten die Nachfahren von Hugo Cohen vergeblich Anträge auf Wiedergutmachung und Entschädigung. Die deutschen Finanzbehörden nahmen die nach dem Entzug der Wohnung übrig gebliebene Habe als Maßstab für das ehemalige Vermögen von Cohen.[395] Wenig kooperativ war auch die Kassenärztliche Vereinigung Westfalen-Lippe, die Cohen durch die Entziehung seiner Zulassung um seine Existenz gebracht hatte. „Darüber hinaus konnten wir in Erfahrung bringen, dass der genannte Arzt von Haus aus finanziell gut gestellt war. Seine Praxis sei immer unbedeutend gewesen und habe nicht viel auf sich gehabt. Leider ist es uns nicht möglich, Ihnen nähere Angaben zu machen, auch ist uns kein Arzt bekannt, der mit den früheren Verhältnissen des Angefragten vertraut war."[396] Inwieweit bei dem 1938 erfolgten Entzug der Zulassung Cohens als Arzt, die Kassenärztliche Vereinigung, ähnlich übrigens wie auch bei der Rechtsanwaltskammer, der Denunziation arischer Berufskonkurrenten folgten, kann allerdings heute nicht mehr überprüft werden. So blieben die Entschädigungsbegehren im Falle Hugo Israel, wie Cohen auch nach der Aufhebung der nationalsozialistischen Namensrechtverordnung durch das Alliierte Kontrollratsgesetz Nr. 1 vom 20. September 1945 weiterhin genannt wurde, unerfüllt.

Die im Dortmunder Stadtarchiv überlieferten Akten zu Wiedergutmachungsforderungen jüdischer Mitbürger gegen das Deutsche Reich und die Stadt Dortmund erzählen ähnliche Geschichten.[397] Die hier dokumentierten elf Verfahren zwischen 1954 und 1958 waren von der Jewish Trust Corporation initiiert worden.[398] Diese jüdische Treuhändergesellschaft wurde 1950 für die britische und die französische Besatzungszone gegründet, um erbenloses jüdisches Vermögen zu erfassen, zu sichern und zu verwerten. Das auf diesem Wege erworbene Vermögen wurde an jüdische Institutionen und Organisationen verteilt. Sie übernahm auch das Vermögen der aufgrund der Verfolgung untergegangenen jüdischen Gemeinden und Organisationen, unter anderem ehemalige Synagogen und jüdische Schulen, aber auch jüdische Friedhöfe. Die Verfahren mit Entschädigungsforderungen in Höhe von zusammen 106.833,09 RM, was gemessen an heutiger Kaufkraft 728.000 Euro, im Durchschnitt pro Fall also knapp 70.000 Euro entspricht, endeten in dieser Instanz allesamt erfolglos. Gute Beispiele sind die Enteignungen der Witwe Ida Erdensohn oder der Witwe Julie Zoller, geb. Rosenthal. Aus dem Wertpapierdepot von Ida Erdensohn bei der Sparkasse Dortmund wurden am 26. Mai 1939 zu 4 % verzinste Schuldverschreibungen des Umschuldverbandes deutscher Gemeinden im Wert von 700 RM an die Preußische Staatsbank in Berlin abgeliefert und nach ihrer Deportation nach Theresienstadt am 29. Juli 1942 die verbleibende Wohnungseinrichtung entzogen und versteigert. Die Bearbeitungszeiten bei der Sparkasse waren kurz; bei Julie Zeller, geb. Rosenthal, wurde das Bankguthaben in Höhe von 365,10 RM bei der Sparkasse Dortmund auf Grund einer Einziehungsverfügung des Oberfinanzpräsidenten Münster vom

---

[395] Bundesvermögensstelle Dortmund an die Wiedergutmachungskammer beim Landgericht Dortmund, 2. Juni 1956, Landesarchiv NRW, Abteilung Westfalen, Q 121, Nr. 4908.

[396] Kassenärztliche Vereinigung Westfalen-Lippe, Verwaltungsstelle Dortmund, Verwaltungsstellenleiter Dr. Jost, an Stadt Dortmund, Amt für Wiedergutmachung, 9. Juni 1959, Landesarchiv NRW, Abteilung Westfalen, K 104, Nr. 16.

[397] Ein besonderer Vorgang war der Entschädigungsprozess gegen die Stadt Dortmund auf Grund der Enteignung der Synagoge; vgl. dazu genauer Kapitel 4.1. „Kontinuitäten und Diskontinuitäten. Ehemalige Führungskräfte der Sparkasse Dortmund in Nachkriegsdeutschland

[398] Stadtarchiv Dortmund, Bestand 130, Nr. 516, 520, 525, 534, 538, 542, 544, 545, 548, 555 und 562.

13. März 1942 schon am 18. März 1942 an die Oberfinanzkasse Münster überwiesen. Die Entziehung und Versteigerung ihrer Wohnungseinrichtung an der Hermannstraße 57 in Dortmund-Hörde geschah unmittelbar nach ihrer am 27. Januar 1942 erfolgten Deportation nach Riga.[399] Die im Dortmunder Stadtarchiv aktenkundig gewordenen Enteignungsbeispiele, auch mit höheren Beträgen,[400] ließen sich beliebig vermehren.

Bemerkenswert aus heutiger Sicht waren die Reaktionen der auf Entschädigung Beklagten. Nicht nur im Falle von Ida Erdensohn formulierte die Bundesvermögensstelle Dortmund eine Gegenerklärung und reichte Widerspruch an das Wiedergutmachungsamt beim Landgericht Dortmund mit folgendem Wortlaut ein:

„Gegenerklärung
Das Deutsche Reich, vertreten durch die Oberfinanzdirektion Münster in Münster/W., zugleich als Vertreter des gemäß Art. 53 Absatz 1 Satz 4 des REG beteiligten Landes NW, dieses wiederum vertreten durch den Leiter der Bundesvermögensstelle Dortmund in Dortmund, erhebt gegen den vorbezeichneten Rückerstattungsanspruch vorsorglich Widerspruch.

I. Über die behauptete Ablieferug von RM 700,– 4 % Umschuldverband deutscher Gemeinden Schuldverschr.

aus dem Depot der oa Geschädigten bei der Stadtsparkasse Dortmund am 26.5.1939 an die Preußische Staatsbank, Berlin, bitte ich, eine entsprechende Auskunft bei der genannten Sparkasse sowie beim Zentralamt für Vermögensverwaltung in Bad Nenndorf einzuholen. Im Hinblick auf § 21 (3) REG beantrage ich, auch den Erlöswert der geltend gemachten Wertpapiere festzustellen. Erforderlichenfalls bitte ich, nach den Devisenakten der Geschädigten zu forschen und sie für dieses Verfahren beizuziehen.

II. Hausrat

Über Wert, Umfang sowie Entziehungsvorgang des geltend gemachten Hausrats – 2 Zimmerwohnung in Dortmund, Kampstr. 83 – bitte ich der Antragstellerin aufzugeben, nähere Angaben zu machen. Können Zeugen, z. B. frühere Hausmitbewohner, namhaft gemacht werden, die hierüber glaubwürdig auszusagen vermögen? Ich beantrage, vorstehende HE-Sache an die Wiedergutmachungskammer beim Landgericht in Dortmund zu verweisen."[401]

Ob es im weiteren Verlauf bei den hier verhandelten Fällen zu Entschädigungszahlungen kam, kann an dieser Stelle nicht abschließend geklärt werden. Die Bundesrepublik Deutschland hat für die Opfer des Nationalsozialismus bis zum Ende des Jahres 2022 insgesamt Entschädigungszahlungen in Höhe von rund 81,97 Mrd. Euro geleistet, davon mit rund 48,8 Mrd. Euro der größte Teil auf Grund des Bundesentschädigungsgesetzes (BEG). Durch Härteregelungen ohne Berücksichtigung der Länder erfolgten Zahlungen in Höhe von rund 12,55 Mrd. Euro. Außerdem vereinbarte die Bundesrepublik Deutschland in den Jahren 1959 bis 1964 mit verschiedenen Staaten Globalabkommen

---

[399] Stadtarchiv Dortmund Bestand 130, Nr. 548.
[400] Die Jewish Trust Corporation setzte sich zum Beispiel auch für die Entschädigung von Walter Friede entrichtete Reichsfluchtsteuer in Höhe von 36.250 RM ein; Stadtarchiv Dortmund, Bestand 130, Nr. 544.
[401] Stadtarchiv Dortmund, Bestand 130 Nr. 542.

zur Wiedergutmachung. Der erste derartige Vertrag wurde im Juli 1959 mit Luxemburg geschlossen, die höchste Wiedergutmachung wurde mit rund 400 Mio. DM an Frankreich gezahlt.[402]

3.5. Belegschaft unterm Hakenkreuz

3.5.1. Sozialutopien und Nationalsozialismus: Die Reichsarbeitsgemeinschaft Banken und Versicherungen in der DAF

Durch das Gesetz der nationalen Arbeit vom 20. Januar 1934 wurde die „Betriebsgemeinschaft" als eine Art „Volksgemeinschaft im Kleinen" zum „Kern des neuen sozialpolitischen Grundgesetzes" mit dem Betrieb als „zentrale und weithin autonome Handlungsgröße der Sozialpolitik."[403] Für die Sparkassen besaß das Gesetz zur nationalen Ordnung der Arbeit in öffentlichen Verwaltungen und Betrieben vom 23. März 1934 Gültigkeit. Mit der Betonung der „Betriebsgemeinschaft" sollte der Eindruck eines quasi herrschaftsfreien innerbetrieblichen Gefüges vermittelt werden, in der eine soziale Selbstverwaltung als Folge einer „Demokratisierung des Produktionssektors" herrschte. Im Selbstverständnis der Nationalsozialisten waren jetzt die Grundlagen geschaffen worden, „auch den letzten Rest des alten klassenkämpferischen Systems auszumerzen und durch wahre Volksgemeinschaft im nationalsozialistischen Sinne zu ersetzen. Die früher landläufigen Begriffe ‚Arbeiter oder Arbeitnehmer' bzw. ‚Unternehmer' oder ‚Arbeitgeber' fallen fort. Sie werden ersetzt durch den Begriff Betriebsgemeinschaft, die sich gliedert in Betriebsführung und Betriebsgefolgschaft."[404]

Doch die faktische Aufhebung wirtschaftsdemokratischer Elemente wie der Tarifautonomie, der arbeitsrechtlichen Stellung autonomer Interessenverbände oder der Möglichkeit einer demokratisch praktizierten Mitbestimmung führte die auf Treue und Gehorsam beruhende Schicksalsgemeinschaft aller im Betrieb Tätigen, also des „Betriebsführers" und der „Gefolgschaft", ad absurdum und verkehrten die erklärten „ideologischen" Ziele der nationalsozialistischen Sozialpolitik geradezu in ihr Gegenteil. Schon am 10. Mai 1933 war die Deutsche Arbeitsfront (DAF) unter der Leitung von Robert Ley als Einheitsverband der Arbeitnehmer und Arbeitgeber durch die Übernahme der freien Gewerkschaften und ihres Vermögens bei gleichzeitiger Abschaffung des Streikrechts gegründet worden. Die Parole „Volksgemeinschaft statt Klassenkampf" war in diesem Sinne Ausdruck einer Art „Verstaatlichung des Klassenkonfliktes".[405]

Am 14. und 15. Oktober 1936 fand in Berlin die erste Reichsarbeitstagung der Reichsbetriebsgemeinschaft Banken und Versicherungen in der DAF mit über 3.000 Teilnehmern unter der Leitung von Reichsbetriebsgemeinschaftsleiter Rudolf Lencer[406] und im Beisein

---

[402] Vgl. Bundesministerium der Finanzen (Hg.): Wiedergutmachung. Regelungen zur Entschädigung von NS-Unrecht, Berlin 2023.
[403] Riccardo Bavaj: Die Ambivalenz der Moderne im Nationalsozialismus. Eine Bilanz der Forschung, München, 2003, S. 95.
[404] Rednerinformationen zur Durchführung von Betriebsappellen, Mai 1937; Archiv der Sparkasse Dortmund, Akte Betriebsvertretungen 1933–1939.
[405] Bavaj (2003), S. 96–97.
[406] Zu Rudolf Lencer (1901–1945) siehe den biographischen Anhang.

von Robert Ley statt.[407] Die Tagung war von einer antikapitalistischen, antijüdischen und antisowjetischen Grundhaltung geprägt und leitete eine im Kontext des etwa zeitgleich verkündeten Vierjahresplanes „zweite Arbeitsschlacht" zur „Leistungssteigerung auf allen Gebieten" ein.[408] „Die Wirtschaft dient dem großen Grundgedanken [...] des Nationalsozialismus". Unter dieser Prämisse wurde das verschwommene Konzept einer nationalen Arbeitsführung konstruiert, das sich aus der Sozial- und Wirtschaftsführung zusammensetzte und unter dem Motto „Adel der Arbeit" (Adolf Hitler) stand.[409] Eine eigene Sektion der Arbeitstagung widmete sich mit historisch verklärtem Blick der Geschichte der Sparkassen, die sich vor allem sozialpolitisch positiv von den als „Banken" bezeichneten übrigen Geldinstituten unterschieden. In diesem Verständnis kam dem Sparkassenleiter als Betriebsführer die besondere Rolle zu, den NS-Staat maßgeblich zu finanzieren, oder, wie es Reichsbankpräsident Hjalmar Schacht ausgedrückt hatte, der „Herstellung eines den Aufgaben des nationalsozialistischen Staates entsprechenden Geld- und Kapitalmarktes" zu dienen.[410] Das bedeutete schon zu diesem Zeitpunkt zugespitzt formuliert nichts anderes, als den geplanten Eroberungskrieg zu finanzieren. Es passte zur ideologischen Gesamtinszenierung dieser ersten Reichsarbeitstagung der Reichsbetriebsgemeinschaft der Finanzbranche, dass Robert Ley mit einer pathetischen Rede, die mit einem Glaubensbekenntnis an Adolf Hitler endete, den Schlussakkord setzte.

Der DAF war in diesem sozialpolitischen Programm der NSDAP die wichtige Rolle eines Transmissionsriemens mit „höchster Weltanschauungsfunktion" zugedacht, die neben der Sozialutopie einer vordergründig herrschaftsfreien Betriebsorganisation bis zur rassistischen Überhöhung der Züchtung eines „stolzen Herrengeschlechtes entsprechend der Wesenheit unseres nordisch deutschen Blutes" reichte. „Ist es nicht wundervoll, zu sehen, daß wir das Vertrauen in die breite Masse der Schaffenden so stark hineingelegt haben, daß wir ihnen sagen, ihr sollt die Dinge in euren Betrieben selbst ordnen. Ihr Betriebsführer und Ihr Betriebszellenobmänner, Ihr sollt zusammensitzen und nunmehr schauen, wie Ihr die Lage des Betriebes und die Lage damit der Kameraden verbessern könnt. Ist es nicht wundervoll, wenn man arteigene Betriebsgruppen in den Arbeitsausschüssen die Möglichkeit gibt, über die Fragen, die gebietlicher Natur für ihre Betriebsgruppe sind, zu einer Einigkeit, zu neuen Vorschlägen, zu neuen Initiativen zu kommen? Ist es nicht wundervoll, daß es letzten Endes in den Organen der nationalen Arbeitsführung, in den Gauarbeitskammern die Männer zusammen sind, die als Aufsichtsführende, als Betriebsführende oder als Gefolgschaftsmitglieder zusammen in der Arbeitsschlacht, in der Arbeitsfront an der nationalen Arbeitsführung als Arbeitsbeauftragte schaffen? Zum ersten Male ist wieder in Deutschland das hohe Lied der Arbeit gesungen worden. Nicht mehr ist die Arbeit Bürde, da sich alle an dieser Arbeit zu einem

---

[407] Die erste Reichsarbeitstagung der Reichsbetriebsgemeinschaft Banken und Versicherungen in der DAF, herausgegeben von der Reichsbetriebsgemeinschaft Banken und Versicherungen in der DAF, Berlin 1937 (erschienen im Verlag der Deutschen Arbeitsfront GmbH, Berlin).

[408] Reichsbetriebsgemeinschaft Banken und Versicherungen in der DAF (1937), S. 25; zum Vierjahresplan vgl. die Verordnung zur Durchführung des Vierjahresplanes, in RGBl vom 18. Oktober 1936, Teil Nr. 96 (1936), S. 887.

[409] Reichsbetriebsgemeinschaft Banken und Versicherungen in der DAF (1937), S. 50f.

[410] Hjalmar Schacht: Begleitbericht des Untersuchungsausschusses für das Bankwesen 1933 zu dem Entwurf des Reichsgesetzes über das Kreditwesen an den Führer und Reichskanzler, in: Jens Jessen: Reichsgesetz über das Kreditwesen vom 5. Dezember 1934 mit Begleitbericht, Erläuterungen und Begründung, Berlin 1934, S. 20f.

höheren Zweck beteiligt fühlen. Wir erschlagen damit auch Vorstellungen, die da lauten, daß man mühseligerweise und im Staube kriechend seine Tage zu verbringen habe."[411]

Eine Neuerung war die Einführung von morgendlichen Betriebsappellen, ein betriebssoziologisches Experiment mit durchaus innovativen Zügen. „Grundbedingung hierzu ist, dass sich sowohl die Betriebsführung als auch die Betriebsgefolgschaft bei jeder sich bietenden Gelegenheit mit den Grundzielen der nationalsozialistischen Weltanschauung befassen. Diesem Ziel dienen die Organisation und Durchführung der Betriebsappelle und der Werkschararbeit in den Betrieben. Die Lösung der wahrhaft grossen sozialen Aufgaben hat die Deutsche Arbeitsfront übernommen. Der Sinn von Betriebsappellen ist folgender: Das unwürdige Kontrolluhren- und Kontrollmarkensystem, das den Menschen zur seelischen Maschine herabwürdigte, soll durch eine allmorgendliche symbolische Handlung ersetzt werden, welche dem Arbeiter zeigt, dass er keine ‚Nummer', sondern ein lebendiges, vollwertiges Mitglied der Betriebsgemeinschaft ist. Diese symbolische Handlung wird dargelegt durch einen jeden Morgen bei Arbeitsbeginn durchzuführenden Betriebsappell, der im Laufe der Zeit in allen Betrieben eingeführt werden muss, d.h. sowohl die Betriebsführung wie die Betriebsgefolgschaft, also die Betriebsgemeinschaft trifft bei Arbeitsbeginn zu einem Appell zusammen. Bei diesen Appellen wird zunächst durch kurzen Namensruf innerhalb der einzelnen Abteilungen die Anwesenheit der Belegschaft festgestellt. Dann wird ein weltanschaulich fundamentales Wort als Tageslosung bekanntgegeben. Wo die Umstände es erlauben, wird zu gleicher Zeit die Hakenkreuzfahne gehisst. Im Anschluss hieran werden betriebs- und menschenwichtige Fragen von der Betriebsführung bzw. Betriebsgefolgschaft vorgetragen, die dann im Laufe des Tages im gegenseitigen Einvernehmen ihre Regelung finden müssen."[412]

Den mit den Betriebsappellen betrauten Gefolgschaftsmitgliedern wurde ein besonderes Qualifikationsprofil abverlangt. Sie mussten vorbildlicher Parteigenosse sein, „der unsere Weltanschauung innerlich zutiefst begriffen und im Kampf erhärtet hat." Darüber hinaus musste der ausgewählte Parteigenosse große berufliche Fachkompetenz besitzen, die „seinen Betriebskameraden Achtung abringt. Dieser Parteigenosse nimmt von einzelnen Block-, Zellen- oder Abteilungsleitern die Meldungen entgegen und meldet dem Betriebsführer oder seinem Stellvertreter die angetretene Gefolgschaft. Dieser nimmt den Appell ab und spricht zur Gefolgschaft. Die Durchführung der Appelle darf nur einige Minuten dauern, damit von der Arbeitszeit nicht allzuviel verloren geht."[413]

3.5.2. Schleppende Nazifizierung

Die Nazifizierung der „Gefolgschaft" erfolgte entgegen solcher Visionen bei der Sparkasse Dortmund indes eher schleppend. „Betriebsführer" war der Leiter der Sparkasse Karl Jessen, der offenbar ein distanziertes Verhältnis zur DAF und auch zur Partei hatte und kaum politischen Druck auf die Mitarbeiter ausübte. Am 18. Oktober 1933 berief der Arnsberger Regierungspräsident sechs Mitglieder in die Betriebsvertretung der Stadtsparkasse Dortmund mit Albert Loos an der Spitze, die die Bildung von Vertrauensräten

---

[411] Reichsbetriebsgemeinschaft Banken und Versicherungen in der DAF (1937), S. 54f.
[412] Rednerinformationen zur Durchführung von Betriebsappellen, Mai 1937; Archiv der Sparkasse Dortmund, Akte Betriebsvertretungen 1933–1939.
[413] Ebenda.

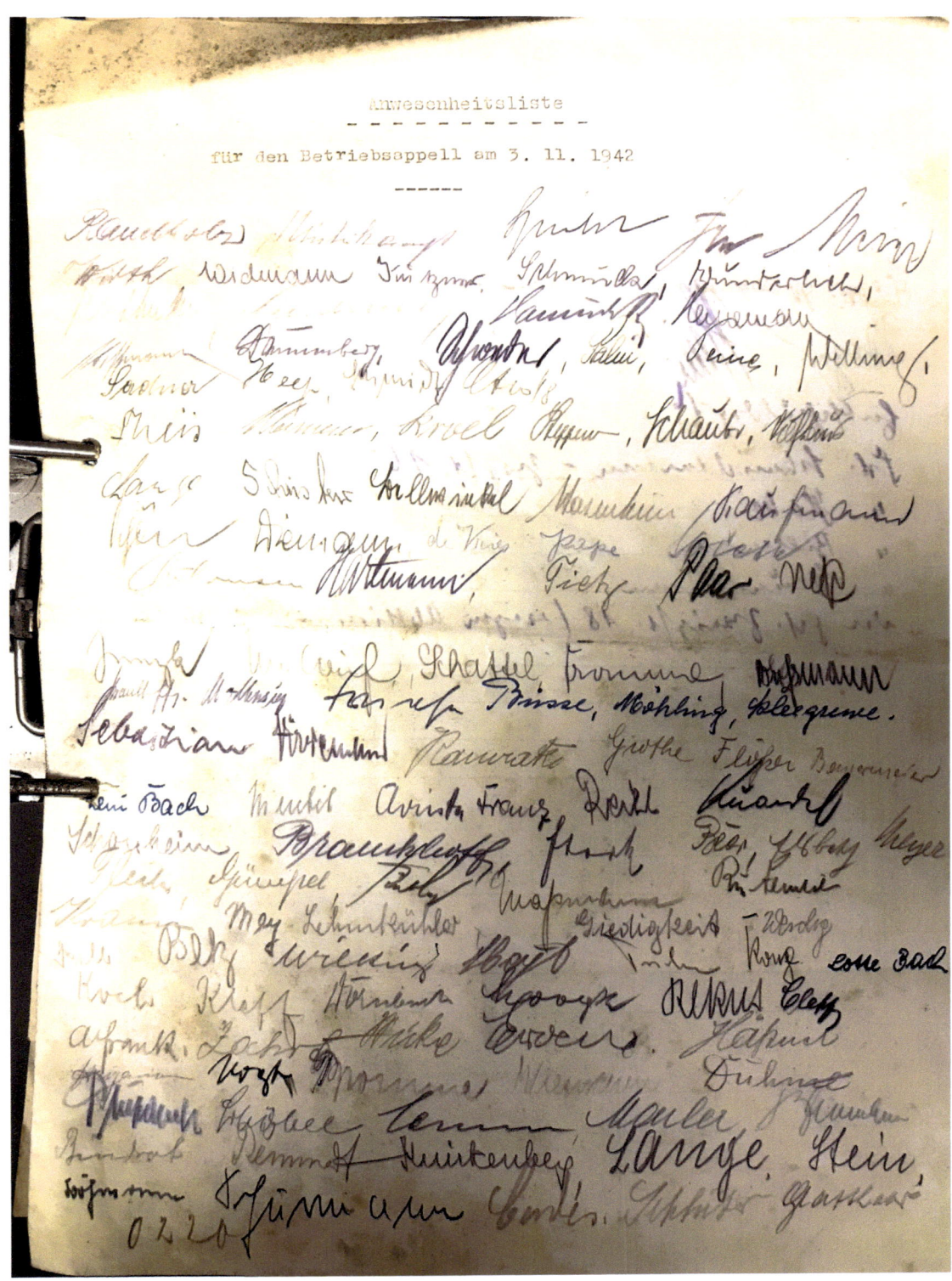

Anwesenheitsliste beim Betriebsappell am 3. November 1942

3.5. Belegschaft unterm Hakenkreuz

vorbereiteten.[414] Sie prüften, wer abstimmungsberechtigt war und wie die Wahlen durchzuführen seien. Die sich der geheimen Wahl aller über 21-jährigen Gefolgschaftsmitglieder stellenden Kandidaten mussten mindestens 25 Jahre alt sein und dem Betrieb zwei Jahre angehören. Jeder Kandidat musste „durch vorbildliche menschliche Eigenschaften ausgezeichnet sein und die Gewähr bieten, dass er jederzeit rückhaltlos für den nationalen Staat eintritt."[415] Aus heutiger Sicht erstaunt, dass die Kandidaten nicht expressis verbis Mitglied der NSDAP sein mussten, was aber de facto durch die obligatorische Mitgliedschaft in der DAF und die Betonung der „politischen Zuverlässigkeit" gewährleistet war.

Die ersten Wahlen zum Vertrauensrat fanden am 27. April 1934 im Dienstzimmer des geschäftsführenden Direktors statt und endeten mit einer Überraschung, denn der auf Nummer eins gesetzte Wunschkandidat der DAF, Albert Loos, wurde mit 51 von 142 abgegebenen Stimmen nicht gewählt, sondern Christian Herder mit 105 Stimmen. Die Wahlbeteiligung war mit 94 % (142 von 151 wahlberechtigten Stimmen) außerordentlich hoch.[416] Die Vereidigung fand am 1. Mai, dem Tag der nationalen Arbeit, in der Kassenhalle durch den Führer des Betriebes, Direktor Karl Jessen, statt. Nach der Vereidigung „marschieren die Betriebsangehörigen geschlossen zum Stadthaus, um an dem Festzug teilzunehmen," so Jessen in einem Rundschreiben an die Abteilungen und Zweigstellen. Selbstverständlich wurde erwartet, dass auch die „in den Vororten wohnenden und bei den Zweigstellen tätigen Betriebsangehörigen geschlossen an dem Festzuge in Dortmund teilnehmen." Auffällig ist die Wortwahl; Jessen verwendet den Begriff „Betriebsangehöriger" und nicht, wie zu erwarten, den nationalsozialistischen Begriff „Gefolgschaft", der sich aus dem Germanischen ableitet und ein unbedingtes, dem Führerprinzip verpflichtetes Treueverhältnis bezeichnete. Jessen distanzierte sich ausdrücklich von der nationalsozialistischen Symbolik: „Nach Möglichkeit ist dunkler Anzug ohne Hakenkreuzbinde zu tragen."[417]

Der Tag der nationalen Arbeit klang entsprechend der Anregung der Reichsregierung mit einer „geselligen Feier mit Musik und Tanz" im Großen Saal des Vergnügungslokals Biedermeier am Westenhellweg aus, bei der auch der Sparkassenvorstand anwesend war, der dazu einen Betrag in Höhe von 200 RM zur Verfügung gestellt hatte.

Auf Anordnung der DAF wurde bei den Betrieben die Zugehörigkeit der Gefolgschaftsmitglieder zu einzelnen Berufsverbänden abgefragt. Die Bilanz bei der Sparkasse Dortmund war ernüchternd. Die am 23. Oktober gemeldeten Ergebnisse ergaben, dass von 306 Gefolgschaftsmitgliedern zwar über 80 % organisiert waren, aber lediglich 25, das entsprach einer Quote von gerade einmal 8 %, Mitglieder der DAF waren. Christian Herder, mittlerweile Parteigenosse, stieg jetzt innerhalb der Hierarchie der Betriebsvertretung auf und wurde von der DAF zum Zellenobmann innerhalb der Ortsgruppe Mitte der DAF ernannt. Damit stand er über dem Blockwart und war ein ranghoher Funktionär innerhalb der Parteiorganisation. Herder wurde dann Spitzenkandidat bei der Vertrauensleutewahl am 12. April 1935. Bei einer Wahlbeteiligung von 88 % (165 von 187 stimmberechtigten Stimmen) wurde Herder zwar gewählt, errang aber mit 58 % oder 96 von 165 abgegebenen Stimmen nur den vierthöchsten Stimmanteil; ein weiterer Hinweis darauf,

---

[414] Weitere Mitglieder waren Wilhelm Jung, Erich Schumacher, Paul Cleff, Heinrich Reinecke und Aloys Kissing; ebenda.
[415] Ebenda.
[416] Gewählt wurden neben Herder Aloys Kissing, Erich Schumacher und Gerda Lammerding, als deren Vertreter Dr. Josef Mell, Josef Rauchholz sowie Luise Lindner; ebenda.
[417] Ebenda.

dass innerhalb der Gefolgschaft die DAF nicht vorbehaltlos unterstützt und kritisch betrachtet wurde. Der geschäftsführende Direktor Karl Jessen selbst war nicht Mitglied der DAF, sondern verblieb wie sein Stellvertreter Paul Arnold beim Reichsbund Deutscher Beamten (RDB). Nach der Befragung vom 4. Oktober 1935 war die Quote der DAF-Mitglieder bei der Sparkasse zwar auf mittlerweile 38 % oder 127 von 328 Gefolgschaftsmitgliedern gestiegen, lag aber immer noch weit unter den politischen Erwartungen der Machthaber.

Zum 1. November 1935 legte Herder sein Amt als Zellenobmann nieder, wie die DAF der Sparkasse mitteilte. Sie bestimmte den Parteigenossen Karl Stein zu seinem Nachfolger. Die Hintergründe wurden nicht genannt.[418] Leider sind in den historischen Akten keine weiteren Unterlagen zu den Wahlen der Vertrauensleute erhalten. Die Überlieferung wird wahrscheinlich aufgrund der Kriegswirren immer fragmentarischer. Erst nach Kriegsende gibt es dann Unterlagen, die den Neubeginn der betrieblichen Mitbestimmung unter freiheitlichen politischen Vorzeichen dokumentieren. Folgt man der Festschrift zum 100-jährigen Bestehen, blieb Stein die dominierende Persönlichkeit im Vertrauensrat, dessen Arbeit immer stärker von den Kriegsereignissen beeinflusst wurde.

Es existieren insgesamt drei Protokolle über die Sitzungen des Vertrauensrates, und zwar vom 3. März und 3. Juli 1936 sowie vom 18. Juni 1937, so dass wir einen guten Einblick in die in diesem Gremium behandelten Themen und Verläufe der Sitzungen erhalten. Ganz oben auf der Tagesordnung standen klassische Personalthemen wie geplante Neueinstellungen und tarifliche Fragen (Arbeitszeit, Vergütungsregelungen), aber auch aktuelle Fragen zur Geschäftsentwicklung und Geschäftspolitik, über die der „Führer des Betriebes" ausführlich berichtete. Einen besonderen Schwerpunkt bildete das Thema „Sparen". Jessen forderte die Anwesenden auf, den Gedanken des Sparens weiter zu verbreiten, um dadurch zum wirtschaftlichen Aufstieg und zum Aufbau des Vaterlandes beizutragen. Er schloss mit den üblichen politischen Floskeln der Zeit: „Nur durch die Genialität unseres Führers Adolf Hitler wurde uns die nötige Schwungkraft zum tatkräftigen Mithelfen wiedergegeben."[419] War Jessen offenbar kein vorbehaltloser Protagonist und aktiver Verfechter der nationalsozialistischen Betriebspolitik, änderten sich die politischen Verhältnisse in der Dortmunder Sparkasse mit dem Amtsantritt seines Nachfolgers Erich Henning im Jahr 1939. Die Nazifizierung der Gefolgschaft wurde jetzt stark vorangetrieben. Eine Nichtmitgliedschaft in der DAF war mittlerweile undenkbar. Auf den 12. Dezember 1941 datierte ein persönliches Anschreiben von Henning an die Angestellten Närdemann und Fuß, deren Nichtmitgliedschaft im Rahmen einer Revision durch die Gauverwaltung aktenkundig geworden war. „Ich weise ausdrücklich darauf hin, daß alle Gefolgschaftsmitglieder der Stadtsparkasse, soweit es sich um Angestellte und im Lohnverhältnis stehende Kräfte handelt, bis auf 2 der DAF als Mitglied angehören. Da die Zugehörigkeit zur DAF für jedes Gefolgschaftsmitglied eine selbstverständliche Pflicht ist, erwarte ich als Betriebsführer auch von Ihnen, daß Sie Ihren Beitritt nachträglich umgehend erklären."[420]

Seit Ende 1936 führte die DAF intensiv Schulungen für die gewählten Vertrauensleute durch. Auf dem Programm standen außer praktischen Fragen rund um die Tarifpolitik zunehmend ideologisch weltanschauliche Themen. Im Januar 1937 fand die erste

---

[418] Herder blieb aber weiterhin Mitglied im Vertrauensrat der Sparkasse, wie die Protokolle bis zum 18. Juni 1937 belegen; dann reißt die Überlieferung ab; ebenda.
[419] Protokoll über die Vertrauensratssitzung vom 3. März 1926; ebenda.
[420] Archiv der Sparkasse Dortmund, Akte Betriebsvertretungen 1939–1946.

Wochenendschulung statt, bei der neben dem obersten Dienstherren, Oberbürgermeister „Parteigenosse Dr. Banike", auch der Gaubetriebsgemeinschaftsverwalter, „Parteigenosse Boeke", und der Kreisbetriebsgemeinschaftsverwalter, „Parteigenosse Möller", als Redner auftraten. „Diese Wochenendschulung soll nicht allein den Zweck der Schulung dienen, sondern soll dazu angetan sein, die innere Ausrichtung und die Kameradschaft der Betriebsführer, Betriebszellenobleute und Vertrauensmänner zu fördern."[421]

3.5.3. Leistungskampf der deutschen Betriebe

Seit 1937 wurde im Rahmen des am 29. August 1936 von der DAF ins Leben gerufenen Leistungskampfs der deutschen Betriebe die Auszeichnung „nationalsozialistischer Musterbetrieb" verliehen. Durchgeführt wurde der Wettkampf vom „Amt für soziale Selbstverantwortung" der DAF. Die Ehrungen durch Adolf Hitler fanden jährlich am 1. Mai, dem „Tag der nationalen Arbeit", statt. Ein Jahr lang durften die prämierten Betriebe dann die Goldene Fahne der DAF präsentieren. Die Beschäftigten nahmen die damit meist verbundenen sozialen Verbesserungen im Betrieb zwar gern an, die Teilnahme an den Leistungskämpfen bedeutete aber meist auch verstärkten Arbeits- und Leistungsdruck.

Hitler persönlich trat für das Ideal eines nationalsozialistischen Musterbetriebes ein und die zeitliche Nähe seiner Einführung zum von ihm 1936 vorgelegten Vierjahresplan ist kein Zufall. Dass es beim Vierjahresplan im Grunde genommen um die kompromisslose Vorbereitung eines Angriffskrieges ging, legte Hitler in seiner berühmt-berüchtigten Denkschrift wenig später dar. Er forderte, die Wehrmacht müsse in vier Jahren „einsatzfähig" und die deutsche Wirtschaft „kriegsfähig" sein.[422] Ökonomisch betrachtet bedeutete die mit dem Vierjahresplan verbundene neomerkantilistische Autarkiepolitik einen Rückfall hinter die Gesetze der modernen Marktwirtschaft. Aus der historischen Rückschau wird klar, dass der wirtschaftliche Zusammenbruch nur noch durch einen Eroberungskrieg vermieden werden konnte. Die Konstruktion des nationalsozialistischen Musterbetriebs war indes keine sozialpolitische Vision, sondern sollte letztlich, ideologisch verbrämt, allein dem Ziel der Produktionssteigerung dienen. „Musterbetrieb ist der Betrieb, der seinen Menschen die Arbeit zur Freude gemacht hat, den Betrieb zur Heimat und die Leistung so klarlegt, daß der Mensch alles im Dienste der deutschen Nation tut. Musterbetrieb ist derjenige, der in jedem seiner Teile das unbedingte Gefühl der Gerechtigkeit geschaffen hat, der für den Ausgleich aller Teile sorgt und dafür, daß jeder Mensch sich als Kamerad und Mitarbeiter in diesem Betrieb fühlt. [...] Zum Vierjahresplan Adolf Hitlers, den wir uns anschicken zu erfüllen, gilt es zu beweisen, daß das Unmögliche zum Möglichen gemacht wird; durch Opfer und Einsatzbereitschaft, Leistung und Können ist das deutsche Volk in seiner Haltung so einheitlich, daß die bevorstehenden großen Aufgaben erfüllt werden. Adolf Hitler hat uns den Weg vorgeschrieben. Das Ziel ist klar vor unseren Augen. Nicht aus einem Zwang sind wir untereinander Kameraden und bilden eine Gemeinschaft, sondern aus innerer Überzeugung unserer Weltanschauung, weil wir eben Soldaten Adolf Hitlers sind."[423]

---

[421] Ebenda.
[422] Dietmar Petzina: Autarkiepolitik im Dritten Reich. Der nationalsozialistische Vierjahresplan, Stuttgart 1968; Wilhelm Treue: Dokumentation: Hitlers Denkschrift zum Vierjahresplan 1936, in: Vierteljahreshefte für Zeitgeschichte (3, 2 1955), S. 184-210.
[423] Reichsarbeitstagung (1937), S. 32f.

Die Sparkasse Dortmund bewarb sich seit 1938 regelmäßig. Eine entsprechende Vorlage entschied Bürgermeister Pagenkopf, der seit 1936 auch den Vorsitz im Vorstand der Dortmunder Sparkasse übernommen hatte, positiv, denn auf allen Einzelgebieten, auf denen sich der Leistungskampf erstreckt, sei „im Rahmen des Möglichen schon in den vergangenen Jahren etwas geleistet worden.

1) <u>Lehrlingsausbildung</u>
Die bei der Sparkasse tätigen Lehrlinge sind in besonderen Kursen außerhalb der Dienstzeit regelmäßig und ständig unterrichtet worden.

2) <u>Berufsausbildung</u>
Auch für die jüngeren Angestellten sind in den vergangenen Jahren bereits besondere Ausbildungskurse eingerichtet worden.

3) <u>KdF-Reisen</u>[424]
Aus der Gemeinschaftskasse der Sparkasse sind in jedem Jahre einige KdF-Reisen für die Gefolgschaftmitglieder gestiftet worden.

<u>Sportliche Einrichtungen</u>
Bei der Sparkasse bestehen 2 gute Fußballmannschaften, die wiederholt in Erscheinung getreten sind. Außerdem wird regelmäßig das Pistolenschießen und das Kleinkaliber-Schießen betrieben.

<u>Arbeitsplätze</u>
Abgesehen von einigen kleineren Zweigstellen entsprechen die Geschäftsräume und die Arbeitsplätze in diesen Geschäftsräumen den Erfordernissen des Amtes Schönheit der Arbeit."[425] Um die Erfolgsaussichten zu erhöhen, genehmigte Direktor Henning „die Betriebsbücherei in dem Aufenthaltsraum der Sparkasse mit einigen aktuellen bezw. Nationalsozialistischen Werken auszustatten."[426] Dazu wurden 80 RM zur Verfügung gestellt.

Der Bewerbung war ein „sanfter" Hinweis seitens der DAF vorausgegangen: „Der Sachbearbeiter der Gauverwaltung [...] drückte den Wunsch aus, daß die Sparkasse sich unter allen Umständen beteiligen möchte."[427] Der Druck nahm zu; in den nächsten Jahren

---

[424] KdF steht für „Kraft durch Freude", eine im November 1933 gegründete Unterorganisation der DAF. Aufgabe dieser nationalsozialistischen Gemeinschaft, nach dem Vorbild der italienischen „Opera Nazionale Dopolavoro" konzipiert, war die politische Organisation der Freizeit, die nach der Ausdehnung der Urlaubstage von acht auf zwölf Tage schon in der Weimarer Republik ein wichtiger Faktor des Wirtschaftslebens wurde. „Das Ziel der Organisation ist die Schaffung der nationalsozialistischen Volksgemeinschaft und die Vervollkommnung und Veredelung des deutschen Menschen." Kraft bedeutete im doppelten Sinne einerseits ein körperlich gesundes, kriegstüchtiges Volk, andererseits aber auch volkswirtschaftliche Leistungsfähigkeit. Im Grunde genommen handelte es sich um die Gleichschaltung der gesamten Freizeitwirtschaft. Das Amt für Reisen, Wandern und Urlaub avancierte so zum größten Reiseveranstalter Deutschlands; vgl. Bruno Frommann: Reisen im Dienste politischer Zielsetzungen. Arbeiterreisen und „Kraft durch Freude"-Fahrten, Stuttgart 1992, S. 108; vgl. auch Hasso Spode (Hg.): Zur Sonne, zur Freiheit! Beiträge zur Tourismusgeschichte, Berlin 1991.

[425] Aktenvermerk an Bürgermeister Dr. Pagenkopf vom 29. Juli 1938; Archiv der Sparkasse Dortmund, Akte Betriebsvertretungen 1933–1939.

[426] Ebenda.

[427] Ebenda.

*Gefolgschaftsraum der Sparkasse Dortmund um 1941,
Quelle: Winterfeld, S. 99*

*Buchungsraum in der Hauptstelle mit Hitler-Portrait um 1941,
Quelle: Winterfeld S. 94*

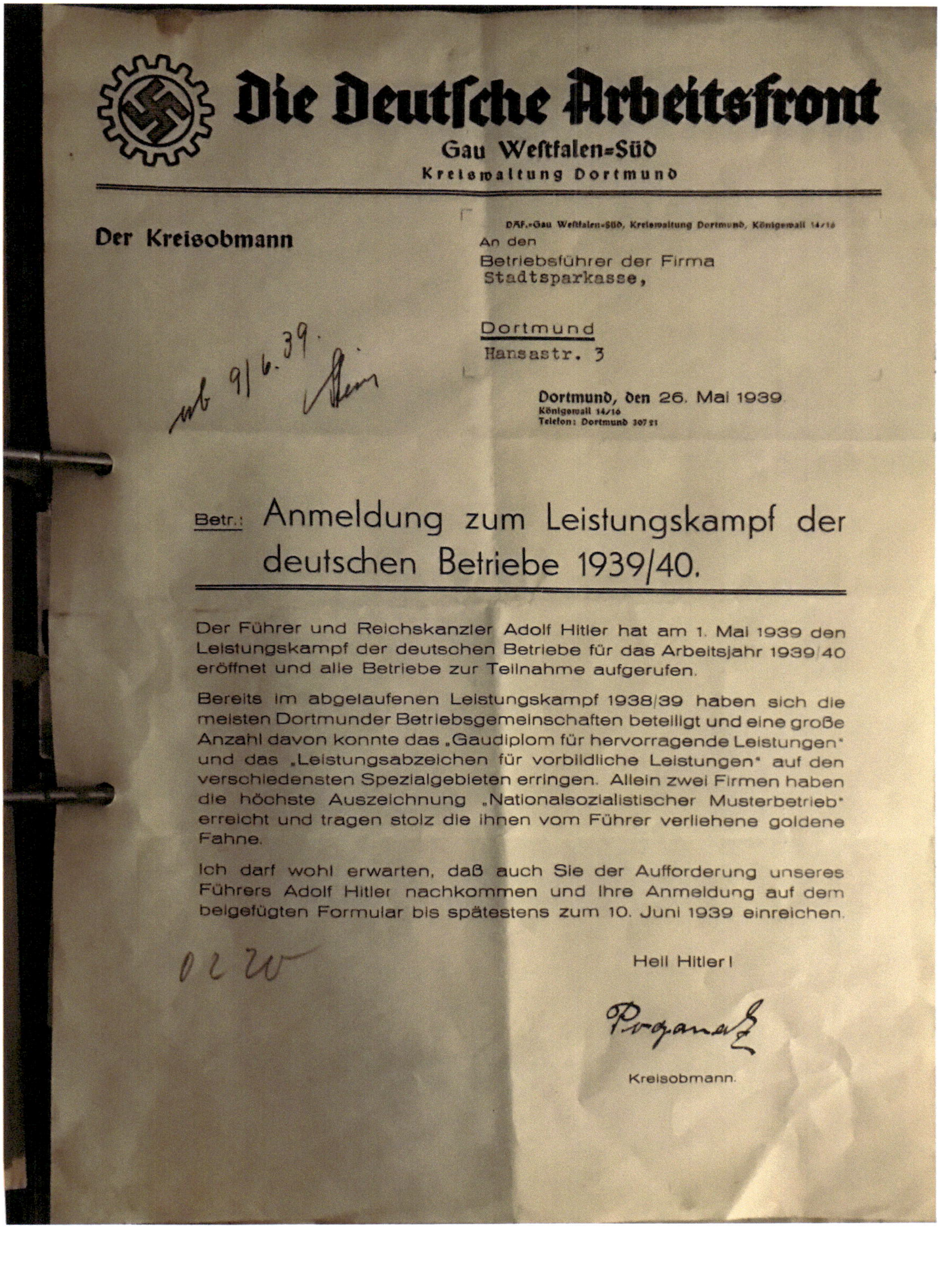

Die Deutsche Arbeitsfront
Gau Westfalen=Süd
Kreiswaltung Dortmund

Der Kreisobmann

DAF.-Gau Westfalen-Süd, Kreiswaltung Dortmund, Königswall 14/16
An den
Betriebsführer der Firma
Stadtsparkasse,

Dortmund
Hansastr. 3

Dortmund, den 26. Mai 1939
Königswall 14/16
Telefon: Dortmund 307 21

Betr.: Anmeldung zum Leistungskampf der deutschen Betriebe 1939/40.

Der Führer und Reichskanzler Adolf Hitler hat am 1. Mai 1939 den Leistungskampf der deutschen Betriebe für das Arbeitsjahr 1939/40 eröffnet und alle Betriebe zur Teilnahme aufgerufen.

Bereits im abgelaufenen Leistungskampf 1938/39 haben sich die meisten Dortmunder Betriebsgemeinschaften beteiligt und eine große Anzahl davon konnte das „Gaudiplom für hervorragende Leistungen" und das „Leistungsabzeichen für vorbildliche Leistungen" auf den verschiedensten Spezialgebieten erringen. Allein zwei Firmen haben die höchste Auszeichnung „Nationalsozialistischer Musterbetrieb" erreicht und tragen stolz die ihnen vom Führer verliehene goldene Fahne.

Ich darf wohl erwarten, daß auch Sie der Aufforderung unseres Führers Adolf Hitler nachkommen und Ihre Anmeldung auf dem beigefügten Formular bis spätestens zum 10. Juni 1939 einreichen.

Heil Hitler!

Kreisobmann.

3.5. Belegschaft unterm Hakenkreuz

wurde die Sparkasse offiziell von der DAF in einer Weise angeschrieben, dass man sich einer Bewerbung gar nicht entziehen konnte. Erfolgreich waren die Bewerbungen indes nicht.

3.5.4. Modernisierung und Antimodernisierung

Resümiert man die betriebliche Sozialpolitik während des Nationalsozialismus, kann man feststellen, dass der Aufbau der „Betriebsgemeinschaft" einerseits ideologisch-propagandistischen Vorgaben folgte, aber zugleich auf den „Ergebnissen der zeitgenössischen Betriebs- und Industriesoziologie technokratisch-kapitalistischer Wirtschaftsführung" fußte und das Ziel „höchstmöglicher Produktion bei gleichzeitiger Befriedigung der sozialen Grundbedürfnisse durch betriebliche Sozialleistungen" verfolgte.[428] Tatsächlich wies die betriebliche Sozialpolitik im „Dritten Reich" aber auch innovative Züge auf. Zu nennen ist beispielsweise die Ausdehnung der Sozialversicherung über den Kreis der Arbeitnehmer hinaus, in die nun auch das Handwerk (Rentenversicherung seit 1938) und die Rentner (Krankenversicherung seit 1941) einbezogen wurden. Zudem war die Zeit des Nationalsozialismus – gegen den Widerstand der kommunalen Spitzenverbände – mit den zentralstaatlichen Festlegungen eines Existenzminimums ein wichtiger Scheitelpunkt in der Fürsorgereform der deutschen Sozialverfassung. Doch schon ein flüchtiger Blick auf die historischen Zusammenhänge zeigt die Ambivalenz dieser Modernisierungsansätze. „Die mit dem Vierjahresplan begonnene Ausweitung der Sozialpolitik zu einer ‚umfassend politisch bestimmten Daseinssicherung' mit einer Institutionalisierung neuer Formen einer gehobenen Fürsorge für die ‚erbgesunde' deutsche Familie erfuhr ferner durch den Krieg ‚einen entscheidenden, rassistisch ausgerichteten Schub', wobei vornehmlich die Stabilisierung der ‚Heimatfront' den Impetus der sozialpolitischen Verbesserungen bildete. Und so, wie der Wohlfahrtsstaat unmittelbar dem Krieg diente, so erschloß auch der Krieg dem Wohlfahrtsstaat ‚neue Ressourcen' durch Ausbeutung ausländischer Arbeitskräfte und besetzter Territorien."[429] Hitler war also alles andere als ein Sozialrevolutionär, wie Rainer Zitelmann Mitte der 1980er Jahre provokativ behauptete,[430] sondern eher Element einer „wohlfahrtsstaatlichen Regression", wie Florian Tennstedt und Christoph Sachße herausgestellt haben.[431] Wie komplex die dabei zugrunde liegende Problemlage ist, deutete der Historiker Klaus Hildebrand an: „Weil die Moderne durch Ambivalenz ihrer Erscheinungen und Wirkungen gekennzeichnet ist, birgt selbst die grundsätzliche Antimodernisierungsbewegung des Nationalsozialismus so viel an unterschiedlich konstituierter Modernisierung, daß auch in dieser Hinsicht das Widersprüchliche, das Verwirrende, das im wörtlichen Sinne Diabolische also, Hitlers ‚Drittes Reich' charakterisiert."[432] Tatsächlich ist in der Geschichtswissenschaft in den letzten Jahren eine intensive Debatte zu dem Phänomen „Nationalsozialismus und Moderne" geführt worden, auf die an dieser Stelle mit dem Hinweis auf das Maßstäbe setzende (Standard-)Werk von Riccardo Bavaj nur verwiesen werden kann.

---

[428] Matthias Frese: Betriebspolitik im „Dritten Reich". Deutsche Arbeitsfront, Unternehmer und Staatsbürokratie in der westdeutschen Großindustrie 1933–1939, Paderborn 1991, S. 450.
[429] Bavaj (2003), S. 92.
[430] Rainer Zitelmann: Hitler. Selbstverständnis eines Revolutionärs, 4. Aufl., München 1998 (Erstausgabe 1987).
[431] Christoph Sachße, Florian Tennstedt: Der Wohlfahrtsstaat im Nationalsozialismus, Stuttgart 1992.
[432] Vorwort zu Bavaj (2003), S. VIII.

4. Von der Währungsreform zum „Wirtschaftswunder". Die Sparkasse Dortmund in den „goldenen 1950er Jahren"

4.1. „Stunde Null"

Nach einer ungeheuren Geldmengenausweitung während des Krieges und dem gleichzeitigen Zusammenbruch der industriellen Produktion hatte die Reichsmark ihre Funktion als Tausch- und Wertaufbewahrungsmittel verloren. Das Inflationspotential in Deutschland wird heute auf etwa 700 % veranschlagt[433] und neben den laufenden zivilen Staatsausgaben in Höhe von 206,7 Mrd. RM waren bis Ende 1944 allein für die Wehrmacht 576,93 Mrd. RM ausgegeben worden. Diese Staatsausgaben in Höhe von 783,6 Mrd. RM konnten durch die laufenden Einnahmen durch Steuern und Zölle nicht ansatzweise gedeckt werden und trotz kurz- und langfristiger Neuverschuldungen zwischen 1933 und 1944 in Höhe von rd. 245 Mrd. RM türmte sich eine Finanzierungslücke von über 430 Mrd. RM auf.[434] Gläubiger dieses Schuldenberges waren zu 25 % die Reichsbank, zu 50 % Banken, wovon mehr als die Hälfte auf die Sparkassen entfiel, sowie zu weiteren 25 % Versicherungen und andere Unternehmen, deren durch Kriegskonjunktur und Konsumstau entstandene hohe Liquidität „möglichst geräuschlos abgeschöpft worden war."[435]

Die Währung war zusammengebrochen und an eine reguläre Finanzwirtschaft mit den Sparkassen, den genossenschaftlichen Kreditinstituten und den Geschäftsbanken im Zentrum war nicht zu denken. „Zerstört war auch die Funktionsfähigkeit unserer Reichsmark. Von Jahr zu Jahr büßte sie ihre Bedeutung als allgemein gültiges Tauschmittel immer mehr ein. Wenn im Volksmund von einer ‚Zigarettenwährung' gesprochen wurde, dann lag in dieser Feststellung leider viel Wahrheit," so beurteilte die benachbarte Wittener Sparkasse die zerrüttete Finanzlage in Nachkriegsdeutschland.[436] An eine geregelte Geschäftstätigkeit war auch bei der Sparkasse Dortmund in der letzten Kriegsphase nicht mehr zu denken.

Es war zudem die Zeit, als die Pläne von Henry Morgenthau, amerikanischer Finanzminister und enger Vertrauter von Präsident Roosevelt, Deutschland sein industrielles Rückgrat zu brechen und in einen Agrarstaat zurück zu verwandeln, noch längst nicht vom Tisch waren und das Damoklesschwert der Demontage vor allem über den montanindustriellen Betrieben in Dortmund und den anderen Ruhrgebietsstädten schwebte. Es drohte der Rückfall in eine primitive Tauschwirtschaft, denn nur solche Kompensationsgeschäfte hielten die am Boden liegende Wirtschaft überhaupt noch am Leben. Victor Agartz, Leiter des Verwaltungsamts für Wirtschaft der britischen Zone, schrieb in diesem Sinne im Sommer 1946 voller Resignation an die Militärregierung: „Das System

---

[433] Vgl. Deutsche Bundesbank (Hg.): Währung und Wirtschaft in Deutschland 1876–1975, Frankfurt 1976; Herbert Giersch, Karl-Heinz Paqué, Holger Schmieding: The Fading Miracle, Cambridge 1992.
[434] Berechnet nach Brodesser (2011), S. 46 und S. 110.
[435] Werner Abelshauser: „Zur Vorbeugung der Armuth …". Der Kreis Herford im Spiegel seiner Sparkasse 1846–1996, Stuttgart 1996, S. 189; vgl. auch Fußnote 120.
[436] Geschäftsbericht der Stadt-Sparkasse zu Witten für die Jahre 1948/49, 1950, 1951 und 1952, S. 105; WWA Bestand S 7 Nr. 1023.

des organisierten Tauschhandels zwischen gewerblichen Unternehmungen und Bauern und die illegale Zuteilung von rationierten Verbrauchsgütern an die Industriearbeiter, die damit Lebensmittel eintauschen, hat einen solchen Umfang angenommen, dass man von der Verfolgung einzelner Fälle keinen Erfolg mehr erwarten kann. Solche irregulären Tauschgeschäfte sind gegenwärtig die Regel. Industrielle Verbrauchsgüter sind auf normalem Wege durch Kauf und Zuteilung kaum noch erhältlich. Dieses Tausch- und Kompensationssystem spielt sich in aller Öffentlichkeit ab."[437] Der Alltag in den letzten Kriegsjahren und der unmittelbaren Nachkriegszeit war von heute kaum mehr vorstellbaren Entbehrungen gekennzeichnet, die den Lebensstandard unter das Existenzminimum herabgedrückt hatten. Hunger und Not waren schon 1943 allgegenwärtig. „Die Leute erscheinen kaum gefähig mit buchstäblich schlotternden Muskeln. Sie sind körperlich und seelisch am Ende," hieß es beispielsweise im Bericht der Hoesch-Sozialwirtschaft vom 9. Juni 1947.[438] Der Schwarzmarkt und „Hamsterfahrten" wurden zu unentbehrlichen „Versorgungseinrichtungen", aber nur für diejenigen, die es sich leisten konnten.

4.2. Kontinuitäten und Diskontinuitäten. Ehemalige Führungskräfte der Sparkasse Dortmund und ihre Karrieren in Nachkriegsdeutschland

Über die Rolle der ehemaligen NS-Wirtschaftseliten nach 1945 gibt es mittlerweile eine umfangreiche Forschungsliteratur. „Die Untersuchung der Fragen, welche Bedeutung den NS-Eliten in der Bundesrepublik vor allem während ihrer Aufbauphase zukam, welche reale Bedrohung von ihnen ausging, wie aber auch die einzelnen Individuen ihren Lebensweg nach dem Zusammenbruch der NS-Diktatur gestalteten, wie sie ihre Vergangenheit in die neue Gegenwart einbezogen, gehörte bereits zeitgenössisch zu den wichtigen Problemen, die insbesondere die drei Westmächte und ihre Geheimdienste sehr beschäftigten; ganz offenkundig sind solche Fragen aber auch von aktueller politischer Brisanz und laden zu weitreichenden Vergleichen geradezu ein."[439] Es waren vor allem die im Nationalsozialismus weniger Prominenten, „die ihre Karrieren nun in Ministerien, öffentlichen Verwaltungen, Richterstuben und Kanzleien, Kliniken und Unternehmen der Bundesrepublik" fortsetzten.[440] Auch in der Regionalgeschichte wurden mittlerweile viele erfolgreiche berufliche Laufbahnen von zwischen 1933 und 1945 bedeutenden nationalsozialistischen Wirtschaftsführern aufgedeckt, die zuvor

---

[437] Zitiert nach Justus Rohrbach, Hans Schlange-Schöningen: Im Schatten des Hungers. Dokumentarisches zur Ernährungspolitik und Ernährungswirtschaft in den Jahren 1945–1949, Hamburg 1955, S. 88 f.

[438] Hoesch-Archiv, das im Thyssenkrupp Konzernarchiv in Duisburg aufbewahrt wird.

[439] Ulrich Herbert: Rückkehr in die Bürgerlichkeit? NS-Eliten in der Bundesrepublik, in: Bernd Weisbrod (Hg.): Rechtsradikalismus in der politischen Kultur der Nachkriegszeit, Hannover 1995, S.157–178, hier S. 157. Aus der umfangreichen Literatur vgl. besonders Norbert Frei: Vergangenheitspolitik. Amnestie, Integration und die Abgrenzung vom Nationalsozialismus in den Anfangsjahren der Bundesrepublik, München 1996, derselbe (Hg.): Karrieren im Zwielicht. Hitlers Eliten nach 1945, Frankfurt am Main 2002; ders.: Transnationale Vergangenheitspolitik. Der Umgang mit deutschen Kriegsverbrechern in Europa nach dem Zweiten Weltkrieg, Göttingen 2006, Volker Berghahn, Stefan Unger, Dieter Ziegler (Hg.): Die deutsche Wirtschaftselite im 20. Jahrhundert. Kontinuität und Mentalität, Essen 2003.

[440] Brechtken (2024), S. 15.

mehr oder weniger mühelos entnazifiziert worden waren.[441] In Dortmund ist zum Beispiel der ehemalige Staatskommissar und kommissarische Oberbürgermeister Bruno Schüler zu nennen. Er war zunächst Prokurist bei der Dortmunder Union Brauerei und stieg durch seine Parteizugehörigkeit zum Vorstandsmitglied und IHK-Präsidenten auf. Sein Griff nach dem Vorstandsvorsitz scheiterte aber und er setzt seine Karriere 1938 in Frankfurt in dem finanziell lukrativen Amt als Vorsitzender des Vorstands der Schöfferhof-Binding-Bürgerbräu AG fort. Es fiel ihm also nicht schwer, seinen ehrenamtlichen politischen Ämtern in Dortmund den Rücken zu kehren, nicht allerdings ohne auf hohe nationalsozialistische Ehrungen und Auszeichnungen zu verzichten, die ihm zu seinem Abschied zuteil wurden. Schüler behauptete nach 1945, in Frankfurt aus der NSDAP ausgetreten zu sein, was aber wenig glaubhaft ist, denn er wurde nach 1939 hier ebenfalls ehrenamtlich in die Stadtverwaltung eingebunden.[442] Nach Kriegsende wurde er verhaftet und zweieinhalb Jahre in Staumühle und Darmstadt interniert. Nach seiner Entnazifizierung 1948 kehrte er als Top-Manager in die Brauwirtschaft zurück. Seine Karriere führte von der Balsem-Bergischen-Löwen Brauerei, später Gilden Kölsch Brauerei in Köln-Mülheim, die 1967 von der Dortmunder Union-Brauerei übernommen wurde, zur Andreas Brauerei in Hagen. Schüler starb am 9. Juli 1956 in Köln.

Der von den Nationalsozialisten zunächst protegierte und dann geächtete Oberbürgermeister Ludwig Malzbender arbeitete nach Kriegsende als Wirtschaftsberater, klagte 1951 und 1966 nach dem Gesetz zur Wiedergutmachung nationalsozialistischen Unrechts für Angehörige des öffentlichen Diensts zunächst vergeblich auf Wiedereinstellung. Am 26. November 1966 verunglückte er im Alter von 66 Jahren tödlich. Das Verfahren wurde von seiner Witwe aber weiter geführt, die 1934 ausgesprochene Dienstentlassung schließlich am 23. August 1968 vom Oberlandesgericht Hamm aufgehoben und Malzbender posthum als politisch Verfolgter anerkannt.

Unmittelbar nach dem Zusammenbruch der nationalsozialistischen Herrschaft wurden auch bei der Sparkasse Dortmund die von Nationalsozialisten bekleideten Führungspositionen neu besetzt. Blicken wir auf die Lebenswege dieser ehemaligen Entscheider nach 1945 lassen sich auch hier gute Beispiele für nahezu ungebrochene Karrieren in der Bundesrepublik finden. Betrachten wir zunächst die ehemaligen Vorstandsvorsitzenden Pagenkopf und Banike, die seit 1936 maßgeblich die Kriegsfinanzierung und die Enteignung jüdischer Vermögen mitverantwortet haben. Bis dahin hatten der politisch integre Stadtkämmerer Wilhelm Kaiser und Direktor Karl Jessen die Nazifizierung der Sparkasse nur halbherzig vorangetrieben.

Unmittelbar nach Kriegsende wurde der nationalsozialistische Finanzexperte und ehemalige Kämmerer Hans Pagenkopf, der zwischen 1936 und 1942 Vorsitzender des Sparkassenvorstandes war, durch die alliierte Besatzungsmacht aus dem Amt des Stadtkämmerers und Bürgermeisters entlassen, und ihm seine Versorgungsansprüche aberkannt. Pagenkopf wurde im November 1948 als „Mitläufer" entnazifiziert, obwohl er Mitglied der SA war und 1943 zum SA-Obersturmbannführer aufgestiegen war. Ein wichtiger Entlastungszeuge war der in Dortmund geborene spätere sozialdemokratische Finanzminister im Kabinett von Willy Brandt Alex Möller, der zu Protokoll gab, es sei

---

[441] Aus der Fülle der Literatur vgl. für Westfalen beispielhaft zur Unternehmerfamilie Schlichte in Steinhagen Jürgen Büschenfeld: Steinhagen im Nationalsozialismus. Ländliche Gesellschaft im Gleichschritt, Bielefeld 2018.

[442] Stadtarchiv Dortmund, Personalakte Bruno Schüler; Schreiben vom 1. Oktober 1947, Resch (1969), S. 84 und S. 86.

ihm als ausgewiesener Gegner des NS-Regimes möglich gewesen, sich mit Pagenkopf „objektiv und unvoreingenommen über allgemein politische, wirtschaftliche und kommunalpolitische Fragen zu unterhalten." Dabei habe er festgestellt, dass auch Pagenkopf „aus den Erkenntnissen seiner Arbeit heraus zu einer kritischen Einstellung gekommen" war. Möller nannte in diesem Zusammenhang seine Auseinandersetzungen mit dem stellvertretenden Gauleiter Vetter und dem Kreisleiter Hesseldieck. Ebenso war Möller in guter Erinnerung geblieben, dass Pagenkopf seine „Empörung über die Maßnahmen seiner Partei gegen die Juden nicht nur verstanden" hatte, sondern darüber auch „gänzlich erschüttert" war und diese nachdrücklich abgelehnt habe.[443] Diese Aussage waren offenbar ein Gefälligkeitsgutachten eines Berufskollegen, die mit dem tatsächlichen politischen Wirken Pagenkopfs nicht zusammen passten.[444] Insbesondere seine angebliche Empörung über antisemitische Handlungen der Nationalsozialisten entsprachen nicht der historischen Realität, wie am Beispiel der Enteignung der Synagoge noch genauer zu zeigen sein wird, denn Pagenkopf war hier an exponierter Stelle maßgeblich beteiligt.

Ein weiteres Entlastungszeugnis wurde Pagenkopf vom ehemaligen Oberbürgermeister Willi Banike ausgestellt. In einer eidesstattlichen Versicherung legte dieser zunächst dar, dass Pagenkopf „nur infolge seiner fachlichen Eignung und nicht wegen seiner Parteizugehörigkeit" zum Kämmerer der Stadt Dortmund berufen worden sei. Diese Formulierung war wichtig, um mögliche Versorgungsansprüche Pagenkopfs nicht zu gefährden. „Der Oberbürgermeister von Hagen, später stellv. Gauleiter von Westfalen-Süd,[445] erklärte mir damals, daß er froh sei, wenn Herr P. nach Dortmund ginge. Er arbeite nicht gern mit ihm zusammen, da er im Grunde kein Nationalsozialist sei." Im Mittelpunkt seiner weiteren Ausführungen stellte Banike die Konflikte Pagenkopfs mit der NSDAP Kreisleitung und dem Gau Westfalen-Süd, die vergeblich die Amtsenthebung Pagenkopfs als Kämmerer bzw. „die Entfernung von Dr. P. aus dem Sparkassen- und Giroverband und dem Vorstand der Landesbank" betrieben hatten. Da Pagenkopf „diese Ämter als Kämmerer der größten Gemeinde Westfalens inne hatte, hat sich der damalige Landeshauptmann mit mir über diese Bestrebungen unterhalten und ihnen nicht entsprochen." Schließlich habe Gauleiter Wagner seine schützende Hand über Pagenkopf gehalten und Banike darin bestärkt, Pagenkopf in seinem Amt zu belassen. „Er meinte, Dr. P. sei zwar Individualist und daher wohl Liberalist, aber tüchtig, und daher solle er ruhig bleiben."[446]

Die Stadt Dortmund folgte dem Urteil des Entnazifizierungsurteils nicht; ganz im Gegenteil, sie hat versucht, „die Rechte des früheren Bürgermeisters Dr. Dr. Pagenkopf mit allen ihr zu Gebote stehenden Rechtsmitteln abzuerkennen."[447] Die angestrebte Wiederaufnahme des Entnazifizierungsverfahrens kam aber aufgrund des Entnazifizierungsabschlussverfahrens nicht mehr zustande, weil Pagenkopf sein Erscheinen vor dem Entnazifizierungsausschuss immer wieder aus vorgeschobenen gesundheitlichen Gründen abgesagt und somit das Verfahren in die Länge gezogen hatte.[448] Die Stadt Dortmund hielt

---

443 Schreiben von Alex Möller vom 21. April 1947; Stadtarchiv Dortmund, Personalakte Hans Pagenkopf.
444 Alex Möler war zu dieser Zeit Vorsitzender des Vorstands der Karlsruher Lebensversicherung, Pagenkopf bekleidete eine Führungsposition bei der Gothaer Versicherung.
445 Gemeint war Heinrich Vetter.
446 Auch für das vorige Stadtarchiv Dortmund, Personalakte Hans Pagenkopf.
447 Stadtarchiv Dortmund Bestand 111 Nr. 69.
448 „Ueber gesundheitliche Nachteile ist uns nichts bekannt geworden." Schreiben der SPD, Unterbezirk Göttingen, an den Unterbezirk der SPD in Dortmund vom 15. Oktober 1951; Stadtarchiv Dortmund, Personalakte Hans Pagenkopf.

aber trotz einer anhängigen Klage Pagenkopfs, der Versorgungsbezüge aus seiner Amtszeit als Bürgermeister und Kämmerer forderte, an der Rechtmäßigkeit seiner Entlassung aus den städtischen Diensten fest, ohne jedwede Rechtsansprüche Pagenkopfs anzuerkennen. Sie blieb bei ihrem Standpunkt, dass Pagenkopf zwar ein tüchtiger Fachbeamter gewesen sei, aber „vor allem auch ein Rühriger und alter Nationalsozialist". Mit Blick auf seinen Rang als Hauptstellenleiter der NSDAP und Obersturmbannführer der SA könne „über seine politische Haltung in der Nazizeit gar keine falsche Auffassung bestehen."[449] Besonders schwer belasteten ihn seine Verstrickungen beim „Kauf und Abbruch der Synagoge", zu dem gegenwärtig „ein Strafverfahren gegen den früheren Kreisleiter Hesseldieck und Dr. Pagenkopf wegen Verbrechen gegen die Menschlichkeit" anhängig war.[450]

Hesseldieck, der am 10. April 1945 ins Sauerland geflüchtet war, um sich mit anderen Parteigrößen an der Aufstellung eines „Freikorps Sauerland" zu beteiligen, wurde am 13. September 1949 auf seiner Arbeitsstelle bei Leitz in Wetzlar festgenommen und in die Untersuchungshaftanstalt Dortmund eingeliefert. Zuvor hatte er zusammen mit anderen schwer belasteten Nazi-Größen wie Alfried Krupp und dem Auschwitz-Arzt Eduard Wirths eine 15monatige Haft im Internierungslager Staumühle verbüßt. Die erneute Festnahme erfolgte, nachdem der ehemalige Vorsteher der jüdischen Gemeinde Jonas und Rechtsanwalt Koppel, die sich beide vor dem Holocaust ins Ausland retten konnten, 1946 Anzeige gegen Hesseldieck und Pagenkopf erstatteten. Diese hätten die jüdische Gemeinde zum Verkauf der Synagoge gezwungen. Pagenkopf und Hesseldieck betonten dagegen unabhängig voneinander, die Unterredung habe ohne jedweden Zwang und ohne Drohungen stattgefunden. Das Verfahren gegen Pagenkopf wurde wenig später eingestellt, obwohl Hesseldieck ihn stark belastete, indem er zu Protokoll gab, er selbst habe bei den Verhandlungen mit der jüdischen Gemeinde lediglich als „stiller Beobachter" teilgenommen und Bürgermeister Pagenkopf das Wort überlassen.

Eine aus heutiger Sicht drückende Beweislast – zahlreiche Zeugen und einschlägige Zeitungsartikel berichteten zum Beispiel von der antisemitischen Hetze Hesseldiecks („Reisst ab den Judentempel!") beim Sturm auf die Synagoge – standen zweifelhafte Zeugenaussagen gegenüber, die Hesseldieck entlasteten. Darin hieß es, er habe ein distanziertes Verhältnis zur Gauleitung gehabt und wiederholt Juden vor Repressalien bewahrt.[451] Auch habe er dazu beigetragen, die kulturellen Einrichtungen und Gegenstände der Synagoge vor der Zerstörung zu retten.[452] Hesseldieck selbst führte aus, er sei damals sehr erstaunt und „beglückt" über „den reibungslosen Verlauf der Besprechung gewesen", die er insgesamt als „charmant" bezeichnete. Das Dortmunder Landgericht unter Leitung von Landgerichtsdirektor Dr. Helmut Wienand meldete in seinem Urteil vor allem Zweifel an der Glaubwürdigkeit der Hauptbelastungszeugen Jonas und Koppel an. Ein wichtiges Argument für das Gericht waren widersprüchliche Aussagen darüber, ob

---

[449] Stellungnahme der Stadtverwaltung an Oberbürgermeister Henßler vom 8. Mai 1951; Stadtarchiv Dortmund, Personalakte Hans Pagenkopf.

[450] Vgl. dazu die umfangreichen Ermittlungsakten in drei Bänden mit über 1.000 Dokumenten der Staatsanwaltschaft Dortmund; Landesarchiv NRW, Abteilung Münster, Bestand Q 223.

[451] Er habe Edmund Jaenicke, der ein SA-Plakat von einer Hauswand gerissen habe, aus der Gestapohaft befreit, die Verhaftung des jüdischen Werkleiters Dr. Felix Goldmann verhindert und die Unterbringung einer angeblich geistesgestörten Frau in einem Irrenhaus und eine dortige Zwangssterilisierung verhindert; Aussagen von Freifrau Erna von Reiswitz; Landesarchiv NRW, Abteilung Münster, Bestand Q 223.

[452] Die umfangreichen Prozessunterlagen befinden sich im Landesarchiv NRW, Abteilung Münster, Bestand Q 113.

die Angeklagten während der Unterredung SS- oder SA-Uniformen getragen hätten. Das Gericht sprach schließlich Hesseldieck frei. In der Urteilsbegründung hieß es, dass das Gericht zwar davon überzeugt sei, dass der Verkauf der Synagoge mit einer Drohung erzwungen worden sei.[453] Das reiche aber nicht aus, den Tatbestand der Drohung zu erfüllen, weil die damalige politische Situation als Ausdruck „allgemein von der Parteileitung auf die Angehörigen der jüdischen Rasse ausgeübten politischen Drucks angesehen werden kann, nicht aber als eine darüber hinausgehende individuelle Schuld des Angeklagten."[454] Auch Hesseldieck verließ das Gericht als freier Mann. Er lebte später als Kaufmann in Niederhöchstadt bei Eschborn und starb dort im Alter von 98 Jahren.

Pagenkopf war also nach dem Scheitern einer Revision des Entnazifizierungsurteils und der Einstellung des Strafverfahrens wegen Verbrechen gegen die Menschlichkeit doppelt rehabilitiert; einer unbeschwerten Karriere in der Versicherungswirtschaft stand nichts mehr im Wege. „Herr Dr. Pagenkopf ist Personalleiter der Gothaer Lebensversicherung in Göttingen. Er hat damit eine sehr maßgebende Funktion über mehr als 400 Angestellte und Arbeiter. Er ist darüber hinaus weiter mit verantwortungsvollen Aufgaben betraut. Da er immer anwesend ist, ist er auch arbeitsfähig. […] Ueber seine politische Einstellung kann nichts gesagt werden; jedoch werden durch P. – bei der sonstigen Gesamteinstellung des Vorstandes der Gothaer Versicherung – wichtige Posten in der Gesellschaft nur mit Herren aus rechtsgerichteten Kreisen besetzt (Offiziere werden bevorzugt)."[455]

Offen war aber noch seine Klage gegen die Stadt Dortmund auf Zahlung einer Beamtenversorgung. Am 16. Juni 1953 wurde schließlich auch in diesem Verfahren ein Urteil gesprochen. Das Oberlandesgericht in Hamm gab Pagenkopfs Klage gegen die Stadt Dortmund statt, die dazu verpflichtet wurde, an den ehemaligen Bürgermeister und Kämmerer fortan monatliche Versorgungsbezüge in Höhe von 860 DM zahlen und eine Nachzahlung in Höhe von 42.000 DM zu leisten. Das Urteil erregte bundesweit Aufsehen und entwickelte sich zu einem regelrechten Skandal in der frühen Bundesrepublik, über den die Presse in ganz Deutschland berichtete. Vor allem in Dortmund war die Empörung groß. „Die Kleinen hängt man, die großen lässt man laufen", schrieb die Westfälische Rundschau. Ein „Skandal erster Güte" titelte das Westdeutsche Tageblatt, das über die am Tag der Urteilsverkündung stattfindende sechsstündige Dortmunder Stadtvertretersitzung berichtete, in der es zu „erregten Zwischenrufen und drastischen Äußerungen" kam. Das Urteil wurde als „unverfrorene Zumutung" in einer Zeit bezeichnet, in der „viele Menschen noch auf Entschädigungen für erlittenes Unbill warten." In der Stadtverwaltung wurde sogar ernsthaft diskutiert, die Zahlungen besser zu verweigern und es auf eine öffentliche Pfändung ankommen zu lassen, als diesem „alten Kämpfer" und „Funktionär und intellektuellen Miturheber des Naziübels" eine Pension zu bewilligen. Es wurde von der SPD eine Protestresolution formuliert, die dem Deutschen Städtetag und den deutschen Parlamenten zugesandt wurde. Auch die Dortmunder CDU stellte sich geschlossen hinter dieses Schreiben; einzig die FDP und die KPD stimmten nicht zu. In den Parlamenten wurde die „baldige Schließung einer Gesetzeslücke, durch die

---

[453] „In der Besprechung selbst brachte er seine Forderung in einer Weise vor, die kaum einen Widerspruch duldete." Urteilsbegründung in den Prozessakten; ebenda.
[454] Urteilsbegründung in den Prozessakten; ebenda.
[455] Schreiben der SPD, Unterbezirk Göttingen, an den Unterbezirk der SPD in Dortmund vom 15. Oktober 1951; Stadtarchiv Dortmund, Personalakte Hans Pagenkopf.

die Naziprominenz immer noch schlüpfen könne," diskutiert.[456] Pagenkopfs berufliche Karriere nahm dadurch aber keinen Schaden. Von 1962 bis 1969 war er Geschäftsführer des Instituts für Finanzen und Steuern in Bonn und gehörte zwischen 1968 und 1971 der Steuerreformkommission der Bundesregierungen unter Kurt Georg Kiesinger und Willy Brandt (1966–1969) sowie Willy Brandt und Walter Scheel (1969–1972) an.[457]

Der ebenfalls ohne Versorgungsbezüge aus dem Amt entlassene Oberbürgermeister Willi Banike verlor ebenfalls unmittelbar nach Kriegsende den Vorsitz im Sparkassenvorstand. Er befand sich seit dem 13. April 1945 für mehr als zwei Jahre in Kriegsgefangenschaft, aus der er am 30. September 1947 entlassen wurde. Bis August 1952, als er seine Tätigkeit als Rechtsanwalt aufnahm, war er „beschäftigungslos". 1948 fand ein erstes Entnazifizierungsverfahren statt, in dem er in die Gruppe III b (minderbelastet) eingestuft wurde. Banike strengte ein Berufungsverfahren an und erreichte eine Herabstufung in die Kategorie IV (Mitläufer). Die überlieferten Protokolle und Zeugenaussagen zeichnen ein widersprüchliches Bild. Auf der einen Seite stehen Aussagen, die auf eine vorbehaltlose Entlastung zielten und Banike eine nicht nationalsozialistisch geprägte Amtsführung attestierten. Ganz im Gegenteil habe er sich aus Menschlichkeit nicht selten über bestehende Verordnungen hinweggesetzt, um die Betroffenen vor Repressalien zu schützen. Es gibt allerdings auch zahlreiche Aussagen, die Banike stark belasteten. So sagte Wally Kunze aus, dass Banike ihren Ehemann bei der Gestapo angezeigt und dort beantrag hatte, ihn für neun Monate in ein KZ einzuweisen. Der Ehemann hatte sich geweigert, eine ihm zugewiesene ausgebombte Familie in sein Haus aufzunehmen, weil er bereits eine andere Familie aufgenommen hatte. Auch den vom Betriebsleiter denunzierten Tierarzt Dr. Mayer, der am städtischen Schlachthof tätig war, zeigte Banike bei der Gestapo an, weil dieser sich abfällig zur Partei und Adolf Hitler geäußert haben soll. Darüber hinaus hatte Banike fünf Fürsorgerinnen aus den Diensten der Stadt Dortmund entlassen, weil diese Predigten des Kardinals von Gahlen weitergegeben hatten, die sich gegen die systematische Tötung von behinderten Menschen durch das NS-Regime richteten. Der Werkzeugschlosser Julius Wandtke, der nicht Parteimitglied war und um ein Gespräch mit dem Oberbürgermeister gebeten hatte, wurde von Banike brüsk mit den Worten aus dem Rathaus gewiesen: „Gehen Sie erst mal nach Hause und lassen sich in die Partei aufnehmen. Dann kommen Sie wieder."[458]

Viele Vorwürfe beziehen sich auch auf Banikes Tätigkeit als Oberbürgermeister. Viele Missstände und politisch motivierte Übergriffe hätten ihm bekannt sein müssen und er habe bewusst darüber hinweg gesehen. Zum Beispiel wurden Juden nicht in städtischen Krankenhäusern aufgenommen und behandelt. Der Zeuge Siegfried Heimberg berichtet, dass in den Jahren 1939 bis 1941 „Juden aus ihrer Wohnung exmittiert und in Baracken in Deusen untergebracht wurden, die unter aller Menschenwürde waren. […] In Aplerbeck erfolgte die Ausweisung der Juden aus ihren Wohnungen in besonders übler Form. Sie wurden mit Musik aus ihren Wohnungen herausgeholt. Sachen wurden dabei zertrümmert. In Aplerbeck waren offensichtlich für die Maßnahmen die örtlichen Parteiinstanzen federführend. Ich muss aber bemängeln, daß die Behörde, also der Betroffenen in seiner Eigenschaft als Oberbürgermeister, nicht einschritt. Verantwortlich

---

456 Stadtarchiv Dortmund Bestand 111 Nr. 67.
457 Ernst Klee: Das Personenlexikon zum Dritten Reich, Frankfurt am Main 2007, S. 447.
458 Alle genannten Aussagen befinden in den Protokollen der zwei Entnazifizierungsverhandlungen Banikes, die in seiner Personalakte überliefert sind; Stadtarchiv Dortmund, Personalakte Willi Banike.

für die Unterbringung in Deusen war ein Vetter des Betroffenen, der als Stadtinspektor tätige Grimm. G. ist bei der Belegung der Deusner Baracken sehr brutal vorgegangen." In einem besonders üblen Fall habe er einen alten Juden in der Schwanenstraße massiv unter Druck gesetzt, damit ihm dieser sein Haus weit unter Wert verkaufte.[459]

Banike wurde schließlich 1952 erlaubt, sich in Dortmund als Rechtsanwalt niederzulassen. Er klagte noch lange Jahre vergeblich gegen den Entzug seiner Beamtenbezüge, bis 1960 das Verfahren endgültig eigestellt wurde. Sein zentrales Argument war, dass er nicht aufgrund seiner Nähe zum Nationalsozialismus, sondern aufgrund seiner beruflichen Qualifikation in das Amt des Oberbürgermeisters berufen worden sei.[460] Banike wird in der Dortmunder Stadtgeschichte bis heute eher unkritisch gesehen. Er sei kein überzeugter Nazi gewesen.[461] Die Ruhr Nachrichten bescheinigten ihm in seinem Nachruf im Jahr 1970, dass sein Name in der Dortmunder Stadtgeschichte einen „guten Klang" behalte, denn er „galt als untadelig in seiner Amtsführung" und trotz seines politischen Engagements immer als zurückhaltend. „Er erstrebte nie persönliche Vorteile an. Trotz seiner politischen Vergangenheit durfte Dr. Banike deshalb nach der NS-Zeit nach Dortmund und in seinem Beruf als Rechtsanwalt und Notar zurückkehren."[462] „Entlastend" wurde vorgebracht, dass er ein „gespanntes Verhältnis" zur NSDAP-Kreisleitung gehabt habe und sich wiederholt dagegen gesträubt habe, „verdiente" Nazis in der Stadtverwaltung unterzubringen, auf der anderen Seite „bewährte Beamte", die nicht Parteigenossen waren, zu halten, wobei er sich aber gegenüber der Kreisleitung und der Gauleitung „meist nicht durchsetzen" konnte.[463] Auch wurde argumentiert, dass Banike persönlich nicht an den Nazi-Verbrechen rund um die Steinwache oder den Rombergparkmorden am Karfreitag 1945 beteiligt gewesen sei. „Zwischen der Stadtverwaltung einerseits und der Gestapo und ihren Aktionen andererseits hat es offenbar keine Verbindung gegeben," mutmaßte der ehemalige Direktor des Dortmunder Stadtarchivs Gustav Luntowski.[464]

Auch wenn die Quellenlage zugegebenermaßen an vielen Stellen lückenhaft ist und an manchen Stellen auch widersprüchlich scheint, zeichnen die vorhandenen Quellen aber das Bild eines überzeugt handelnden Nationalsozialisten. Schon ein flüchtiger Blick auf seine Parteikarriere weist ihn als „Alten Kämpfer" aus, der schon 1925 Parteimitglied wurde.[465] Als Vorstandsvorsitzender der Dortmunder Sparkasse spielte er bei der geräuschlosen Kriegsfinanzierung eine zentrale Rolle. Die unter seinem Vorsitz stattfindenden Sitzungen des Vorstands begannen meist mit Beschlüssen über den neuerlichen Ankauf von entsprechenden Wertpapieren. Die hierzu von der Sparkasse aufgewendeten Summen flossen unmittelbar in die Kriegsfinanzierung. Auch die im großen Stil stattgefundene Enteignung jüdischen Eigentums wurde zumindest von ihm mitgetragen. Parteigerangel und ein gespanntes Verhältnis zur NSDAP-Kreisleitung wie zur Gauleitung

---

[459] Ebenda.
[460] Zum Prozessverlauf vgl. ebenda.
[461] Eine Neubewertung demnächst bei Stefan Mühlhofer, Artikel Dr. Willi Banike, in: Westfälische Lebensbilder Band 20 (im Erscheinen).
[462] Ruhr Nachrichten vom 30. September 1970.
[463] Luntowski (1984), S. 52.
[464] Luntowski (1984), S. 53.
[465] Banike verließ die Partei 1927 wieder, trat aber 1931 erneut ein. Er wurde im selben Jahr Bezirksobmann des Nationalsozialistischen Juristenbundes, Gaufachgruppenleiter der Fachgruppe Rechtsanwälte, Abteilungsleiter bei der Gauleitung Westfalen-Süd und Mitglied der SA wurde. 1933 war er Rechtsberater der SA-Gruppe Westfalen und wurde am 20. April 1936 zum SA-Standartenführer und am 30. Januar 1939 zum SA-Oberführer ernannt.

Westfalen-Süd sind allein keine entlastenden Faktoren, Banike in der Stadtgeschichte immer noch als „jungen Karrieristen" zu beschreiben, der sich „teils aus Überzeugung, mehr wohl noch aus Opportunismus in den Dienst des Nationalsozialismus gestellt hatte."[466] Aus den Quellen lässt sich zudem belegen, dass er an zahlreichen antisemitischen Aktionen beteiligt war. In seine Amtszeit fiel zum Beispiel die bereits erwähnte unrechtmäßige Enteignung und der Abriss der jüdischen Synagoge durch die Stadt Dortmund. Obwohl Banike die maßgeblichen Gespräche seinem Vertreter Pagenkopf und Kreisleiter Hesseldieck überlassen hatte, ist es wenig wahrscheinlich, dass diese Vorgänge ohne sein Wissen und Einverständnis stattgefunden haben. Zudem widerspricht der Rechtfertigung Banikes die eidesstattliche Zeugenaussage des jüdischen Rechtsanwaltes Dr. Louis Koppel in der Entnazifizierungssache Dr. Pagenkopf, der berichtet, dass er den Oberbürgermeister der Stadt Dortmund in einem Brief über die stattgefundenen Repressalien unterrichtet habe.[467] Die 1952 von der Jewish Trust Corporation angestrengte Entschädigung kam schließlich durch einen Vergleich zum Abschluss. Der Verkehrswert wurde auf 1 Mio. DM taxiert und man einigte sich auf die Zahlung einer Entschädigungssumme durch die Stadt Dortmund in Höhe von 800.000 DM.[468]

Der ehemalige Stadtrat und Rechtsdezernent Arthur Lemme, zwischen 1937 und Kriegsende stellvertretender Vorsitzender des Sparkassenvorstands, wurde im Zuge der Entnazifizierung in die Kategorie V (Unbelastet) eingeordnet. Der ehemalige Sparkassendirektor Erich Henning wurde im Entnazifizierungsverfahren im Juli 1951 in die Kategorie IV (Mitläufer) eingestuft.[469] Ihm wurden allerdings nach dem Krieg durch Beschluss des Rates der Stadt Dortmund am 29. August 1955 sämtliche Rechte aus seinem früheren Beamtenverhältnis aberkannt, „weil er sowohl seine Einstellung als Direktor der früheren Verbandssparkasse als auch die Ernennung zum 1. Direktor der Stadtsparkasse ausschließlich seinen engen Verbindungen zum Nationalsozialismus verdankt."[470] Sein Stellvertreter Rudolf Schierjott wurde ebenfalls in die Kategorie IV (Mitläufer) eingestuft und arbeitete nach 1945 bei der Bank Deutscher Länder.[471] Die wenigen überlieferten Hinweise zu den Entnazifizierungsverfahren von ehemaligen Führungskräften auf der mittleren Ebene belegen allesamt ebenfalls eine Einstufung in die Kategorie IV als Mitläufer.[472]

---

[466] Luntowski (1984), S. 53.
[467] Vgl. dazu genauer Kapitel 2.5.3. „Oberbürgermeister Willi Banike" dieser Arbeit.
[468] Stadtarchiv Dortmund Bestand 130 Nr. 596.
[469] Stadtarchiv Dortmund Bestand 111 Nr. 69.
[470] Ebenda.
[471] Ebenda.
[472] Es sind dies Karl Losereit (Parteimitglied seit 1931), Herbert Schiebille (Parteimitglied seit 1928, SA-Mitglied seit 1932 im Range eines (Obertruppführers), Albert Loos (Parteimitglied seit 1937) und Heinrich Zinsenhofer (Parteimitglied 1932, SA-Mitglied); Stadtarchiv Dortmund Bestand 111 Nr. 69.

4.3. Die Sparkassenleitung nach 1945

Die Alliierten setzten nach Kriegsende den vormaligen Rechts- und Ordnungsdezernenten und Zentrumspolitiker Hermann Ostrop zum kommissarischen Oberbürgermeister der Stadt Dortmund ein. Ostrop reaktivierte den langjährigen Stadtkämmerer Wilhelm Kaiser und ernannte ihn zum Vorstandsvorsitzenden der Sparkasse Dortmund.[473] Ihm folgte der von den Nationalsozialisten verfolgte, 1935 nach Frankreich und später in die Schweiz geflohene Sozialdemokrat Wilhelm Hansmann, der im Oktober 1945 nach Dortmund zurückgekehrt war. Er bekleidete Anfang 1946 für einige Monate das Amt des Oberbürgermeisters, wurde vom 16. April bis zum 31. Dezember 1954 Oberstadtdirektor und übernahm in dieser Funktion den Vorstandsvorsitz bei der Sparkasse Dortmund. Er wurde 1955 von seinem Nachfolger als Oberstadtdirektor Walter Kliemt abgelöst. Wilhelm Hansmann blieb aber weiterhin Mitglied des Sparkassenvorstands.

Auch der ehemalige Stellvertreter Jessens, Paul Arnold, wurde rehabilitiert und unmittelbar nach Kriegsende von den Alliierten zum Direktor berufen.[474] Sein linientreuer Vorgänger Henning wurde entlassen; über seinen weiteren beruflichen Lebensweg ist nichts bekannt. Arnold blieb sechs Jahre im Amt und wurde nach seiner Pensionierung am 15. November 1951 von Friedrich Willhelm Zibell abgelöst, der bis 1955 amtierte. Ihm folgte Fritz Gallheber, dem Heinz Brühne und Fritz Hermanns im neu formierten Direktorium zur Seite standen. 1959 wurde die Organisationsstruktur verändert. Aus dem Vorstand wurde als Vorläufer des heutigen Verwaltungsrates der Sparkassenrat und aus dem Direktorium der Vorstand. 1948 beschäftigte die Sparkasse Dortmund 287 Personen, 1960 waren es bereits 741 Mitarbeiter.

4.4. Die Währungsreform von 1948 und ihre Gesetze

Nachkriegsdeutschland war an der Schwelle zum Jahr 1946 von den Erwartungen eines Wirtschaftswunders noch weit entfernt, wenngleich die historische Forschung herausgearbeitet hat, dass die wirtschaftliche Entwicklung des britisch-amerikanischen Wirtschaftsgebietes bereits vor der Währungsreform von zwei kräftigen Aufschwüngen geprägt war und die Marshallplan-Lieferungen[475] als „Treibsätze des Starts in das ‚Wirtschaftswunder' der fünfziger Jahre" relativiert werden müssen.[476] Werner Abelshauser

---

[473] Schreiben des Finance-Officer des Military Government vom 3. Juni 1946 an die Verwaltung der Stadtsparkasse; Archiv der Sparkasse Dortmund, Akte Vorstand 1925–1947.

[474] „Verantwortlich für die laufenden Geschäfte der Sparkasse ist der Sparkassenleiter, z. Zt. Direktor Arnold, Dortmund-Asseln, Asselner Hellweg 132." Schreiben des Finance-Officer des Military Government vom 3. Juni 1946 an die Verwaltung der Stadtsparkasse; ebenda.

[475] Aus der historischen Rückschau scheint der ökonomische Erfolg des Marshallplans, vordergründig betrachtet, eher bescheiden ausgefallen zu sein, entsprach die erhaltene Wirtschaftshilfe doch gerade einmal 4 % der Bruttowertschöpfung der frühen Bundesrepublik. Die Forschung hat mittlerweile darauf hingewiesen, dass die von den USA gewährte Wirtschaftshilfe mit einem groß angelegten Schuldenerlass verbunden war. Der erlassene Schuldenstand betrug nach einschlägigen Berechnungen, in Realpreisen ausgedrückt, nahezu 90 % des Sozialproduktes des Deutschen Reiches; vgl. Helge Berger, Albrecht Ritschl: Die Rekonstruktion der Arbeitsteilung in Europa. Eine neue Sicht des Marshallplans in Deutschland 1947–1951, in: Vierteljahreshefte für Zeitgeschichte 43 (1995), S. 473–519.

[476] Werner Abelshauser: Wirtschaft in Westdeutschland 1945–1948. Rekonstruktion und Wachstumsbedingungen in der amerikanischen und britischen Zone, Stuttgart 1975, S. 168.

geht davon aus, dass der in den offiziellen Statistiken zu findende starke Produktionsanstieg tatsächlich so nicht stattgefunden hat, sondern primär ein „statistisches Artefakt" war, weil der Umfang der bis zur Währungsreform erfolgten Warenhortung nicht hatte erfasst werden können.[477] Einschränkend muss zudem beachtet werden, dass die Möglichkeit eines anhaltenden wirtschaftlichen Wachstums ohne ein funktionierendes Preissystem wohl kaum hätte stattfinden können, wie z. B. die Erfahrungen in der französischen Zone zeigen, wo die Preisreform erst zeitlich versetzt eingeführt worden war.[478]

Ohne diese akademische Kontroverse hier weiterführen zu wollen, muss festgehalten werden, dass die Währungsreform vom 20. Juni 1948 ohne Frage das wohl wichtigste Initial für das „Wirtschaftswunder" der „langen 1950er Jahre" war. Vor dem Hintergrund der zerrütteten Währung war eine Währungsreform überfällig. Pläne dazu entstanden bereits 1945 und wurden im Colm-Dodge-Goldsmith-Bericht vom Frühjahr 1946 erstmals konkretisiert. Die Schaffung der Bi-Zone im Januar 1947 und der Auszug der Sowjetunion aus dem alliierten Kontrollrat am 20. März 1948 waren wichtige Weichenstellungen für den Aufbau einer einheitlichen Wirtschaftsordnung in den Westzonen. Auf die Währungsgesetzgebung hatten deutsche Stellen selbst kaum Einfluss. Am 20. Juni 1948, einem Sonntag, traten dann in den westlichen Besatzungszonen die Gesetze zur Neuordnung des Geldwesens in Kraft. Danach sollten die RM-Spareinlagen im Verhältnis 10 RM zu 1 DM umgestellt werden, und die ersten 40 DM pro Person wurden ausgezahlt; im August folgten weitere 20 DM.

Dieses Umstellungsverhältnis wurde von den Sparkassen und ihren Kunden als großes Unrecht empfunden, weil keine andere Kapitalform ähnlich schlecht behandelt wurde. Sachwerte hatten, sofern sie nicht durch Kriegs- oder Kriegsfolgeschäden beeinträchtigt oder vernichtet worden waren, ihren Wert behalten. Aktien wurden meist im Verhältnis 1:1 umgeschrieben. „Viel schlimmer und überdies ungerecht"[479] war die Sperrung der Hälfte des DM-Guthabens (Festkontoguthaben), die wohl „schwerste Belastungsprobe", wie der Vorstand der benachbarten Sparkasse Witten rückblickend feststellte.[480] Durch das Festkontogesetz vom 4. Oktober 1948 wurden von diesen Vermögenswerten 70 % rigoros gestrichen. De facto fiel damit das Umstellungsverhältnis bei Sparguthaben auf 10:0,65, während andere Anlageformen wie Schuldverschreibungen, Lebensversicherungen oder Bausparkonten im Verhältnis 10:1 umgestellt blieben. Dies wog umso schwerer, als dass Verbindlichkeiten aus sog. wiederkehrenden Leistungen, also z. B. Löhne oder Mieten, im Verhältnis 1:1 umgestellt wurden. Arbeitgeber erhielten als Grundausstattung an Liquidität 60.– DM pro Beschäftigten. Guthaben der Geschäftsbanken wurden dagegen nicht in DM umgetauscht, sondern in entsprechende Gutschriften bei den Landeszentralbanken.

Es mangelte nicht an kritischen Stimmen aus der Wirtschaft. Die Dortmunder IHK konstatierte zwar im Juli 1948, dass „die erste Phase der Geldreform programmgemäß abgelaufen" sei, Hauptgeschäftsführer Utermann wies aber in seinem Leitartikel „Preis-

---

[477] Werner Abelshauser: Wirtschaftsgeschichte der Bundesrepublik Deutschland 1945–1980, Frankfurt 1983.
[478] Gegen die These von Abelshauser vor allem Rainer Klump: Wirtschaftsgeschichte der Bundesrepublik Deutschland, Stuttgart 1985; Christoph Buchheim: Die Währungsreform 1948 in Westdeutschland, in: Vierteljahrshefte für Zeitgeschichte 36 (1988), S. 189–209.
[479] Geschäftsbericht der Stadt-Sparkasse zu Witten für die Jahre 1948/49, 1950, 1951 und 1952, S. 107; WWA Bestand S7 Nr. 1023.
[480] Ebenda; von der Sparkasse Dortmund sind dazu leider keine politischen Äußerungen überliefert, das dort herrschende Denken wird aber mit großer Wahrscheinlichkeit diesen Äußerungen entsprochen haben.

4.4. DIE WÄHRUNGSREFORM VON 1948 UND IHRE GESETZE

disziplin und Kaufdisziplin" in der Kammerzeitschrift auf die volkswirtschaftlichen Risiken der durch die Währungsreform ausgelösten „Kaufwelle" hin. Die Produktionskraft bleibe hinter der sprunghaft einsetzenden Nachfrage zurück, wodurch die Preise in die Höhe schnellten.[481] Die Kammer riet zu „selbstgeübter Preisdisziplin" und einer „radikalen Änderung der Käuferpsychologie", wenn ihr auch bewusst war, dass sie damit im Grunde grundlegende Elemente der Marktwirtschaft in Frage stellte. Tatsächlich stiegen in Deutschland in den ersten Monaten nach der Währungsreform die Preise um 20 %, während die Löhne noch bis zum 3. November 1948 durch einen Lohnstopp eingefroren blieben. Die Wirtschaftsleistung brach im Winter 1949/50 sogar um 5 % ein; in Amerika entstand das Bild vom „kranken Mann am Rhein". Die Regierung Adenauer reagierte mit staatlichen Sicherungsprogrammen. Zur Bekämpfung des Preiswuchers wurden „Preisspiegel" aufgelegt und das am 1. November 1948 anlaufende „Jedermann-Programm" sollte eine Grundversorgung der Bevölkerung mit preiswerten Gütern für den alltäglichen Bedarf (Schuhe, Textilien, Haushaltswaren, später auch Fahrräder, Herde, Öfen, Kinderwagen, Metallbetten, Porzellan) sicherstellen.[482]

4.5. Neuordnung des Sparkassenwesens

Die Währungsreform und ihre Gesetze, namentlich das Emissionsgesetz, führten für die Sparkassen die Bildung von Mindestreserven auch auf Spareinlagen ein, die in Form zinsloser Guthaben bei den Landeszentralbanken zu hinterlegen waren. Die Sparkassen hatten bereits Ende Juli 1945 mit der Arbeitsgemeinschaft der Girozentralen der britischen Besatzungszone eine arbeitsfähige überregionale Organisationsform geschaffen,[483] in deren Mittelpunkt jetzt der Kampf gegen diese Neuregelung rückte. Man argumentierte vergeblich, dass dadurch die Aufbringung der notwendigen Investitionsmittel für die örtliche Wirtschaft erheblich erschwert würde. Das Handwerk brauche z. B. dringend Kapital, um seine Werkstätten durch die Anschaffung neuer Maschinen wieder leistungsfähig zu machen; der Einzelhandel benötige Geld, um die Warenlager wieder zu füllen. Auch die Kreditnachfrage der privaten Haushalte war kaum zu befriedigen. Die Instandsetzung der kriegszerstörten Wohnungen erforderte ungeheure Summen, die ohne Kredite nicht aufgebracht werden konnten. Hinzu kamen über Jahre aufgestaute Konsumbedürfnisse. Die Sparkassen antworteten darauf mit neuen Finanzprodukten,

---

[481] Vgl. Ellerbrock (2013), S. 48.

[482] „Das Jedermann-Programm ist ein gutes Beispiel für eine wettbewerbsfördernde Wirtschaftspolitik. Die dazu ergriffenen Maßnahmen waren einfach und wirkungsvoll. An dem freiwilligen Programm konnte jedes Unternehmen teilnehmen, das die in Ausschreibungen ausgewählten Güter mit festgelegtem Qualitätsstandard und verbilligten Preisen herstellen konnte. Anreiz genug für die Unternehmen war die Aussicht auf einen massenhaften Absatz von Gütern, die ein Qualitätssiegel erhielten, sowie der bevorzugte Zugang zu Rohstoffen. Tatsächlich stellten sich die erhofften positiven Auswirkungen auf die Wirtschaftsordnung ein: stabile, niedrige Preise durch die Ankurbelung des Wettbewerbs, Produktionsanreize für die Herstellung von Gebrauchs- statt Luxusgütern, allgemeine Produktionsausweitung bei Rationalisierung der Fertigung. Im Konsumgüterbereich umfasste das von der Industrie wie den Verbrauchern gleichermaßen befürwortete Jedermann-Programm Anfang 1949 immerhin mehr als die Hälfte aller Waren. Nach der Ausweitung der Produktion lief es mangels angebots- und nachfrageseitigen Bedarfs einfach aus." Ebenda.

[483] Daraus ging 1947 in Tegernsee die Konstituierung der Arbeitsgemeinschaft Deutscher Sparkassen- und Giroverbände und Girozentralen hervor.

sog. Anschaffungs- oder Kaufkrediten, die aber zu einem grundlegenden Wandel des geschäftspolitischen Ordnungsbildes der deutschen Sparkassen führten und dem Konsumentenkredit den Weg bahnten.[484] Schuhe standen unmittelbar nach Kriegsende ganz oben auf den Einkaufszetteln der deutschen Haushalte, es folgten zu Beginn der 1950er Jahre Oberbekleidung und Hausrat wie Gardinen und Möbel, Teppiche und Radiogeräte. Knapp 10 Jahre später führten der Kühlschrank, die Waschmaschine und der Fernsehapparat die Wunschliste an.[485]

Zudem, so die Argumentation der Sparkassen gegen die Neuregelung der Bildung von Mindestreserven weiter, habe man mit der Errichtung der regionalen Girozentralen bereits aus eigener Initiative Liquiditätsreserven geschaffen. Die regionalen Girozentralen wiederum hatten 59 % dieser Liquiditätseinlage an die Deutsche Girozentrale/Deutsche Kommunalbank weitergeleitet, die diese ihrerseits bei der Reichsbank anlegte.[486] Besonders empört war man über die Einbeziehung der Spareinlagen in diese Regelungen, die ihrer Meinung nach dem Kreditgeschäft gar nicht zuzuordnen seien. Auch die Forderung, die vorhandenen Kassenbestände auf die zu bildenden Mindestreserven anzurechnen, blieb ohne Erfolg.[487]

Die Sparkassen mussten nach 1945 die zur Kriegsfinanzierung gezeichneten Reichsanleihen weitestgehend abschreiben. Zum Ausgleich der entstandenen Unterbilanzen konnten nun auf der Aktivseite der DM-Bilanzen die daraus resultierenden Ausgleichsforderungen gegenüber den Ländern bzw. seit Gründung der Bundesrepublik gegenüber dem Bund eingesetzt werden. Diese wurden später aus den Gewinnen der Deutschen Bundesbank sukzessive getilgt. Der zugrunde gelegte Zinssatz betrug aber nur 3 %. Bei den Sparkassen machten diese Ausgleichsforderungen in den schwierigen ersten Monaten nach der Währungsreform bis zu 80 % ihrer Bilanzsummen aus.[488] Das hatte weitreichende Auswirkungen auf das Passivgeschäft. „Konsequenz dieses Blocks minderverzinslicher Aktiva war eine nur 2,5 %-ige Verzinsung der Masse der Spareinlagen, ein Zinssatz, der während des Krieges mit Rücksicht auf die damals vorhandene Geldfülle eingeführt worden war und der nunmehr – bei einem Pfandbriefsatz von 5 % und einem Zinssatz für Industrieobligationen von 6,5 % – als zu niedrig und keinesfalls als Anreiz zur Erhöhung der Sparleistung angesehen wurde."[489] Auch in dieser Frage blieb die wirtschaftspolitische Lobbyarbeit der sich neu formierenden Sparkassenorganisation erfolglos.

Trotz dieser politischen Misserfolge boomten die Sparkassen. Die Sparguthaben der gut 850 bundesdeutschen Sparkassen stiegen zwischen 1950 und 1959 von 2,1 Mrd. DM auf 28,5 Mrd. DM, die Sicht- und Termineinlagen von 3,5 Mrd. DM auf 11,7 Mrd. DM,

---

[484] Karl-Peter Ellerbrock: Konsumentenkredit und „Soziale Marktwirtschaft". Zum Wandel des Sparkassenbildes und des geschäftspolitischen Denkens in der Sparkassenorganisation, in: Harald Wixforth (Hg.): Westfälische Forschungen Band 67, Das Finanz- und Bankwesen in Westfalen vom 18. bis 20. Jahrhundert Münster 2017, S. 293–317.

[485] Karl-Peter Ellerbrock: „Wirtschaftswunder" und Massenkonsum. Der Arnsberger Kammerbezirk auf dem Weg in die bundesrepublikanische Wohlstandsgesellschaft in den 1950er Jahren, in: derselbe, Tanja Bessler-Worbs (Hg.): Wirtschaft und Gesellschaft im südöstlichen Westfalen. Die IHK zu Arnsberg und ihr Wirtschaftsraum im 19. und 20. Jahrhundert, Dortmund 2001, S. 454–502.

[486] Vgl. Arbeitsgemeinschaft Deutscher Sparkassen- und Giroverbände und Girozentralen: Jahresbericht 1947 und 1948, S. 11.

[487] Vgl. Arbeitsgemeinschaft Deutscher Sparkassen- und Giroverbände und Girozentralen: Jahresbericht 1949, S. 54.

[488] Ashauer (1983), S. 309–310.

[489] Ebenda.

die Hypothekarkredite von 1,0 Mrd. DM auf 11,8 Mrd. DM und die Kommunalkredite und sonstigen langfristigen Darlehen von 0,3 Mrd. DM auf 6,2 Mrd. DM an. Seit 1957 entwickelte sich auch ein nennenswertes Wertpapiergeschäft, dessen Umfang sich bis 1959 auf 6 Mrd. DM verdreifachte.[490]

Das waren die politischen und wirtschaftlichen Rahmenbedingungen für die Restrukturierung des Deutschen Sparkassen- und Giroverbandes sowie der Regionalverbände. Nachdem im Oktober 1947 bereits eine Geschäftsstelle in Frankfurt/M eröffnet worden war, wurde 1950 die Arbeitsgemeinschaft der Girozentralen in einen eingetragenen Verein umgewandelt, dessen Sitz ein Jahr später in die Bundeshauptstadt Bonn verlegt wurde. Etwa zeitgleich wurden die Landesbanken/Girozentralen restituiert. In der Vorkriegszeit waren in Preußen außer den regionalen Sparkassen- und Giroverbänden die Provinzialverbände Mitträger der Girozentralen gewesen, die in diesem Sinne neben ihrer Funktion als Landeszentralbank zugleich auch Staatsbanken waren. Gegen den anfänglichen Widerstand der Alliierten, mit denen seitens der Arbeitsgemeinschaft der Girozentralen zwischen 1948 und 1950 eine Grundsatzdebatte geführt wurde, kam es entsprechend der Neugliederung der Länder zur Gründung von Landesbanken. In dieser wichtigen Frage hatte sich also die Sparkassenorganisation durchsetzen können. Nachdem die Militärregierungen zunächst sowohl in den Girozentralen als auch in den genossenschaftlichen Zentralinstituten die Anfänge einer Bankenkonzentration befürchteten, gelang es, die Entscheidungsträger davon zu überzeugen, dass die Girozentralen nicht wegzudenkende Elemente des dezentralen Sparkassensystems waren.

1953 wurde die Arbeitsgemeinschaft der Girozentralen in Deutscher Sparkassen- und Giroverband e. V. umbenannt,[491] unter dessen Dach 12 regionale Sparkassen- und Giroverbände, 12 Girozentralen und 13 öffentliche Bausparkassen organisiert waren. Auch die Landesbanken erlebten im Zuge von Wiederaufbau und „Wirtschaftswunder" einen starken Aufschwung. Zwischen 1949/50 und 1959 stiegen ihre Bilanzsummen von 2,5 Mrd. DM auf 27,7 Mrd. DM an. Am stärksten expandierten die langfristigen Ausleihungen, die vor allen Dingen als Hypotheken- und Kommunaldarlehen von den Kommunen zur Förderung des Wohnungsbaus nachgefragt wurden. Die Sparkassen wurden von den Landesbanken/Girozentralen nicht nur im stärker werdenden Auslandsgeschäft, z. B. bei der Bereitstellung von Reisedevisen, sondern auch in der Abwicklung des bargeldlosen Zahlungsverkehrs und im Wertpapiergeschäft immer stärker unterstützt. Aus diesem Grunde errichteten 1956 die Landesbanken/Girozentralen die Deutsche Kapitalanlagegesellschaft mbH, die noch im selben Jahr den „Dekafonds I" auflegte, ein zukunftsweisender Schritt, das das Geschäftsmodell der Sparkassen stark verändern sollte.

---

[490] Ebenda.
[491] Ashauer (1983), S. 315–316.

4.6. Entschädigung der Altsparer

Die Sparkassen und ihre Organisationen wurden ganz in der Tradition ihres sozialen Auftrages und Selbstverständnisses zum Anwalt der Sparer und forderten schon 1948 ein Sofortprogramm zum Lastenausgleich.[492] Sie fanden in NRW-Wirtschaftsminister Nölting einen wichtigen Fürsprecher, der auf dem Deutschen Sparkassentag im Mai 1950 in Hamburg ein engagiertes Plädoyer für die Entschädigung der Sparer hielt: „Die Währungsreform mag eine wirtschaftlich notwendige Operation gewesen sein, ich erkenne es an, aber unter sozialen Aspekten war sie ein brutales Vorgehen, und in einem Auszahlungsüberschusse von fast 600 Mio. im ersten Halbjahr nach der Währungsreform entlud sich explosiv die Rache des betrogenen Sparers. Ich glaube nicht, daß man einfach einen Schlußstrich unter dieses Kapitel ‚soziale Ungerechtigkeit' setzen kann. Ich bin dafür, daß ein Ausgleich erfolgen muß, um die Spareinlagen wenigstens den anderen Kapitalformen gleichzustellen."[493]

Betrachtet man die Chronologie der Sparerentschädigung seit 1948, wird das mühevolle aber schließlich mit Erfolg gekrönte Engagement der Sparkassen erkennbar.[494] Nachdem sowohl die amerikanische als auch die britische Militärregierung im Januar 1949 die Forderungen der Sparkassen zurückgewiesen hatten, konnte im September 1949 mit Bundeskanzler Adenauer ein weiterer Verfechter der Interessen der Altsparer gewonnen werden. Adenauer erklärte: „Wenn durch die Steuersenkung die Möglichkeit einer größeren Kapitalbildung geschaffen wird, so muß ein Anreiz dafür gegeben werden, daß nicht der Konsum in unnötiger Weise gesteigert, sondern wirklich Kapital gebildet wird. Dazu ist es notwendig, den Altsparern das Vertrauen zur staatlichen Gesetzgebung wieder zu geben. Es scheint mir das eine staatspolitische Forderung ersten Ranges zu sein. Die von den Alliierten erlassene Währungsreform enthält vermeidbare soziale Härten, insbesondere in der Behandlung der Altsparer aller Art. Die Frage, in welchem Umfange diese Mängel beseitigt werden können, bedarf einer beschleunigten Prüfung und Erledigung."[495]

Das Umstellungsverfahren war in Sparkassenkreisen als schwere Belastungsprobe für das Vertrauen der Sparer in die neue Währung empfunden worden. „Alle Anstrengungen, den Sparwillen und die Sparfreudigkeit in altgewohnter Weise wiederaufleben zu lassen, mußten so lange als unzulänglich angesehen werden, ehe nicht das den währungsgeschädigten Sparern zugefügte Unrecht, das in erster Linie in der Festkontenstreichung und der Kopfquotenanrechnung bestand, so weit wie eben angängig beseitigt wurde."[496] Am 1. September 1952 trat schließlich das Lastenausgleichsgesetz in Kraft,[497] auf dessen Grundlage bis Ende der 1970er Jahre über 100 Mrd. DM umverteilt werden sollten. Durch das Gesetz zur Milderung von Härten der Währungsreform vom 14. Juli

---

[492] Für das Folgende vgl. Karl-Peter Ellerbrock: Zwischen Wiederaufbau und Strukturwandel. Die Stadtsparkasse Witten und ihre Geschichte 1953–2003, Witten 2003.

[493] Prof. E. Nölting, Wirtschaftsminister des Landes Nordrhein-Westfalen: Die soziale Aufgabe der Sparkassen, in: Sparkasse (1950), S. 156–157.

[494] Zum Sparkassenstandpunkt vgl. vor allem die Erklärung des Vorstandes der Arbeitsgemeinschaft Deutscher Sparkassen- und Giroverbände und Girozentralen, in: Sparkasse (1950), S. 321.

[495] Erklärung von Bundeskanzler Adenauer am 20. September 1949, in: Sparkasse (1951), S. 309.

[496] Karl Rosenbaum: 100 Jahre Stadt-Sparkasse zu Witten 1853–1953, Witten 1953, S. 86.

[497] Vgl. Marcel Boldorf: Stichworte „Sozialpolitik" und „Lastenausgleich", in: Deutschland unter alliierter Besatzung 1945–1949/55. Ein Handbuch, (hg). von Wolfgang Benz, Berlin 1999, S. 176–180 und S. 354–355.

1953 fand das zähe Ringen der Sparkassen und ihrer Organisation um die Altsparerentschädigung ein erfolgreiches Ende und die ursprüngliche Umstellquote von 6,5 % wurde nach oben korrigiert. „Allerdings erstreckt sich die Sparerentschädigung entgegen den Wünschen und Vorschlägen der Sparkassenorganisation nicht auf alle Einlagen, sondern nur auf die ‚Altspareinlagen', d. h. auf solche Spareinlagen, die bei der Neuordnung des Geldwesens im Verhältnis 10:1 oder noch ungünstiger auf Deutsche Mark umgestellt wurden und dem Spargläubiger bereits am 1. 1. 1940 zugestanden haben."[498] Die Höhe der Entschädigung betrug im Bundesgebiet 13,5 % und in Westberlin 15 %. Die Anrechnung der Kopf- und Geschäftserträge wurde rückgängig gemacht. Insgesamt konnte die Sparkasse Dortmund in den Geschäftsjahren 1954 und 1955 dadurch einen Zugang von 10,8 Mio. DM an „Ausgleichs- und Entschädigungsguthaben" verzeichnen.[499]

4.7. Wirtschaftlicher Aufstieg im Schatten von Wiederaufbau und „Wirtschaftswunder"

Für die Dortmunder Sparkasse bedeutete die Währungsumstellung einen wirtschaftlichen Tiefpunkt, denn die Gesamteinlagen schrumpften von 544,6 Mio. RM auf nunmehr 27,2 Mio. DM, also auf weniger als 5 % des ursprünglichen Nennwertes in RM. Die Spareinlagen sackten von 427,6 Mio. RM auf 21,9 Mio. DM und die Giroeinlagen, Depositen und Termingelder von 117 Mio. RM auf 5,5 Mio. DM ab. Die DM-Eröffnungsbilanz wies eine Bilanzsumme von 41,39 Mio. DM aus, das waren gerade einmal 8 % der 1943 bilanzierten Summe von knapp 500 Mio. RM. Die Währungsreform gab zwar den Menschen das Vertrauen in eine funktionierende Wirtschaft zurück, aber die Spareinlagen gingen, wahrscheinlich aus blanker Not,[500] zunächst dennoch weiter zurück. „Während die Giroeinlagen und später auch die Depositen und Termingelder infolge der starken wirtschaftlichen Belebung nach der Umstellung auf Deutsche Mark sofort eine starke Aufwärtsentwicklung zu verzeichnen hatten, war bei den Spareinlagen zunächst eine rückläufige Tendenz festzustellen. Sie erklärt sich aus dem durch die vorausgegangene Zeit verursachten starke Nachholbedarf der Sparerkreise. Allmählich setzte sich aber auch hier eine Wandlung ein, die bereits gegen Mitte 1950 den Ausgangsbestand nach der Währungsreform wieder erreichen und langsam überflügeln ließ. Die Entwicklung wurde durch den Koreakonflikt empfindlich gestört. Dadurch wurde nicht nur eine Stagnation, sondern sogar ein leichter Rückgang der Spareinlagenentwicklung verursacht."[501] Wendepunkt war das Jahr 1952. „In diesem Jahr haben sich die Spareinlagen nahezu verdoppelt."[502]

Der wirtschaftliche Aufstieg der Sparkasse Dortmund vollzog sich im Wirtschaftsboom der 1950er Jahre, der als „Wirtschaftswunder" in die Annalen der Geschichte eingegangen ist[503] und ganz im Zeichen von Kohle und Stahl stand. Nach den Darstellungen

---

[498] Rosenbaum (1953), S. 86.
[499] Stadtsparkasse Dortmund, Geschäftsbericht für das Jahr 1954; WWA S 7 Nr. 268.
[500] So auch für das benachbarte Witten; vgl. Rosenbaum (1953), S. 81.
[501] Stadtsparkasse Dortmund, Geschäftsbericht für die Jahre 1948/49, 1950, 1951 und 1952, S. 10; WWA S 7 Nr. 268.
[502] Ebenda, S. 18.
[503] In der wirtschaftshistorischen Forschung wurde durch einen Vergleich des bundesrepublikanischen Wirtschaftswachstums mit anderen Industrieländern der Begriff stark relativiert; kritisch vor allem Ludger Lind-

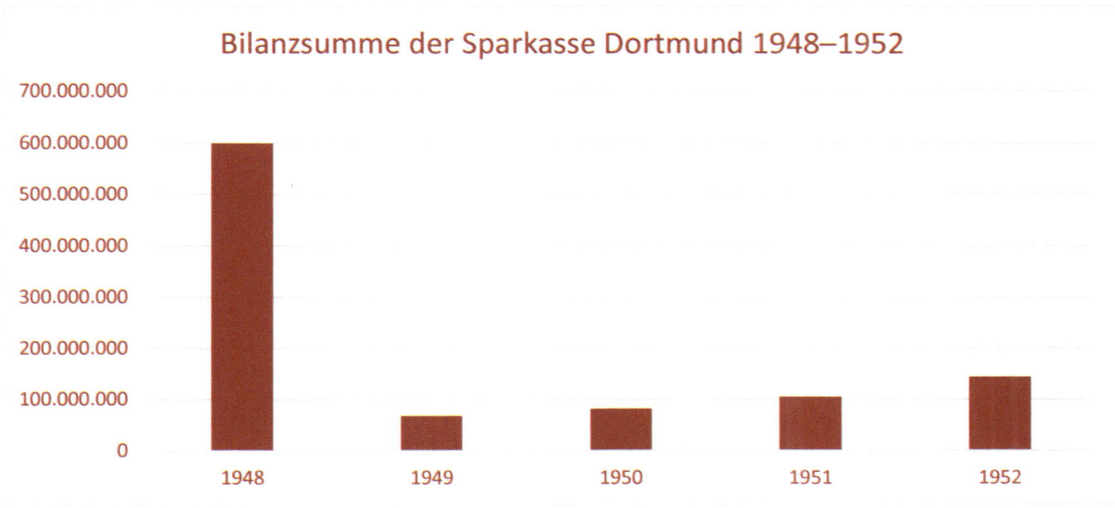

Quelle: Geschäftsbericht der Sparkasse Dortmund für die Jahre 1948/49, 1950, 1951 und 1952, S. 16, 1948 in RM, danach in DM

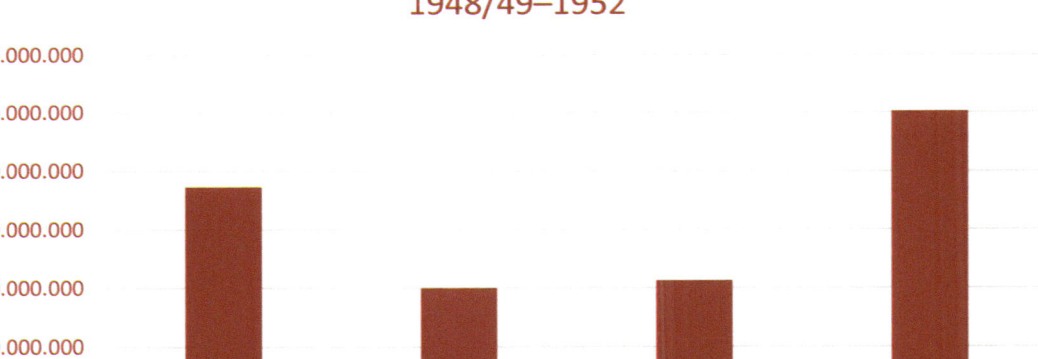

Quelle: Geschäftsbericht der Sparkasse Dortmund für die Jahre 1948/49, 1950, 1951 und 1952, S. 18, in DM

des damaligen stellvertretenden Hauptgeschäftsführers der IHK zu Dortmund und Gründers des Westfälischen Wirtschaftsarchivs, Paul Hermann Mertes, entfielen im Ruhrgebiet von 750.000 in der Industrie Beschäftigten nach einer ersten großen volkswirtschaftlichen Nachkriegsbilanz 495.000 auf die Montanindustrie.[504] Und hier rangierte Dortmund zusammen mit Duisburg und Essen ganz oben. In Dortmund waren zudem 37 % des gesam-

lar: Das mißverstandene Wirtschaftswunder. Westdeutschland und die westeuropäische Nachkriegsprosperität, Tübingen 1997 und die dort zusammengefasste Diskussion sowie die angegebene weiterführende Literatur.

[504] Paul Hermann Mertes: Ruhrgebiet – Land der Arbeit und der Arbeiter. Dortmunds Stellung im Industrierevier, in: Von der toten zur lebendigen Stadt, Dortmund. Fünf Jahre Wiederaufbau in Dortmund, hg. vom Verkehrs- und Presseamt der Stadt Dortmund, Gesamtredaktion Willy Weinauge, Dortmund 1951, S. 9–14.

4.7. WIRTSCHAFTLICHER AUFSTIEG

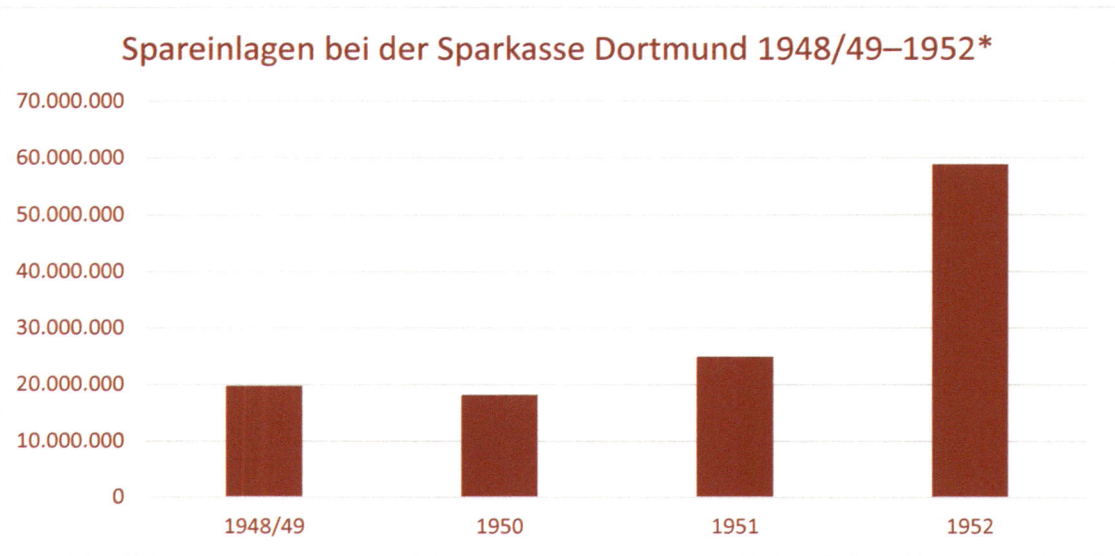

Quelle: Geschäftsbericht der Sparkasse Dortmund für die Jahre 1948/49, 1950, 1951 und 1952, S. 19
*Bestand am Ende des Jahres

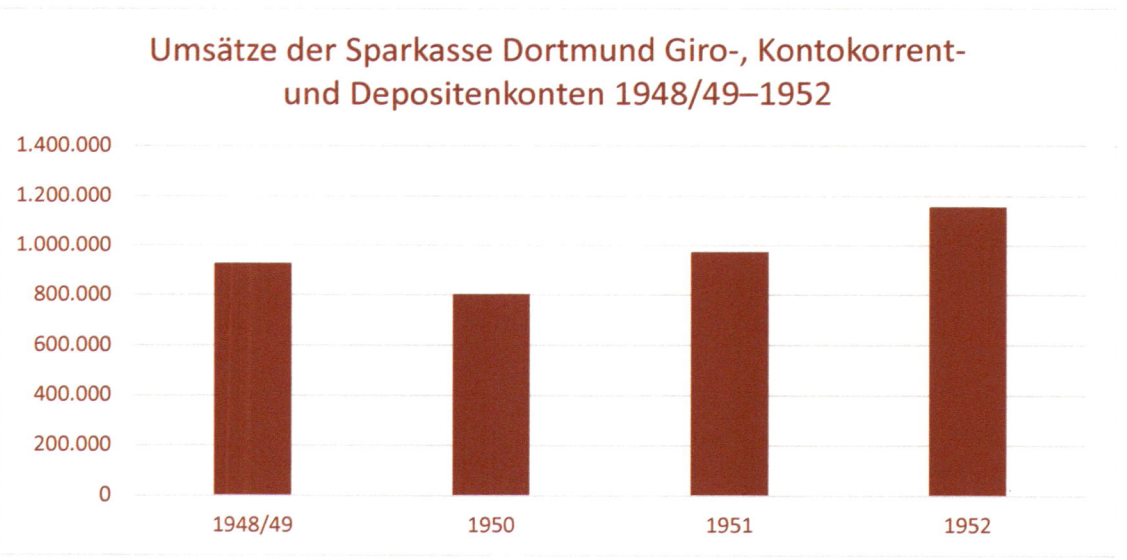

Quelle: Geschäftsbericht der Sparkasse Dortmund für die Jahre 1948/49, 1950, 1951 und 1952, S. 18, in 1.000 DM

ten Bierausstoßes des neu gebildeten Bundeslandes Nordrhein-Westfalen konzentriert. „Es handelt sich also beim Ruhrgebiet um ein Gebiet mit einseitiger Wirtschaftsstruktur", stellte Mertes nüchtern fest. Auch der Präsident der Dortmunder IHK, der Montanindustrielle Eduard Beckhäuser, charakterisierte in einem weiteren Artikel in dieser Publikation Dortmunds wirtschaftliche Stellung als „Schöpfung auf der Kohle". Man war stolz auf die Montanindustrie, der eine zentrale Stellung in der modernen Industriewirtschaft zugeschrieben wurde, und man erahnte in dieser Situation des Neubeginns verständlicherweise noch nicht die gefährlichen Folgen jener Verfestigung wirtschaftlicher Monostruktur, die in den zurückliegenden Jahrzehnten immer wieder zu mehr oder weniger starken krisen-

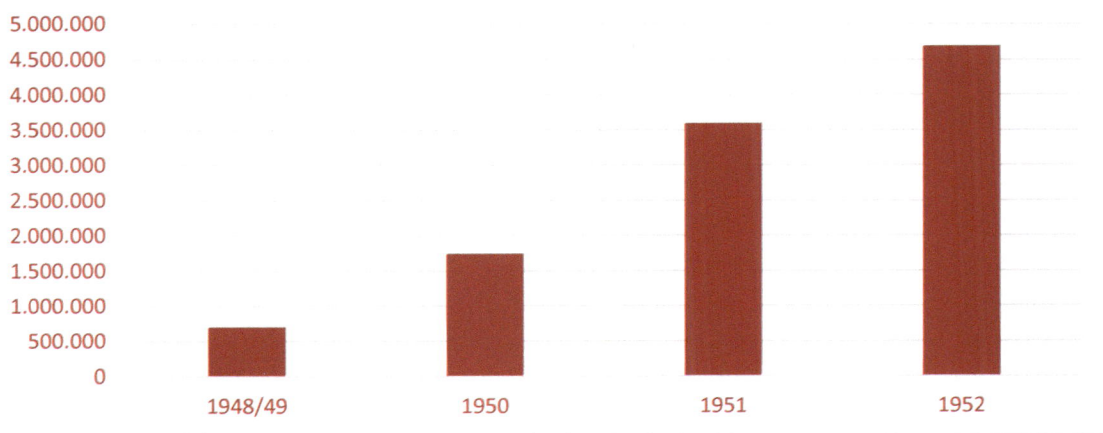

Quelle: Geschäftsbericht der Sparkasse Dortmund für die Jahre 1948/49, 1950, 1951 und 1952, S. 18, in DM

Das Weihnachtsgeschäft brummte. Der Dortmunder Westenhellweg im Dezember 1950
Quelle: Von der toten zur lebendigen Stadt, 1951

haften Erscheinungen geführt hatte. Im Sog dieser frühen Konjunktur im Montansektor erlebten auch andere Wirtschaftsbereiche einen stürmischen Wiederaufstieg, vor allem der Groß- und Einzelhandel feierte eine regelrechte Renaissance. Nach Jahren der „Markenwirtschaft" erstrahlten die prall gefüllten Schaufenster auf der neu geschaffenen Einkaufsmeile Westen- und Ostenhellweg, auf der sich dicht gedrängte Menschenmassen bewegten, im glänzenden Licht des Wirtschaftswunders. Auch das Handwerk fasste wieder Tritt, und

Nach der Währungsreform waren die Auslagen der Lebensmittelgeschäfte in der Dortmunder Innenstadt wieder prall gefüllt.
Quelle: Von der toten zur lebendigen Stadt, 1951

bei den Banken zeigten die Umsatzzahlen nach der Währungsreform „in allen Geschäftszweigen eine erfreuliche Aufwärtsentwicklung. Neben dem Auslandsgeschäft sind hieran in erster Linie beteiligt der Scheck-, Wechsel- und Zahlungsverkehr als Spiegelbild einer fortschreitenden allgemeinen wirtschaftlichen Entwicklung", hieß es in dem bereits mehrfach zitierten Wiederaufbaubericht von 1951.

Die Jahre 1954 und 1955 sollten die „Blütezeit der Investitionen" werden, wie es der „Vater der Sozialen Marktwirtschaft", Ludwig Erhard, in seinem viel diskutierten Buch „Wohlstand für alle" 1957 ausdrückte. Tatsächlich zeigten die Wachstumsraten der industriellen Produktion in Deutschland ebenso wie die Exportzahlen steil nach oben. Bereits im ersten Halbjahr 1950 erreichten die Indexzahlen der Verbrauchsgüterindustrien mit 103,4 % (1939=100) das Produktionsniveau von 1939, und besaßen gegenüber den Grundstoff- und Investitionsgüterindustrien (93,1 % bzw. 98,8 %) noch einen leichten Vorsprung, der aber bereits in der zweiten Jahreshälfte mehr als wettgemacht wurde. Die größten Wachstumssprünge folgten dann zwischen 1954 und 1955, als der Index für die Gesamtindustrie von 153,4 % auf 216,6 % zulegte.

Weniger als zehn Jahre nach den die industrielle Stärke Deutschlands schwächenden Plänen Morgenthaus hatte das Ruhrgebiet zu seiner alten montanindustriellen Stärke zurückgefunden. Im Windschatten von Korea-Boom und Investitionshilfegesetz erlebte die Region „goldene 1950er Jahre" (Dietmar Petzina). Allein im Ruhrbergbau waren die Investitionen zwischen 1950 und 1957 von 345 Mio. DM auf über 900 Mio. DM angestiegen. Das Ruhrgebiet und allen voran der Dortmunder Wirtschaftsraum boomten. Die jährlichen Berichte der Sparkasse Dortmund „Zur örtlichen Wirtschaftslage" sprachen von einer „anhaltenden Hochkonjunktur" und rückten die Jahr für Jahr steigenden Produktionsziffern der Montanindustrie und der Brauwirtschaft in den Mittelpunkt. Daneben hatte sich in Dortmund eine leistungsfähige Versicherungswirtschaft „mit fünf Hauptverwaltungen von Kranken-, Lebens- und Unfallversicherungsgesellschaften" etabliert.[505]

Dortmunder und das östliche Ruhrgebiet nahmen weit vor Essen, Köln und Düsseldorf eine Spitzenstellung in der nordrhein-westfälischen Industriewirtschaft ein. Die Industrieumsätze (ohne Bergbau und Bauindustrie) hatten hier bereits 1955 die 4 Mrd. DM-Marke überschritten. Daran hatte die Eisen- und Stahlindustrie einen überragenden Anteil. 1952 übertraf die Produktion der eisenschaffenden Industrie ihren bisherigen Höchststand aus der Zeit der Rüstungskonjunktur von 1938. Im Bergbau wurden zur selben Zeit über 100.000 Beschäftigte gezählt. Die Rohstahlproduktion ging in den 1950er Jahren steil nach oben und erreichte 1957 mit 4,6 Mio. t einen neuen Rekordstand. Die stetig steigende Zahl der Beschäftigten wurde von den Umsatzzuwächsen, die sich jährlich im zweistelligen Bereich bewegten, sogar noch übertroffen, so dass die Bruttoumsätze pro Beschäftigten in der Dortmunder Eisen- und Stahlindustrie zwischen 1953 und 1960 von 39.000 DM auf über 57.000 DM stiegen. Dies ist vor allen Dingen ein Hinweis auf die enormen Investitionen, die in den Wiederaufbau geflossen sind. Die Dortmund Hörder Hüttenunion investierte zwischen 1951 und 1960 über 830 Mio. DM, bei Hoesch waren es 1,4 Mrd. DM.[506] 1955 meldete die Brauwirtschaft mit knapp 4.800 Beschäftigten und einem Bierausstoß von 3,5 Mio. hl und knapp 300 Mio. DM Verkaufserlösen neue Rekordzahlen. Bis 1964 wurde die Brauleistung auf 7,5 Mio. hl mehr als verdoppelt. Folgt man den Lageberichten der Sparkasse Dortmund weiter, verzeichneten auch der Handel und der tertiäre Sektor stürmisch wachsende Beschäftigungs- und Umsatzzahlen. Die „Handwerksbetriebe waren voll beschäftigt und mit Aufträgen gut versehen."[507]

Der Kapitalmarkt reagierte auf diese Entwicklung, denn das Vertrauen in die Stärke der Dortmunder Wirtschaft war groß. Mit einem Aktienkapital in Höhe von rd. 1,4 Mrd. DM war das östliche Ruhrgebiet wie schon im 19. Jahrhundert zu einem Kapitalsammelbecken ersten Ranges geworden. Mit einer Arbeitslosenquote von etwa 2 % herrschte quasi Vollbeschäftigung. „Der günstige Konjunkturablauf führte im Berichtsjahr mit 267.200 Beschäftigten, denen 4.800 Arbeitslose gegenübersanden, zu dem bisher höchsten Beschäftigtenstand nach dem Kriege. Durch den Mangel an Fachkräften in vielen Wirtschaftszweigen bleib die Versorgung mit Arbeitskräften äußerst schwierig."[508] Seit 1960 wird vom „Einsatz ausländischer Arbeitskräfte" berichtet, deren Anteil aber nur bei 1 % lag und die Beschäftigungslücken noch nicht schließen konnte.[509] Das Gastarbeiterzeitalter brach an, nachdem die Bundesrepublik bereits am 20. Dezember 1955 mit Italien das erste sog. Anwerbeabkommen abgeschlossen hatte. 1960 folgten ähnliche Vereinbarungen mit Griechenland und Spanien, ein Jahr später mit der Türkei, sodann mit Marokko (1963), Portugal (1964), Tunesien (1965) und dem damaligen Jugoslawien (1968).

In den Jahren 1957 und 1958 kam es zu ersten konjunkturellen Eintrübungen, die aber schnell verflogen. Nur im Bergbau zeichnete sich eine dauerhafte Krise ab. „Der

---

[505] Stadtsparkasse Dortmund, Geschäftsbericht 1956, S. 7; WWA S 7 Nr. 268.
[506] Vgl. Ellerbrock (2013), S. 50.
[507] Ebenda.
[508] Ebenda.
[509] Stadtsparkasse Dortmund, Geschäftsbericht 1960; WWA S 7 Nr. 268.

Strukturwandel, der bei den Betrieben des Bergbaus und den von ihm abhängigen Unternehmen ausgelöst worden ist, wird wohl noch auf Jahre hinaus dem Ruhrgebiet und damit auch dem Dortmunder Wirtschaftsraum sein besonderes Gepräge geben."[510] Die Kohlenkrise von 1957/58 erschütterte die Montanindustrie erstmals in ihren Grundfesten. Sie war sowohl Resultat des verstärkten Konkurrenzdrucks der auf den deutschen Markt drängenden amerikanischen Importkohle und eines neuen alternativen Energieträgers, des Erdöles. Das bundesrepublikanische „Wirtschaftswunder" war an seine

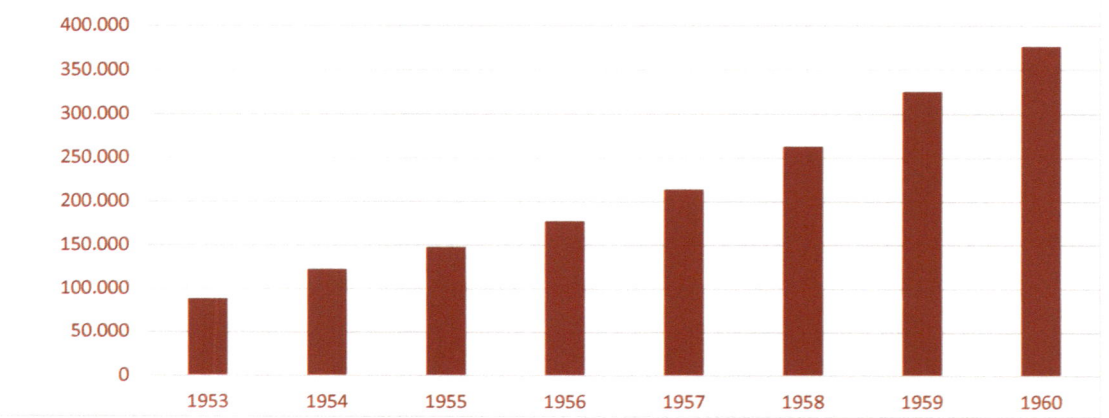

Quelle: Geschäftsberichte der Sparkasse Dortmund, jeweilige Jahrgänge, in 1.000 DM

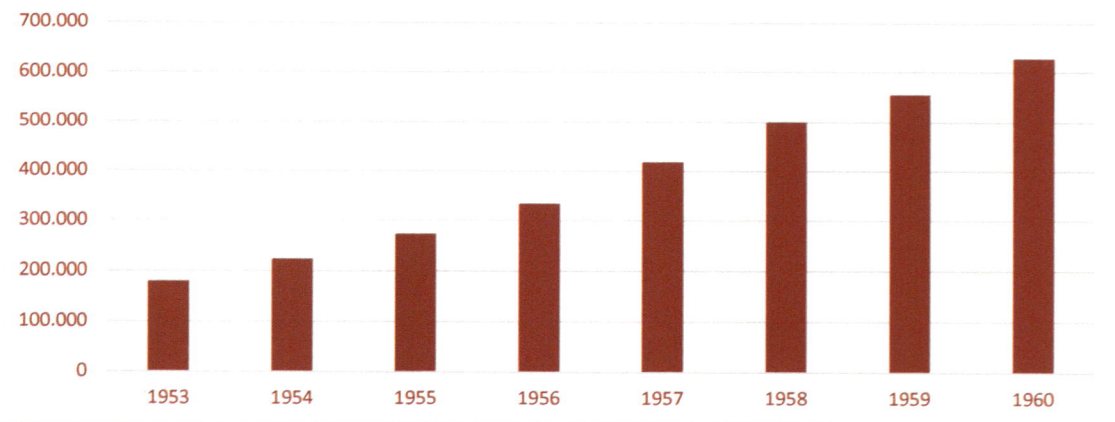

Quelle: Geschäftsberichte der Sparkasse Dortmund, jeweilige Jahrgänge, in 1.000 DM

Grenzen gestoßen. Dessen ungeachtet zeigten die wirtschaftlichen Kennzahlen der Sparkasse Dortmund weiterhin steil nach oben.

Im Bergbau wurde die Krise manifest; bis 1968 ging die Gesamtförderung um 30 % zurück. Produktionseinschränkungen, Betriebskonzentrationen und Stilllegungen sowie

[510] Stadtsparkasse Dortmund, Geschäftsbericht 1959; WWA S 7 Nr. 268.

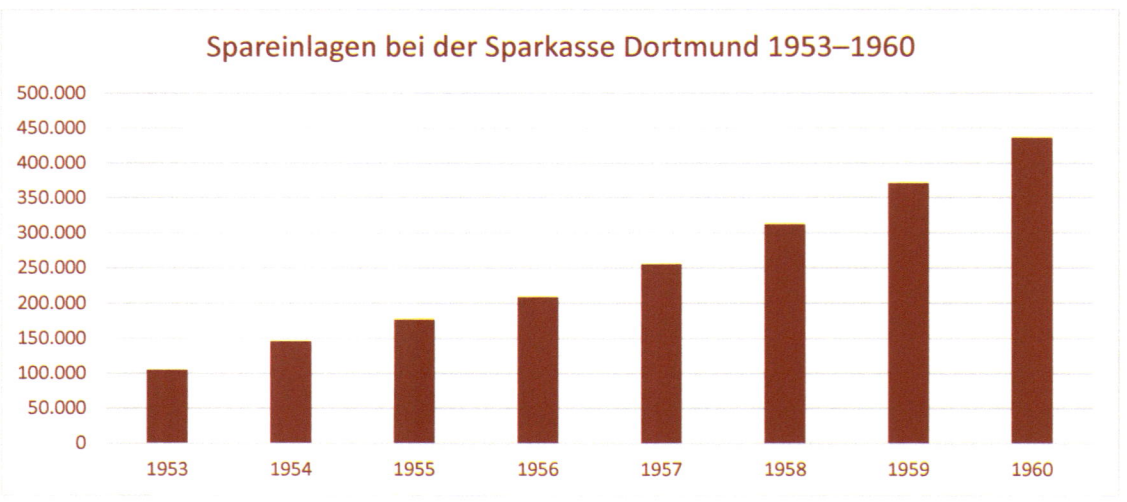

Quelle: Geschäftsberichte der Sparkasse Dortmund, jeweilige Jahrgänge, in 1.000 DM

ein massiver Abbau der Belegschaft wurden unvermeidlich. Mit dem Kohleanpassungsgesetz vom 14. Juni 1968 wurden schließlich die Weichen für eine umfassende Sanierung des Ruhrkohlenbergbaus durch Staatshilfe gestellt. In der neuen Einheitsgesellschaft Ruhrkohle AG, einer Art „bad bank" der Montanindustrie, lagerten die Konzerne, staatlich subventioniert, ihre verlustbringende Bergbausparte aus. Zusammen mit der zeitversetzt einsetzenden Strukturkrise beim Stahl in den 1970er Jahren wurde das Ruhrgebiet hart getroffen.[511] Die Region und insbesondere auch der Dortmunder Wirtschaftsraum, wo eine starke Deindustrialisierung einsetzte und über 150.000 montanindustriellen Arbeitsplätzen verloren gingen, zahlten dafür einen hohen Preis.[512] Die gute wirtschaftliche Entwicklung der Sparkasse Dortmund, die besonders den Mittelstand finanzierte, hielt indes an und wurde zu einem Stabilisator des beginnenden, erfolgreichen technologiebasierten und vom Mittelstand getragenen Strukturwandels des östlichen Ruhrgebietes mit Dortmund als Oberzentrum. Mit Stolz schloss die Sparkasse Dortmund Jahr für Jahr ihre Geschäftsberichte in den „langen 1950er Jahren" mit dem Hinweis, dass „die Kapitalkraft der Sparkasse der Dortmunder Wirtschaft wieder kräftige Impulse geben und die wirtschaftliche Entwicklung innerhalb des Stadtgebietes wirkungsvoll fördern konnte."[513] Daran hat sich bis heute nichts geändert.

---

[511] Der spezifische Stahlverbrauch ging durch den verstärkten Einsatz von Aluminium, Kunststoff, Glas oder Keramik sukzessive zurück, und durch das Vordringen von Japan, einigen Schwellen- und Entwicklungsländern sowie von Osteuropa stieg die weltweite Stahlerzeugung zwischen 1950 und 1980 von 200 Mio. auf 700 Mio. Jahrestonnen, was zu einem dramatischen Preiseinbruch um 35 % führte. Die Kapazitätsauslastung sank im Ruhrgebiet unter 70 %, so dass die Selbstkosten nicht mehr gedeckt waren.

[512] Zwischen 1960 und dem Jahr 2000 sank die Zahl der Industriebeschäftigten im IHK-Bezirk Dortmund von 222.669 (Ruhrgebiet 1.010.659) auf 66.771 (Ruhrgebiet 331.924); berechnet aus den Angaben im Statistisches Jahrbuch der nordrhein-westfälischen Industrie- und Handelskammern, jeweilige Jahrgänge; WWA P 80.

[513] Stadtsparkasse Dortmund, Geschäftsbericht 1959; WWA S 7 Nr. 268.

5. Lehren aus der Geschichte: Gespräch des Autors mit Thomas Westphal, Oberbürgermeister der Stadt Dortmund sowie Vorsitzender des Verwaltungsrates der Sparkasse Dortmund, und Dirk Schaufelberger, Vorsitzender des Vorstands der Sparkasse Dortmund.

Dr. Ellerbrock: Welche Erwartungen hatten Sie, als Sie sich 2022 dazu entschlossen haben, die Geschichte der Sparkasse Dortmund im Nationalsozialismus aufarbeiten zu lassen?

Thomas Westphal: Wie in fast allen deutschen Sparkassen war die Phase zwischen 1933 und 1945 ein blinder Fleck, wie eine verdrängte Episode in der gut zweihundertjährigen deutschen Sparkassengeschichte. Es ist gut, dass diese Lücke in Dortmund nun geschlossen werden konnte. Das Ergebnis wird uns helfen, die Mechanismen zu verstehen, die zu dieser unheilvollen Entwicklung beigetragen haben. Und es wird uns bestärken in den Bemühungen, dem Wiedererstarken nationaler Kräfte konsequent entgegenzutreten. Geschichte darf sich nicht wiederholen!

Dirk Schaufelberger: Die westfälisch-lippischen Sparkassen sind Mitträger des Westfälischen Wirtschaftsarchivs, das immer wieder wichtige Impulse für eine kritische Aufarbeitung der Sparkassengeschichte im Nationalsozialismus gegeben hatte. Das war bei uns ein wichtiger Auslöser für die Entscheidung, die NS-Geschichte unseres Hauses aufarbeiten zu lassen. Für diese Denkanstöße sind wir sehr dankbar. Wir waren natürlich ergebnisoffen und haben geahnt, wie eng die Verstrickungen mit dem NS-System waren. Für uns war es selbstverständlich, Dr. Ellerbrock nach Kräften bei seinen Recherchen zu unterstützen. Gott sei Dank sind nicht alle Unterlagen im Zweiten Weltkrieg vernichtet worden, so dass wir ihm einen wichtigen Fundus an internen Dokumenten aus dieser Zeit zur Verfügung stellen konnten. Diese etwa 80 historischen Akten sind mittlerweile auch archivtechnisch im Westfälischen Wirtschaftsarchiv aufbereitet worden, so dass sie auch zukünftigen Forschungen als Quellengrundlage dienen können.

Dr. Ellerbrock: Die Sparkasse Dortmund war ein Profiteur des Nationalsozialismus; die wirtschaftlichen Kennzahlen zeigten nach der „Machtergreifung" 1933 und dann insbesondere seit dem Vierjahresplan von 1936 und dem Kriegsausbruch im Jahr 1939 steil nach oben.

Dirk Schaufelberger: Ja, die Bilanzen verraten ohne jeden Zweifel, dass wir in diesen Jahren glänzende Geschäfte gemacht haben. Die Bilanzsumme hatte sich zwischen 1933 und 1943 auf fast 500 Mio. RM (ca. 3,3 Mrd. Euro) nahezu verfünffacht. Allerdings hat es an finanzwirtschaftlicher Weitsicht und Solidität gefehlt; am Ende war die Währung zerrüttet und auch die Sparkasse Dortmund stand wirtschaftlich am Abgrund.

Dr. Ellerbrock: Auch die Sparkasse Dortmund hat sich im großen Stil an der „geräuschlosen" Kriegsfinanzierung beteiligt. Um dies zu erkennen, muss man zunächst einmal die Mechanismen identifizieren, die sich hinter der zunehmend ideologisch überhöhten Sparpropaganda verbergen. Hinter dem Slogan „Wer säet, der erntet", den die Dortmunder Sparkasse kreierte, stand ein ausgeklügeltes System, das zunächst einmal die durch Kriegskonjunktur und Konsumstau entstandene hohe Liquidität möglichst geräuschlos abschöpfte. Die Spareinlagen schossen besonders seit 1939 in die Höhe; die Zahl der Sparbücher wurde zwischen 1930 und 1943 auf über 330.000 mehr als verdreifacht, die Höhe der Spareinlagen wuchs im selben Zeitraum sogar um mehr als das Vierfache. So flossen allein in Dortmund über 400 Mio. RM (ca. 2,6 Mrd. Euro), darunter auch die bis 1943 auf knapp 3,5 Mio. RM angestiegenen Ergebnisse des Schulsparens, durch den Erwerb von Staatsanleihen unmittelbar in die Rüstungsfinanzierung. Die deutschen Sparkassen wurden mit einer Gesamtsumme von 85,6 Mrd. RM (ca. 570 Mrd. Euro) der wichtigste Finanzier des NS-Staates.

Dirk Schaufelberger: Dass die Sparkassen und auch unser Haus ein so wichtiger Finanzier des Zweiten Weltkrieges waren und in ihrer Bedeutung sogar die großen Geschäftsbanken in den Schatten stellten, habe ich nicht geahnt. Die Instrumentalisierung des deutschen Sparkassenwesens durch den NS-Staat hatte natürlich damit zu tun, dass die Führungsgremien und Direktorenposten bei den Sparkassen nach der „Machtergreifung" mit willfährigen Nationalsozialisten besetzt wurden, die die neuen politischen Vorgaben konsequent umsetzten. Eine Besonderheit in unserem Hause war allerdings, dass sowohl der Vorstand, dessen Funktion dem heutigen Verwaltungsrat sehr ähnlich war, als auch die Sparkassendirektion erst relativ spät in vollem Umfang nazifiziert wurden, weil es an finanzwirtschaftlich qualifizierten Führungskräften mangelte. Die Beteiligung an der Kriegsfinanzierung im großen Stil hat man aber in den offiziellen Mitteilungen bewusst verschleiert. In der Festschrift zum 100jährigen Bestehen von 1941 hieß es zum Beispiel: „Die Anlage in Wertpapieren hat in den Jahren 1933–1939 stark zugenommen, weil die Sparkasse selbstverständlich durch Zeichnung von Reichsanleihen und den Ankauf von Reichs- und Staatspapieren dazu beiträgt, dem Reich Mittel für die großen Arbeitsbeschaffungen, Siedlungsunternehmen, Produktionsförderungen usw. zur Verfügung zu stellen."

Dr. Ellerbrock: Ein besonders düsteres Kapitel war die Mitwirkung an der Enteignung jüdischen Vermögens. Leider sind die Quellen dazu nicht mehr vollständig. Die erhaltenen Akten lassen aber die strukturellen Abläufe minutiös rekonstruieren. Ich habe ganz bewusst in diesem Kapitel die Originalquellen für sich sprechen lassen, die durch ein kompliziertes Geflecht von Verordnungen den Eindruck scheinlegal korrekter Vorgänge vorspiegeln. Die ausgewählten Dokumente zeigen beispielhaft, wie der Zugriff auf die in den jüdischen Wertpapierdepots liegenden Vermögenswerte im Zusammenspiel mit den Finanzbehörden, der Sparkasse und der Reichsbank funktionierte. Auch die Gestapo war zum Teil involviert. Erstaunlich ist aus der Rückschau, dass auch die betroffenen jüdischen Enteignungsopfer, denen Verhaftung und andere Repressionen drohten, sich widerspruchslos fügten und ebenfalls ein wichtiges Rädchen im scheinlegalen Getriebe eines massenhaften Enteignungsverfahrens wurden, das sich formal bis zur Berechnung einer der Sparkasse zu entrichtenden „Bearbeitungsgebühr" in Höhe von 0,5 % der eingezogenen Vermögenswerte als bürokratischer Perfektionismus darbot.

Rechnet man die dokumentierte Summe, die sich nach den Akten wohl ausschließlich auf die Verbandssparkasse Dortmund bezieht, auf die Sparkasse Dortmund hoch, kommt man auf etwa 15 Mio. Euro enteigneten jüdischen Vermögens. Dies nur um sich einmal eine Größenordnung vorzustellen.

Dirk Schaufelberger: Die Mitwirkung an der Enteignung jüdischer Vermögen war ein Verbrechen gegen die Menschlichkeit. Wie Herr Dr. Ellerbrock völlig zu Recht schreibt, musste jeder, der an diesen Vorgängen beteiligt war, wissen, um was es beim Verkauf von Wertpapieren aus den Depots jüdischer Mitbürger eigentlich ging. Daraus kann man für die Zukunft lernen, dass es neben aller gebotenen Loyalität zum Arbeitgeber Grenzen gibt, unmenschliches Handeln nicht weiter zu unterstützen. Dies erfordert natürlich Mut und Zivilcourage, die in totalitären Herrschaftssystemen aber auf ein Minimum schrumpfen, weil persönliche Repressionen drohen.

Thomas Westphal: Eine erschreckende Erkenntnis war für mich der schleichende Prozess, wie in unserer Stadt eine radikale politische Minderheit – zur Zeit des Hitler-Putsches im Jahr 1923 gab es im „roten Dortmund" lediglich 23 Nationalsozialisten – in weniger als zehn Jahren die politische Macht eroberte und eine neue kommunale Kaste in wenigen Monaten alle wichtigen Schaltstellen besetzte. Die jüdischen Mitbürgerinnen und Mitbürger wurden ebenso wie politisch anders Denkende in einem Handstreich aus öffentlichen Ämtern entfernt. Dies ist eine wichtige Lehre, die wir zur Sicherung unserer Demokratie aus der Geschichte ziehen müssen. Insofern ist die vorliegende Untersuchung auch ein wichtiges hochpolitisches Buch. Aus den konkreten historischen Abläufen in dieser Zeit können wir exemplarisch sehen und lernen, wie die Übernahme zentraler Funktionen in einer vormals demokratischen Einrichtung in einer rasenden Geschwindigkeit die Demokratie auf den Kopf stellt und wie menschliches Handeln radikalisiert wird. Ich bin der festen Überzeugung, dass wir durch Aufklärung und politische Bildung dazu beitragen können, unser Demokratieverständnis zu festigen.

Dr. Ellerbrock: Da stimme ich Ihnen vorbehaltlos zu. Gerade viele junge Menschen wissen viel zu wenig über die Verhältnisse, die zum Ende der Weimarer Republik und der „Machergreifung" durch die Nationalsozialisten geführt haben und sind daher empfänglich für rechtspopulistische Propaganda.

Thomas Westphal: Wir hoffen, dass viele andere Sparkassen unserem Beispiel nun folgen werden und Licht in das Dunkel der Jahre zwischen 1933 und 1945 bringen lassen. Das ist ein wichtiger Bestandteil unseres politischen Bildungsauftrags. Wir sind dem Autor sehr dankbar, dass er den Untersuchungszeitraum nicht auf die Jahre zwischen 1933 und 1945 begrenzt hat, sondern auch die wichtige Vorgeschichte in den 1920er Jahren mit einbezogen hat. Ohne die Betrachtung der Situation nach dem Ersten Weltkrieg mit der Ruhrbesetzung, der Hyperinflation, der Währungsreform sowie der existenzbedrohenden Wirtschaftskrise von 1929 und der daraus folgenden Bankenkrise wäre die „Machtergreifung" durch die Nationalsozialisten gar nicht erklär- und verstehbar. Auch der Blick über das Kriegsende 1945 hinaus ist für das Verständnis der Geschichte der Sparkasse Dortmund im Nationalsozialismus von grundlegender Bedeutung. Dazu gehört natürlich die Währungsreform von 1948 und ihre Gesetze als Voraussetzung für den wirtschaftlichen Neubeginn. Dazu gehört aber nicht zuletzt auch die Verfolgung der Karrieren ehemaliger nationalsozialistischer Funktionäre und Führungskräfte in Nachkriegsdeutschland.

Dirk Schaufelberger: Das ist in der Tat ein nicht minder bedrückendes Thema. Die nahezu ungebrochene Fortsetzung von zahlreichen persönlichen Karrieren ehemaliger hochrangiger nationalsozialistischer Amtsträger nach 1945, die in zum Teil zweifelhaften Entnazifizierungsverfahren entlastet wurden, atmet den Geist der ambivalenten und widersprüchlichen Gesellschaftsordnung der frühen Bundesrepublik. Sie war nicht nur von Aufbruchstimmung in das „Wirtschaftswunder", sondern auch von Verdrängung der Ereignisse in Nazi-Deutschland geprägt. In unserem Haus selbst hat es keine solchen personellen Kontinuitäten gegeben, weil nach dem Zusammenbruch von Hitler-Deutschland konsequent alle Nationalsozialisten aus ihren Ämtern entfernt wurden.

6. Biographischer Anhang

Franz Bauer (1894–1966) war gelernter Schuhmacher, nahm als Soldat im Rang eines Feldwebels in Frankreich und Russland am Ersten Weltkrieg teil, schloss sich anschließend einem Freikorps an und arbeitete von 1919 bis 1922 bei der Sicherheitspolizei in Marienwerder. 1924 kam er als Hüttenarbeiter zu Hoesch nach Dortmund und arbeitete später als selbständiger Schuhmacher. Zum 1. Januar 1926 trat Bauer in die NSDAP ein und wurde Mitglied der SA, seit 1930 in der Funktion eines hauptamtlichen SA-Führers. Bauer war der führende Repräsentant der SA in Dortmund, organisierte SA-Aufmärsche im Dortmunder Norden, die wie der „Dortmunder Blutsonntag" am 16. Oktober 1932 nicht selten in heftigen Straßenkämpfen mündeten. Nach der „Machtergreifung" stieg er zum Führer der Dortmunder SA-Brigade 67 auf, war von März 1936 bis Mai 1945 Reichstagsabgeordneter und nahm zwischen 1939 bis 1942 am Zweiten Weltkrieg teil. Ende 1942 wurde er beim Polizeipräsidium in München eingearbeitet und am 1. April 1943 zum Polizeipräsidenten von Wesermünde und im April 1944 in Duisburg ernannt. Nach 1945 lebte Bauer bis zu seinem Tod unter falschem Namen als Kraftfahrer; vgl. Horst Romeyk: Die leitenden staatlichen und kommunalen Verwaltungsbeamten der Rheinprovinz 1816–1945, Düsseldorf 1994, S. 345, Daniel Schmidt: Terror und Terrainkämpfe. Sozialprofil und soziale Praxis der SA in Dortmund 1925–1933, in: Beiträge zur Geschichte Dortmunds und der Grafschaft Mark 96/97 (2005/2006), S. 251–292.

August Bebel (1840–1913) war einer der Begründer der deutschen Sozialdemokratie. Zusammen mit Wilhelm Liebknecht gründete er 1869 die Sozialdemokratische Deutsche Arbeiterpartei (SDAP) und war 1875 an der Vereinigung mit dem Allgemeinen Deutschen Arbeiterverein (ADAV) zur Sozialistischen Arbeiterpartei Deutschlands (SAP) beteiligt; neben Paul Singer und Hugo Haase war er seit 1892 einer der beiden Vorsitzenden der SPD; vgl. Artikel August Ferdinand Bebel, in: Eckhard Hansen, Florian Tennstedt et al. (Hg.): Biographisches Lexikon zur Geschichte der deutschen Sozialpolitik 1871 bis 1945. Band 1, Sozialpolitiker im Deutschen Kaiserreich 1871 bis 1918, Kassel 2010, S. 10–11.

Friedrich Alfred Beck (1899–1985) wurde 1933 Hilfsreferent in der Unterrichtsabteilung des Preußischen Kultusministeriums und Ministerialrat im Preußischen Ministerium für Wissenschaft und Kunst, war dann Leiter der Hochschule für Politik der NSDAP Westfalen-Süd, arbeitete als Gaukulturwart, wurde 1939 Chefredakteur der Siegener Zeitung und leitete von 1942 bis 1943 den Langen Müller Verlag, der 1936 der DAF angeschlossen wurde; 1935 promovierte Beck in Königsberg bei Hans Heyse über den Nationalsozialismus als ganzheitliche Einheit von Geist und Leben; vgl. Léon Poliakov, Josef Wulf: Das Dritte Reich und seine Denker, Berlin 1959.

Heinrich Brüning (1885–1970) studierte Geschichte, Rechtswissenschaften und Volkswirtschaft in München, Straßburg sowie in England und wurde 1915 in Bonn mit einer Arbeit über die Verstaatlichung der englischen Eisenbahnen promoviert. Brüning war ein bedeutender Zentrumspolitiker während der Weimarer Republik und beteiligte sich maßgeblich an der Organisation des passiven Widerstands im Ruhrkampf. Zwischen 1924 und 1933 war er Reichstagsabgeordneter, Fraktionsvorsitzender des Zentrums, Reichskanzler (1930–1932) und letzter Vorsitzender der Deutschen Zentrumspartei (1933). 1934 gelang ihm die Flucht vor den Nationalsozialisten nach Großbritannien, die Niederlande, in die Schweiz und schließlich in die USA. Er lehrte als Professor für Politische Wissenschaften von 1939 bis 1951 an der Harvard Universität, pflegte Kontakte zum deutschen Widerstand und zu führenden britischen und amerikanischen Politikern. Zwischen 1951 und 1955 wirkte er als Professor für Politische Wissenschaften an der Universität Köln; vgl. Rudolf Morsey: Heinrich Brüning (1885–1970), in: Jürgen Aretz, Rudolf Morsey, Anton Rauscher (Hg.): Zeitgeschichte in Lebensbildern. Aus dem deutschen Katholizismus des 19. und 20. Jahrhunderts, Band 1, Münster 2022, S. 251–262.

Friedrich Ebert (1871–1925) war von 1913 bis 1919 Vorsitzender der SPD und von 1919 bis zu seinem Tod erster Reichspräsident der Weimarer Republik; vgl. Wolfgang Abendroth: Friedrich Ebert, in: Wilhelm von Sternburg: Die deutschen Kanzler. Von Bismarck bis Kohl, Berlin 1998, S. 145–159.

Bruno Eckardt (1880–1945) war nach dem Studium der Rechtswissenschaften von 1903 bis 1907 Gerichtsreferendar in Dortmund und wurde 1907 zum Gerichtsassessor ernannt. 1919 wurde er Richter am Landgericht Dortmund, stieg 1923 zum Landgerichtsrat und 1925 zum Landgerichtsdirektor auf. Landgerichtspräsident Palm ernannte Eckardt schließlich im August 1932 zum Vorsitzenden eines Sondergerichts, vor dem die „Schwanenfall-Affäre" verhandelt wurde. Unter seiner Prozessführung wurden mindestens 61 Todesurteile ausgesprochen, von denen die Mehrzahl auch vollstreckt wurde. Gnadengesuche lehnte er regelmäßig ab. Im Jahre 1937 gab der Landgerichtspräsident Paul Koch folgende Beurteilung über ihn ab: „Eiserner Strafrichter. Er leitet seit 1933 das Sondergericht für den OLG-Bezirk Hamm in soldatischer Auffassung mit unerbittlicher Strenge und Entschlossenheit zur vollen Zufriedenheit der Parteidienststellen, der Geheimen Staatspolizei und der Anklagebehörde […] Seine Amtsführung zeigt, daß er rückhaltlos für den nationalsozialistischen Staat eintritt. Er kennt keine Nerven, er ist gesund." Vgl. Hans-Eckhard Niermann: Die Durchsetzung politischer und politisierter Strafjustiz im Dritten Reich, Düsseldorf 1995, S. 245.

Ernst Eichhoff (1873–1941), ein Neffe von Bertha Krupp, geb. Eichhoff, Ehefrau des Industriellen Alfred Krupp, war Mitglied der DVP oder stand der DVP zumindest sehr nahe. Bei Högl (1994), S. 356 und S. 381 ist eine Parteimitgliedschaft nicht belegt, wie in dem vom LWL betriebenen Online-Portal Westfälische Geschichte und dem Wikipedia-Eintrag zu Ernst Eichhoff allerdings ohne Quellenbeleg behauptet wird. Sein Vater Ernst Otto Eichhoff (1820–1881) war seit 1871 als Direktor und Prokurist bei Krupp tätig. Nach dem Abitur in Essen studierte er an den Universitäten in München, Kiel und Berlin Jura und promovierte dort 1898 zum Dr. jur. 1901 wurde er Gerichtsassessor, 1902 Magistratsassessor und 1904 Beigeordneter im Stadtrat von Kiel. Zum Jahresbeginn 1907 ging er nach Dortmund und wurde dort 2. Bürgermeister. Nach dem Tod des Dortmunder Oberbürgermeisters Wilhelm Schmieding wurde er im Oktober 1910 zu dessen Nachfolger gewählt. Dieses Amt hatte er bis 1933 inne, als er von der NSDAP aus dem Amt gedrängt wurde; vgl. Dirk Buchholz, Hans-Wilhelm Bohrisch: Bürgermeisterporträts, in: Heimat Dortmund 1 (2001) S. 38–45, hier S. 43.

Matthias Erzberger (1875–1921) war ein deutscher Zentrumspolitiker, der 1903 Reichstagsabgeordneter wurde und sich zunächst als Kritiker der Kolonialpolitik einen Namen machte. Als Bevollmächtigter der Reichsregierung und Leiter der Waffenstillstandskommission unterzeichnete er das Waffenstillstandsabkommen von Compiègne, das die Kampfhandlungen des Ersten Weltkriegs beendete. Als Reichsminister der Finanzen setzte er von 1919 bis 1920 die nach ihm benannte Erzbergersche Finanz- und Steuerreform durch. Eine Hetzkampagne des deutschnationalen Politikers Karl Helfferich zwang ihn 1920 zum Rücktritt; Erzberger galt bei den Verfechtern der Dolchstoßlegende als einer der „Novemberverbrecher". Er fiel 1921 einem Attentat der rechtsterroristischen „Organisation Consul" zum Opfer; vgl. Klaus Epstein: Artikel Matthias Erzberger, in: Neue Deutsche Biographie, Band 4, Berlin 1959, S. 638–640.

Hermann Esser (1900–1981) war ein nationalsozialistischer Journalist und Politiker der ersten Stunde. Als einer der frühesten Gefolgsleute und Freunde Adolf Hitlers trug er die Mitgliedsnummer 2 im Mitgliedsverzeichnis der NSDAP. Während der Weimarer Republik hatte er zunächst einflussreiche Positionen in der Partei inne, war erster Schriftleiter des Völkischen Beobachters und zuletzt Reichspropagandaleiter, verlor aber nach der Bamberger Führertagung 1926 zunehmend an Einfluss. Nach der „Machtergreifung" war er kurzzeitig bayerischer Wirtschaftsminister sowie von 1939 bis 1945 Staatssekretär für Tourismus im Reichsministerium für Volksaufklärung und Propaganda. Er wurde 1950 im Entnazifizierungsverfahren zu fünf Jahren Haft verurteilt, aber schon 1952 entlassen; vgl. Ernst Klee: Das Personenlexikon zum Dritten Reich. Wer war was vor und nach 1945, Frankfurt 2003, S. 140.

Gottfried Feder (1883–1941) war Bauingenieur und nationalsozialistischer Wirtschaftstheoretiker; 1919 erschein sein antisemitisches Manifest zur Brechung der Zinsknechtschaft des Geldes. Er trat nach der Neugründung 1925 in die NSDAP ein (Mitgliedsnummer 11). Seine wirtschaftspolitischen Forderungen fanden im 25-Punkte-Programm der NSDAP Berücksichtigung, und er trat als wirtschaftspolitischer Sprecher der NSDAP auf. 1933 wurde er Staatssekretär im Reichsministerium für Wirtschaft; vgl. Sonja Noller: Artikel Gottfried Feder, in: Neue Deutsche Biographie, Band 5, Berlin 1961, S. 42, Othmar Plöckinger: Gottfried Feders Einfluss auf die wirtschafts- und staatspolitischen Vorstellungen der frühen NSDAP und auf Hitlers „Mein Kampf", in: Vierteljahrschrift für Sozial- und Wirtschaftsgeschichte Band 105, Heft 4 (2018), S. 497–527.

Gottfried Flach (1904–1979) wuchs in Frankfurt auf und absolvierte in Darmstadt ein Studium zum Diplom-Ingenieur. Er kam 1929 nach Dortmund, wo er bei den Vereinigten Stahlwerken arbeitete. Nach der „Machtergreifung" wurde er 1933 Direktor der Dortmunder Gaswerke AG und der Dortmunder Wasserwerks-GmbH, die ab Sommer 1939 als Dortmunder Stadtwerke AG firmierten. Zum 1. März 1930 trat er der Ortsgruppe

Dortmund der NSDAP bei, war seit dem Sommer 1930 Sektionsleiter in Dortmund-Süd und ab dem 1. März 1931 Ortsgruppenleiter in Dortmund, wo er auch seit Januar 1932 Vorsitzender des Untersuchungs- und Schlichtungsausschusses beim in München ansässigen obersten Parteigericht der NSDAP war. Vom 1. September 1932 bis zum 30. November 1934 war er NSDAP-Kreisleiter in Dortmund, vom 3. April 1933 bis zum 2. Oktober 1933 Stadtverordnetenvorsteher und vom 1. Januar 1934 bis 1944 Ratsherr. 1933 gehörte Flach dem Provinziallandtag der Provinz Westfalen an und war stellvertretendes Mitglied im Provinzialausschuss. Von April 1933 bis zum 10. Juli 1933 war er auch stellvertretendes Mitglied im Preußischen Staatsrat. Vom 1. April 1944 bis Kriegsende wirkte er als Wehrkreisbeauftragter des Ministeriums Speer für den Gau Westfalen-Süd. Nach dem Krieg wurde er vom 18. April 1945 bis zum 10. November 1947 in Recklinghausen interniert, dann aber freigesprochen, am 28. März 1950 im Rahmen der Entnazifizierung als Minderbelasteter und in einem Einspruchverfahren am 19. Juni 1951 schließlich in die Kategorie Mitläufer zurückgestuft. Seit Juli 1950 war er Technischer Angestellter, später Oberingenieur bei einem Unternehmen in Iserlohn. Seit 1961 lebte er in Goslar; vgl. Joachim Lilla: Der Preußische Staatsrat 1921–1933. Ein biographisches Handbuch. Mit einer Dokumentation der im „Dritten Reich" berufenen Staatsräte, Düsseldorf 2005, S. 42.

Wilhelm Frick (1877–1946) war promovierter Jurist und Verwaltungsbeamter im bayerischen Polizeidienst, 1923 wurde er Leiter der Kriminalpolizei. Er war ein früher Unterstützer der NS-Bewegung, wurde nach dem Hitler-Putsch inhaftiert und 1924 zu 15 Monaten Festungshaft verurteilt. Die Strafe wurde nach ca. 5 Monaten Untersuchungshaft wie bei Hitler zur Bewährung ausgesetzt. 1925 wurde er NSDAP-Mitglied, 1928 Fraktionsvorsitzender, Fachgruppenleiter für Verwaltungsfragen der NS-Gesellschaft für Deutsche Kultur, 1930–1931 Innen- und Volksbildungsminister in Thüringen, 1933–1943 Reichsminister des Innern (Mitwirkung an der Umformung des Rechtssystems als Mittel der Verfolgung und Diskriminierung), 1943–1945 Minister ohne Geschäftsbereich; Frick wurde zwischen 1943 und 1945 als Reichsprotektor von Böhmen und Mähren abgeschoben, 1945 interniert und 1946 in Nürnberg zum Tode durch den Strang verurteilt und hingerichtet; vgl. Hermann Weiß (Hg.): Biographisches Lexikon zum Dritten Reich, Frankfurt 1998, S. 133f.

Joseph Goebbels (1897–1945) trat im Frühjahr 1925 der NSDAP bei und entwickelte sich als führender Agitator der Partei zu einem der einflussreichsten Politiker im „Dritten Reich". Er galt als einer der engsten Vertrauten Adolf Hitlers. Seine Rhetorik war gekennzeichnet von Demagogie und er choreografierte geschickt propagandistische Massenveranstaltungen, nutzte modernste Medientechnik, insbesondere Film und Radio, so dass es ihm gelang, weite Teile des deutschen Volkes zu indoktrinieren sowie Juden und Kommunisten zu diffamieren. Er war ab 1925 Gauleiter von Berlin, ab 1930 Reichspropagandaleiter und hatte bedeutenden Anteil am Aufstieg der NSDAP. Als Reichsminister für Volksaufklärung und Propaganda und Präsident der Reichskulturkammer lenkte er zwischen 1933 und 1945 nicht nur Presse, Rundfunk und Film, sondern bestimmte auch das sonstige Kulturgeschehen maßgeblich; vgl. Joachim Fest: Das Gesicht des Dritten Reiches. Profile einer totalitären Herrschaft, 11. Auflage, München und Zürich 1993.

Hermann Göring (1893–1946) war Reichsmarschall und preußischer Ministerpräsident, 1922 machte er die Bekanntschaft mit Adolf Hitler und trat in die NSDAP ein, wurde 1923 Kommandeur der SA (Oberste SA-Führung), nahm am Hitler-Putsch teil, wurde 1928 Mitglied des Deutschen Reichstags, war zwischen 1932 und 1945 sein Präsident, zwischen 1933 und 1945 preußischer Ministerpräsident, 1933 bis 1934 preußischer Innenminister, hier u. a. Chef der preußischen Polizei, Reichskommissar für Luftfahrt und Reichsminister ohne Geschäftsbereich, 1933 General der Infanterie, 1934 Reichsforstmeister und Reichsjägermeister, wurde 1934 „heimlich", 1939 offiziell zum Nachfolger Hitlers als Reichskanzler bestellt, war zwischen 1935 und 1945 Oberbefehlshaber der deutschen Luftwaffe, zwischen 1936 und 1945 Beauftragter für den Vierjahresplan, zwischen 1937 und 1938 kommissarischer Reichswirtschaftsminister, wurde am 12. Januar 1937 ehrenamtlicher Chef der SA-Standarte „Feldherrnhalle", 1938 Generalfeldmarschall und wies 1941 Reinhard Heydrich an, die „Gesamtlösung der Judenfrage" vorzubereiten. Seit 1942 setzte ein zunehmender Machtverlust ein; Göring wurde 1945 seiner Ämter enthoben, weil er Waffenstillstandsverhandlungen mit den Alliierten aufgenommen hatte. Nach seiner Inhaftierung wurde er 1946 im Nürnberger Hauptkriegsverbrecher-Prozess zum Tode verurteilt, beging aber in der Nacht vor seiner geplanten Hinrichtung durch den Strang Selbstmord; vgl. Alfred Kube: Pour le mérite und Hakenkreuz. Hermann Göring im Dritten Reich, München 1987, Gerhard Stoltenberg: Artikel Hermann Göring, in: Neue Deutsche Biographie, Band 6, Berlin 1964, S. 525–527, Hermann Weiß (Hg.): Biographisches Lexikon zum Dritten Reich, Frankfurt 1998, S. 156–158.

Wilhelm Hansmann (1886–1963) war Mitglied der SPD und Landrat der Landkreise Hörde und Ennepe-Ruhr, preußischer und nordrhein-westfälischer Landtagsabgeordneter und von 1946 bis 1954 Oberstadtdirektor in Dortmund. Ihm wurde am 17. Dezember 1956 die Ehrenbürgerschaft der Stadt Dortmund verliehen; vgl. Günther Högl: Artikel Wilhelm Hansmann, in: Biographien bedeutender Dortmunder, Band 3, Essen 2001, S. 93–95.

Rudolf Havenstein (1857–1923) studierte Rechtswissenschaften in Heidelberg und Berlin. Nach dem Studium war er zunächst im preußischen Justizdienst tätig, begann 1887 eine Karriere als Richter und wechselte im Jahr 1890 ins preußische Finanzministerium. Er war von 1900 bis 1908 Präsident der Königlichen Seehandlung und vom 6. Januar 1908 bis zu seinem Tod 1923 Präsident der Reichsbank; vgl. Erich Achterberg: Artikel Rudolf Emil Albert Havenstein, in: Neue Deutsche Biographie, Band 8, Berlin 1969, S. 137.

Fritz Henßler (1886–1953) war ein deutscher Politiker der SPD. Nach dem Ersten Weltkrieg wurde er Chefredakteur der „Westfälischen Allgemeinen Volks-Zeitung", der vormaligen „Arbeiter-Zeitung". In dieser Funktion befürwortete er u.a. das Entsenden der Reichswehr ins Ruhrgebiet und die Niederschlagung der kommunistischen Aufstände. 1924 wurde Fritz Henßler in die Dortmunder Stadtverordnetenversammlung gewählt und ein Jahr später Stadtverordnetenvorsteher. Zudem war er Vorsitzender des Bezirks Westliches Westfalen, seit 1929 Mitglied des Westfälischen Provinziallandtages und seit 1930 Mitglied des Reichstages. 1933 wurde er gleich zweimal in „Schutzhaft" genommen. Nachdem die erste Inhaftierung vier Tage gedauert hatte, erstreckte sich die zweite von Ende Juni bis Anfang September. Während dieser Zeit war er in der berüchtigten

Dortmunder Steinwache untergebracht. Danach organisierte er konspirative Treffen mit anderen Sozialdemokraten in einer Leihbücherei, die von seiner Frau geleitet wurde. 1935 fand eine umfangreiche Hausdurchsuchung statt, in deren Zuge über 1.000 Bücher aus seinem Privatbesitz beschlagnahmt wurden. Er stand mehr und mehr unter polizeilicher Beobachtung und wurde schließlich Ende April 1936 von der Gestapo verhaftet und in das Konzentrationslager Sachsenhausen gebracht, wo er acht Jahre interniert war und misshandelt wurde. Nach 1945 war er wieder Vorsitzender des SPD-Bezirkes Westliches Westfalen, wurde 1946 zudem Mitglied des SPD-Parteivorstandes, Mitglied des westfälischen Provinzialrates sowie des Zonenbeirates für die britische Zone in Hamburg, von 1946 bis 1953 Oberbürgermeister der Stadt Dortmund sowie SPD-Fraktionsvorsitzender im Landtag von Nordrhein-Westfalen, darüber hinaus 1949 Mitglied des Deutschen Bundestages, dort Mitglied des SPD-Fraktionsvorstandes sowie Vorsitzender des nordrhein-westfälischen Städtetages. 1952 wurde er Mitglied des Europäischen Parlaments. Fritz Henßler war zudem einer der Lizenzträger der „Westfälischen Rundschau"; vgl. Günther Högl, Hans-Wilhelm Bohrisch (Hg.): Fritz Henßler 1886–1953: „Die Person immer ganz weit hinter der Sache" – Sozialdemokrat, Reichstagsabgeordneter und Dortmunder Oberbürgermeister, Essen 2003.

Rudolf Heß (1894–1987) war ein Nationalsozialist der ersten Stunde und seit 1920 Mitglied der NSDAP. Nach der „Machtergreifung" wurde der fanatische Anhänger des Führerkultes und überzeugte Antisemit 1933 Reichsminister ohne Geschäftsbereich. Im selben Jahr ernannte ihn Adolf Hitler zu seinem Stellvertreter in der Parteileitung. Am 10. Mai 1941 flog Heß nach London, um die britische Regierung zu einem Friedensschluss zu bewegen. Er geriet in Kriegsgefangenschaft und war einer der 24 Angeklagten im Nürnberger Prozess gegen die Hauptkriegsverbrecher. Er wurde am 1. Oktober zu lebenslanger Haft verurteilt und beging 1987 im Kriegsverbrechergefängnis Spandau Selbstmord; vgl. Dietrich Orlow: Rudolf Heß. „Stellvertreter des Führers", in: Ronald Smelser, Rainer Zitelmann (Hg.): Die braune Elite. Band 1, 3. Auflage, Darmstadt 1994, S. 84–97, zuletzt Manfred Görtemaker: Rudolf Hess. Der Stellvertreter, München 2023.

Friedrich Hesseldieck (1893–1991) besuchte die Volksschule in Bielefeld und machte anschließend eine kaufmännische Lehre. Als Freiwilliger im Ersten Weltkrieg wurde er im September 1914 schwer verwundet, war partiell linksseitig gelähmt und wurde 1917 als Invalide aus dem Heeresdienst verabschiedet. Er begann eine kaufmännische Laufbahn, arbeitete unter anderem in Köln, Bremen und Bielefeld. 1942 kam er nach Dortmund, wo er vom Prokuristen zum Direktor der Dominitwerke aufstieg. Hesseldieck verließ Dortmund im Mai 1940 und war als Oberbereichsleiter und später als Hauptamtsleiter und Personalchef beim Stellvertreter des Führers in München tätig. 1943 kehrte er in den Gau Westfalen-Süd zurück und wurde am 1. Juli 1943 auf Vorschlag des Beauftragten der NSDAP Oberbürgermeister der Stadt Bochum. Nach der Übergabe der Amtsgeschäfte am 10. April 1945 flüchtete Hesseldieck ins Sauerland, um sich mit anderen Parteigrößen an der Aufstellung eines „Freikorps Sauerland" zu beteiligen. Am 24. Mai 1945 wurde er schließlich offiziell aus dem Amt des Oberbürgermeisters entlassen, am 16. November 1946 interniert und am 24. August 1948 von der Spruchkammer Hiddesen zu einer Gefängnisstrafe von sechs Monaten verurteilt, die durch seine zweijährige Internierung als verbüßt galt. Am 21. April 1949 war er in einem Revisionsverfahren erfolgreich; im Juli

1949 erfolgte die Anklageerhebung des Oberstaatsanwalts Dortmund wegen Erpressung und schweren Landfriedensbruchs im Zusammenhang mit der Enteignung der Dortmunder Synagoge. 1953 erfolgte nach mehreren verfahrenstechnischen Verzögerungen sein Freispruch. Er arbeitete seit August 1950 als Helfer in einem bakteriologschen Institut in Wetzlar und seit 1962 als Kaufmann in Niederhöchstädt. Er starb am 19. Mai 1991 im Alter von 98 Jahren; vgl. Joachim Lilla: Leitende Verwaltungsbeamte und Funktionsträger in Westfalen und Lippe (1918–1945/46). Biographisches Handbuch, Münster 2004 S. 176f.

Paul von Hindenburg (1847–1934) war ein deutscher Generalfeldmarschall, Politiker und von 1925 bis zu seinem Tod Reichspräsident; vgl. Werner Conze: Artikel Paul von Hindenburg, in: Neue Deutsche Biographie, Band 9, Berlin 1972, S. 178–182.

Adolf Höh (1902–1930) war ein Elektroingenieur aus der Rheinpfalz, der 1922 in die NSDAP eintrat, zunächst beim Aufbau der NS-Ortsgruppe in Coburg tätig war, dann 1926 nach Dortmund kam, wo er dem SS-Sturm angehörte und nach NS-Angaben am 7. Dezember 1930 mit weiteren SA-Leuten auf dem „Heimweg vom Dienst" überfallen und durch eine Schussverletzung getötet wurde. Er wurde auf dem Gauehrenmal im Haus der Gauleitung in Bochum als „Ermordeter des Gaues Westfalen-Süd" geführt; vgl. den Artikel Gau Westfalen, in: Die Ruhmeshalle der SA, SS und HJ, des früheren Stahlhelms und der für das Dritte Reich gefallenen Parteigenossen, Fürstenwalde o.J. (1933), S. 106, Halbmast. Ein Heldenbuch der SA und SS. Den Toten der NSDAP zum Gedächtnis. Erste Folge, Berlin 1932, S. 32.

Alfred Hugenberg (1865–1951) war ein deutscher Montan-, Rüstungs- und Medienunternehmer, u.a. zwischen 1909 und 1918 Vorsitzender des Direktoriums der Fried. Krupp AG in Essen. Er wirkte als Politiker und war Mitglied der DNVP. 1929 arbeitete er bei dem Volksentscheid gegen den Young-Plan mit der NSDAP und dem Stahlhelm zusammen und war 1931 maßgeblich an der Bildung der „Harzburger Front" beteiligt, die unter Einschluss der NSDAP die nationalistischen Kräfte gegen das Kabinett Brüning zu bündeln suchte. Sein Ziel war eine republikfeindliche Politik unter Einbindung des Nationalsozialismus. Während der ersten Monate nach der „Machtergreifung" war er in Hitlers erstem Kabinett Reichsminister für Wirtschaft, Landwirtschaft und Ernährung. Danach war er ohne jeden politischen Einfluss und wurde schließlich zum Verkauf seines Pressekonzerns (1933–1935), der ihm gehörenden Filmgesellschaft Ufa (1937) sowie des Scherl-Verlages (1944) gezwungen, wofür er aber großzügig entschädigt wurde. Zwischen 1946 und 1951 wurde er von den Briten interniert und im Entnazifizierungsverfahren 1947 zunächst als Minderbelasteter, in mehreren Berufungsverfahren schließlich als Entlasteter eingestuft; vgl. Friedrich-Wilhelm Henning: Hugenberg als politischer Medienunternehmer, in: Günther Schulz (Hg.): Geschäft mit Wort und Meinung. Medienunternehmer seit dem 18. Jahrhundert, München 1999, S. 101–127.

Wilhelm Kaiser (1877–1961) wurde am 20. Februar 1877 im sauerländischen Medebach geboren und studierte nach dem Abitur zunächst Mathematik in Marburg, wechselte dann an die Universität Münster, wo er 1901 die Staatsprüfung für das Lehramt in den Fächern Mathematik und Physik ablegte; 1903 wurde er am Physikalischen Institut promoviert.

Nach Tätigkeiten am Realgymnasium in Altena und als Oberlehrer an der Oberrealschule in Bochum arbeitete er ab dem 1. November 1909 als Kreisschulinspektor für den Landkreis Dortmund und wurde hier zum 1. Juni 1911 zum Stadtschulrat berufen. Im Ersten Weltkrieg übernahm er als Dezernent im Kriegswirtschaftsamt die Verwaltung der städtischen Krankenhäuser, wurde am 13. Oktober 1919 in den Magistrat gewählt und zum Stadtkämmerer ernannt. Als Mitglied der Zentrumspartei gehörte er zwischen 1919 und 1920 der Dortmunder Stadtverordnetenversammlung an und wurde 1921 in den Provinziallandtag gewählt, der ihn in den Preußischen Staatsrat entsandte. Auf seine Anregung erfolgte die Zusammenlegung Dortmunds mit der Stadt und dem Landkreis Hörde; die Eingemeindungen erfolgten 1928 beziehungsweise 1929, um durch Synergieeffekte die stark beanspruchten kommunalen Finanzen zu entlasten. Er legte nach der Wirtschaftskrise mit Hilfe von Reichsdarlehen öffentliche Beschäftigungsprogramme auf, um die Folgen der dramatisch ansteigenden Arbeitslosigkeit abzumildern. Unmittelbar nach dem Zweiten Weltkrieg wurde er vom kommissarischen Oberbürgermeister Hermann Ostrop wieder zum Stadtkämmerer ernannt. Am 1. Oktober 1947 wurde er in den endgültigen Altersruhestand versetzt, übernahm das Amt aber vom 30. August 1948 bis zum 30. April 1949 erneut, nachdem sein Nachfolger schwer erkrankt war. Kaiser wurde am 20. Februar 1957 „aufgrund seiner herausragenden Verdienste für die Stadt Dortmund" das Ehrenbürgerrecht verliehen; vgl. Dieter Knippschild: Wilhelm Kaiser, in: Hans Bohrmann (Hg.): Biographien bedeutender Dortmunder, Band 3, Essen 2001, S. 101–104.

Karl Kaufmann (1900–1969) war ein deutscher Politiker der NSDAP, der von 1925 bis 1945 NS-Gauleiter, von 1933 bis 1945 Reichsstatthalter, ab dem 30. Juli 1936 bis zum 3. Mai 1945 „Führer" der hamburgischen Landesregierung, ab 1937/38 Chef der hamburgischen Staatsverwaltung und Reichsverteidigungskommissar im Wehrkreis 10. Er gründete u.a. das KZ-Fuhlsbüttel und war dann für das KZ-Neuengamme zuständig; 1942 wurde er Reichskommissar für die deutsche Seefahrt und SS-Obergruppenführer; vgl. Frank Bajohr: Gauleiter in Hamburg. Zur Person und Tätigkeit Karl Kaufmanns (1900–1969), in: Vierteljahrshefte für Zeitgeschichte 43 (1995), Heft 2, S. 267–295.

Ernst Kleiner (1871–1951) studierte nach dem Abitur in Tübingen, Berlin und Breslau Staatswissenschaften. Nach seiner Tätigkeit als Präsident der Reichsgetreidestelle wurde er in seiner Funktion als Landrat 1906 Mitglied des Vorstandes des Brandenburgischen Sparkassenverbandes, seit 1916 des Brandenburgischen Sparkassen- und Giroverbandes, danach Mitglied des Vorstandes des Deutschen Zentral-Giroverbandes und 1921 Präsident (seit 1924 hauptamtlich) des Deutschen Sparkassen- und Giroverbandes. Im selben Jahr wurde er auch Präsident des Direktoriums der Deutschen Girozentrale, Deutsche Kommunalbank in Berlin. Wegen persönlicher und sachlicher Differenzen mit der obersten Sparkassen-Aufsichtsbehörde legte er 1935 sein Amt nieder; vgl. Josef Hoffmann: Artikel Ernst Kleiner, in: Neue Deutsche Biographie, Band 11, Berlin 1977, S. 748–749.

Ferdinand Lassalle (1825–1864) war einer der Wortführer der frühen deutschen Arbeiterbewegung und als Präsident des 1863 gegründeten Allgemeinen Deutschen Arbeitervereins gehört er zu den Gründervätern SPD; vgl. Iring Fetscher: Artikel Ferdinand Lassalle, in: Neue Deutsche Biographie, Band 13, Berlin 1982, S. 661–669.

Rudolf Lencer (1901–1945) trat 1930 in die NSDAP ein, wurde Mitglied des Aufsichtsrates der Deutsch-Amerikanischen Bank AG und 1933 zum Stadt- und Bezirksverordneten in Berlin und NSDAP-Stadtrat im Bezirk Treptow gewählt; daneben erfolgte seine Ernennung zum Vorsitzenden des Deutschen Bankbeamtenvereins und zum Nationalsozialistischen Betriebszellenorganisations (NSBO)-Beauftragten für die Hirsch-Dunckerschen Gewerkschaften. Kurze Zeit später wurde Lencer auch Leiter der Organisationsabteilung des Gesamtverbandes der Deutschen Arbeiter und in die oberste NSBO-Leitung berufen. Im Zuge der Neuordnung der DAF stieg er zum Reichsbetriebszellenleiter Banken und Versicherungen auf; vgl. Rüdiger Hachtmann: Das Wirtschaftsimperium der Deutschen Arbeitsfront 1933–1945, Göttingen, 2012.

Robert Ley (1890–1945) war promovierter Chemiker, nahm als Freiwilliger am Ersten Weltkrieg teil und verbrachte drei Jahre in französischer Kriegsgefangenschaft. Zwischen 1920 und 1928 war er bei den Bayer-Werken in Leverkusen, wurde dort aufgrund anhaltender Alkoholprobleme und antisemitischer Übergriffe entlassen. 1923 wurde er Mitglied der NSDAP und leitete seit 1925 den Gau Rheinland-Süd. Er war Mitglied des Preußischen Landtags und begründete das Parteiorgan „Westdeutscher Beobachter", das er vor allem für antisemitische Angriffe auf Waren- und Bankhäuser nutzte. 1930 wurde er Mitglied des Reichstags, war zwischen 1931 und 1934 Reichsinspekteur und Stellvertreter des Reichsorganisationsleiters Gregor Strasser und nach der „Machtergreifung" Leiter des „Aktionskomitees zum Schutz der deutschen Arbeit". Er organisierte die Zerschlagung aller bisher freien und unabhängigen Gewerkschaften zur Deutschen Arbeitsfront (DAF). Die an die NSDAP angeschlossene DAF übernahm das Beitragsaufkommen der früheren Gewerkschaftsmitglieder, das 1939 539 Mio. RM betrug, und finanzierte damit ihren Verwaltungsapparat, zahllose Wirtschaftsunternehmen und Gesellschaften. Als größte Massenorganisation im Dritten Reich, die DAF zählte 1938 über 23 Mio. Mitglieder, kontrollierte sie die Einstellung und Entlassung von Arbeitskräften, ihre Entlohnung und Sozialversicherung sowie ihre Altersversorgung. Ley gründete innerhalb der DAF die Organisation „Kraft durch Freude" (KdF). Das umfangreiche und propagandistisch herausgestellte Massentouristik- und Freizeitprogramm sollte die Bindung der Arbeiterschaft an die Partei verstärken. Als Nachfolger des ermordeten Gregor Strasser wurde Ley 1934 Reichsorganisationsleiter der NSDAP. 1937 führte er gemeinsam mit Reichsjugendführer Baldur von Schirach die „Adolf-Hitler-Schulen" als Oberstufen-Internatsschulen ein. Mit Beginn des Zweiten Weltkriegs verlor er aber an Einfluss gegenüber seinen Rivalen Fritz Todt, Reichsminister für Bewaffnung und Munition, dessen Nachfolger Albert Speer und Fritz Sauckel (1894–1946), Generalbevollmächtigter für den Arbeitseinsatz. Er kompensierte seinen Machtverlust durch forcierte und brutale antisemitische Agitation. Nach seiner Verhaftung durch amerikanische Truppen erhängte sich Ley am 25. Oktober 1945 im Nürnberger Gefängnis, bevor ihm vor dem Internationalen Militärgerichtshof der Prozess gemacht werden konnte; vgl. Ulrich Schulz: Artikel Robert Ley, in: Neue Deutsche Biographie, Band 14, Berlin 1985, S. 424–425.

Josef Lübbring (1876–1931) war von Beruf ursprünglich Maurer. 1896 trat er in die SPD ein und wurde 1903 zum Gewerkschaftssekretär im Bauarbeiterverband in Essen berufen. Er wurde zum Kopf einer radikalen Bewegung, die Lohnerhöhungen einforderte und verbüßte zwischen 1900 und 1905 mehrere längere Haftstrafen. Von 1908 bis

1911 war er Gewerkschaftssekretär in Wiesbaden, nachdem er von 1910 bis 1911 die Parteischule der SPD in Berlin durchlaufen hatte. Von April 1911 bis 1919 war er Bezirksleiter beim Deutschen Bauarbeiterverband für die Provinz Ostpreußen und von 1915 bis 1924 Stadtverordneter in Königsberg. Nach der Novemberrevolution 1918 gehörte er auch dem dortigen Arbeiter- und Soldatenrat an. Vom 15. Januar bis 30. Juni 1919 war Lübbring Vertreter des Reichskommissars für den Osten. Im selben Jahr wurde er Mitglied der verfassungsgebenden Nationalversammlung in Weimar und war zwischen 1920 und 1930 Reichstagsabgeordneter. Am 1. Juli 1919 wurde Josef Lübbring zum Polizeipräsidenten von Königsberg ernannt und im Februar 1924 nach Dortmund versetzt. Das dortige Polizeipräsidium führte er energisch und erfolgreich. Er verwies republikfeindliche Polizeioffiziere in die Schranken und zeichnete sich insbesondere durch seine konsequente Bekämpfung des aufkommenden Nationalsozialismus aus; vgl. Daniel Schmidt: Schützen und Dienen. Polizisten im Ruhrgebiet in Demokratie und Diktatur 1919–1939, Essen 2008, zugleich Diss. Münster 2007 unter dem Titel: Die Schutzpolizei im Ruhrgebiet in der Zwischenkriegszeit.

Hans Luther (1879–1962) studierte Rechtswissenschaften in Kiel, Genf und Berlin und promovierte 1904. 1907 wurde er Stadtrat in Magdeburg und 1913 Geschäftsführendes Vorstandsmitglied des Deutschen Städtetages. 1918 erfolgte seine Wahl zum Oberbürgermeister der Stadt Essen, 1922 wurde er zum Reichsminister für Ernährung und Landwirtschaft in der Regierung von Wilhelm Cuno berufen. Als Finanzminister im Kabinett von Gustav Stresemann hatte er nach der Inflation gemeinsam mit Hjalmar Schacht und Karl Helfferich maßgeblichen Anteil an der Konsolidierung des Finanzsystems in Deutschland. 1924 nahm er an der Londoner Konferenz über den Dawes-Plan teil. 1924 gelang ihm die Bildung einer bürgerlichen Mehrheitsregierung unter Einbeziehung der DNVP. Nach seinem Rücktritt als Reichskanzler wegen des „Flaggenstreits" wurde er 1926 Mitglied des Verwaltungsrats der Deutschen Reichsbahn und trat 1927 der DVP bei. Im März 1930 wurde Luther dann vom Generalrat der Reichsbank als Nachfolger von Schacht zum Reichsbankpräsidenten gewählt. Im März 1933 wurde er in in dieser Funktion von Schacht wieder abgelöst. Zwischen 1933–1937 war er Botschafter des Deutschen Reichs in den USA und hat nach 1945 in verschiedenen Funktionen führend am Wiederaufbau des Bankwesens in den westlichen Besatzungszonen Deutschlands mitgewirkt; vgl. Karl Erich Born: Artikel Hans Luther, in: Neue Deutsche Biographie, Band 15, Berlin 1987, S. 544–547.

Georg Maercker (1865–1924) war ein deutscher Generalmajor im Ersten Weltkrieg. Am 6. Dezember 1918 bildete er auf Anregung der Obersten Heeresleitung ein Freikorps in Brigadestärke, das sich u.a. 1919 bei der Niederschlagung des Berliner Spartakusaufstandes und anderer kommunistischer Aufstände engagiert hatte; vgl. Joachim Niemeyer: Artikel Georg Maercker, in: Neue Deutsche Biographie, Band 15, Berlin 1987, S. 638–639.

Ernst Mehlich (1882–1926) war gelernter Buchdrucker und arbeitete als Redakteur für verschiedene sozialdemokratische Zeitungen; als einer der führenden Dortmunder Sozialdemokraten wurde er 1919 Volkskommissar für den Stadt- und Landkreis Dortmund und im Juni 1920 Reichs- und Staatskommissar für Westfalen; vgl. Alois Klotzbücher:

Ernst Mehlich (1882–1926, in: Günter Benser, Michael Schneider (Hg.): „Bewahren – Verbreiten – Aufklären". Archivare, Bibliothekare und Sammler der Quellen der deutschsprachigen Arbeiterbewegung, Bonn-Bad Godesberg und Berlin 2009, S. 190–195.

Alfred Meyer (1891–1945) war promovierter Nationalökonom. Er trat 1928 der NSDAP bei und war von 1931 bis 1945 Gauleiter des Gaus Westfalen-Nord und von 1933 bis 1945 Reichsstatthalter in Lippe und Schaumburg-Lippe sowie Herausgeber des Parteiorgans „Rote Erde". 1941 wurde er zusätzlich Staatssekretär im Reichsministerium für die besetzten Ostgebiete und Stellvertreter Hans Rosenbergs. Meyer war Teilnehmer an der Wannsee-Konferenz am 20. Januar 1942 über die Endlösung der Judenfrage. Er starb im April 1945 durch Selbstmord; vgl. Heinz-Jürgen Priamus: Alfred Meyer. Reichsministerium für die besetzten Ostgebiete. Vom kaisertreuen Bürger zum Verwaltungsmassenmörder, in: Hans-Christian Jasch, Christoph Kreutzmüller (Hg.): Die Teilnehmer. Die Männer der Wannsee-Konferenz, Berlin 2017, S. 247–262.

Wilhelm Ohnesorge (1872–1961) legte 1897 nach dem Besuch der Post- und Telegraphenschule in Berlin die höhere Verwaltungsprüfung ab und studierte anschließend in Kiel und Berlin Mathematik und Physik. Nach einer Tätigkeit beim Telegraphenversuchs- und Fernsprechamt und der Oberpostdirektion in Berlin kam er 1919 zur Oberpostdirektion nach Dortmund, wo er bis 1924 tätig war. Wie viele andere Rechtsradikale engagierte sich Ohnesorg während des „Ruhrkampfes" im aktiven Widerstand und hielt unter Missachtung der alliierten Verbote die Fernsprechverbindungen mit dem unbesetzten Teil des Deutschen Reiches aufrecht. Als Anerkennung wurde er zum Abteilungspräsidenten bei der Oberpostdirektion Berlin ernannt. Als überzeugter Nationalsozialist und herausragender Fachmann auf dem Gebiet der Telegraphie und des Fernsprechwesens, er gilt als Pionier des Selbstwählbetriebes, stieg er zwischen 1937 und 1945 zum Reichspostminister auf; vgl. Wolfgang Lotz: Artikel Wilhelm Ohnesorge, in: Neue Deutsche Biographie, Band 19, Berlin 1999, S. 494–495.

Hermann Ostrop (1888–1963) war Mitglied der Zentrumspartei. Er besuchte das Gymnasium in Coesfeld und begann 1908 das Studium der Rechtswissenschaften (Staatsprüfung und Promotion 1920) und der Volkswirtschaftslehre. Während des Ersten Weltkriegs war er als Offizier an der Westfront. Nach einer Tätigkeit beim Landgericht Arnsberg begann er seine Karriere als Magistratsassessor in der Kommunalverwaltung in Bochum, wurde hier Stadtrat und setzte sich am 20. April 1925 gegen den Dortmunder KPD-Fraktionsvorsitzenden bei der Wahl zum besoldeten Magistratsmitglied durch und übernahm das Rechts- und Ordnungsdezernat. Oberbürgermeister Eichhoff ernannte ihn am 18. Januar 1933 trotz massiver Proteste „aus dem Ingenieurstand" zum Generaldirektor der Dortmunder Wasserwerk GmbH und der Dortmunder Gaswerk AG. Nach der „Machtergreifung" der Nationalsozialisten stieß Ostrop als Zentrumsmitglied auf Ablehnung der örtlichen NSDAP. Er bat daher am 6. April 1933 um Beurlaubung. Nach Verabschiedung des Gesetzes zur Wiederherstellung des Berufsbeamtentums sah er jedoch weiterhin die Möglichkeit in der Verwaltungsspitze der Stadt zu arbeiten. Er wandte sich daraufhin zweieinhalb Wochen nach seiner Entlassung an den kommissarischen Oberbürgermeister Bruno Schüler mit der Bitte, wieder auf seine alte Dienststelle eingesetzt zu werden. Der Arnsberger Regierungspräsident entsprach diesem Wunsch.

Bei der Neuwahl zum Magistrat wurde er allerdings nicht wiedergewählt und trat am 15. Juni 1937 in den Ruhestand. Er engagierte sich ehrenamtlich als Organisations- und Werbeleiter beim Dortmunder Reichsluftschutzbund, trat im September 1939 als Ruhestandsbeamter wieder eine Stelle als Stadtrat an und leitete die Dezernate Wohlfahrt und Kriegshilfe sowie das Stadtkassen-, das Steuer- und das Versicherungsamt. Kurz vor Ende des Zweiten Weltkriegs ernannte ihn Oberbürgermeister Willi Banike zu seinem Vertreter. Im April 1945 wurde er von der Militärregierung kommissarisch zum Oberbürgermeister der Stadt Dortmund ernannt und am 8. Februar 1946 zum Oberstadtdirektor gewählt. Da ihm jedoch die britische Militärregierung die Bestätigung versagte, weil es Zweifel an seiner politischen Haltung gab, trat er am 9. März 1946 von diesem Amt wieder zurück. Ihm wurde zwar eine Weiterbeschäftigung in der Verwaltung angeboten, die er aber ablehnte. Nach seiner Verabschiedung in den Ruhestand trat Ostrop der Dortmunder CDU bei und beteiligte sich an deren Aufbau. Öffentliche Ämter nahm er nicht mehr wahr, engagierte sich aber weiterhin ehrenamtlich für zahlreiche gemeinnützige und kulturelle Einrichtungen; vgl. Matthias Dudde: Artikel Hermann Heinrich Adolf Ostrop, in: Biographien bedeutender Dortmunder, Band 3, Essen 2001, S. 150–152.

Franz von Papen (1879–1969) war Zentrumspolitiker, der am 1. Juni 1932 auf Betreiben von Kurt von Schleicher von Reichspräsident Hindenburg zum Nachfolger des Reichskanzlers Heinrich Brüning (Zentrum) berufen wurde. Sein „Kabinett der nationalen Konzentration" bestand aus konservativen, vor allem adligen Beamten ohne politisches Mandat, wurde im Reichstag nur von der DNVP toleriert und war ohne parlamentarische Mehrheit auf die Unterstützung Hindenburgs angewiesen. Er regierte gestützt auf das Notverordnungrecht des Reichspräsidenten weitgehend unabhängig vom Reichstag. Nach seinem Austritt aus dem Zentrum näherte er sich der NSDAP an, hob das Verbot der nationalsozialistischen Wehrverbände SS und SA auf, woraufhin ihm Adolf Hitler die Tolerierung durch die NSDAP zusagte. Per Notverordnung setzte Papen die sozialdemokratisch geführte preußische Regierung unter Otto Braun ab und ließ sich zum Reichskommissar für Preußen einsetzen („Preußenschlag"). Ebenfalls auf dem Wege einer Notverordnung legte das Kabinett Papen ein Wirtschaftsprogramm zur Arbeitsbeschaffung auf, das verstärkte Staatsausgaben bei gleichzeitiger Lohnsenkung vorsah. Nach seinem Rücktritt und dem Scheitern der Regierung Schleicher führte Papen im Auftrag Hindenburgs Koalitionsgespräche mit der NSDAP zunächst mit dem Ziel, die NSDAP als Partner für eine eigene Regierungsbeteiligung zu gewinnen. Er stimmte aber schließlich der Bildung eines Kabinetts unter Hitler zu und wurde Vizekanzler. Nach dem Röhm-Putsch trat Papen aus der Regierung aus und wurde Botschafter in Wien und Ankara. 1938 trat er in die NSDAP ein. Nach amerikanischer Kriegsgefangenschaft wurde er im Nürnberger Kriegsverbrecherprozess freigesprochen, in einem Entnazifizierungsverfahren jedoch wenig später zu acht Jahren Arbeitslager verurteilt. Nach seiner vorzeitigen Entlassung zog sich Papen ins Privatleben zurück, verteidigte 1952 in seiner Schrift „Der Wahrheit eine Gasse" seine Politik vor und während des nationalsozialistischen Regimes; vgl. Rudolf Morsey: Artikel Franz von Papen, in: Neue Deutsche Biographie, Band 20, Berlin 2001, S. 46–48, Daniel Schmidt: Franz von Papen (1879–1969), in: Friedrich Gerhard Hohmann (Hg.): Westfälische Lebensbilder, Band 19, Münster 2015, S. 141–168.

Walther Rathenau (1867–1922) war ein jüdischer deutscher Industrieller (AEG) und liberaler Politiker, der im Februar 1922 Reichsaußenminister war und im Juni 1922 von rechtsradikalen Mitgliedern der „Organisation Consul" ermordet wurde; vgl. Lothar Gall: Walther Rathenau. Portrait einer Epoche, München 2009.

Fritz Reinhardt (1895–1969) war ein nationalsozialistischer Steuerexperte, von 1928 bis 1930 Gauleiter der NSDAP in Oberbayern, von 1930 bis 1945 Mitglied des Reichstages sowie von 1933 bis 1945 Staatssekretär im Reichsfinanzministerium. 1923 trat Reinhardt der NSDAP bei und gründete 1924 die berufsbildende Deutsche Fern-Handelsschule in Herrsching am Ammersee, die 1929 offizielle Rednerschule der NSDAP wurde. Von Oktober 1930 bis März 1931 übernahm er die Schriftleitung des Ingolstädter NS-Kampfblattes „Der Donaubote". Daneben gab er Rednermaterial der Partei heraus und organisierte die Ausbildung von Propagandarednern in der Rednerschule und im Fernunterricht; nach Parteiangaben absolvierten etwa 6.000 NSDAP-Mitglieder diese Schulungen. Nach der Reichstagswahl vom 14. September 1930 zog er als Abgeordneter in den Reichstag ein und vertrat die NSDAP im Haushalts- und im Reichsschuldenausschuss; er wurde am 1. April 1933 nach persönlicher Intervention Hitlers Staatssekretär im Reichsfinanzministerium unter Johann Ludwig Graf Schwerin von Krosigk. Das nach ihm benannte Reinhardt-Programm diente zur steuerlich subventionierten Beseitigung der Arbeitslosigkeit. Reinhardt traf fortan alle wesentlichen Entscheidungen im Steuerwesen. Ihm unterstanden die von ihm ab 1935 eingerichteten Reichsfinanzschulen, ebenso die Zollschulen zur Ausbildung von Steuer- und Zollbeamten und der 1937 gegründete Zollgrenzschutz. Seit 1933 war er SA-Gruppenführer, stieg 1937 zum SA-Obergruppenführer auf und leitete seit 1934 als Hauptdienstleiter im Stab des Stellvertreters des Führers das Referat Steuer-/Finanzpolitik und Arbeitsbeschaffung. Noch kurz vor Kriegsende behauptete er im Januar 1945 anlässlich eines Vortrags, die Finanzen des Deutschen Reiches seien geordnet. Von 1945 bis 1949 war er interniert und wurde in seinem Entnazifizierungsverfahren 1949 als besonders aktiver Nationalsozialist als Hauptschuldiger eingestuft. Reinhardt arbeitete nach seiner Freilassung später als Steuerberater und publizierte weitere Steuerfachbücher, trat ansonsten aber nicht öffentlich in Erscheinung; vgl. Klaus A. Lankheit: Artikel Fritz Reinhardt, in: Neue Deutsche Biographie, Band 21, Berlin 2003, S. 360–361.

Hjalmar Schacht (1877–1970) studierte Wirtschaftswissenschaften in Kiel, München und Berlin, wurde stellvertretender Direktor der Dresdner Bank, wechselte zur Nationalbank für Deutschland und leitete seit 1922 nach deren Fusion mit der Darmstädter Bank für Handel und Industrie zur sog. Danat-Bank, eine der deutschen Großbanken. Schacht war 1918 Mitbegründer der DDP und wurde im November 1923 zum Reichswährungskommissar berufen. In diesem Amt koordinierte er die Einführung der Rentenmark und erreichte damit die Beendigung der Inflation. Im Dezember wurde er von Reichskanzler Gustav Stresemann trotz des Widerstands von rechten Parteien, Teilen der Industrie und Banken und gegen das einstimmige Votum des Reichsbankdirektoriums zum Reichsbankpräsidenten ernannt. Er nahm 1924 für die deutsche Regierung an den unter amerikanischer Führung geleiteten alliierten Verhandlungen über den Dawes-Plan teil, der eine Neuregelung der Reparationszahlungen vorsah. 1926 trat er aus der DDP aus und wandte sich national gesinnten, rechten Parteien zu. 1929 leitete er die deutsche

Delegation bei den Verhandlungen der alliierten Sachverständigen über den Young-Plan. Nach den innenpolitischen Debatten um die Reparationsregelung, die von einer heftigen Agitation der „nationalen Opposition" begleitet wurden, rückte Schacht von seinem früheren Standpunkt ab, bekämpfte jetzt den Young-Plan und trat nach dessen Annahme im Reichstag vom Amt des Reichsbankpräsidenten zurück. Nach Kontakten zu Adolf Hitler und Hermann Göring drängte er Reichskanzler Heinrich Brüning, die NSDAP an der Regierung zu beteiligen und trat der „Harzburger Front", einem Bündnis zwischen deutschnationalen Gruppierungen und der NSDAP zur Bekämpfung der Weimarer Republik, bei. Im November 1932 initiierte er als Mitglied des „Freundeskreises der Wirtschaft" eine Petition deutscher Industrieller und Bankiers an Reichspräsident Paul von Hindenburg, Hitler zum Reichskanzler zu ernennen. Im März 1936 wurde er nach der „Machtübernahme" erneut Reichsbankpräsident, im Juli 1934 ins Reichswirtschaftsministerium berufen und am 2. August zum Geschäftsführenden Reichswirtschaftsminister im Kabinett Hitler ernannt. Im Mai 1935 wurde ihm zudem das Amt des Generalbevollmächtigten für die Kriegswirtschaft übertragen. Er konzipierte ein subtiles Geldbeschaffungssystem und führte die Devisenlenkung ein, wodurch die finanziellen Mittel für die Arbeitsbeschaffung und Aufrüstung generiert werden konnten. Im November 1937 trat Schacht aufgrund der fortschreitenden Geldentwertung, zu deren Bekämpfung er erfolglos auf einer Konsolidierung der Finanzen bestand, von seinen Ämtern als Wirtschaftsminister und Generalbevollmächtigter für die Kriegswirtschaft zurück und wurde schließlich im Januar von Hitler als Reichsbankpräsident entlassen. Zuvor hatte Schacht in einer Denkschrift gegen die nationalsozialistische Rüstungs- und Finanzpolitik protestiert. Seine Kontakte zum Widerstand führten nach dem gescheiterten Attentat vom 20. Juli 1944 zu seiner Verhaftung. Bis Kriegsende war er in den Konzentrationslagern Ravensbrück und Flossenbürg inhaftiert. Im alliierten Nürnberger Kriegsverbrecherprozess wurde Schacht 1946 freigesprochen, aber 1947 von einer Stuttgarter Spruchkammer als „Hauptschuldiger" eingestuft und zu acht Jahren Arbeitslager verurteilt. Das Urteil wurde durch eine Berufungskommission im September 1948 aufgehoben und Schacht aus der Haft entlassen. Er veröffentlichte die Schrift „Abrechnung mit Hitler" und war seit 1950 als Wirtschafts- und Finanzberater von Ägypten, Indien, Indonesien, Pakistan und Syrien tätig. 1953 gründete er die Düsseldorfer Außenhandelsbank Schacht und Co.; vgl. Christopher Kopper: Hjalmar Schacht. Aufstieg und Fall von Hitlers mächtigstem Bankier, München 2006.

Wilhelm Schepmann (1894–1970), ein Volksschullehrer aus Hattingen, war seit 1920 Mitglied des Schutz- und Trutzbundes, trat 1922 der NSDAP bei, war seit 1930 Mitglied im preußischen Landtag und seit 1933 Mitglied im Reichstag. Im Mai 1943 war er letzter Stabschef der SA; vgl. Yves Müller: Wilhelm Schepmann – der letzte SA-Stabschef und die Rolle der SA im Zweiten Weltkrieg, in: Zeitschrift für Geschichtswissenschaft, 2015, Heft 6, S. 513–532; vgl. auch den Zeitungsartikel anlässlich seiner Ernennung zum SA-Stabschef in der Deutschen Allgemeinen Zeitung vom 20. August 1943, in dem seine Leistungen für die NSDAP detailliert aufgeführt sind.

Albert Leo Schlageter (1894–1923) war Soldat im Ersten Weltkrieg, Angehöriger verschiedener Freikorps und der NSDAP-Tarnorganisation Großdeutsche Arbeiterpartei. Im Ruhrkampf engagierte er sich im aktiven Widerstand und wurde wegen Spionage und mehrerer Sprengstoffanschläge von einem französischen Militärgericht zum Tode verurteilt und hingerichtet. Nach seiner Hinrichtung wurde er zur Märtyrerfigur; die NS-Propaganda stilisierte ihn zum „ersten Soldaten des Dritten Reiches" und begründete den „Schlageter-Kult"; vgl. Johannes Hürter: Artikel Albert Leo Schlageter, in: Neue Deutsche Biographie, Band 23, Berlin 2007, S. 23.

Kurt von Schleicher (1882–1934) war ein deutscher General und Politiker. Von Anfang Dezember 1932 bis Ende Januar 1933 amtierte er als letzter Reichskanzler der Weimarer Republik. Als Vertrauensmann des Reichspräsidenten Paul von Hindenburg war er maßgeblich am Sturz der Regierung Müller im Frühjahr 1930 und an der Installation der beiden Folgekabinette unter Heinrich Brüning (März 1930) und Franz von Papen (Juni 1932) beteiligt. Hitler ließ Schleicher 1934 im Zuge des sogenannten Röhm-Putsches ermorden; vgl. Martin Broszat: Kurt von Schleicher, in: Wilhelm von Sternburg (Hg.): Die deutschen Kanzler von Bismarck bis Schmidt, Frankfurt 1987, S. 337–347.

Franz Seldte (1882–1947) war 1918 Mitbegründer des „Stahlhelm", Bund der Frontsoldaten, mit zunehmend antidemokratischer Ausrichtung, und 1931 der „Harzburger Front". Er trat 1933 der DNVP und wenig später der NSDAP bei, wurde SA-Obergruppenführer und war von März 1933 bis Juli 1934 Reichskommissar für den Freiwilligen Arbeitsdienst, von Januar bis September 1934 Chef des Wirtschaftsamts der SA, von 1934 bis 1935 Führer des Nationalsozialistischen deutschen Frontkämpferbundes und zwischen 1933 und 1945 Reichs- und preußischer Arbeitsminister. Er geriet 1945 in Gefangenschaft und starb 1947 in einem US-amerikanischen Militärkrankenhaus vor Prozesseröffnung; vgl. Hermann Weiß (Hg.): Biographisches Lexikon zum Dritten Reich, Frankfurt 1998, S. 426–427.

Julius Streicher (1885–1946) gründete am 20. Oktober 1922 in Nürnberg in Anwesenheit Adolf Hitlers die Ortsgruppe der NSDAP und war ab 1925 Gauleiter von Mittelfranken sowie Gründer, Eigentümer und Herausgeber des antisemitischen Hetzblattes „Der Stürmer". Er war einer der führenden antisemitischen Propagandisten im „Dritten Reich", z. B. führte er in einer Rede am 1. Dezember 1934 aus, das Sperma eines Juden sei „artfremdes Eiweiß", das beim Geschlechtsverkehr mit einer „arischen" Frau in ihr Blut gelange. „Sie hat mit dem ‚artfremden Eiweiß' auch die fremde Seele in sich aufgenommen" und könne keine „arischen" Kinder mehr gebären, sondern nur noch „Bastarde". Das ging selbst dem Rassenpolitischen Amt der NSDAP zu weit, das diese Theorie als „Irrlehre" bezeichnete. Streicher gehörte zu den 24 im Prozess gegen die Hauptkriegsverbrecher vor dem Internationalen Militärgerichtshof in Nürnberg Angeklagten und wurde wegen Verbrechen gegen die Menschlichkeit zum Tod durch den Strang verurteilt und am 10. Oktober 1946 in Nürnberg hingerichtet; vgl. Jay W. Baird: Julius Streicher. Der Berufsantisemit, in: Ronald Smelser, Enrico Syring und Rainer Zitelmann (Hg.): Die braune Elite, Band 2, Darmstadt 1999, S. 231–242.

Gustav Ernst Stresemann (1878–1929) war zunächst industrieller Interessenvertreter, ab 1917 Partei- und Fraktionsvorsitzender der Nationalliberalen Partei und nach der Novemberrevolution und der Gründung der DVP deren Parteivorsitzender. Er wurde 1923 Reichskanzler und danach bis zu seinem Tod Reichsminister des Auswärtigen. 1926 erhielt er zusammen mit seinem französischen Amtskollegen Aristide Briand den

Friedensnobelpreis; vgl. Eberhard Kolb: Artikel Gustav Stresemann, in: Neue Deutsche Biographie, Band 25, Berlin 2013, S. 545–547.

Erich Emil Arthur Hermann Stürtz (1892–1945) war ein bedeutender NS-Funktionär, der 1925 in die NSDAP eintrat, bis 1925/26 zunächst als Presse- und Propagandaleiter bei der Ortsgruppe Hattingen tätig war und vom stellvertretenden Gauleiter Westfalen-Süd unter anderem zum Gauleiter in Brandenburg, zum Mitglied des Reichstags und Obergruppenführer im Nationalsozialistischen Kraftfahrerkorps (NSKK) aufstieg, der für die „motorische Ertüchtigung der Jugend" und die Kraftfahrerausbildung des Heeres zuständig war; vgl. Joachim Lilla: Leitende Verwaltungsbeamte und Funktionsträger in Westfalen und Lippe (1918–1945/46). Biographisches Handbuch, Münster 2004 S. 204.

Ernst Thälmann (1886–1944) war von 1925 bis zu seiner Verhaftung im Jahr 1933 Vorsitzender der Kommunistischen Partei Deutschlands (KPD), die er von 1924 bis 1933 im Reichstag vertrat und für die er in den Reichspräsidentenwahlen von 1925 und 1932 kandidierte. Er wurde im August 1944 nach über elf Jahren Einzelhaft auf direkten Befehl Adolf Hitlers erschossen; vgl. Hermann Weber: Artikel Ernst Thälmann, in: Neue Deutsche Biographie, Band 26, Berlin 2016, S. 71.

Heinrich Vetter (1890–1969) war einfacher Arbeiter und begann 1919 sich politisch für die DVP zu betätigen, für die er 1921 in die Hagener Stadtverordnetenversammlung einzog. 1923 trat er aus der DVP aus, wandte sich ab Frühjahr 1924 dem Völkisch-Sozialen-Block, ein Sammelbecken für die nach dem Hitler-Putsch verbotene NSDAP, zu und trat nach der Neugründung der NSDAP dieser 1925 bei. Er übernahm zeitnah die Leitung der Hagener NSDAP-Ortsgruppe, wurde 1926 Leiter des Bezirks Lenne-Volme (Stadt- und Landkreise Hagen, Altena, Iserlohn und Lüdenscheid). Im September 1930 wurde Vetter in den Reichstag gewählt, dem er ohne Unterbrechung bis 1945 angehörte. Am 1. Oktober 1932 wurde er zudem durch den Gauleiter von Westfalen-Süd, Josef Wagner, zum Kreisleiter von Hagen berufen. Im selben Jahr wurde er Reichsredner der NSDAP und engagierte sich als NSDAP-Agitator bei zahlreichen öffentlichen Versammlungen. Nach der Machtergreifung wurde er am 24. April 1933 Hagener Oberbürgermeister. Am 24. April 1945 wurde Vetter von der US-Armee aufgespürt und verhaftet, interniert und 1948 in einem Entnazifizierungsverfahren trotz seiner weiterhin unverhohlenen Verehrung des Führers als Minderbelasteter eingestuft, weil man ihm keine Kriegsverbrechen oder die Kenntnis von solchen nachweisen konnte. Am 3. Dezember 1948 wurde er in einem zweiten Verfahren zu einer Gesamtstrafe von vier Jahren und zwei Monaten verurteilt, wobei ihm die Internierungszeit voll angerechnet wurde. Er beteiligte sich am Aufbau der rechtsextremen Organisation „Bewegung Reich", verbreitete Flugblätter und ausgestanzte Hakenkreuze, so dass er im November 1952 erneut verhaftet und zu einer zweijährigen Haftstrafe verurteilt wurde, von der er jedoch nur wenige Wochen verbüßen musste. Bis zu seinem Tod im Jahr 1969 beteiligte er sich wiederholt an rechtsextremen Publikationen; vgl. Ralf Blank: „… ein fanatischer Anhänger der nationalsozialistischen Lehre". Heinrich Vetter und die Vergangenheitsbewältigung in Hagen, in: Hagener Jahrbuch 4 (1999), S. 149–172, derselbe: Zur Biografie des Hagener Oberbürgermeisters und stellvertretenden Gauleiters in Westfalen-Süd, Heinrich Vetter (1890–1969), in: Westfälische Zeitschrift 152 (2002), S. 414–447.

Josef Wagner (1899–1945) war von 1928 bis 1930 einer der ersten zwölf Reichstagsabgeordneten der NSDAP; 1930 war er an der Gründung der nationalsozialistischen Wochenzeitung „Westfalenwacht" beteiligt, 1931 an der Tageszeitung „Rote Erde". Er betrieb 1932 die Gründung der Hochschule für Politik der NSDAP Westfalen-Süd in Bochum, deren erster Leiter er wurde. 1933 war Wagner kurzzeitig Mitglied im Provinziallandtag der Provinz Westfalen und 1933 Mitglied im preußischen Staatsrat. Er promovierte 1934 an der Universität München mit der staatswissenschaftlichen Arbeit „Die Reichsindexziffer der Lebenshaltungskosten". 1935 wurde er von Hitler zusätzlich zum Gauleiter in Schlesien ernannt und am 29. Oktober 1936 zum Reichskommissar für die Preisbildung. Er war ab 1938 Oberpräsident der Provinz Schlesien in Breslau. Seine Parteikarriere endete 1939/40 nach einer Intrige von Bormann, Himmler und Goebbels, die ihm vorwarfen, eine Art Schutzpolitik gegenüber der polnischen Bevölkerung in Schlesien zu betreiben. Im Mai 1940 trat er von seinem Amt als Gauleiter in Schlesien zurück, am 9. November 1941 wurden ihm durch Hitler alle Ämter entzogen und ein Parteiausschlussverfahren eingeleitet. Ab Herbst 1943 wurde Wagner von der Gestapo überwacht und nach dem Attentat vom 20. Juli 1944 im Hausgefängnis der Gestapo-Zentrale in Berlin inhaftiert, wo er am 22. April 1945 von der Gestapo ermordet wurde; vgl. Peter Hüttenberger: Die Gauleiter. Studie zum Wandel des Machtgefüges in der NSDAP, Stuttgart 1969.

Horst Wessel (1907–1930) war seit 1926 NSDAP- und SA-Mitglied, wurde 1929 Führer des SA-Sturms 5 (Berlin-Friedrichshain) und veröffentlichte 1929 ein Gedicht, aus dem nach seinem Tod das Horst-Wessel-Lied entstand („Die Fahne hoch!"), das 1930 Parteihymne und nach 1933 in Deutschland inoffizielle zweite Nationalhymne wurde. Er erlag am 14. Januar 1930 einer schweren Schussverletzung, die ihm während eines Straßenkampfes durch das KPD-Mitglied Albrecht Höhler zugefügt wurde, wonach er als Märtyrer der NSDAP stilisiert wurde. Nach ihm wurden zahllose Denkmäler und auch der Berliner Bezirk Friedrichshain umbenannt; vgl. Daniel Siemens: Horst Wessel. Tod und Verklärung eines Nationalsozialisten, München 2009.

Luise von Winterfeld (1882–1967) war eine deutsche Historikerin und von 1916 bis 1950 Leiterin des Stadtarchivs von Dortmund; vgl. Bettina Sierck: Artikel Luise Anna Dorothea von Winterfeld, in: Biographien bedeutender Dortmunder, Band 2, Essen 1998, S. 149–150.

Karl Zörngiebel (1878–1961) war gelernter Küfer und wurde 1907 Geschäftsführer des Böttcherverbandes in Mainz. Zwischen 1910 und 1922 war er hauptamtlicher SPD-Bezirksparteisekretär für die obere Rheinprovinz in Koblenz, seit 1912 in Köln. Nach seiner Kriegsteilnahme war er Mitglied des Arbeiter- und Soldatenrates in Köln und Zweiter Vorsitzender des Arbeiter- und Soldatenrates obere Rheinprovinz. Er wurde 1922 kommissarischer Polizeipräsident in Köln, 1926 Polizeipräsident in Berlin und 1930 Polizeipräsident in Dortmund, wo er im Februar 1933 beurlaubt und in den einstweiligen Ruhestand versetzte wurde. Im August 1933 wurde er kurzzeitig im KZ Brauweiler in „Schutzhaft" genommen. Nach seinem Umzug nach Mainz stand er unter ständiger Polizeiaufsicht. 1945 wurde er Vorsitzender der SPD in Mainz und Leiter des Polizeidezernats der Stadt Mainz, 1946 Leiter der Landespolizeidirektion beim Oberregierungspräsidium

Hessen-Pfalz (bzw. Pfalz); vgl. Horst Romeyk: Die leitenden staatlichen und kommunalen Verwaltungsbeamten der Rheinprovinz 1816–1945, Düsseldorf 1994, S. 831.

7. Ausgewählte Literatur

Werner Abelshauser: Wirtschaft in Westdeutschland 1945–1948. Rekonstruktion und Wachstumsbedingungen in der amerikanischen und britischen Zone, Stuttgart 1975

Werner Abelshauser: Wirtschaftsgeschichte der Bundesrepublik Deutschland 1945–1980, Frankfurt 1983

Werner Abelshauser: Kriegswirtschaft und Wirtschaftswunder, in: Vierteljahrshefte für Zeitgeschichte 47 (1999), S. 503–538

Götz Aly: Hitlers Volksstaat. Raub, Rassenkrieg und nationaler Sozialismus, Frankfurt 2005

Gerold Ambrosius: Staat und Wirtschaft im 20. Jahrhundert, München 1990

Günter Ashauer: Entwicklung der Sparkassenorganisation ab 1924, in: Deutsche Bankengeschichte, hg. im Auftrag des Instituts für bankhistorische Forschung, Band 3, Frankfurt 1983, S. 279–348

Ralf Banken: „Alles und das Letzte einsetzen". Die Reichsbank und die nationalsozialistische Gold- und Devisenpolitik, in: Magnus Brechtken, Ingo Loose (Hg.): Von der Reichsbank zur Bundesbank. Personen, Generationen und Konzepte zwischen Tradition, Kontinuität und Neubeginn, Frankfurt 2024, S. 65–78

Riccardo Bavaj: Die Ambivalenz der Moderne im Nationalsozialismus. Eine Bilanz der Forschung, München, 2003

Friedrich Alfred Beck (Hg.): Kampf und Sieg. Geschichte der Nationalsozialistischen deutschen Arbeiterpartei im Gau Westfalen-Süd von den Anfängen bis zur Machtübernahme, Dortmund 1938

Helge Berger, Albrecht Ritschl: Die Rekonstruktion der Arbeitsteilung in Europa. Eine neue Sicht des Marshallplans in Deutschland 1947–1951, in: Vierteljahrshefte für Zeitgeschichte 43 (1995), S. 473–519

Volker Berghahn, Stefan Unger, Dieter Ziegler (Hg.): Die deutsche Wirtschaftselite im 20. Jahrhundert. Kontinuität und Mentalität, Essen 2003

Ilse Birkwald: Die Finanzverwaltung im Dritten Reich, in: Wolfgang Leesch: Geschichte der Finanzverfassung und -verwaltung in Westfalen seit 1815, 2. überarbeitete Sonderausgabe der Oberfinanzdirektion Münster, Münster o.J. (1994), S. 235–275

Fritz Blaich: Die Grundsätze nationalsozialistischer Steuerpolitik und ihre Verwirklichung, in: Friedrich Wilhelm Henning (Hg.): Probleme der nationalsozialistischen Wirtschaftspolitik, Berlin 1976, S. 99–117

Gerd Blumberg: Etappen der Verfolgung und Ausraubung und ihre bürokratische Apparatur, in: Alfons Kenkmann, Bernd-A. Rusinek (Hg.): Verfolgung und Verwaltung. Die wirtschaftliche Ausplünderung der Juden und die westfälischen Finanzbehörden, Münster 1999, S. 15–40

Willi A. Boelcke: Die Kosten von Hitlers Krieg – Kriegsfinanzierung und finanzielles Kriegserbe in Deutschland 1933–1948, Opladen 1985

Marcel Boldorf: Stichworte „Sozialpolitik" und „Lastenausgleich", in: Deutschland unter alliierter Besatzung 1945–1949/55. Ein Handbuch, hg. von Wolfgang Benz, Berlin 1999, S. 176–180 und S. 354–355

Knut Borchardt: Zwangslagen und Handlungsspielräume in der großen Weltwirtschaftskrise der frühen dreißiger Jahre. Zur Revision des überlieferten Geschichtsbildes, in: Jahrbuch der Bayerischen Akademie der Wissenschaften (1979), S. 85–132

Knut Borchardt: Wachstum, Krisen, Handlungsspielräume der Wirtschaftspolitik, Göttingen 1982

Knut Borchardt: „Das hat historische Gründe". Zu Determinanten der Struktur des deutschen Kreditwesens unter besonderer Berücksichtigung der Sparkassen, in: Hansjoachim Henning, Dieter Lindenlaub, Eckhard Wandel (Hg.): Wirtschafts- und sozialgeschichtliche Forschungen und Probleme. Karl Erich Born zur Vollendung des 65. Lebensjahres zugeeignet von Kollegen, Freunden und Schülern, Stuttgart 1987, S. 270–285

Karl Dietrich Bracher, Wolfgang Sauer, Gerhard Schulz (Hg.): Die nationalsozialistische Machtergreifung. Studien zur Errichtung des totalitären Herrschaftssystems in Deutschland 1933/34, Köln, Opladen 1960

Magnus Brechtken, Ingo Loos (Hg.): Von der Reichsbank zur Bundesbank. Personen, Generationen und Konzepte zwischen Tradition, Kontinuität und Neubeginn, Frankfurt 2024

Martin Broszat: Die Machtergreifung. Der Aufstieg der NSDAP und die Zerstörung der Weimarer Republik, München 1984

Carsten Brodesser: Sparen während der Zeit des Nationalsozialismus. Ein Kapitel aus der „geräuschlosen Kriegsfinanzierung" unter besonderer Berücksichtigung der Sparkassen. Diss. Msch. Frankfurt 2011

Christoph Buchheim: Die Währungsreform 1948 in Westdeutschland, in: Vierteljahreshefte für Zeitgeschichte 36 (1988), S. 189–209

Christoph Buchheim: „Der Mythos vom ‚Wohlleben'", in: Vierteljahrshefte für Zeitgeschichte 58 (2010), Heft 3, S. 299–328

Jürgen Büschenfeld: Steinhagen im Nationalsozialismus. Ländliche Gesellschaft im Gleichschritt, Bielefeld 2018

Deutsche Bundesbank (Hg.): Währung und Wirtschaft in Deutschland 1876–1975, Frankfurt 1976

Deutsche Bundesbank: Deutsches Geld- und Bankwesen in Zahlen 1876–1975, Frankfurt 1976

Gordon A. Craig: Deutsche Geschichte 1866–1945. Vom Norddeutschen Bund bis zum Ende des Dritten Reiches, München 1989

Eisen- und Stahlwerk Hoesch Aktiengesellschaft in Dortmund 1871–1921, Dortmund 1921

Karl-Peter Ellerbrock, Harald Wixforth: „Kalte Sozialisierung" und das Ende des freien Unternehmertums? Die Debatte über ordnungspolitische Weichenstellungen zwischen Währungsverfall und Wirtschaftskrise, in: Karl-Peter Ellerbrock, Harald Wixforth, Jost Springensguth (Hg.): Freies Unternehmertum und Soziale Marktwirtschaft. 100 Jahre Wirtschaftliche Gesellschaft für Westfalen und Lippe, 100 Jahre Westfälische Wirtschaftsgeschichte, Dortmund und Münster 2021, S. 105–144

Karl-Peter Ellerbrock: „Wirtschaftswunder" und Massenkonsum. Der Arnsberger Kammerbezirk auf dem Weg in die bundesrepublikanische Wohlstandsgesellschaft in den 1950er Jahren, in: derselbe, Tanja Bessler-Worbs (Hg.): Wirtschaft und Gesellschaft im südöstlichen Westfalen. Die IHK zu Arnsberg und ihr Wirtschaftsraum im 19. und 20. Jahrhundert, Dortmund 2001, S. 454–502

Karl-Peter Ellerbrock: Zwischen Wiederaufbau und Strukturwandel. Die Stadtsparkasse Witten und ihre Geschichte 1953–2003, Witten 2003

Karl-Peter Ellerbrock: Die Weltwirtschaftskrise von 1929: ein Wendepunkt in der deutschen Geschichte, in: Die 1920er Jahre. Dortmund zwischen Moderne und Krise, hg. von Günther Högl und Karl-Peter Ellerbrock, Essen 2012, S. 87–91

Karl-Peter Ellerbrock: Die Industrie- und Handelskammer Dortmund und ihre Geschichte 1863–2013; Dortmund 2013

Karl-Peter Ellerbrock (Hg.): Westfälische Wirtschaftsgeschichte. Quellen zur Wirtschaft, Gesellschaft und Technik vom 18. bis 20. Jahrhundert aus dem Westfälischen Wirtschaftsarchiv, Münster 2017

Karl-Peter Ellerbrock: Konsumentenkredit und „Soziale Marktwirtschaft". Zum Wandel des Sparkassenbildes und des geschäftspolitischen Denkens in der Sparkassenorganisation, in: Harald Wixforth (Hg.): Westfälische Forschungen Band 67, Das Finanz- und Bankwesen in Westfalen vom 18. bis 20. Jahrhundert Münster 2017, S. 293–317

Karl-Peter Ellerbrock: Westfalen und das Ruhrgebiet. Eine historische Langzeitbetrachtung, in: derselbe, Harald Wixforth, Jost Springensguth (Hg.): Freies Unternehmertum und Soziale Marktwirtschaft. 100 Jahre Wirtschaftliche Gesellschaft für Westfalen und Lippe, 100 Jahre Westfälische Wirtschaftsgeschichte, Dortmund und Münster 2021, S. 145–182

Karl-Peter Ellerbrock: „Ruhrbesetzung: Motive – Ziele – Reaktionen", in: Krisenjahr 1923, Ergebnisband der von der Konrad Adenauer Stiftung und der Friedrich Naumann Stiftung veranstalteten Tagung am 28. und 29. März 2023 in Berlin, hg.von Ewald Grothe (im Erscheinen)

Fritz Federau: Der Zweite Weltkrieg. Seine Finanzierung in Deutschland, Tübingen 1962

Wolfram Fischer: Deutsche Wirtschaftspolitik 1918–1945, Opladen 1968

Norbert Frei: Machtergreifung. Anmerkungen zu einem historischen Begriff, in: Vierteljahrshefte für Zeitgeschichte 31 (1983), S. 136–145

Norbert Frei: Vergangenheitspolitik. Amnestie, Integration und die Abgrenzung vom Nationalsozialismus in den Anfangsjahren der Bundesrepublik, München 1996

Norbert Frei (Hg.): Karrieren im Zwielicht. Hitlers Eliten nach 1945, Frankfurt 2002

Norbert Frei: Transnationale Vergangenheitspolitik. Der Umgang mit deutschen Kriegsverbrechern in Europa nach dem Zweiten Weltkrieg, Göttingen 2006

Matthias Frese: Betriebspolitik im „Dritten Reich". Deutsche Arbeitsfront, Unternehmer und Staatsbürokratie in der westdeutschen Großindustrie 1933–1939, Paderborn 1991

Bruno Frommann: Reisen im Dienste politischer Zielsetzungen. Arbeiterreisen und „Kraft durch Freude"- Fahrten, Stuttgart 1992

Herbert Giersch, Karl-Heinz Paqué, Holger Schmieding: The Fading Miracle, Cambridge 1992

Joseph Goebbels: Vom Kaiserhof zur Reichskanzlei. Eine historische Darstellung in Tagebuchblättern, vom 1. Januar 1932 bis 1. Mai 1933, München 1934

Guido Golla: Nationalsozialistische Arbeitsbeschaffung in Theorie und Praxis 1933 bis 1936, Diss. Köln 1996

Hans Graf: Die Entwicklung der Wahlen und politischen Parteien in Groß-Dortmund, Hannover, Frankfurt 1958

Carl Gribel: Gesetz über die Aufwertung von Hypotheken und anderen Ansprüchen (Aufwertungsgesetz) vom 16. Juli 1925 unter besonderer Berücksichtigung der Rechtsprechung des Kammergerichtes erläutert, Berlin und Heidelberg 1925

Rüdiger Hachtmann: Wissenschaftsmanagement im „Dritten Reich", Band 2, Göttingen 2007

Karl Friedrich Hagenmüller, Gerhard Diepen: Der Bankbetrieb, Wiesbaden 1978

Susanne Heim: Die Verfolgung und Ermordung der europäischen Juden durch das nationalsozialistische Deutschland 1933–1945, Band 2, Deutsches Reich 1938 – August 1939, München 2009

Volker Hentschel: Wirtschaft und Politik in der Weimarer Republik. Ein Überblick, in: Geschichte des deutschen Buchhandels im 19. und 20. Jahrhundert. Die Weimarer Republik 1918–1933, Teil 1, hg. von Ernst Fischer und Stephan Füssel, Berlin 2007, S. 29–70

Ulrich Herbert: Rückkehr in die Bürgerlichkeit? NS-Eliten in der Bundesrepublik, in: Bernd Weisbrod (Hg.): Rechtsradikalismus in der politischen Kultur der Nachkriegszeit, Hannover 1995, S.157–178

Günther Högl: Dortmund am Ende der Weimarer Republik und während der Herrschaft des Nationalsozialismus, in: Dortmund. 1100 Jahre Stadtgeschichte, im Auftrag der Stadt Dortmund herausgegeben von Gustav Luntowski und Norbert Reimann, Dortmund 1982, S. 271–296

Günther Högl: Das 20. Jahrhundert: Urbanität und Demokratie, in: Geschichte der Stadt Dortmund, Dortmund 1994, S. 355–506

Günther Högl: Artikel Friedrich Wilhelm (Fritz) Henßler, in: Biographien bedeutender Dortmunder, Band 3, Essen 2001, S. 97–101

Günther Högl (Hg.): Widerstand und Verfolgung in Dortmund 1933–1945. Katalog zur ständigen Ausstellung des Stadtarchivs Dortmund in der Mahn- und Gedenkstätte Steinwache, Dortmund 2002

Heinrich Höpker (Hg.): Die deutschen Sparkassen, ihre Entwicklung und ihre Bedeutung, Berlin 1924

Carl Ludwig Holtfrerich: Die deutsche Inflation 1914–1932, Berlin 1980

Carl Ludwig Holtfrerich: Zu hohe Löhne in der Weimarer Republik? Bemerkungen zur Borchardt-These, in: Geschichte und Gesellschaft 10 (1984), S. 122–141

Carl Ludwig Holtfrerich: Alternativen zu Brünings Wirtschaftspolitik in der Weltwirtschaftskrise? in: Historische Zeitschrift 235 (1982), S. 605–631

Harold James: Deutschland in der Weltwirtschaftskrise 1924–1936, Stuttgart 1988

Gotthard Jasper: Die gescheiterte Zähmung. Wege zur Machtergreifung Hitlers 1930–1934, Frankfurt 1986

Daniela Kahn: Die Steuerung der Wirtschaft durch Recht im nationalsozialistischen Deutschland. Das Beispiel der Reichsgruppe Industrie, Frankfurt 2006

Ernst Klee: Das Personenlexikon zum Dritten Reich, Frankfurt am Main 2007

Ernst Kleiner: Die deutschen Sparkassen. Eine Entgegnung auf d. Ref. von Min. Dir. Staatsr. Erich Neumann, Deutscher Sparkassen Verlag 1933

Ewald von Kleist-Schmenzin: Die letzte Möglichkeit. Zur Ernennung Hitlers zum Reichskanzler am 30. Januar 1933, in: Politische Studien 10 (1959), S. 89–92

Kurt Klotzbach: Gegen den Nationalsozialismus. Widerstand und Verfolgung in Dortmund 1930–1945, Hannover 1969

Rainer Klump: Wirtschaftsgeschichte der Bundesrepublik Deutschland, Stuttgart 1985

Dieter Knippschild: Artikel Ludwig Malzbender, in: Biographien bedeutender Dortmunder, Band 2, Essen 1998, S. 79–81

Philipp Kratz: „Sparen für das kleine Glück", in: Götz Aly (Hg.): Volkes Stimme. Frankfurt 2006, S. 59–79

Dieter Krohn: „Ökonomische Zwangslagen" und das Scheitern der Weimarer Republik. Zu Knut Borchardts Analyse der deutschen Wirtschaft in den zwanziger Jahren, in: Geschichte und Gesellschaft 8 (1982), S. 415–426

Christiane Kuller: Entziehung – Verwaltung – Verwertung. Finanzverwaltung und Judenverfolgung, in: Hans Günter Hockerts, Christiane Kuller, Axel Drecoll, Tobias Winstel (Hg.): Die Finanzverwaltung und die Verfolgung der Juden in Bayern. Bericht über ein Forschungsprojekt der LMU München in Kooperation mit der Generaldirektion der Staatlichen Archive Bayerns, München 2004

Ingo Loose: Kredite für NS-Verbrechen. Die deutschen Kreditinstitute in Polen und die Ausraubung der polnischen und jüdischen Bevölkerung 1939–1945, München 2007

Wolfgang Lotz: Artikel Wilhelm Ohnesorge, in: Neue Deutsche Biographie 19 (1999), S. 494–495

Gustav Luntowski: Dortmund seit den Zwanziger Jahren, in: Walter Först (Hg.): Städte nach zwei Weltkriegen, Köln 1984, S. 33–61

Helmut Marcon: Arbeitsbeschaffungspolitik der Regierungen Papen und Schleicher. Grundsteinlegung für die Beschäftigungspolitik im Dritten Reich, Frankfurt 1974

Susanne Meinl, Jutta Zwilling: Legalisierter Raub. Die Ausplünderung der Juden im Nationalsozialismus durch die Reichsfinanzverwaltung in Hessen, Frankfurt 2004,

Meldungen aus dem Reich. Die geheimen Lageberichte des Sicherheitsdienstes der SS 1938–1945, 17 Bände, Berlin 1984

Paul Hermann Mertes: Ruhrgebiet – Land der Arbeit und der Arbeiter. Dortmunds Stellung im Industrierevier, in: Von der toten zur lebendigen Stadt, Dortmund. Fünf Jahre Wiederaufbau in Dortmund, hg. vom Verkehrs- und Presseamt der Stadt Dortmund, Gesamtredaktion Willy Weinauge, Dortmund 1951, S. 9–14

Wolfgang Michalka (Hg.): Das Dritte Reich. Dokumente zur Innen- und Außenpolitik, Bd. 1 „Volksgemeinschaft" und Großmachtpolitik 1933–1939, München 1985

Horst Möller: Die nationalsozialistische Machtergreifung. Konterrevolution oder Revolution?, in: Vierteljahrshefte für Zeitgeschichte (1983), Heft 1, S. 25–51

Stefan Mühlhofer: Dr. Willi Banike, in: Westfälische Lebensbilder 20 (im Erscheinen)

Erich Neumann: Die deutschen Sparkassen, Berlin, Okt. 1933

Manfred Oertel: Die Kriegsfinanzen, in: Dietrich Eichholtz (Hg.): Geschichte der deutschen Kriegswirtschaft 1939–1945, München 1996, S. 681–737

Dietmar Petzina: Autarkiepolitik im Dritten Reich. Der nationalsozialistische Vierjahresplan, Stuttgart 1968

Dietmar Petzina: Die deutsche Wirtschaft in der Zwischenkriegszeit, Wiesbaden 1977

Hans Pohl: Wirtschaft, Unternehmen, Kreditwesen, soziale Probleme. Ausgewählte Aufsätze, Stuttgart 2005

Reichsbetriebsgemeinschaft Banken und Versicherungen in der DAF (Hg.): Die erste Reichsarbeitstagung der Reichsbetriebsgemeinschaft Banken und Versicherungen in der DAF, Berlin 1937

Winfried Resch: Die Machtergreifung 1933 in Dortmund und ihre wirtschaftlichen und politischen Folgen, Examensarbeit für die Prüfung für das Lehramt an Realschulen an der Pädagogischen Hochschule Dortmund, Msch., Dortmund 1969

Albrecht Ritschl: Zu hohe Löhne in der Weimarer Republik? Eine Auseinandersetzung mit Holtfrerichs Berechnungen zur Lohnposition der Arbeiterschaft 1925–1932, in: Geschichte und Gesellschaft 16 (1990), S. 375–402

Alfred Ritschel: Deficit Spending in the Nazi Recovery 1933–1938. A Critical Reassessment, Zürich 2000

Albrecht Ritschl: Hat das Dritte Reich wirklich eine ordentliche Beschäftigungspolitik betrieben?, in: Jahrbuch für Wirtschaftsgeschichte 1 (2003), S. 125–140

Albrecht Ritschl: Zentralbanken und Geldpolitik in Deutschland 1924–1970, in: Magnus Brechtken, Ingo Loose (Hg.): Von der Reichsbank zur Bundesbank. Personen, Generationen und Konzepte zwischen Tradition, Kontinuität und Neubeginn, Frankfurt 2024, S. 19–32

Justus Rohrbach, Hans Schlange-Schöningen: Im Schatten des Hungers. Dokumentarisches zur Ernährungspolitik und Ernährungswirtschaft in den Jahren 1945–1949, Hamburg 1955

Karl Rosenbaum: 100 Jahre Stadt-Sparkasse zu Witten 1853–1953, Witten 1953

Christoph Sachße, Florian Tennstedt: Der Wohlfahrtsstaat im Nationalsozialismus, Stuttgart 1992.

Janina Salden: Der Deutsche Sparkassen- und Giroverband zur Zeit des Nationalsozialismus, Stuttgart 2019

Hjalmar Schacht: Begleitbericht des Untersuchungsausschusses für das Bankwesen 1933 zu dem Entwurf des Reichsgesetzes über das Kreditwesen an den Führer und Reichskanzler, in: Jens Jessen: Reichsgesetz über das Kreditwesen vom 5. Dezember 1934 mit Begleitbericht, Erläuterungen und Begründung, Berlin 1934

Hartmut Schaldt: Zur Geschichte der Sparkassen in Westfalen und Lippe, in: Handbuch zur Geschichte der westfälisch-lippischen Sparkassen, Band 1, Die Sparkassen und ihre Archive, hg. von der Stiftung Westfälisches Wirtschaftsarchiv und dem Westfälisch-Lippischen Sparkassen- und Giroverband, Dortmund 1998, S. 9–27

Daniel Schmidt: Terror und Terrainkämpfe. Sozialprofil und soziale Praxis der SA in Dortmund 1925–1933, in: Beiträge zur Geschichte Dortmunds und der Grafschaft Mark 96/97 (2005/2006), S. 251–292

Joana Seiffert: Politische Gewalt im Dortmunder Norden in der Endphase der Weimarer Republik, München 2022

Bettina Sierck: Artikel Luise Anna Dorothea von Winterfeld, in: Biographien bedeutender Dortmunder, Band 2, Essen 1998, S. 149–150

Hasso Spode (Hg.): Zur Sonne, zur Freiheit! Beiträge zur Tourismusgeschichte, Berlin 1991

Wolfgang Stelbrink: Die Dortmunder Kreisleiter der NSDAP. Zur Biographie und Herrschaftspraxis einer lokalen NS-Elite, in: Beiträge zur Geschichte Dortmunds und der Grafschaft Mark Bd. 95 (2004), S. 133–211

Jochen Streb: Das nationalsozialistische Wirtschaftssystem. Indirekter Sozialismus, gelenkte Marktwirtschaft oder vorgezogene Kriegswirtschaft?, in: Werner Plumpe, Joachim Scholtyseck, Florian Burkhardt (Hg.): Der Staat und die Ordnung der Wirtschaft, Stuttgart 2012, S. 61–83

Florian Tennstedt: Wohltat und Interesse. Das Winterhilfswerk des Deutschen Volkes. Die Weimarer Vorgeschichte und ihre Instrumentalisierung durch das NS-Regime, in: Geschichte und Gesellschaft 13 (1987), S. 157–180

Hans-Ulrich Thamer: Verführung und Gewalt. Deutschland 1933–1945, 2. Aufl., Berlin 1989

Wilhelm Treue: Hitlers Denkschrift zum Vierjahresplan 1936, in: Vierteljahrshefte für Zeitgeschichte (3, 2 1955), S. 184–210

Von der toten zur lebendigen Stadt, Dortmund. Fünf Jahre Wiederaufbau in Dortmund, hg. vom Verkehrs- und Presseamt der Stadt Dortmund, Gesamtredaktion Willy Weinauge, Dortmund 1951

„Wer spart hilft Adolf Hitler." Nationalsozialismus und Sparkassen – Münster und das östliche Münsterland, hg. vom Geschichtsort Villa ten Hompel und der Stiftung Westfälisches Wirtschaftsarchiv, Münster 2019.

Heinrich August Winkler: Weimar 1918–1933. Die Geschichte der ersten deutschen Demokratie, München 1993

Luise von Winterfeld: 100 Jahre Stadtsparkasse zu Dortmund, Dortmund 1941

Luise von Winterfeld: Geschichte der Freien Reichs- und Hansestadt Dortmund, Dortmund, 7. Auflage 1981

Andreas Wirsching: „Man kann nur Boden germanisieren". Eine neue Quelle zu Hitlers Rede vor den Spitzen der Reichswehr am 3. Februar 1933, in: Vierteljahrshefte für Zeitgeschichte 49 (2001), Heft 3, S. 517–550

Harald Wixforth: Die langfristigen Folgen der Bankenkrise und die Zeit des Nationalsozialismus 1931–1945, in: Die DekaBank seit 1918. Liquiditätszentrale, Kapitalanlagegesellschaft, Asset Manager, 2. aktualisierte Auflage, Paderborn 2018, S. 87–174

Jeanette Wolff: Sadismus oder Wahnsinn. Erlebnisse in den Deutschen Konzentrationslagern im Osten, in: Bernd Faulenbach (Hg.): „Habt den Mut zu menschlichem Tun." Die Jüdin und Demokratin Jeanette Wolff in ihrer Zeit (1888–1976), Essen 2002, S. 101–113

Dieter Ziegler: Die Frankfurter Sparkasse im „Dritten Reich", in: Friederike Sattler, Reinhardt H. Schmidt, Harald Wixforth, Dieter Zieger: 200 Jahre Frankfurter Sparkasse, Stuttgart 2023, S. 83–151

Rainer Zitelmann: Hitler. Selbstverständnis eines Revolutionärs, 4. Aufl., München 1998